《民法总则》十二讲

赵万一　主编

梁慧星 / 《民法总则》答疑解惑

/ 民法典编纂与法学研究方法

陈　甦 / 民法典制定中的重大问题

赵万一 / 民法典时代中国《公司法》的修改与完善

/ 《民法总则》与中国商事审判的独立化

華中科技大學出版社
http://www.hustp.com

图书在版编目（CIP）数据

《民法总则》十二讲 / 赵万一主编 . —武汉：华中科技大学出版社，2018.10
（华中元照中青年法律科学文库）
ISBN 978-7-5680-4393-9

Ⅰ . ①民… Ⅱ . ①赵… Ⅲ . ①民法—总则—中国—文集 Ⅳ . ① D923.14-53

中国版本图书馆 CIP 数据核字（2018）第 178895 号

《民法总则》十二讲　　赵万一　主编
«Minfa Zongze» Shi' er Jiang

策划编辑： 王京图
责任编辑： 李　娜
封面设计： 梁元高
责任校对： 梁大钧
责任监印： 徐　露
出版发行： 华中科技大学出版社（中国 · 武汉）　电话：（027）81321915
武汉市东湖新技术开发区华工科技园　邮编：430074
录　　排： 北京雅盈中佳图文设计制作有限公司
印　　刷： 北京印匠彩色印刷有限公司
开　　本： 710mm×1000mm　1/16
印　　张： 23
字　　数： 323 千字
版　　次： 2018 年 10 月第 1 版第 1 次印刷
定　　价： 78.00 元

華中出版

中国需要一部什么样的民法典（代序言）

在中国民法典的编纂被写入《中共中央关于全面推进依法治国若干重大问题的决定》之后，这一工作事实上已经超越了单纯的法律汇编和文本加工而蝶变为一种凝练法治理念，弘扬法治精神，强化法律威权的重大国家政治行为。因此，如何最大限度地凝聚社会共识，科学提取能够造福于大多数人利益的规则公约数，并使基于这一要求而制定的民法典既能引领世界民事立法的发展趋势，又能最大限度地实现民法的固有价值，这既是我国作为世界第一大人力资源提供者和第二大经济体对世界法律文明应尽的义务和责任，同时也是践行公平、正义、民主、自由等人类共同至理价值的必然要求。

150 年前的英国哲人梅因在其传世名著《古代法》中曾有一个精辟论断：刑法和民法在一国法律体系中的比重，直接决定了该国文明程度的高低。因此刑法规制范围的克制和缩限，民法适用空间的扩拓和张扬，不但是法律制度演进的必然归宿，同时也是人类文明进步的必然结果。从这种意义上说，民法典的制定对一国法制建设来说无论怎样评价其意义都不为过。但另一方面我们也不能不清醒地看到，民法相对于其他法律来说固然非常重要，但绝不是可以布雨露于万物，救生民于水火的全能神祇。每个法律都是整个法律体系中的一个组成部分，法律也不过是社会管理手段的诸多选项之一而已。每个法律都有其无可替代的使命和职责，每部法律也都有自己界域清晰的适用范围和调整对象；每部法律都有自己独特的价值标靶和致胜要诀，每部法律也都有自己力所不逮的命门和软肋。法律不是万能的，民法更不可能是包打天下的万能神器。尽管民法应当并且能够统摄整个私法制度，但一部容量有限的民法典不应当而且事实上也无法包揽所有私法之内容。换言之，民法固然是私法的核心，是私法中的基本法，但这并不意味着民法可以担负起调整所有个人和个人之间以平等自决为基础的法律关系之重任，也不意味着民法典能够完全涵盖所有的物质性的和非物质性的市场交易关系。笔者一直主张，民法应定位于公民身份的确认法和公民权利的保障法，民法的主要作用也仅在于为公民的基本生存提供法律保障，充分满足人的尊严感，努力助推人的全面发展和自我意志与健全人格的全面升华。在这种语义下，民法典绝不是一些冷冰冰的条文堆砌，它既是人类生活经验的总结，同时也是引导人类趋善避恶的坚矛利器。这里的善主要表现为对人的生命和意志的尊重，强调人的价值、人的尊严是唯一真理和最高价值。民事立法的目的也并非在于限制人的自由，压制人的生存空间，而是在于充分保障人的权利，通过消弭束缚人性解放的不合理身份限制和不公平人格歧视，努力使人活得更有尊严，更有价值。

要理解民法的真谛，就必须了解民法的历史及其传承，了解影响民法进步的本因和基础元素。纵观各国特别是西方发达国家的民法发展史我们不难发现，民法既是人类文化的重要组成部分，同时也是人类文明（特别是制度文明）的主要记载者，是社会传统的重要承继者。民法的发展势态和呈现性状不仅表现为制度的进化和规则的演变，更多反映的是社会制度的优化、社会观念的嬗变和社会传统的承继与改良。30 多年前在中国发起的经济体制改革运动，不但将现代中国社会深深打上了现代化的烙印，而且将现代法治理念引入了我们的生活。时至今日，民法制度对中国国民性的塑造和对国民行为选择所产生的深刻影响恐怕已是一个不争的事实。但民法所体现的独特精神和价值却并没有得到社会的普遍承认，民法对社会道德的引领功能也没有得到有效发挥。因此中国民法典制定的目的绝非是为了简单地填补法律体系上的缺失和空白，更重要的还是利用民法典自身的丰厚文化基因和强大辐射功能，提振中国的法治文化和法治精神。因此未来将要颁行的民法典一定要成为洋溢人性美德和人文关怀的先进文化的代表，其基本规定必须与公众对法律的理解和预期保持高度的一致性。质言之，民法是精神的贵族，因此其灵魂深处应满含贵族的精神、贵族的气质、贵族的骨气和贵族的气派；同时民法又是生活中的平民，因此其权利与行为的抽象与归纳和规则的具体设计应契合民众的生老病死，衣食住行，世故情欲，喜怒哀乐。相反，如果在民法典的编纂中忽视了民法的这种独特价值追求，或是从根本上违背了法律的人性基础，那么在此基础上制定的法律也将失却民法中最具意义的价值引领和法治精神凝练功能，这样的民法典也将沦落为徒具法典外壳的法律僵尸。另一方面，如果我们过于注重对外国法律的移植，过分追求法律的体系性和技术性，而使民法具体规则的设计超出社会公众的理解能力或预期畛域，其结果必然会受到社会公众的普遍抵制。这样的民法典不仅不可能成为引领社会发展方向的有代表性的民法典，甚至可能成为阻碍社会进步和人文主义复兴的藩篱和桎梏。

按照笔者的理解，典型意义的民法典并不是一种简单的文本设计，而是一种理念、一种精神、一种文化，是抽象提炼的一些适用于所有社会主体的带有基础性的普适性规则。凝聚其间的是破障消芜，除弊兴善，引人以大道，启人以大智的葵花宝典，而非为琐碎事务定章立制的奇技淫巧。民法典应是公民权利的圣经，是公民基本行为的路引与航标，是一国民族精神和民族文化的体现和升华，是国家现代法治的主要载体。因此民法典的制定必须有明确的法律精神、法律理念和法律价值作支撑。成功的民法典一方面要求民法的基本理念应当具有涵摄制度整体功能的意蕴，另一方面要求民法典中的所有内容应该前后连贯且与民法的基本原则、基本价值和基本理念保持高度一致性。民法典的内容应以基本性、人本性、普遍性、典型性、重大性、稳定性和代表性等核心法则作为设定条件。为此首先要明确民法的价值定位，找准民法在整个法律体系中的位置；同时应最大限度地纯化民法典的内容，将不具有基本性、代表性、普遍性的内容摒除在民法典的体系之外。不仅如此，民法典的结构和内容绝非是外来制度的简单嫁接、杂糅和拼装，而应是一国民族精神和民族文化的体现和升华，也就是萨维尼所说的法律如同民族的语言那样，应该而且也只能是民族精神的浓缩和发散。因为只有最具民族化情怀的民法典才是最有生命力的民法典；也只有独具特色的民法典，才有可能成为具有标杆意义的民法典。

作为笔者长期坚持的观点之一，笔者一直反对民法典是市场经济基本法的说法。如果非要和基本法挂钩的话，我们可以说民法是公民权利的基本法，甚至可以说是商品经济的基本法，但唯独不能说是市场经济的基本法,因为只有商法才有可能真正承担起调整市场经济关系的重任。按照我的理解，正是在基本价值取向上对公平结果的孜孜追求，才铸就了民法的独特价值旨趣，并据此划定了与以效益为导向的商法制度进行有效界分的价值鸿沟。民法以内心感知和良心确认为依托，充满道德皈依感和民族传统痕迹的伦理性规则设计，与商法所尊崇的以效益为导向的技术性、机械性、文义性的复杂规则设计之间形成强烈的视角对比和机制反差。民法典是净化人类心灵的道德过滤器，而不是计量财富多寡的点钞机。即使是在财产领域，民法的作用界域也局限于对现有财产归属关系的肯认和满足人类生存基本物质条件的保障，其本身并不负有创造社会财富的历史性重任。因此民法应当而且也必须与市场经济保持适当的距离，甚至在某种程度上说民法典的设计理念和设计内容应与市场经济关系之间恪守必要的隔离要求。相反，如果在民法和市场经济之间保持过分紧密联系的话，那么市场经济中的逐利性染色体就会肆无忌惮地吞噬民法所固有的人文主义和人本主义领地，市场经济的自利性魔障将会蒙蔽我们的良善本性，民法规则中流淌的将不再是充满人性关怀的道德血液，而是赤裸裸的利益质子。换句话说，民法因具有高贵的血统，所以应具有高贵的品行和超凡脱俗的优雅气质。理想样态的民法应当是孤傲冷艳的圣女，至少应当是端庄淑雅，冰清玉洁的大家闺秀，而不是匍匐在国家政治权力脚下卑贱的婢女，更不是唯利是图的市侩女子。质言之，民法的效用并不在于为市场经济提供运行规则，而在于通过其所特有的人文性、道德性、抽象性、本源性的理念、原则和规则，对充满逐利性、吸附性、销蚀性和扩张性的市场经济活动进行必要的抑制和疏导，以防止肆虐的市场经济洪流会冲垮我们的秩序，摧毁我们的道德，甚至侵蚀我们的灵魂。按照笔者的理解，民法的主要作用机理一方面在于恪守民本主义的底线，用充满人文主义思想的自由意志和自治性规则对抗国家强权的欺凌，同时划定政府不能介入市民生活的边界，以防止政府权力对个人财产权利和人身权利的肆意侵害；另一方面则是高举人本主义思想的大旗，以充满人性关怀的伦理性规则抗拒市场经济的侵蚀，尽量减少市场经济的逐利性要求对人伦关系特别是对婚姻家庭关系、继承关系、人身关系的异质性渗入，从而在奉等价交换为皋圭的市场经济红尘之中，打造一方公序良俗优先的人世净土。进一步言之，如果说道德感是人类区别于动物的试金石的话，那么价值导向正确且完备合理的民法制度则是区分野蛮社会和文明社会的标志性制度载体。因此，一部不以人性为基础而以利益为导向的民法规则集合体，在缺乏道德的敬畏教化和宗教的强力约束的状态下，会自动把所有的社会主体都统统驱赶至尔虞我诈、唯利是图的利益角斗场，其结果将会严重撕裂人与人之间特别是家庭成员之间的脉脉温情，整个社会也将会因此而陷入物欲横流的魔界地狱。这是我国民事立法应竭力避免的理念歧路和规则陷阱，也是笔者一直极力呼吁的理性立法的价值要旨和制度指归。

从社会文化学的角度来说，人类不仅可以通过感官接触来理解物质世界，更应当通过精神映射和文化反哺来改造物质世界。民法典文化作为一种文化积淀，只有当它深入人的心髓，并演化为社会大众的一种无意识自觉行为时，这种文化才能真正成为一种成熟的文化样态，也才能真正对改造我们的世界起到无可替代的推动作用。笔者期待在未来民法文化高度发达的昌盛文明社会，人们闲聊时将不会再关注明星的新闻八卦，也不会把宣泄对社会的不满作为闲谈的调味佐料，那时的人们见面时常说的一句话可能是：让我们来聊一聊民法典吧！

让我们共同期待这一天的早日到来并为之而努力奋斗！

是为序。

赵万一

2016 年 12 月 16 日于重庆宝圣湖畔抱朴斋

目　录

第一讲　民法典制定中的重大问题

主讲人：陈　甦　中国社会科学院法学研究所党委书记、研究员、博士生导师

主持人：商文江　西南政法大学副校长、研究员

嘉　宾：曹兴权　西南政法大学民商法学院教授、博士生导师

张　力　西南政法大学民商法学院教授、博士生导师

叶　明　西南政法大学经济法学院教授、博士生导师

黄　忠　西南政法大学民商法学院教授、博士生导师

时　间：2016年10月22日15：00

地　点：西南政法大学毓才楼三楼学术报告厅

商文江　尊敬的各位同事，亲爱的同学们，大家下午好！今天金开名家讲坛很高兴地请来了中国社会科学院法学研究所党委书记、研究员、博士生导师、中国法学会理事、中国法学会商法学研究会副会长，《法学研究》杂志主编陈甦老师。今天陈老师演讲的题目还是大家比较熟悉的，关于国家的重大活动——民法典制定之中的重大问题。我觉得选这个题目不但应景还很实用，我相信大家都能从陈甦老师的讲座中受益。当然我也要介绍下今天参加讲坛的我们学校的同事，张力老师，曹兴权老师，黄忠老师，段文波老师。下面我就不多说了，我把时间交给我们敬爱的陈甦老师，让我们以热烈的掌声欢迎陈甦老师！

陈　甦　感谢商校长，各位老师，各位同学，大家下午好，非常荣幸能跟大家在这里交流。在西政这个有着辉煌历史和美好未来的学校做讲座还是有压力的。今天上午开会，我就跟我们学校的领导和出席会议的代表说，西政非常重要。这不是客套话，因为我所在的单位实际上就是西政在主管，我们法学所的所长李林是西政培养的，国际法所的所长陈泽宪也是西政培养的，我所在的《法学研究》杂志的副主编、编辑部主任也是西政培养的，所以我就说了这么一句话。从我们商法来讲，谁是实际控制人谁就管着这个单位，所以我们单位实际控制人就是西政，来到了“老板”所在单位做讲座还是比较紧张的。

刚才商校长介绍我是学位委员会学科评定组法学组成员，我想可能很大因素跟我的职务有点关系，这个我要向大家承认。因为跟许多的学术大家比起来，甚至跟许多学术少壮派、青年新秀比起来，我还是有很多的不足的。好在民法典的编纂跟我所在的法学所和我个人的职务有点关系，有一个很好的机会去了解民法典编纂的整个过程。十八届四中全会《决定》作出之后，国家落实中央文件时，有一些特殊的机制，其中一个关于民法典的机制就是“两办发一个文”，规定由全国人大常委会法工委作为牵头单位，然后又规定了几家参加单位，这些单位要落实编纂民法典的中央决定，五家参加单位就是最高人民法院、最高人民检察院、国务院法制办、中国社会科学院还有中国法学会。这五家参加单位从民法典的工作组织、调研，草案的搜集、撰写、形成一直到历次的讨论都要参加。社科院作为一个参加单位，自然会把这任务交给法学所，法学所中像梁慧星老师、孙宪忠老师在民法典的研究上，还有《民法典草案学者建议稿》的形成上都是非常有造诣的，他们在这方面做得是足够好的。但是，我们国家有些事情要讲究级别，民法典编纂工作要开会，就得让你派个局级干部来。所以，借着这个方便，参加了一些会议，发表了自己对于某些条款的一些看法。

难得有这样的机会，我就把《民法总则》制定过程中，一些在立法机关重点讨论的问题向大家报告一下。意图有两个，首先，让大家知道民法典形成的过程中，有立法权限的机关参与这个过程的一些人，他对我们法律的关注点是什么。这个是值得我们讨论的。其次，就是我们的法学研究应怎样适应立法的需要。在这个立法的过程当中，有哪些重要的问题是我们以前考虑不周，而现在需要重点考虑的。还有，在法律制定出来之后，有哪些地方是可以作为我们学术研究的问题。至于法典中这一条应该怎么写，那句话应该怎么用，固然也重要，但是这个重要性远远不如我们在编纂过程当中做一些更有意义的思考。因为对于很多法条，大家都是会有不同意见的，有人认为这么写好，有人认为那么写好，有的人则觉得两个都不错。所以我想，在今天用一点时间，把一些重点讨论的问题向大家报告一下。另外，草案的版本，咱们就用公开的那个老版本，就是以我们 6 月 27 日全国人大常委会第二十一次会议讨论并公开征求意见的版本作为讨论的基础。那么我就按照今天的题目“民法典制定中的重大问题”进行讲座。

首先谈一下基本原则的问题。基本原则是大家关注比较多的一个问题。我以前学法律的时候，对基本原则一般是不太重视的，认为都是一些很虚的东西。后来通过更进一步的学习，才发现基本原则是特别重要的。基本原则的重要性体现在，它能够引导我们掌握法律的主旨和精神，以及一些法律的具体适用方法。基本原则的问题在《民法总则》制定的过程中是大家特别关注的问题。虽然只有几条，都是大家特别熟悉的，可是其中有些问题应该和大家说一下。

第一，关于形式上的问题。讨论当中也有人提出，《民法总则》第一章叫基本原则不是特别周延，因为法律的宗旨能叫基本原则吗？法律的适用范围能叫基本原则吗？还有法律进行裁判的渊源能叫基本原则吗？它们有适用和解释法律的功能，不应该叫基本原则。那不叫基本原则，叫什么呢？有学者提出叫“一般规定”，像《合同法》第一章就叫“一般规定”。但是，如果《民法总则》第一章叫“一般规定”，它的下面还有好几章的第一节也叫“一般规定”，用词上显得重复。比如，第三章法人、第六章民事法律行为、第七章代理的第一节都称为“一般规定”，这样看来“一般规定”的用词显得过于啰唆与重复。用“基本原则”这个称谓又有不周延的地方,有学者提出可以称为“基本规定”。但是《民法总则》中规定的每一条不都是基本规定吗?所以,最后还是决定用“基本原则”这一称谓。

第二,探讨一下《民法总则》中关于“绿色原则”的问题。草案第9条规定:“民事主体从事民事活动应当有利于节约资源、保护生态环境。”当时,赞成本条的人很多,认为《民法总则》的规定应该有中国特色,有时代性,有先进性,体现生态文明以及可持续发展的理念。当然,也有反对者,他们认为本条不能称作基本原则,民法调整的是人身关系和财产关系,就民法调整的范围和对象来说,并没有什么地方可以适用“绿色原则”,这一说法也不无道理。

第三个关于基本原则有趣的讨论是关于维护交易安全能否上升到基本原则的层面上。要求民事主体从事民事活动过程中应当自觉维护交易安全。对于这一观点,反对的人是比较多的。首先,交易安全主要是人们在交易活动中所要求或者期待的,但是交易活动只是民事活动的一部分;其次,维护交易安全究竟是一种权利、一种义务,还是一种责任,其实是难以区分的;最后,交易安全是每一个民事主体对法律制度的一种要求,人们在进行交易时希望有一个能够保障交易安全的环境,这样的一种要求本身不是交易双方的一种权利或者义务,更多的应该是国家的义务,国家有义务保障我们的社会经济秩序和交易安全。民事主体需要履行维护交易安全的义务很难讲得通。如果一个民事主体在行使民事权利的时候对自己的财产管理不周,处置不当,结果让骗子得逞,能说他有维护交易安全不当的责任吗?再比如说,在交易当中放弃自己的权利,是不是鼓励对交易安全的破坏?从这一事例可以发现,我们对于许多基本问题的研究和考虑可能还不够周延,以至于立法的时候更多的是凭感觉,没有更深的理论依据或者实践基础来作为支撑。接着这一问题,我们可以再探讨一下,对自己的权利行使不周,到底是什么?我看了许多的判决,对自己的权利行使不周给我的感觉就是对自己的某项财产没有尽到注意义务。下面就谈谈我们对自己的财产应该尽到哪些注意义务。自己的东西没有看管好，不是自己没有尽到注意义务，而是自己没有好好行使自己的权利或者说是放弃了自己的权利，这和义务其实是没有关系的。只不过我们已经习惯用“义务”这个词了。

在《民法总则》当中还有一个形容词，这个形容词是我在发表意见时力图去掉的一个词，这就是草案第 9 条“民事主体合法的人身、财产权益受法律保护，任何组织或者个人不得侵犯”当中“合法的”这个形容词。有些同学可能觉得这三个字有或没有其实没有差别。但是，我觉得这三个字是非常重要的，它反映了我们立法者怎样对待社会民众的权益的理念。

首先，从逻辑上讲，既然叫权益那就必定是合法的，不合法的也不能称之为权益。其次，没有法律规定是用来保护非法的财产的，当然我们实践过程中如果存在这种状况，是因为法律实际没有严格得到执行。最后，“合法”作为一个限制词，会被解释为自然人的权益只有被政府规定为合法之后法律才去保护，这样一个逻辑思维是有问题的。就像刑法上的无罪推定原则一样，对于没有被法律证明是违法的情况下，它就是合法的。比如我们身上的一件东西被小偷偷走了或者被抢走了，让警察来保护我们的时候，警察不能要求你能证明那个东西是你合法取得的，才去帮你抓小偷或者抢劫犯，因为在这种情况下应当推定为合法。所以，虽然是简单的三个字，但确实跟我们的法律思维有关系。

关于基本原则最后探讨的问题是，能否把履行义务作为一个基本原则规定下来。对于这个问题，许多讨论者主要担心的是权利的滥用。法律制定了一个防护盾——禁止权利滥用原则，这个是可以的，但是还不够。是不是还要规定严格履行义务？我们总想在法律中制定一个规范义务的原则。这样的想法是可以的，比如在 6 月 27 日的草案当中就要求民事主体在行使权利的同时，应当履行法律规定的或者当事人约定的义务，承担相应的责任。这样规定的目的在于纠正部分社会成员只注重权利，而不愿意履行义务或承担责任的情况。甚至在讨论当中还出现过这样的规定，“民事主体应当正确行使权利，全面履行义务”。初次接触这个规定好像觉得没什么问题，但是仔细分析一下就会觉得这是一个大错特错的要求。

首先，怎样界定正确行使权利？是法律上、经济上还是人情上的正确？我们认为行使权利不能侵害他人的利益，这没有问题；权利不得滥用，这也没有问题。但是如果被进一步要求要正确行使权利，那么在行使权利被要求正确的时候你拥有的还是权利吗？权利可以抛弃，自己的物品可以很便宜地卖掉，但是被评价正确不正确的要求就有点过分了。其次，什么是全面履行义务？这也是有问题的。义务应当履行，但是法律规定的是这样一种机制：不愿意履行义务的时候，承担相应的责任就可以，这个是一个替代的条件。在改革初期，我们的法律规定有实际履行。后来梁慧星老师就专门写了一篇文章分析这个问题，认为这个规定不正确，是计划经济的产物，和市场经济不相符。合同约定怎么履行就一定要怎么履行，实际履行按照合同的约定，那这个全面履行义务好像比实际履行更加严格。这一方面可能过多体现了国家干预主义在具体制度上的表现，还有就是全面履行义务有点受计划经济体制的影响。

另一方面，我们可以思考一下法律用得着在基本原则部分规定一个有关义务履行的规定吗？我认为完全没有必要。任何义务的履行都要有一个对象，对象的主体就是权利主体。如果《民法总则》是权利本位的话，那么每一个权利主体的权利能够得到充分地实现，自然义务方的义务就会适当地履行，所以不用反过来强调全面履行义务。如果我们的法治环境对权利没有充分的保障，那么全面履行义务也是不可能实现的。所以我们从权利的角度对当事人进行保护就可以了。另外，在市场经济的背景下，很多情况都是把义务放弃以承担责任为救济来使经济得到运转的，比如期货交易，你对行情发展判断错误了，难道一定要履行现货交易的义务吗？是不需要的，进行赔偿就可以了，期货价格就体现了这样一个机制。社会成员中确实有许多人不愿意履行义务，或者不适当履行义务，但是对这个问题我们从加强权利保护的角度一样能够解决，没必要再规定一个有关全面履行义务的规定。一旦出现了这样的规定，其对社会经济发展的影响会超出我们立法的本意。关于基本原则的部分就和大家讨论这几个问题。

接下来还有以下几个看法想和大家交流。第一，在民法典制定的过程中，尤其像《民法总则》这样的部分，我们对基本原则的规定既要重视它的适用功能和解释功能，也要重视宣示功能。这点很重要。其实有时候法律起到的是一个社会政策宣示和安定的作用，不是我们简单的学理的推理。在近期的讨论中，许多学者就提出总则部分一定要写到对于民事权利的平等保护。为什么要强调这点呢？对民事权利的平等保护本来就是法律的应有之意。现在许多人认为国家的经济、社会、政策的发展变化没有确定性，这导致民间投资越来越少，资金外流现象严重，在这种情况下我们提倡保护权利就能起到增强社会信心，增强社会安全感的作用。所以，宣示作用是重要的，尽管在以后法律的实施过程中它不是一个裁判规则，解释上也用不着它，但是它仍然有自己的作用，应该重视它。

第二，对一些不属于基本原则的内容，除了在条文内容上进行分析之外，还要从它规范的功效上进行分析。刚才讲的权利的平等保护，本来有规定民事主体地位平等，自然就能推出来他们的权利是平等保护的。但是再强调一下也是可以的，因为特别提倡主体之间的平等对提升我们国家的权利意识是有好处的。再比如“绿色原则”，写上肯定没有什么问题，也不要较真，认为人身关系、家庭关系与“绿色”无关。有的规定它可能有小益也有小害，比如维护交易安全原则，不能说一点益处没有，但它也有一定的害处。还有一种就是有小益但是有大害，比如全面履行民事义务，不能说这种提倡完全就是错的，它有一定的益处，但是在实施过程当中可能会出现大害。法律规定总是有利弊之分，不同的方案在体系当中、结构当中有适应或不适应的地方，协调不协调的地方，实施过程中也可能是有利有弊的，这就要做一些权衡了，这个权衡就是我们平时要在研究当中要多加注意的问题。

第二章是关于自然人的规定。对于自然人的讨论主要集中在三个问题上。第一个问题是关于第四节民事权利能力和民事行为能力的规定，大家主要关注的问题是把限制民事行为能力人的最低年龄降到6周岁是否合理。第二个问题是关于监护制度的规定，主要讨论的都是一些技术性的问题。对于像协议监护具体怎么实施，《民法总则》规定得并不是那么细致，主要是因为许多研究没有充分的实践作为支撑。比如成年人在意志清醒的时候与自己的朋友订立监护协议，规定将来自己患有老年痴呆病后由朋友来做自己的监护人。类似的协议在老龄化社会中可能会有很多，但是关于这类协议的具体操作，《民法总则》现在整体的规定还是比较简要，将来是否会有专门针对这类协议的立法就另当别论了。第三个问题是关于个体工商户与农村承包经营户的规定，主要讨论它们是属于自然人、法人团体还是一个家庭。下面我主要谈谈第一个问题。

关于限制民事行为能力人的最低年龄降至6周岁这个规定，不是说降至6周岁不可以，我想说的是这个规定本身是一个很有意思的立法现象，一个值得法学研究的现象。《民法通则》对限制民事行为能力人的最低年龄的规定是10周岁，6月27日全国人大常委会公布的草案规定的是6周岁，现在有些学者认为6周岁的规定不太合适，年龄偏低了，提出应该保留《民法通则》10周岁的规定。还有一些学者提出来应该规定为8周岁。但是为什么要较《民法通则》的规定降2岁呢？有学者就一般推理认为，未成年人在6周岁时他的心理成熟程度和认知能力还不够，所以应该提高法定年龄。我们感觉有一定道理，但是科学依据在哪里？有的学者认为把限制民事行为能力人的最低年龄降至6周岁对保护儿童权益不够，因为他可以进行交易行为，那么他就可能承担一定的风险，把一定的民事法律后果放到一个六七岁的孩子身上，使他承担过多的风险，不利于保护他们的权利。这样的理由也有一定道理。但是，以上这些探讨都只是一般的推理。也有学者拿出了一个事实根据，那就是教育部全国统一教学大纲规定小学一年级的教学目标是，100以内数字的认知及加减法的运用，识字是450个，可以写出完整的句子。到小学二年级才要求会写留言条，也就是说，6 周岁的时候还不会写留言条，让不会写留言条的孩子有限制民事行为能力有点早。这个问题大家讨论之后有一位同学给我打电话，询问社科院有没有研究这方面问题的专家，我说法学所还没有，研究民事行为能力这个问题是有的，但是很多的研究是比较法层面上的，比如德国规定 7 周岁，我们规定 6 周岁是否可以，主要是在比较法上的一些分析。

另外，凭感觉现在的孩子比以前聪明多了。《民法通则》制定时是 1986 年，那个时候一个孩子手里有 1 角钱就不得了了，而现在孩子压岁钱成千上万的就有许多。过去由于家里经济情况紧张，不敢随便买根冰棍儿（当然有的地方还买不着），交易的机会非常少，但现在的孩子，不要说网上购买，实际购买的也很多。现在孩子的认知能力确实提高了，但是这么说都是凭感觉，法学研究的要求是能够找到科学依据。我找过社会学所的领导问了，他们所里有没有研究这个问题的专家，领导回应找了很久都找不到。有心理学的专家做过这方面的研究，但心理学研究往往是研究个体的心理现象，很少研究群体的现象。我认为，这个研究应该是很有意思的。《公司法》中也有这样的现象，原来最低注册资本额规定为 10 万元，后来调整到 3 万元，现在又不作要求，为什么呢？我们后面要讲到的诉讼时效原来规定是 2 年，现在又规定为 3 年，还有学者提出 5 年，为什么呢？这些都是简单的演绎推理，很少有人拿出一个实际的东西来证明。我个人还是支持将限制民事行为能力规定为 6 周岁的，我是从这样几个角度来考虑的，第一，保护儿童不仅是不让他有风险，更重要的是保护他的决定权，促使其独立人格的形成，这是保护儿童权益最主要的方面。儿童能够对社会上的一些事物做出决定，并且承担相应的后果，这对儿童的成长是绝对有好处的。第二，如果他实施了与自己的认知能力不相符的交易，法律有无效、追认等法律行为效力的制度来救济，所以我们所担心的儿童因为进行一项大的交易可能遭受什么损失，在法律上其实是有救济措施的。第三，我查阅了《义务教育法》的规定，在 8 月 31 日之前，儿童满 6 周岁的，父母必须把他送到学校去。

送到学校的儿童就独立地参加了社会化的活动，不是在家庭进行社会化，而是在社会上进行社会化的过程。在这个过程中，上学买支铅笔，放学买根冰棍儿，能说这个交易无效吗？一定要由父母代理才可以吗？这样好像不符合现实。所以我还是认为6周岁的规定是有道理的。但是以上这样几个理由够不够充分呢？估计还是不够的，还可以继续调查与研究。比如说，我咨询过新闻所的工作人员，问他们是否有6周岁以上儿童拥有手机的以及用手机进行交易的数据。最后查到了，有20%的儿童曾经用手机在网上进行过交易，这个数据也可以佐证规定6周岁的合理性。但是新闻所的数据还是不够周全，以后还可以继续搜索相关的数据资料。我认为这类问题的研究特别锻炼法学研究的思维，即如何从法学知识之外找到能够证明我们观点的证据。比如，身高的识别，1米2的儿童大概是多少岁，这个也可以来证明6周岁规定是否合理的问题。

下面，我们讨论一下第三章的法人制度。主要有两个问题讨论得比较多，第一个是关于法人的分类，现在的草案是把法人分为营利法人和非营利法人。学界在以前讨论的过程中也通常表示支持，因为这个是我们国家的一个创造，在长期的法治实践过程当中，也是适合法治需要的。营利法人就是企业、公司、合作社等。非营利法人，也就是社会团体法人，现在还有捐助法人、事业单位法人和机关法人。这种分类方式大家普遍都赞同。但是让人想不到的是在讨论过程中，学界以外的人士认为这种划分方式不正确。这种划分在民法制度的规范上，是有缺陷的，典型的缺陷就是对两个最主要的实体不好用营利法人和非营利法人来处理，就是民办医院和民办学校。以前《民办教育促进法》要求民办学校是不营利的，只是说可以有点收益，现在修改之后，就明确鼓励是可以营利的。医院我们称之为民办非企业单位，其实它是不营利的，但是现在看来也允许其营利。

除了一些公益慈善事业以外，我们还要鼓励更多的资本进入这两个领域。这样，民办学校有的是营利的，有的是不营利的，对它的管理和识别，学者提出了许多意见。许多学者认为还是按照传统的社团法人、财团法人，公法人、私法人，这样的分类比较好。这个可能更适合我们的法人制度。但是我看这一点很难改。第一，传统的法人分类固然是有效的，但我们不能说它完全都是周延的，能把我们所有的法人类型划分好，概括好。第二，营利法人和非营利法人也有法律适用上的价值，不能一概否认。第三，我们这种划分有部门的权限划分的依据。比如，像公司、企业在工商行政管理总局登记，像社会团体、民办非企业单位是在民政部登记，本来就有这样的划分。像很多事业单位或机关法人，是直接在编办登记。其实我们在法人团体当中有三个登记系统，这些登记系统自然会反映到我们的法人制度上。另外，我认为这样的划分是我们的制度创新，本身这种显示价值也要珍惜，所以这个划分很难做改变。针对民办医院、民办学校，可以有两类法人制度来规范它，这点大家反倒是可以继续研究。

这里顺便插一个话题，我现在看了许多关于《民法总则》研究的文章，写得都不错，但是对立法上的价值还是要做一些评估。有的文章说要彻底改变《民法总则》的体例，也提出了很好的建议。但事到如今，写这个在立法价值层面并没有太多作用，《民法总则》基本的体例架构是不会改变的。当然，发文章是有发文章的价值，但是立法上的价值是很难体现的。另外，有些学者写文章把《民法总则》写得非常细，每一条、每一字怎么改。这个也很好，但是说实话，这种写法很难进入到立法过程当中。我们进行法学研究，除了要讲究科学性、实用性，其实还有一个有效性。研究的东西对理论的丰富和积累，对法治的完善有着实际的作用，起码动机上要如此，结果如何可以再考虑。说到作用，再举一个例子，原来的草案当中，把法人分为营利性法人和非营利性法人。我提的意见是要把这个“性”字去掉，后来这个确实去掉了。许多人写文章,写书都称之为“营利法人”“非营利法人”。但是草案中却写个“营利性”“非营利性”，我说这个“性”没有任何必要，登记上也费劲，说起来也费劲，还多一个字。去掉一个“性”字，就简明多了，意思丝毫不变。这个确实是我提的，但是我不是它的发明创造者。法学研究有一个现象，很多人在说到自己的学术贡献时就说，我的某某观点被某某法律所采纳，但按理讲，这种因果关系很难认定。直到现在我也不敢这么说，说哪一条建议就是我提的。因为一个法条的变化，是经过许多人的探讨以及许多程序的审议才进入到法律当中的，有的是必然的，有的还真就是偶然的，这个机制也是非常复杂的。

法人制度当中第二个要讨论的就是农村集体经济组织，这是一个大问题。在我们的草案当中，对农村集体经济组织没有特别提出。后来经过反复讨论，觉得在《民法总则》当中应该规定，农村集体经济组织符合条件的，可以设立为法人。但是讨论当中，许多学者呼吁，能不能多写一点。多写在哪里呢？有的说用一个专节来写农村集体经济组织，因为农村集体经济组织与一般的法人是不一样的；它也不是公益性质的单位，用营利法人或非营利法人来概括它，好像都不够周延。另外，农村集体经济组织也不一定都是法人，也有可能是非法人组织，所以弄不好可以搞一个专章。还有学者建议，规定农村集体经济组织法人地位的时候，还要直接把成员资格的确认规定一下。什么是农村集体经济组织，这本身就是一个问题。以前比较好办，就是户籍，你的农村户口是这个村、这个屯的，你就是这个经济组织的。现在户籍制度改革，农民户口、市民户口都一样。现在大家凭着记忆还是知道谁是我们集体经济组织的成员，再过一段时间，会发生人员的变化，还怎么去识别，这也是个问题。所以，农村集体经济组织，要不要规定，怎样规定，真是当前要考虑到的一个大问题。

我们对这个问题的研究其实是不够的。前两天，我就听说孙宪忠教授接了一个农业部的课题《农村集体经济组织——法人地位在〈民法总则〉中如何表现》。现在，还要研究这个问题，说明这是个大问题，大家可以关注一下。我的看法是，关于农村集体经济组织的法人地位应当规定，既要有所规定，也不用规定得过细。《民法总则》一旦颁行之后，不能说改就改，将来农村集体经济组织改革的时候，可能就会有许多的法人制度安排。这样在《民法总则》中有所规定，为今后的改革留下一个制度的接口，但是也不能规定得过细，现在也没有能力规定过细，实践也没有给我们提供成熟的经验，我们要是规定得过细反而是框住了今后的改革发展。所以，原则就是要有所规定，但是不能规定得过细，要为今后的改革留下制度空间。再者，对农村集体经济组织，也不用专章、专节去规定，这样与《民法总则》的整个体例是不相符的。其实我们可以在法人制度、非法人组织的规定中写上一条、两条就可以了。这样就把农村集体经济组织相关的制度接到这里，以后要看我们的制度实践和改革的实践才可以。但是农村集体经济组织要是设定为法人之后，就有许多的问题要研究，有的是可以通过《民法总则（草案）》的进一步修改完善来实现，有的恐怕是《民法总则》都完成不了的任务。比如，刚才提到的成员到底怎么确认的问题，过去是户籍确认，一旦确认之后，它不能随便转让，一旦用像股东名册、成员名册这样来确认成员的身份和权利的时候，就可能有变更、有转让，这个问题怎么解决？还有，一个农村集体经济组织可以设立为法人，既然它能够成立，它就能解散、破产，将来解散、破产，它的财产尤其是土地财产怎么处理？这些都是需要进一步研究的。我认为，这可能是中国在社会转型和改革当中最重要的任务。以前我做一点研究发现，中国的改革其实是有规律的。说是改革永无止境，创新永无止境。但是，转型也有一个大致的节点，不能说社会永远地转型下去。那么，我们的改革什么时候开始，什么时候大致有一个平稳的、稳定的局面，我认为农村的改革就是一个重要的指标。改革就是从农村开始到农村截止，农村的改革要是彻底完成了，社会体制、经济体制就能长期稳定下来。所以，农村改革是一个大问题，各位老师和同学有兴趣的话，可以用更多的精力投入到“三农”问题的研究当中。

第四章非法人组织制度，有一个有意思的问题可以讨论。许多学者建议还是用《民法通则》当中的“其他组织”的称谓，不要用“非法人组织”这个词。“其他组织”在《合同法》《民事诉讼法》中都这么用。而且有人统计过，有上百个法律、行政法规和部门规章里面都写的是“其他组织”，如果《民法总则》突然改成“非法人组织”，很多法律都得改，这是一个理由。

但是我赞成用“非法人组织”的称谓，因为其是合乎语法的。“其他组织”这个词，要在一定的语境中用，才能知道什么叫“其他”，你知道“其”你才知道“他”，如果你不知道“其”，你怎么说“其他”呢？如果对政府部门说“其他组织”，那就是非政府部门；如果你对政治组织说“其他组织”，“他”就只是非政治组织。所以，“其他组织”这个词是不明确的。现在的法律都在用“其他组织”这一称谓，我敢断定，所有法律当中用的“其他组织”肯定不是一个意思，要根据具体的法律规定，才知道“其他组织”指的是什么。这个问题我没有细致做统计，因为费这么大劲做这类研究也没什么意思，但是可以做这个断定，不同法律当中提到的“其他组织”的意思并不相同。我甚至觉得《合同法》与《民事诉讼法》中规定的“其他组织”的内涵与外延就不完全相同。法律的规定中确实存在一些错误的用法，在未来修改法律的时候，如果能够改正，尽量将其改正过来，不能再错下去了，像“其他组织”这种不规范的用法，能够通过《民法总则》把它矫正过来也是一个有价值的做法。我们研究的《证券法》中有个词叫“要约收购”，那就是错的，没办法，就这么用了。为什么是错的呢？它其实讲的是公开收购，因为协议收购也有要约，公开收购也有协议，所以用要约收购、协议收购是一个错误的分类。但是现在改不过来，大家都这么用。如果以后修改法律的时候能把它改过来，那当然最好。我们的错误用语很多，出租汽车肯定是错的，是旅客运输合同，不是租车合同。

第五章是关于民事权利的规定，专门用一章写民事权利，其实不大好写，许多权利汇集在一起，写的东西没有太多规范价值，但是作为权利的宣示和创新性的宣示也有它的必要性。这里面有些规定跟大家谈一下。第一，在人格权中是否应该包括姓名权？许多学者主张应该包括，无论是自然人还是法人，姓名权都是很重要的。但是姓名权究竟如何规定？虽然许多学者以前写过文章，但是讨论不够透彻，这些大家可以继续研究。

第二，虚拟财产是否应当规定？怎么规定？在草案当中，原来规定虚拟财产是物权的客体，“法律规定具体权利或网络虚拟财产作为物权客体的，依照其规定”。后来改成了虚拟财产受法律保护，没有法条把其归结为物权的客体，这是有道理的。虚拟财产有许多学者讨论、研究过，属于近期比较时髦的话题，主要讨论它的财产性。有学者认为是物权，有学者认为是债权，还有学者认为其是一种新型的权利。认为它是物权的学者，认为它具备可识别、可交易、可控制、可支配等特性，认为其是物权的客体，这些说法都对。但是虚拟财产是不是因为具有财产属性，就可以作为物权的客体受法律保护，这还真的值得研究，这个问题不是这么简单的。我举个例子，两个网络游戏的玩家由于游戏的需要结为夫妻，他们算是重婚吗？如果这两个玩家要离婚，法院该管吗？是否还要分配他们的夫妻共同财产呢？他们具有夫妻的形式，游戏里的武器装备属于他们俩的，是夫妻财产共有的形式，出了类似的问题我们该管吗？这个问题是值得研究的。网上虚拟财产要怎么管，要看它的法律关系，看它的社会关系，网络世界的关系与我们现实社会有关联的关系我们就管，没关联的我们就不管。比如网络玩家甲的游戏装备被一个现实中的有名有姓的人偷走了，我们认为法律可以管，但是有些网络游戏是鼓励偷盗的，比如偷菜游戏，由于游戏的规则不同，我们就没有办法管。比如我和网上的运营商之间有合同关系，如果出现什么问题，法律可以管。比如网络运营商发行网络货币，我发现网络货币都有通货膨胀的风险，那么对网络货币怎么监管？对网络货币的权利怎么保护？这个就值得我们去研究。虚拟财产的保护是一个很复杂的问题，它涉及物权、债权和知识产权等多种权利，只能根据不同的现实情况，根据不同的法律属性去调整，这样的情况光靠《民法总则》的保护是不行的。

第三个问题是一个技术性的问题，因为民法典编纂没有债法总则，所以有些制度处理起来就比较麻烦，只能分别规定在不同的制度当中。比如像无因管理、不当得利制度只好规定在《民法总则》当中。但是要把这类制度放到《民法总则》中来，在表述方面会造成较大的困难。以不当得利制度为例，草案关于不当得利的规定是，“没有法律规定，取得不当得利，造成他人损失的，应当将取得的不当利益返还给受损失的人”。这个条文的意思没有问题，但是这条是个义务条款，放在民事权利这一章总是觉得有一些别扭。后来改了一下，“没有合法根据，取得不当利益，造成他人损失的，受损失的人有权请求不当得利的人返还不当得利”。这样改完不仅啰嗦而且还有一个严重的语法错误，双主语，“没有合法根据，取得不当利益，造成他人损失的”，这里指的是侵权人，然后下半句说“受损失人有权请求不当得利的人返还不当得利”，主语又变成了权利人。所以这一句话前半句是一个主体，后半句是另外一个主体，语法上有问题，这样的规定在以前的法律当中经常会出现，现在会好很多。但是在《民法总则》的草案当中也会出现这种问题。

第六章是关于民事法律行为的规定。对于民事法律行为制度的探讨其实不是特别多，讨论的基本都是文字性、技术性的问题。有学者认为，民事法律行为的定义还是要按照《民法通则》的定义，指合法行为。而现在的《民法总则》讲民事法律行为其实也简称为民事行为，认为一个中性的有法律意义的行为就是民事法律行为。其实《民法总则》的修改是对的，对这个问题的研究其实有很多。《民法通则》制定的时候，对于民法典研究不够深入，对民事法律行为的界定是有严重逻辑矛盾的。如果认为民事法律行为都是合法行为，与无效制度、撤销制度是矛盾的。所以现在规定的逻辑比较清楚：首先，区分社会成员的行为，有法律意义那就是民事法律行为，没有就是一般社会上的行为；其次，有法律意义的行为又有合法、非法之分，最后有是否可撤销之分，这样逻辑就比较顺畅。

另外一个问题是把最高人民法院司法解释当中有关违反禁止性规定的情形作了区分。所谓的效力性强制性规定和管理性强制性规定，在司法实践和研究中都接受，但是在立法层面上，大家都会觉得这么写的根据在哪里，好像别的国家也没有这么写。为什么违反效力性强制性规定才无效，违反管理性强制性规定不一定无效？我们心中大概都有这样一个概念，并且对它的内涵和外延有大致的理解。但是要把它精确地用简练的法律语言说清楚也是不容易的。这个可以接着再进一步研究。

第七章是关于代理制度的规定，其实主要讨论的就是两个问题。第一，商事代理应当如何规定。现在的做法就是写几条规定，剩下的由商法来解决。有些学者要求多写一些，有些学者要求少写一些。民法典制定的时候，商法学界是比较纠结的，如果民法典里关于商法的内容一点也不写，不太合适，因为在我们国家的体制下商法还是民法的特别法。但是，如果民法典里写到太多商法的规定，那以后商法教科书、商法课都由民法人来写来教吧。所以究竟写多少,其实也没有一个系统地研究，我们也是凭感觉，要写但是不能都写。现在，商法学界和民法学界还在研究这个问题。我们国家是民商合一的国家，在民法典编纂的时候，民商肯定是密切联系的，那么民法典肯定有许多我们传统上认为是商法的东西。但是现在写什么，写多少，怎么写，还是正在研究的一个问题，商事代理仅仅只是一个小小的方面。

第二个问题是表见代理制度是否还要规定。讨论的学者也很多，有学者提出表见代理这个制度现在可以不要了。过去通讯不发达，交通不发达，拿个介绍信就可以证明自己的身份，所以如果不是代理人，就可以用表见代理来证明是善意相对人。现在检验身份的方法很简单，对任何一个人有疑问，可以通过打电话、发邮件进行确认，所以不存在没有代理权，还误认为有代理权的情况。这个观点有一定的道理。随着社会的进步，通讯、交通事业的发展，我们的很多制度都在发生变化。比如在《票据法》上，过去有票据的副本制度、誊本制度。为什么会有这种制度呢？就是因为交通不便，拿着张票据，又想流通，又想去承兑，去承兑估计骑着马、乘着车，花上十天半个月，这个期间要保证票据的流通性，所以就制定了副本、誊本制度来解决这个问题。现在不存在这个问题了，国内许多票据是快速流通的，只要金额足够大，利益足够大，完全可以通过现代交通工具的使用解决这类问题，所以取消副本制度和誊本制度也是可以的。表见代理制度是不是也要这样呢？我认为，表见代理制度是对交易安全的一种保护，尤其是对善意相对人的保护，不能因为相对人疏于核对就使他失掉了这样一个权利。保护他其实是利远远大于弊的，所以应该保留表见代理制度。

第八章关于民事责任制度有这样的一些讨论。第一，要不要把继续履行增加为违约责任的一种。举一个例子，在买卖房屋的过程中，在双方签订合同之后，卖方发现房价涨了，甚至翻倍了，他就宁肯赔双倍定金给买方也不交付房子。在这种情况下，我认为卖方是不讲诚实信用占了便宜的人，他既要赔偿违约金，还要把房子交给买方。再举一个制度上的例子，《合同法》有规定继续履行是承担违约责任的一种方式。但也有学者持不同意见，认为继续履行不是民事责任而是义务，是《合同法》规定的义务，责任是义务的一种替代方式，不履行义务才承担责任，继续履行本来就是继续履行原来的义务，不允许以承担违约责任的方式来代替继续履行。在许多交易安排中，只要承担违约责任，不继续履行这个合同对双方当事人都是有利的，法律不一定要有强制性规定。至于买卖房屋的例子，其实在《合同法》中不是没有制度解决。比如卖方以100万元的价款将房屋卖给买方，在交付房屋时房屋的市场价格上升到了150万元，卖方要求承担20万元的违约金然后不继续履行交付房屋的义务。其实严格按照《合同法》的规定，违约责任还包括合同履行应当取得的利益，其实涨的差价应该是属于买方的利益，只不过法院觉得这么判，好像冲击太大。其实这样判决是有道理的，这样一来就没有人因为房子涨价而不履行合同了。《合同法》上是有这样的制度的，我们只要严格地实施《合同法》，其实是可以避免社会上这种肆意违约的问题的。

第二个要讨论的是见义勇为补偿制度的规定。现在经常有见义勇为者在救人之后受伤，侵害人找不到，或者是没有经济负担能力，这样见义勇为者在经济上、身体上都有极大的损害和困难，而受益人往往又给予很少补偿。法律是否要规定受益人应该给予见义勇为者适当的补偿这一问题值得讨论。这是一个很有特色的制度，应该将其与无因管理制度联系起来考虑。见义勇为与无因管理是有联系的，现在把见义勇为作为一种单独的类型，并且规定到我们的民法制度是可以的，也能在一定程度上增加社会的正能量。

最后是关于第九章诉讼时效和除斥期间的问题。一般的普通诉讼时效是2年，草案规定为3年，后来有许多学者建议应该规定为5年，尽量不让权利人利益失效，受到损害。但是，对于5年的规定，有学者反对，认为如果时效过长就相当于没有，会导致更多的权利人不去积极主动地维护权利。另外，许多的纠纷在5年之后由于经济社会发生的变化和证据收集上的困难变得很难处理。我认为，无论是3年、5年还是2年，其实都是演绎推理，在这个方面很少有人真正地去做实证研究，选择一批某个时间某个地方的样本，有多少是因为时效过短而利益失效，如果延长之后在权利保护上有什么效果。做这种研究非常困难，大家都不愿这么做，但我觉得这样的研究才能真正说明问题。

下面谈一下，物权的时效问题，主要是针对草案第175条第2款，登记的物权人请求返还财产不适用诉讼时效。关于这条规定，我是坚决反对的，法律解释有个反向解释，登记的物权人请求返还财产不适用诉讼时效，这是否意味着不登记的物权请求返还财产适用诉讼时效？有学者认为，不登记的物权，请求返还财产应该适用诉讼时效，如果有人欠了你100万元，过了3年，你就不能要了。但是，如果有人占用了你一支钢笔，你就可以永远要下去。这样的规定有问题，但也有一定道理。我的观点是，一个制度的建立，跟它适用的对象，跟客体的价值没有关系，不能拿价值多少来衡量。我也可以反过来证明，借款数变为10元而占有物变为钻石项链呢？所以用价值来衡量制度的合理性其实是没有意义的。另外，它其实涉及权利的权源问题。比如我欠了别人100万元，不还钱侵犯的是债权，但是我对100万元是有所有权的，我对这100万元的合法占有和所有是没有任何疑问的。但是，物权并不是这样的。我占有了他人的手表，这块手表的所有权是权利人的，过了3年的诉讼时效，权利人无法要回手表，但是我依然是非法占有该手表，因为我们国家没有取得时效制度。这样的话，我将永远非法占有这块手表，针对这个非法占有的状态，法律也没有一个解决方案。所以，对于动产请求权适用诉讼时效是有问题的。我们国家没有占有时效制度，但是却规定了不登记的物权人请求返还财产适用诉讼时效。其实在法律效果上隐形地规定了取得时效制度，而取得时效是 3 年，跟诉讼时效一样。那么这样一来，对社会的权利状态的破坏将是极为严重的，短短的 3 年就可以占有他人的物权，这样非常不公平。

另外，取得时效长则 20 年短则 10 年，没有规定为 3 年、5 年的。有学者提出我们国家可以建立取得时效制度，理论界也基本赞同，但是在社会上得不到认可，因为许多人都会误解这个制度。许多人把取得时效理解为贪官污吏贪污国家的财产，只要 10 年没被发现就归他自己了。社会中肯定会有这种议论，而且这种议论是很难解释清楚的。所以现在可以想见，在我们国家目前的法治观念当中，规定取得时效是比较难做的一个事情。但是不规定也不能用诉讼时效隐形地替代它，替代它弊远远大于利，所以这个制度我们不应当这样规定。当然也有人举例子说，登记的物权请求返还财产不适用诉讼时效，德国法就这么规定的。但是人家有取得时效制度，另外可能还有一些别的制度在里面。这一点，我没有研究不好说，但是我想它肯定不是一个孤立的制度。我们在研究国外的制度时，应该考虑它的制度体系是什么，这个制度在运作机制当中它的社会环境是什么。如果没有考虑到这些问题而直接借鉴国外的制度，可能就会出现一些问题。比如，《证券法》上有一个熔断机制，在美国是挺好的，到了中国就不行了，因为中国的制度环境跟美国不一样：美国有评级制度，行情断了之后，大家仍然通过各种方式对市场行情作出判断，而我们国家没有这么一个评级制度，只能根据行情判断行情，你把行情一关，那大家不就慌了。这好比在隧道中突然灭了灯，大家都乱挤，一关灯说是让大家冷静一下，但是你没有给他们灌输其他信息，他们只能更恐惧，然后你再开点儿灯，大家不就更乱了。熔断机制就是市场隧道中出现的这种问题。所以我们在借鉴外国制度时不多考虑是不行的。这就是我参加立法过程的一些心得。我就说这些，谢谢大家！

商文江 下面请大家从交流或者请教的角度向陈老师提一些问题。

提问人1 我想请教陈老师一个问题。刚刚陈老师讲到，民法典中有全面履行义务的规定，是弊大于利。如果按照这个制度，比如在《合同法》之中，当事人一方可以以承担违约责任的方式不履行合同，这和英美法上的效率违约是契合的。但是我不明白的是，在保障债务人意思自由的同时，这是否侵犯了双方在缔结合同时候的意思自治？或者说，民法上所说父爱主义，是不是还存在一定价值？

陈　甦 其实任何一个制度都是有利有弊的。很多人写文章批判父爱主义，但是很多人也希望它存在。我们先说一下你说的制度，如果说双方合同约定很清楚，允许一方承担违约责任而不去继续履行合同义务，那恰恰也是他们双方意思自治的表现。如果说合同约定不能那么做，那么在判决的时候，自然会根据合同的约定进行处理。所以这个事情很难说某一个制度一定全部都是好，或者说全部都是不好。所以我前面说，为什么全面履行义务作为一个原则不好呢，因为可能过于严格了。这样使得我们合同实践中过于刚性，缺乏了当事人可以以意思自治来处理问题的路径。另外我顺着你说的父爱主义来讲一下。父爱主义有它一定的好处，否则也不可能在有些国家或者制度中有着很广泛或者长时间的体现。但是，要从利弊划分的话，绝大多数是弊大于利的。作为我个人来讲的话，我是不愿意在这上面有一个更多更大的表现。顺便说一下，现在有些人说某些国家很好的时候，就会经常说免费教育、免费住房、免费医疗。其实，免费也体现了一种父爱主义。但是实际上，这种情况到底好不好，这是很难说的。免费的住房是什么样的住房？免费的教育是什么样的教育？免费的医疗是什么样的医疗？而且免的费用是从哪儿来的？还不是社会成员创造的。如果要免费的话，会创造出更多的中间管理环节和人员，这样的话，效率肯定会降低的。以前，我给人家讲课的时候，对于“三免费”问题，我会提出不同看法。如果“三免费”是我们追求的理想状态，斯巴达克时代就有了，他们在训练和决斗期间都是有免费医疗的，他们住的宿舍都是免费的。但是所有的免费是有代价的，是以自由为代价。所以，在某种程度上，我们所享有的免费越多，我们所享有的自由总量就越少。

提问人2 陈老师您好！请问草案中新增加的数据信息的内涵、外延和界限是包括企业大数据还是个人数据？是原生数据还是衍生数据？如果都涵盖的话，是否跟商业秘密构成重复保护？以及它们之间的界限在哪里？谢谢老师！

陈　甦 实事求是跟你说，我也不知道数据信息是什么。这个规定呢，大家在讨论的时候，都认为这是一个很不庄严的概念。把它作为一个权利客体，确实像你说的，不好划分，因为很多权利都跟它有关系。不过同学你不要担心，好像最新的一个版本把它删掉了。你的研究和观察很细。

提问人3 陈老师您好！在民法的基本原则中，比如说诚信原则，法院可以在司法环节适用。但是，针对绿色原则，请问您应该怎样适用？另外，如果说是宣示作用的话，这个基本原则的范围是什么？同时，如果可以只有宣示作用的话，我们是否也可以制定一条只有宣示作用的基本原则，比如说民事主体从事民事活动应该符合社会主义核心价值观，应该尊重中华民族传统美德。

陈　甦 这个同学思考很深入，关于在《民法总则》中写入社会主义核心价值观，还真有这么提议的，其实写上也可以，只是怎么表述更好一些。绿色原则在法律的适用当中，这个价值我们是可以肯定的，将来也会发挥实际作用。但是在实务当中究竟怎么用，这个没有经验。一般来说，在一些合同的处理上，在一些侵权事项的处理上，可以考虑有利于生态平衡。再比如，鼓励结婚也算是绿色原则，因为单身过多的话维持生活的成本要增加很多，同时用以维持生活的用品也会减少，所以鼓励婚姻的稳定除了有道德作用之外，还有维持社会生态的作用。我想说一个原则规定之后首先它是没有什么负面作用的，然后它的正面作用需要我们通过研究和实践找到落实这个原则的方法和途径。

提问人 4　陈老师您好！您刚才说的关于限制民事行为能力规定为 6 周岁或者 10 周岁，还有就是关于诉讼时效 3 年的这个规定，都是演绎性规定。我就想问一下，立法活动是很严谨的，为什么在这个过程中会做这种“拍脑门”式的决定，如果它有实证价值，为什么在立法的过程中没有人去做这个事？假如说我们现在想对它进行尝试，想进行实证研究的话，从哪个方向去考虑这两个问题会更有意义和价值？谢谢老师！

陈　甦　其实在法律画每一条线的时候，这个线就没有绝对的准。比如讲原来的 10 周岁，有没有 9 周岁的比 11 周岁的更聪明，认知能力更高？也是有的。但是，法律只能画一条线，这是一般情况，遇到特殊情况，再特殊处理。所以像这种线，如某些法律行为无效、有效等这样的规定要特别严格，而这些数字上的规定，看起来是刚性的，其实它真的不是刚性的，有的时候你“拍一下脑门”就解决了统一的问题，也是必要的。一码多长，很多专家们就讨论很多，然后国王说一码就从我鼻尖到食指尖，结果就解决了问题。所以在这种情况下，一个统一的标准便于我们实施，至于它在具体的实施中会遇到什么问题，我们还可以在具体的个案中去平衡它。我们现在的《民法通则》规定，10 周岁以下是不能独立进行民事行为的，但是实际上在大街上买冰棍儿的有的是，没有谁主张那个买冰棍儿的交易是无效的。但是遇到一些比较重大的交易，这个规定就会起作用。这个是我的一个看法，恐怕在某种情况下，“拍脑门”是一个最科学的解决方法。

提问人 5　陈老师您好！我想要问一个关于民事责任这一章的问题。我们之前最先见到的稿子是“民事权利的保护”，从民法立法上看，德国立法上也有这个立法的体例和方式。而这个民事责任，我们也知道来源于我们的《民法通则》。但是现在，我们的《侵权责任法》已经把这个完善了，可以预见，它将被纳入民法分则侵权责任编。这样一来，我感觉《民法总则》民事责任一章和后面民法分则的侵权责任编就很难作出区分。那么我们的民事责任这一章，规定在总则里面，它最主要的考量因素是什么？

陈　甦　你刚才说的确实是民法典编纂的一个方案，大家对此也是有所讨论的。这个问题可以这么讲，民事责任这一章自《民法通则》制定以后，我们一直认为它是在民事体例上的一个创造，这种创造可能会保留下来。至于你担心的民事责任在总则当中规定的问题，其中一个问题是民事责任的方式基本上都是侵权责任的方式。等到侵权责任编制定出来的时候，会不会有重复规定，我想这都是需要处理的。目前的《侵权责任法》对很多的责任形式都有所规定，待到将来将其整合为民法分则的一编的时候，我想肯定会对总则和各编之间做一个相应的协调，并且这种明显过度的重复可能会消解。至于侵权责任编是怎么个编法，还尚未开始进行。不过你想到的确实很有价值。

提问人 6　陈老师您好！我注意到草案第 110 条新增加了一条，是说民事主体依法享有股权以及其他权利。我想请问陈老师，现在的民事权利体系的分类逻辑是不是仍然依循物债二分？还是我们将其列为一种新型的权利，而非归纳到物债这个二分体系？这个体系真的能完美地，或者说相对完美地囊括现有的所有民事权利，比如说与信托相关的财产权？第二个问题想问，为什么在其中出现了股权，而对于信托财产权在这里没有体现。如果以后有可能体现的话，是在《民法总则》里体现，还是在合同编以信托合同的方式进行体现？

陈　甦　首先，关于民事权利编的划分有很多的讨论。有人讲，民事权利各种类别的划分在逻辑上都不是很周延。你刚才说到的，《民法总则（草案）》第 110 条“民事主体依法享有股权和其他民事权利”本身就有问题，因为该条所称的“其他民事权利”应该是跟股权类似的权利。但是讨论组在讨论的时候认为这个“其他民事权利”范围应当更大。我的理解是，这里理解为“其他投资性权利”是比较合适的。股权是一种投资性权利，那“其他民事权利”也应当是一种投资性权利。当然，所谓的投资权，并不是一个严格意义的法律用语，而是一个经济学用语。在这里，“其他民事权利”的表述也是不准确的。第二，至于你说的信托权如何体现，即它究竟是一种独立的权利还是可以用其他权利来概括。比如像你说的信托权利，委托人在信托财产上的权利涉及两个内部的民法上的所有权。所以在这种情况下，信托权利可否视作与其他权利并列而独立的一种权利，学界上还是有很多争议的。在这里，民事权利章如何表述，我的理解，一是这一章肯定是要保留的，二是这些权利是否需要分节，譬如权利的类型、权利的取得以及权利的保护，这个可能在今后会有所变化。但目前权利的分类其实是比较乱的，最混乱的还不是你刚才说的那一条，是第102条，即民事主体依法享有收入、储蓄、房屋、生活用品、生产工具、投资及其他财产权利。这里的各个类型的划分都很不标准，相互交叉重叠不属于一个层次，显得十分混乱。很多人主张这一条干脆取消。所以，看来这个民事权利章是最不成熟的！

商文江 提问环节就到这里，接下来可以私下请教陈老师，因为时间差不多了。刚才陈老师给大家作的报告包含9个方面，我个人感觉是8个字，即“实实在在、小中见大”！实际上讲的都是很具体的问题，但是能感觉到学术方面的工作对立法的支撑任重道远。让我们以掌声再次感谢陈老师！同时我期待不久以后，陈甦老师还会再来讲述他感兴趣的商法方面的内容。谢谢！

第二讲　民法典编纂与法学研究方法

主讲人：梁慧星　中国社会科学院学部委员、西南政法大学名誉教授、博士生导师

主持人：谭启平　西南政法大学民商法学院教授、博士生导师

嘉　宾：王　洪　西南政法大学民商法学院教授、博士生导师

刘云生　西南政法大学民商法学院教授、博士生导师

张　力　西南政法大学民商法学院教授、博士生导师

时　间：2017 年 1 月 13 日下午

地　点：西南政法大学致理楼民商法学院会议室

谭启平　各位老师，各位同学，今天下午我们非常荣幸地请到梁慧星教授做客我们金开名家讲坛。梁老师是西南政法大学的第一位名誉教授，十几年来，每年都到学校来跟学生们见面，他也是我们民法学科的兼职博士生导师。昨天到今天，进行了民法方向的博士学位论文的中期考核、开题和预答辩。梁老师和我们年轻人在这里一起整整拼搏了两天时间，一直精神抖擞，榜样就在身边，我们也不敢懈怠。梁老师有很多的光辉事迹和业绩，我曾经专门做过一个名为《“梁”师益友》的 PPT，介绍梁老师如此受尊重的原因。梁老师曾以个人的名义在他的家乡眉山青神县出资近三百万捐建了一座图书馆。在图书馆的成立仪式上，梁老师写下名言：“当年汉阳镇上的一间图书室成就了我的人生，今天我回

馈给家乡和乡亲们一座图书馆。”梁老师是国务院学位委员会里任职时间最长的学位委员，连续担任了三届；也是十一届全国人大和十届政协主席团里面唯一的一位社会界的代表，作为专家组的组长主持制定了我们国家的《合同法》，后来参与了《物权法》《侵权责任法》等一大批民事单行法的制定工作，做出了他自己作为全国人大法律委员会委员独特的贡献。同时，梁老师及时发出一些掷地有声的声音，让我们今天可以不断听到很多关于民法典编纂的最新的声音。这种精神确实值得我们学习，也让我们感到由衷敬佩。今天我们就利用这样一个场所，来和大家进行关于民法典编纂以及法学研究方法方面的一些交流，主讲梁慧星老师，在座的王洪教授、张力教授、刘云生教授等作为点评嘉宾。下面我们就欢迎梁老师开始讲座。

梁慧星　谢谢同学、老师们！这个场地很狭窄，好多同学都站着。今天这个见面不是正式的讲座，我们还是以交流、互相提问的形式为主。关于民法典编纂，我先说一个简单的问题。中华人民共和国现阶段是我们这个民族历史上最伟大的时期，这个伟大的时期不仅仅是因为改革开放取得了伟大的成就。一百多年以来，中华民族被世界歧视、看不起、贬低、欺辱，这样一个民族在世界上现在有了自己的尊严，有了自己的地位，参与国际上一些规则的制定，我们也感觉到扬眉吐气。在杭州西湖边，我和王泽鉴先生散步，王泽鉴先生讲到现在就是历史上的汉唐。他说中国现在的繁荣昌盛、国家威望相当于我们历史上的汉朝和唐朝。我还为王先生写了一首小诗，借这个机会，念给大家听。在西湖边的傍晚，“远山如眉际”，远山就像眉峰一样秀丽；“近水柳丝长”，说的是湖边的杨柳很长；“闲行夕晚照”，指的是漫步在夕阳的余晖中；“驻足看夕阳”，停下来看西湖的夕阳；“漫步西湖边，听君说汉唐”。谁说汉唐呢？王泽鉴先生说汉唐。王泽鉴先生认为，中国现在就是历史上的汉朝和唐朝。这个小诗写下来很有意义。所以说，中国现在到了一个比较辉煌的阶段。同时，我们践行了另外一项伟大的工作，就是中国民法典的编纂，不要小看它，只把它看成是一个立法工作。中国民法典的编纂，是中华民族一百多年来奋斗的一个目标。我们过去有学者在他的文章当中讲到，我们现在所做的工作是沿袭前人的职责。前人在一百多年以前，就要编纂中国民法典，要实现我们这个民族、我们这个国家的法治现代化，要实现我们这个民族的现代化，要提升我们这个民族的生活文明程度。这个民法典有什么重要意义？王卫国写了一个“集国人智慧，成伟大法典”。我们注意到网上有个别的人嘲笑说我们有这个资格、有这个条件制定一部伟大的法典吗？我要告诉大家，我们有这个资格，我们有这个条件。为什么一定要编纂一部民法典呢？一位年轻的学者说，民法典有那么重要吗？我在这里介绍一下中国社会科学院已经去世的教授谢怀栻先生，谢怀栻先生是我读研究生时候的老师，民国时期，他毕业于中央大学，在重庆高等法院担任法官。1945 年，日本投降以后，谢怀栻先生到台湾去接手法院，中华民国接收台湾后的第一份判决书，是由谢怀栻先生以中华民国台湾高等法院的名义签发的。谢怀栻先生在他的著作——《民法总则讲要》里面讲到了为什么要制定民法典。他说，与刑法，甚至与宪法比较起来，唯有一部民法典才能标志我们的民族攀上了历史的高峰。这句话是谢先生十多年前讲的，回答当时体制内对制定民法典的疑问。因此，一部民法典是我们这个民族一百多年奋斗、期盼的一个伟大的法典，现在按照我们的立法程序，很快就要产生。我们过去曾经说的，在这个大海边，看到远方的航船，什么烟囱，什么桅杆，现在就是这种情形。《民法总则》在今年的 3 月，将由第十二届全国人大第五次会议通过。民法典其余各编，把它合在一起，在 2020 年来完成。坐在我身边的谭启平教授，是西政民法的带头人，他加入了民法典分编的编纂小组，是小组的成员，直接参加了这项伟大的工作，还有孙鹏教授、王洪教授、侯国跃教授都是民法典编纂各编的起草组成员。我们老师和同学一定要高度重视这个事，要站在国家和民族的立场上，站在党中央的立场上看这个问题。趁着今天这个机会，老师和同学们想问什么，我都知无不言，同时我也想了解，我们西南政法大学的老师和同学，对民法典编纂有什么意见和建议，下面请同学们问问题吧。

提问人 1　梁老师您好！现在《民法总则（草案）》对法人按营利和非营利来划分。我想问，关于有些民办企业，怎么归类到这里面去？还有就是说，营利法人和非营利法人的分类与私法人和公法人的分类，有没有独特之处？

梁慧星　这个同学问到法人的分类，法人在民法中是非常重要的。关于分类，学界认为有两种方案，一种是按照多数国家的社团和财团区分，另一种是按照营利和非营利区分。这两个方案，在立法机关 2015 年内部草案中提出的是按社团和财团进行分类，但是遇到了问题，这种分法难以处理机关和事业单位法人的关系，因此，采纳了第二个方法。它沿袭了《民法通则》的传统方案，在三次审议稿的时候加上了一个特别法人。采用这种分类方法的理由是，按目的划分和《民法通则》的经验，以及社团和财团法人的分类方式，难以处理机关法人和事业单位法人的关系。我们学民法都讲社团法人、财团法人，但在这之下仍然要分营利性和非营利性；从登记和组织体系上来说，是社团和财团，但从税收管理、行政管理上来说，实际是按目的划分的。但是在理论上，社团、财团受到挑战。我们《公司法》规定了一人公司，一人公司既不是社团也不是财团，它是特殊的。我们现在这样分类绕过了这些问题。什么是实用主义呢？民法本来就是实用法学的一系列问题，因此，我认为这个分类是有道理的。至于为什么后来加上了“特别法人”，这是起草人考虑到在中国的特殊国情之下，我们的居民委员会、村民委员会，怎么给它们定位？它们不是国家机关，不是公权力机关，但是它们行使着国家所委托的一些职权，考虑到它们也要参与民事生活，所以现在立法机关在法人的分类中加上了“特别法人”。至于“特别法人”这一类当中的机关法人、农村集体经济组织、居委会、村委会，对于适当不适当的问题，大家各有各的理解，但不管适不适当，这四类安排在这里就是如此。立法有的时候不可能充分地讲道理，争论费时费力统一不了意见。我觉得从我个人来说，对于这样的分类我是赞同的。

提问人 2 梁老师您好！非常高兴能站在这里跟您对话。《民法总则（草案）》规定了民事法律行为的解释问题，可以说这是首次在民法典当中涉及法律行为的解释问题。问题在于，这个法律条文中进行了类型化地区分，分为有相对人的意思表示的解释和无相对人的意思表示的解释。我想问一下梁老师，在这个草案当中，为什么要对民事法律行为的解释进行这样的设置？我们能否把这种解释设置为统一的模型？

梁慧星 好的，谢谢你！我的意见是现在的草案规定法律行为的解释是正确的，我们的教科书上叫意思表示的解释。这个意思表示我们的教科书上分为有相对人的意思表示和无相对人的意思表示，没有相对人的意思表示就是单方的意思表示，有相对人就是双方。所以说我们把意思表示分开来规定没有任何理论上的障碍，我们把它们合在一起讲意思表示的时候，也要区分。意思表示是法律行为制度中最重要的制度核心，法律行为的定义中，就以意思表示为要素。所以说法律行为的解释就是意思表示的解释，有相对人的意思表示就是我们《合同法》规定的合同解释在法律行为当中的表现，这个合同解释最为重要，把它加以区分，在解释的原则上稍有差别，我认为没有障碍。

提问人 3 梁教授好！我是法理学专业博士一年级的学生，我感兴趣的点可能是比较小的一个点，就是人工生殖法律问题。我在做文献综述的过程中发现，梁教授 2006 年指导了一篇博士论文，是做的人工生殖法律问题研究，后来由法律出版社出版。因为这方面的研究比较多的都是学过生命伦理学和民商法的，我想问一下梁教授，法理学专业能不能将此作为博士论文的选题，您有没有好的建议？

梁慧星 人工生殖还是民法上的问题，民法上的问题照样可以作为法理学的问题，你看美国的法理学家，他们一讲法理学的教科书或者论文，举的例子都是民法上的，他们讲的道理都是民法上引申出来的，最典型的是波斯纳的《法律的经济分析》，讲的都是契约的经济分析、请求权的经济分析，都是民法上的问题。刚好这一点是我们国家的缺点。我们中国的法学划分，是20世纪50年代受苏联影响，法学院首先学法理学，而在西方，在日本，在美国，法学院首先是学民法，学合同法，先学财产法然后才学法理学。这是我们的历史条件导致。由于这样一开始学法理学，在分类中把法理学和部门法学的距离拉开了，导致我们很多法理学的学者对民法和刑法的问题关注很少，更有一个错觉，好像法理学那些原理、规则都是凭空产生的。其实法理学可以理解为各个部门法的共同的原理，共同的法理。因此，如果你有兴趣研究人工生殖的法律问题，人工生殖不仅牵涉到法律问题，还牵涉到伦理问题，它是当今社会最最重大的一类问题，这个研究一定会引申出比民法层次更高的那些法理学道理，我赞同你选这样的题。谢谢你！

提问人4　梁老师好！《民法总则（草案）》（三审稿）第155条规定的民事法律行为无效是违反法律的效力性强制性规定和违反公序良俗的二元区分标准，但是之前我看我们学校的孙鹏老师还有黄忠老师他们的一些文章，他们讲的是最好从二元区分标准转换到违反公序良俗一元化区分标准。所以我想问一下梁老师，你们立法的时候是从哪些因素考虑最终选用了二元区分标准？因为效力性强制性规定和管理性强制性规定的区分在实务过程中特别麻烦，仁者见仁智者见智，一审是这样，二审就是另外一个，这样相互矛盾，相互冲突。谢谢梁老师！

梁慧星　现在的第155条将这个强制法规进一步地限制为效力性法规，效力性强制法规是采纳了《合同法司法解释（二）》对《合同法》第52条第（五）项的解释。我认为你提出的个人的意见不一样，这不是问题。我们的法律进步了，法官的理解还没有跟上，所以导致什么是效力性的、非效力性的这个判断标准不清楚，在裁判当中导致歧义，我们会慢慢通过老师、学者研究解释使其统一起来，利用这个机会我告诉你:什么是效力性法规，什么是非效力性的规范，以及判案的基本标准。所谓效力性的强制规定，它规范的对象是行为或者法律行为。它规定的方式有两种，一种直接规定行为无效，第二种是在条文上使用“禁止”这个最强的措辞，禁止某某行为。举例来说,《合同法》第52条、53条、40条都是属于效力性规定。那么《合同法》第51条是否属于效力性规定呢?《合同法》第51条也属于效力性规定，无权处分他人财产的合同，权利人不追认则无效，权利人追认则有效。所以说它也是属于效力性规定。那有没有其他例子说明法条没有明确表示合同有效或无效，而是使用“禁止”的措辞呢?就是《合同法》第272条第3款，建设工程合同中，“禁止承包人将工程分包给不具备相应资质条件的单位。禁止分包单位将其承包的工程再分包”。这就是效力性的强制规定。规定即为两种方式：规定它无效或者用“禁止”的措辞。非效力性强制规定呢?它规定的对象主要是主体。它怎么规定呢?它是为主体附加了特殊的资质条件，还有附加上要取得特别许可的条件。这是规定了主体。那非效力性的强制规定有没有规定行为的呢?也有规定行为的。它规定行为是为这种行为附加上特殊的程序，例如招标、投标、拍卖，规定了特殊的程序。如果说我们看到这个规定是规定主体的，是要求主体具备特殊的资质，取得特殊许可，或者虽然是规定行为的，是为这个行为附加上特殊的程序的，而条文当中没有出现违反了将如何或者将无效等措辞的，它就叫非效力性的强制规定。顺便说到，中国的最高人民法院采用了“效力性强制规定”这样的表述，也是当年参考了日本裁判实践当中的分类。谢谢你!

提问人5 梁老师好!我是学宪法的，我想问的是，当宪法中的基本权利与民事权利相冲突的时候，应该怎么解决?中国的民法在司法适用的过程中是否可以套用德国的第三人效力理论?请问梁老师是怎么看待这个问题的。因为现实当中的“齐玉苓案”，就有宪法当中的受教育权与姓名权相冲突的问题。

梁慧星　好。宪法和民法的关系，特别是在大陆法国家都是一致的。首先从法律体系的位阶来看待，宪法是最高的位阶，它处于最上位，民法刑法是属于它下面的基本法的位阶，在下面还有特别法，还有行政法规，组成一个金字塔式的结构。这种对一个国家法律体系的描述，我看是多个国家的学者所共同遵循的。那在这个结构中，宪法居于最上位，它具有指导的、领导的性质，因此我们的学者把它称为国家的“母法”。民法上的一些法律规则，它的权限的来源、制度依据都是宪法。单从这个结构就可以看出，它和民法的关系，首先一点，民法的制定要遵循宪法所决定的那些原则、那些精神、那些指导思想，以及那些基本制度。在这个意义上可以说，民法是把宪法上的一些内容具体化。第二，民法绝不容许违背宪法，违背宪法是无效的。在别的国家，有宪法法院、宪法委员会来裁决违宪案件，这是针对法律是否违宪的问题，一旦被裁决违宪，这个法律就丧失效力。第三，宪法和民法的关系，它还有别的意义，这就是民法在适用当中可以用宪法的那些规定来解释、补充民法的不足。在民法的解释方法上有一个合宪性解释方法，合宪性解释方法说，在民事案件的审理当中对某个民法规则的解释如果有两种意见，以其中符合宪法规定的解释为准，那个是正确的，这是一个含义。另外还有一个含义，就是在解释民法的时候，裁判民事案件的时候，如果民法有不足，可以根据宪法的规定把它解释为民法上的规定。你所讲到的“齐玉苓案”就是一个典型。民法上没有规定冒名上学这个问题，现在遇到这样的案件，法院怎么办呢？就把《宪法》上的受教育权用到这里。既然《宪法》规定了公民、人民有受教育权，那这个受教育权当然是我们的民法侵权责任制度当中所规定的他人合法权利的一种，它是一种合法权利，因此来裁决了这样的案件。这样的案件的裁决，用宪法来补充民法的不足，在西方，在欧洲更普遍。我们去年答辩通过了一个博士论文，就是讲基本人权的私法保护，其中举的好多例子就是这样的。我记得有一个例子就是承租人去世，和承租人同居的是承租人的同性伴侣，他要求按照英国的《房屋租赁法》继续居住，续签这个合同。他在英国的一审、二审都败诉，支持了房主的诉求，要把他撵出去。最后上诉到了英国的上议院，判决支持了同性伴侣的主张。在这里是什么关系呢？因为英国有欧洲人权法院，有《欧洲人权公约》。用《欧洲人权公约》中关于基本人权的规定来解释英国民法上的租赁合同条例上的权利。租赁合同条例上规定的是承租人去世，他的配偶可以续签这个合同。最后法院解释租赁合同条例所说的承租人的配偶包括承租人婚姻关系上的异性的配偶，也包括同性伴侣，不就是扩大了配偶的这个概念吗？这就是典型的宪法和民法的关系。话说回来，我们国家的民法学者在民法的研究当中很少研究与宪法的关系问题，宪法学者也很少研究和民法的关系问题，这是值得我们重视的。我建议你将来可以在这方面选择你研究的题目。谢谢你！

提问人6 梁老师，在20年前，您在《从近代民法到现代民法》这篇文章当中提出近代民法和现代民法的根本区别在于物质生活基础的变化。那么我想问，现在20年过去了，无论是世界还是中国社会，我们物质生活基础的变化，可能比之前100年的变化还要剧烈和明显。请问梁老师，您如何看待《民法总则（草案）》第104条规定提出的“法律规定具体权利或者网络虚拟财产作为物权客体的，依照其规定”？您认为虚拟财产进入民法典，它会对我们现有的物权体系带来什么样的影响？

梁慧星 谢谢你！你说的是二次审议稿。二次审议稿关于物权的那个条文第2款说到了“如果法律规定虚拟财产等等”，当时这个条文的起草，实际指导思想显然是要把虚拟财产纳入物权的调整范围。这是学术上的一种意见。但是这个方案受到多数学者的批评，后来就把它删掉了。三审稿，你看关于物权就没有这个规定，而是把虚拟财产单独规定，再作为一个专条规定虚拟财产受法律保护。关于虚拟财产问题，它是现代社会中一个重要的法律问题，学者们、立法者们总想解决它，学者们想解决什么呢？想解决它的权利属性，那就是虚拟财产在现实当中，它最大的要求是什么呢？就是保护问题。我们现在的三审稿可以看出来，我们立法的精神是解决虚拟财产的保护问题，而不急于解决它们的权利属性问题，这就是现在我体会到的三审稿的起草人的立法目的、指导思想，虚拟财产要把它作为物权来规定，遇到的最大障碍是物权的客体是有体物，有体、有形。那有人说电不是有体物，在过去，电是看不见的，但是电一旦在导线上流动可为人所支配，所以说日本的刑法把这个电“视为”物。在我国的法律中没有这个障碍，所以说电在我们的法律当中照样还是可以作为物权来对待的。现代法上的虚拟财产，从我的了解，各个国家都保护它，怎么保护？对虚拟财产两种保护，一个侵权法保护，一个违约责任的保护。有没有哪个国家把它作为物权、所有权来保护？到现在还没有看见。这里讲一下，近年日本东京地方法院的一个判决，关于虚拟货币，就是我们说的这个比特币。这个案件的原告是一个比特币的持有者，案件发生是因为经营比特币的公司破产，进入破产程序，这个比特币的权利人就类似于所有权人，比特币的权利人向法院请求行使取回权。大家注意，取回权是属于物权法上所有权人的权利，在进入破产程序以后，如果破产财产当中的某一项财产是属于别人的所有权，所有权人可以直接向破产裁判庭主张拿回来，这叫取回权，当然证明他是所有人就行了。而东京地方法院审理作出判决，驳回原告的请求。判决书中讲，取回权的权源是所有权，所有权的客体、对象是有体物，虚拟货币不符合有体物的条件，因此不构成所有权，否定他的取回权，驳回他的请求。那这里分别讲到了比特币和虚拟财产，它究竟属于什么东西？它是一群人通过他们相互之间的合同加入了一个圈子，一个自然人或者什么人的圈子，他们同意了一种规则，不就是一个游戏规则？虚拟财产不就是一个游戏规则吗？同意了共同遵守这个游戏规则，因此就加入了游戏，就在他们之间互相承认虚拟财产。比特币也是一样的，你接受了他们的协议，你购买它，在这个圈子里面可以流转、互相承认。但是它是不是真正的货币呢？不是。是不是真正的财产呢？

不是。我们衡量它，可不可以把它拿到现在的超市、自由市场上去支付？可不可以随便去买东西？不可以。我们的国家不承认，我们的社会不承认，一般的商家不认可，因为商家和你之间没有这个协议。在国外，比特币要在哪里买东西的话，那这个商家要加入了这个圈子。游戏的虚拟财产，它是一种游戏，在这点上更有差别，这就是虚拟财产。我个人的意见，《民法总则（草案）》规定虚拟财产受法律保护是应该的，我们的法院也保护它，最早裁判虚拟财产的案件，我记得是昆明中级法院，在其他地方法院也曾有过这样的判决，无非是按照侵权责任或者违约责任。如果相对人是加害人，就是追究侵权责任；如果相对人是虚拟财产游戏的服务商，就是追究违约责任。那如果我们的法律这样规定，同志们可不可以说我们就承认虚拟财产是一种权利呢？当然可以，你把它叫虚拟财产权是可以的，你再解释说是一种特殊权利也是可以的，你说既不是物权也不是债权是一种特殊权利都可以，但是它不是物权，它与债权也不同。我们在将来可以说法律经过社会的发展我们承认了一种新型的权利，一种特殊的权利，我想是可以的。谢谢你！

提问人 7　梁老师您好！我想问一下我国目前出现了大量的民事特别法，比如《消费者权益保护法》《劳动合同法》《食品安全法》等，其适用的原则与我国传统的民法基本原则都存在相当大的差异，它是强调保护弱者的权益，强调实质公平。将来进行民法典编纂的时候，应该怎么应对呢？将来民法典的基本原则是否将进行扩张，涵盖这些基本原则？

梁慧星　好，谢谢你！这个同学的问题跟前面的问题有关系，这是社会的发展变化，特别是前面讲到的现代民法与过去的传统民法。在资本主义早期，市场主体分为生产者（也就是小业主）、农民、工人手工业者、小商人。当时的民法假设了一个前提，即他们都是平等的，那么一个手工业者和农民他们真正平等吗？当时的民法设计者，理论的阐述者，又讲了另一个理论，在现实当中，一个农民和一个手工业者可能不是绝对平等的，但是他们在市场中总是频繁地交换位置，手工业者向农民买粮食可能居于不利的地位，但是农民反过来向手工业者买工业品、生活用品也可能居于不利的地位，因此他们的不平等就为互换性与不停地交换位置所代替了。这就是民法规定平等原则、合同自由，这些基本原理发生的条件。那个环境，当事人是平等的，因此他们的自由决定就有法律的效力。但是随着市场经济的发展，资本主义到后来愈加发达了，更不用说现代市场经济了，在这样的社会当中，我们看到主要的主体是企业，特别是大企业和跨国公司，在这个交易当中我们看到一方是消费者，一方是企业，他们的经济实力悬殊，资讯掌握悬殊，消费者买这个产品能知道它的生产过程吗？知道不了，只能凭他自己的陈述。这样的关系变换不变换呢？不变换，消费者永远是消费者，生产者这个企业永远是出卖人，这就导致传统民法当中平等原则的基础动摇了，我们所说的实际不平等差距越来越大，互换性也没有了。民法对这样的情况要采取一定的措施，这个措施无非是对特殊的主体给予援助和给予特殊对待。过去是合同自由，当事人约定就相当于法律，现在不行了，必须考虑合同双方当事人，如果其中一方是消费者的话，就必须对企业一方经营者加以限制。大家看一下我们《合同法》第39条、40条，我们《合同法》第40条规定了剥夺对方的主要权利，其结果就是对民法的基本原则有所限制。对经营者来说，限制了其滥用合同自由损害劳动者和消费者的利益，那么换一个角度来说，这样的限制就恰当地弥补了消费者和劳动者他们实力的悬殊。所以说，像一些学者所说的现代民法就是合同自由受到一定限制，这个所有权的自由也受到一定限制，这就纠正了早期绝对的合同自由，早期所谓绝对的所有权自由。早期的民法认为这个土地所有权基于上空和地心，现在还这样吗？现在不这样，中国不这样，外国也不这样。所有权只是在法律允许的范围内，他可以支配，更不用说我们还有什么城建规划那些各种各样的限制。合同自由也是如此，对劳动者，对消费者都是。但合同自由这个原则是不是还在呢？还在。我们当年制定《合同法》的时候，以及现在要编纂合同编的时候，我们面对的大量合同，如果双方当事人都是法人，都是经营者，我们充分尊重他们的自由；如果一方是消费者，是劳动者，我们就会规定一些特殊的保护措施，各国现在的消费者保护法不就是这样吗？话说回来，著名学者讲到近代民法发展到现代民法，但是现代民法和近代民法并不是截然划分的，截然不同的，它们基本的内容，基本原则还是在，合同自由还是在，平等原则还是在，所有权自由还是在，只不过对于早期的放任进行了适当限制，另外产生了一些禁止权利滥用的规定，公序良俗原则、诚信原则的地位也有所提高，适用的范围、适用的频率也相应增加，这就是现代民法和近代民法，它不是截然相反的。谢谢你！

提问人 8 梁老师您好！根据《民法总则（草案）》，出于公共利益的需要征收、征用动产和不动产应当给予公平合理的补偿，那我的问题是，应该怎么理解所谓公平合理的补偿呢？遵不遵循等价原则？为什么不把它改成及时有效的补偿？

梁慧星 这个同学问到征收、征用，这是各个国家都有的。征收、征用恰好是刚才讲的对所有权的一种限制，基于公共利益的一种限制，但是要注意，征收、征用它并不是简单的行政手段，不是采用公法手段来限制，它仍然采用民法上的手段，征收的时候要给予补偿，签订相应的协议。2004 年《宪法》修改的时候，规定了征收、征用，当时规定征收、征用的必要性不用说，国家要建设要发展不征收拿什么来盖房。虽说当时征收、征用这个规定，《宪法》上规定了给予补偿，但学者提出应当给予合理补偿，公正补偿，当时的起草人在《宪法》修改的时候没有采纳。这恐怕和我们宪法学界也有关系，没有采纳给予合理补偿。紧接着后来的《物权法》再次规定了这个征收、征用。《物权法》规定的征收，虽然没有出现公正补偿，但下面的条文讲到了怎样安置，对征收人怎么安置以及一些具体的补偿性措施。在征收制度上对补偿应当有一个大致的标准，这个标准叫公平或者合理，但是能不能够说就一定要按照市场价值呢？那就很难说。例如，如果北京长安街一个破房子将被征收，这个征收当然要补偿，一平方米十多万。北京以及其他大城市已经出现了一些问题，就是通过这些征收的补偿一下子就产生了巨富，这些人有上千万甚至更多。他如果有两三套房子，那在北京的补偿就是好几千万甚至上亿。这产生的社会问题是什么？就有一些家庭因为征收一下子巨富，而他们并不知道怎样进行合理的消费，自己一味地挥霍、赌博，孩子也不上学。感觉有了钱，就成了暴发户，这就成了社会问题。话说回来，讲公平补偿，讲合理补偿，它是弹性的。也就是说，怎么讲合理，怎么讲公平，要通过解释，法官的解释。能不能够明确地规定？当初曾经想过，如果土地征收的话，要持什么位置相当的市场价格，但是只能是参考，要参考这个土地与这个土地类似或者相当的位置、相当的条件的市场价格。但这里能不能说绝对按照市场价格呢？也有一些别的学者提出反对意见，比如说经济法方面的，主张发展权；有一些学者认为，土地增值应该归国家，所以说比较妥当的表示是参照，可以考虑参照。这样一来，这个合理公平就很难绝对化。本来这些合理补偿就有一定的弹性。而我曾经设想，如果当事人觉得补偿的价格不公平怎么办呢？究竟公平不公平，合理不合理怎么去衡量呢？你可以设想一个办法，例如组织听证会或者提供中介来进行评估等这一类的措施来解决。所以说，征收制度，就现在的执行当中，它的弊病正在慢慢被纠正，这就是我对于这个问题的回答。谢谢你！

谭启平 因时间关系，下面由我们导师组来讲，然后还有我们进一步的学术活动以及其他一些安排，我们梁老师的讲解问答就先告一段落。我们非常感谢梁老师用一个多小时的时间就民法典制定过程中一些重大问题给我们做了一些介绍，同时也回答了我们同学们所提出的一些应该说是高水平的问题，可以看出同学们这些提问都是有备而来的，都是争议比较大的问题。这个确实也看出来我们西政的学子，可以说是后生可畏，提出来的这些问题都是很有水平的。当然，梁老师的回答更有水平。

下面我们依照金开名家讲坛的程序，进入点评嘉宾的发言环节，那么我们就先有请张力教授。

张　力　作为梁老师的徒孙辈，在这里有这样一个学习的机会，实在是三生有幸，因为梁老师已经非常非常辛苦了，不说别的，从昨天早上到现在，至少梁老师的战斗能力和激情是我自己没有办法去比的。在这里我只说两点，就是不管中国民法典到现在到底还有多少人对它持有非议，至少在《民法总则》颁布以后，这种非议它也不可能完全终结。但是至少我们要相信民法典的编纂体现的是制度自信、道路自信和理论自信在法律法规中的这样一个经典表达。而且我们要相信，这个自信是基于以梁老师为代表的大师之口、之手来呈现的，所以这个法典编纂必然成功。第二点就是，这个成功同时又是一种妥协，求同存异，创新务实的体现。如果有人希望民法典编纂得很理想，那么不妨将这个理想留待将来，因为法典要孕育，要出生，但是我们更要看在出生之后的成长。所以现在《民法总则（草案）》的框架为这样的成长铺就了向将来的发展路径，那就应当是成功的。所以有梁老师在这里指导，那我们就应该放心，法典在诞生出来之后，它应该是可以好好成长的。《德国民法典》有今天也不是它一生下来就有如此高的赞誉，它也是慢慢被养大的，是吧？所以在梁老师的带领之下，我们慢慢还要去养这个民法典。在这里其实我也非常羡慕刚才有机会向梁老师提问的那几位同学，我在那个年龄段只求得过梁老师的签名。在老校区的礼堂,那时候我就他们这么大，但是签名直到现在都时时激励着我。那几位同学我不知道能否可以和你们有个 10 年或者 20 年之约，那时如果再问你们当年这一次和梁老师的聚会，在你这一生之中是什么样的缘分，我相信，那一定是对你的人生道路能够产生重要触动和改变的一个关键节点。其他我不说了，祝梁老师生活愉快，身体健康！

王　洪　时间也很紧，我就说两句话吧：一个是感谢，一个是感动。感谢的不单单是今天的讲座，大家可以看下这幅墨宝，原来的话是这样,“为自由平等公平博爱正义而奋斗”。都写好了,“奋斗”都写完了,写完之后，好像说“奋斗”还不行，“奋斗”是自己的事情。后来就说，那就把“奋斗”换成“斗争”。从这个当中大家可以看出来，在整个的民法典或者是我们大的法典的制定过程当中，肯定存在很多障碍。但是即便障碍再大再多再艰难，我的很多文章中都特别表明，这么多年我们最成功的立法就是《合同法》，接下来就是《物权法》《侵权责任法》，接下来就是民法典的总则编。能够到今天这个格局，是梁先生他们这一代人努力“奋斗”的结果，当然更是“斗争”的结果。另外一个就是感动，梁先生今天身体这么好，我十分感慨，我都会打瞌睡，但他一直精神抖擞地坐在那儿，关键是整整两天，中午不休息，这是我们特别感动的。但是我想身体好固然是个原因，更重要的是，我相信激励梁先生的是一种强大的意志力。我相信凭借这种意志力，我们梁先生可以长命百岁，一直到我们把民法典完整地推行出来，并且卓有成效的那天。谢谢大家!

刘云生　尊敬的梁老师和各位老师、同学们下午好！这两天不仅仅是这个讲座，这两天我们都感到很幸福，这是我们作为西政人的一种福利。梁老师作为我们民法的博导，每一年都要来履行他博导的职责，参与我们博士论文的开题、预答辩。比起同学们今天下午短短的一个多小时，我们更幸运的是有整整两天时间来聆听梁老师的一些高见，带回他在参与国家立法活动或者对外交流活动中，在民法问题上的一些思考，在这一点上，我们一直觉得这是一个很大的福利，这是一个很幸运的际遇和安排。那么第二点，我想说的是，从刚才很多同学的提问可以看出来，大家都对民法典编纂很关注，提出的问题也很体现我们西政人的一个特色，比较务实。这是我们西政一贯秉承的校风，我简单地表达一点：作为民法典编纂的一位小小的参与人，我一直有一个平常心，也就是说，中国民法典在这种机遇之下，是一定会出生的。但是，我们应该用一种平常的心态去对待它。在这样一个时代，这样一个国情之下，它生长出来这样一部民法典，不应该给它负载过多的历史重任。因为我国在一个改革转型的时期，所以在这点上我和张力老师有不同看法。年轻人激情满满，对未来充满希望，但是我们要保持一种平常心态：有比无好，能迈出这一步很宝贵。梁老师和比梁老师更年长的那几代民法人，包括西政的金平老师，20世纪50年代就开始为中国民法孜孜不倦地努力和奋斗。一眨眼，半个世纪过去了。所以，民法典本身当然是一个历史的工程，但是民法的生长，并不是完全由民法典来决定的。其实在民法典颁布之后，要使这部法典真正发挥生命力，更仰仗于法律的学习、研究和大家作为法律人，对这部法律的解释、运用。这样一个过程才能真正使得民法典发挥其历史功能。只有在这个基础之上，才可能实现张力院长刚刚所提到的，孩子出生之后的"养"。最后，再次表达我对梁老师的敬佩。这两天确实大家都感到比较疲惫。我特别喜欢这种讲座的方式，它不再是以前那种只听一个人讲，今天梁老师是以一种对话的方式，提问，沟通，使得我们对信息的了解不局限于一个固定的话题。这种对话的方式，使得我们对某些问题的认识更全面、更深入，对个人获取知识更有意义。谢谢大家！

谭启平　最后我总结一下，感谢我们三位点评人简短精彩的发言。由于时间的关系，相信在座的学生、老师都还有很多话想要说，但今天时间确实比较紧张，最后我再说几句。第一个，再次感谢梁老师利用这宝贵的时间参与这次讲座。梁老师对西南政法大学民商法学科建设花费了极大的心血，无偿地进行工作，梁老师这种牺牲奉献精神确实是难能可贵的。某种意义上讲，从我这个角度讲，我们"民法人"有点贪婪。梁老师曾经也向我们提出过，对西南政法的工作慢慢地淡出。但是我看到梁老师身体这么好，我每一年也没有按照民法上的意思自治原则，事先没有跟梁老师商量就给梁老师分配学生。一直到现在为止，梁老师一直都在履行职责，也是给我们树立榜样。过去讲，扶上马送一程，梁老师对我们西政民法是送了一程又一程，可以说是一直带领着我们不断前行。不客气地讲，我们西南政法大学民商法现在在全国法学界的地位，比起过去可以说是有所提升；如果再不谦虚一点，应该说有了很大幅度的提升。这个当然与我们自身的努力有关，更是与梁老师对我们的带领密不可分，因为梁老师的学术地位和他的人品、他的各种力量，确实能够给我们西南政法大学带来巨大的正能量，我们也充分利用了这个正能量，我们应该再次感谢梁老师！

另外我也想谈谈一个词“责任”。梁老师他们这一代人，应该说为改革开放以后的中国民事立法工作，为我们国家社会主义法律体系里的整个民事法律制度的建立和完善，奉献了他们毕生的精力，做出了卓越的贡献。而这次我们谈论的话题是民法典，这次我们是编纂，而编纂就是在既有的法律体系上的一个科学化的整合工作。应该说这是一项伟大的工程，这是一部在我们改革开放以来，在中国，乃至于在世界法律史上将来都会写下浓墨重彩一笔的伟大的法典。民法典的编纂确实受到了全国乃至于全世界的关注，包括梁老师刚才谈到的在杭州的这个会上，我和日本东京大学的一位教授在进行交流的时候，他对中国民法典编纂的整个进程也是给予高度关注的，也谈论到了有关法人分类的问题，包括《产品质量法》和我们的民法体系如何契合，他也发表了很多意见。在这个过程中，梁老师他们的付出显示了他们的责任与担当。梁老师在这个过程当中主要参与全国人大常委会法工委的活动，以及通过各种形式为我们今天的《民法总则（草案）》，包括后来的分则编纂，付出了巨大的心血。我们的民法典正式编纂启动工作是在 2015 年的 3 月 20 日，从 2016 年的 6 月 14 日，我们民法典分则的编纂工作也已经开始启动。刚刚梁老师也讲了，我们西南政法大学民商法教研室也有好几位老师参与了民法典分则五编的编纂，包括我和侯国跃教授参与的侵权责任编，王洪教授和陈苇教授参与的婚姻家庭法编，孙鹏教授参与的物权编，还有张玉敏教授参与的继承编，这是分则部分。在总则部分，我们西南政法大学也做出了力所能及的贡献。中国法学会民法典编纂项目领导小组成立之后，第一个全国性的关于民法典编纂的研讨会就是在西南政法大学召开的，就是在 2015 年的 4 月 30 日，我们召开了一个关于民事主体的研讨会，这个研讨会所形成的会议成果后来提交给了全国人大常委会。我们以团队的名义，以个人的名义向全国人大常委会法工委提供了很多的意见，后来法工委有些同志在有些场合碰到我也向我反映了，“我感觉你们西南提过来的意见很接地气”。这个评价不算是一个很高的评价，但对于我来讲，至少是一个很中肯的评价。实实在在地讲，我们西南政法大学远离京城，在这个过程中能够参与民法典的编纂，能够在某种程度上比过去有所进步，其实也反映了我们这一代人应该有的一种责任和担当。当然，未来民法典编纂出来以后，关于理论问题的再讨论，法律制度的实施，对整个社会发展的引领作用，以及整个法律制度的再完善，这个重任我想不能再继续寄托在梁老师的身上，更不能寄托在金平教授的身上。前天下午，我见到金平教授，他 95 岁了，现在身体还非常好，金老师对民法典还是高度关注的。在这个过程中，有好几次，还在早上 6 点钟的时候，就给我打电话，说“这一条是怎样考虑的”。全国人大常委会相关部门在这个过程中也专门征求过金平教授关于民法典编纂方面的意见，因为金老师是全程参与过新中国民法典第一、二、三次编纂的，目前在学界唯一健在的老先生。我说这些话可能有点啰嗦，但我认为我们不能把未来的一些任务都全部寄托在梁老师、金老师这些人身上，未来的很多工作应该是由我们这些人来完成，或者更主要的是靠我们在座的同学们。不过我也经常感到十分欣慰，所到之处，在各种会议上面，甚至在国外的某些学术交流的场合，我们总可以看到西政人的身影。也就是说，这份责任意识现在要开始树立，大家也应当有这样一个信心，我们寄希望在未来的民法典编纂过程中做出你们自己的贡献。实际上，按照十八届三中全会、四中全会的决定，我们全国人大及其常委会的民主立法较以往而言确实有了很大的进步，仅以这一次《民法总则》的编纂来讲，应该说征求意见的程度是空前的。这次是第一次公开征求意见，第二次也征求意见。极其反常的是，在第三次常委会审议之后，委员长会议已经决定提交今年 3 月份的全国人大会议审议的时候，还在征求意见。我们从积极方面评价，这是人大民主立法的一个重大举措，但实际上这个举措是反常的。这也说明了《民法总则》现在的这个草案在很多方面还是存在令人不满意的地方，争议很大。通过这样的征求意见，这也是消解民意的一个非常重要的途径。现在大家对这个草案总感觉有很多不满意的地方，很可能是每个人对民法典的期待不一样，好不容易有次民法典编纂，我们的学者从个人的学术判断角度，总希望民法典出来之后是最好的。就像父母总期望自己孩子的基因是最好的结合，但实际上最后很难做到。因为现在的民法既是一种技术性的立法，也是一种政治性的立法；既是学者参与的立法，更是政治家决定的立法。所以，我觉得民法典的制定和完善，未来的实施，对在座的每一位来讲都是任重道远的，这是我说的第二点。

最后一点，有一个共同的祝愿，还有两天时间，就是梁老师 74 岁的生日，让我们共同提前祝愿梁老师生日快乐，永远健康！再次谢谢梁老师，谢谢各位点评嘉宾，谢谢同学们参与这次活动，谢谢大家！祝大家周末快乐、寒假快乐、春节快乐，谢谢大家！

第三讲　民法典时代中国《公司法》的修改与完善

主讲人：赵万一　西南政法大学民商法学院教授、博士生导师
主持人：侯东德　西南政法大学民商法学院教授、博士生导师
嘉　宾：侯国跃　西南政法大学民商法学院教授、博士生导师
汪青松　西南政法大学民商法学院教授、硕士生导师
林少伟　西南政法大学民商法学院副教授
赵　吟　西南政法大学民商法学院副教授
时　间：2017年3月20日晚7：00
地　点：西南政法大学图书馆学术报告厅

侯东德　各位同学，今天晚上大家从四面八方来到这里，只为一个目的，聆听赵万一教授及五位嘉宾共同给我们带来的精彩学术讲座。首先，让我介绍一下今晚的主讲嘉宾赵万一教授。赵万一教授是我们民商法学院院长、博士生导师，同时也是中国法学会商法学研究会的副会长。赵老师长期在民商法学的教学与科研工作上进行辛勤耕耘，累计发表学术论文150余篇，其中大部分都是顶级的权威期刊；主持了包括国家级项目在内的重要研究项目20余项，为国家的法制建设和经济建设做出了突出的贡献。他和金平先生等人所提出的关于民法调整对象的平等关系理论为我国的《民法通则》所采纳，他所提出的

国有企业委托经营权理论是20世纪80年代最有影响的国有企业财产权理论之一，特别是他在我们的本科教学（包括研究生教学）中作为通说的民法、商法价值取向的区分理论，民法的伦理性价值理论等都产生了很大的社会影响。近年来，他在大力倡导和推进自治型公司法的改革工作，我相信也会对未来中国公司法的品格塑造产生重大影响。今晚，赵老师给我们进行演讲的题目是“民法典时代中国《公司法》的修改与完善”，我相信，这个演讲肯定会让我们大受裨益。让我们再次以热烈的掌声对赵老师的到来表示欢迎。

同时，我介绍一下今天晚上参加点评的嘉宾，他们是民商法学院的博士生导师侯国跃教授，民商法学院商法教研室主任汪青松教授，商法教研室副主任、副教授林少伟老师，还有我们美丽的“上神”赵吟副教授。我是本次论坛的主持人侯东德教授。

《公司法》自1993年颁布实施以后，经过了20多年的发展，应当说，它从诞生之日起就走了一条不寻常的发展道路。当时的《公司法》在某种意义上说是为了国企改革而颁布的一个应景之作，因此，不可避免地带有比较浓厚的计划经济的时代特征，我们学界通常把这部《公司法》称为管制型的公司法。《公司法》颁布后先是经过两次小的改动，然后是2005年比较大的修改，再到2013年以公司资本制改革为核心的局部修改。经过几次修改后，现在的《公司法》已经和20多年前的《公司法》有了很大不同，同时也契合了世界公司法改革的发展趋势。那么，未来公司法的发展趋势究竟是什么？在民法典编纂的大背景之下，中国的《公司法》如何保持与民法典的协调与融合？中国的《公司法》应当如何进行修改与完善？这些都是我们非常关切的问题。下面，我们有请演讲嘉宾赵老师对以上问题为我们一一解答。

赵万一 尊敬的各位来宾，各位同学、各位嘉宾及主持人，大家好！非常高兴能有机会与大家共同分享和交流我对民法典编纂背景下如何处理民法与公司法的关系所进行的一些思考，同时也非常感谢民商法学院学生会给我这样一个与各位来宾相互学习的机会。此次讲座题目开初确定的是《市场经济需要一部什么样的〈公司法〉》，后来，为了配合我国《民法总则》的颁布，我将题目临时改为了《民法典时代中国〈公司法〉的修改与完善》。众所周知，前不久第十二届全国人大第五次会议审议通过了《民法总则》，这是我国政治经济生活领域中的一件大事，不但会对我国的法治建设和法律体系的完善产生重大影响，而且也会影响到整个社会发展的走向。今天，我的讲座主要讲三个方面的问题：第一个问题是如何理性地看待《民法总则》与《公司法》的关系；第二个问题是如何准确定位中国的《公司法》，或者叫中国需要一部什么样的《公司法》；第三个问题是未来我们的《公司法》应当如何进行修改。

一、《民法总则》与《公司法》的关系

首先，我讲一下如何理性看待民法典与《公司法》的关系。这主要包括两个方面的问题：一个是什么是民法？什么是民法典？另一个是中国《民法总则》的颁布会对我国《公司法》带来什么影响。关于什么是民法，什么是民法典，上次举办讲座时我也阐述过自己的观点。我一直认为，所有国家的民法都不是一种单纯的制度设计，而是一个国家民族精神、民族文化、民族传统的提炼和升华。而民法典作为体系化、系统化和规范化的民法制度设计过程，相对于非法典化的民法制度设计来说，不但有更高的技术要求，需要更高的政治眼光，而且承载了更多的民族精神寄托。所以，各国对民法典的制定都应该抱着一种非常审慎的态度，非常崇敬的心情和非常敬畏的心理。前几天刚颁布的《民法总则》虽然在某种程度上体现了这样一些要求，但可能还有一些值得进一步改进的地方。由于今天我们讲座的主旨是为了宣传《民法总则》，所以暂不对它做出批判。今后我可能会专门举办一场讲座来谈一下我所认为的《民法总则》不足的问题，而今天我只讲其中的一点。如果说《民法总则》有什么明显缺陷的话，我认为它最主要的缺陷就是我们不恰当地把民法理解为调整市场经济关系的基本法，也就是将其定位为社会财富的创造

法和促进法。我认为这是对民法典的基本定位出了问题，在随后对一些具体条文进行分析时，我也会提及这一点。长期以来，我一直坚持认为，民法或民法典并不负有创造社会财富的功能，民法更主要的作用应当是保护民事主体的合法权益。因此，我们既不能过分贬低民法的价值，也不能无限夸大它的作用。举个例子，当我们说到民法时，最常用的是两句话：一是说民法源远流长，二是说民法博大精深。为什么这样说呢？因为民法制度的历史非常悠久，大多数制度都可以追溯到古罗马，有些甚至可以追溯到《汉谟拉比法典》。民法的内容也非常庞杂，一个学者穷其一生都很难对民法的主要制度有精深的了解，许多民法专家都是指在民法的某一个领域有较深造诣的人。但另一方面，民法又很单纯。如果我们用最简洁的语言对民法的根本要求、民法的作用、民法的制度内核进行归纳的话，我认为可以用两句话加以概括：第一是保障人能够活下去，第二是保障人能够有尊严地活下去。现代民法和古代民法、近代民法的一个主要区别就是更强调使人生活得有尊严，更加注重对自然人人格尊严的保护。如果做到了这一点，那么民法的作用就基本完成了，这样的民法就是一个好的民法。如果民法没有实现这个作用，而是把工作重心放到其他方面，我们很难说这样的民法是一个理想的民法。当然，在民法的应然状态和实然状态之间可能存在一定的偏差，但这并不能作为我们曲解民法作用的理由。可喜的是，《民法总则》相对于《民法通则》来说，在这一方面已经有了一个很大的进步。《民法总则》开篇就提到民法典立法的目的是“为了保护民事主体的合法权益”，这就将保护民事权利放到了一个非常重要的位置。因此，《民法总则》的颁布，将会对我们国家整个的社会生活、社会关系、法治体系和法律体系产生重大的影响，民法的基本理念也会影响我们未来法治进程的走向。

下面我想讲一下《民法总则》颁布后可能给《公司法》带来的影响。按照我的理解，《民法总则》的颁布对《公司法》的影响会体现在多个方面。第一点是民法的基本原则会影响到《公司法》的制度设计。《民法总则》在第 3 条至第 9 条分别确立了民事权利神圣原则、平等原则、自愿原则、公平原则、诚实信用原则、公序良俗原则以及节约资源、保护生态原则。对这些民法基本原则，我简单梳理了一下，其中与《公司法》联系比较密切的原则主要有民事权利神圣原则（第 3 条）、公平原则（第 6 条）和诚实信用原则（第 7 条）。还有一个比较重要的带有原则性的规定，即《民法总则》第 187 条，这一条实际上确立了一项新的民法基本原则，即民事权利保护优先原则。就其来源来看，这条的内容实际上是将原来散见于《公司法》第 215 条、《证券法》第 232 条、《侵权责任法》第 4 条和《消费者权益保护法》第 58 条等规定有关优先保护民事权利的原则，通过《民法总则》的一个基本条文固定了下来。当然，这做得还很不够，还有进一步提升的必要。在全国人大审议通过《民法总则》之前，我曾经写了篇稿子，同时在中国法学会组织的民法总则立法咨询专家会上也作了一个发言。当时想的是建议把现有的民事权利保护优先进一步扩展至私权优先或民事权利优先，因为只有这样才能真正打破民事依附于刑事、民事依附于行政的传统思维，才能真正实现在保护的重点上从侧重保护国家利益向侧重保护公民利益的转变。现在看来，上述建议显然未被采纳。但值得肯定的是，其中所蕴含的一些精神和理念事实上已经在一些具体的法律条文中有所体现。当然，我认为在今后进行民法典汇总编纂的时候，最好还是把民事权利优先作为一个基本原则固定下来。

第二点是民法典的编纂体例也会对《公司法》产生一定影响。由于世界各国民法典的编纂体例差别较大，因此，对于我国民法典的具体编纂体例，学术界一直存有争议，特别是是否将商法、知识产权法的内容编入民法典的问题，一直是近几年部门法研究的热点问题之一。从现在立法机关的基本倾向来看，商法、知识产权法不太可能单独列编进入民法典中。我认为这样做对商法或知识产权法而言是件坏事。在商法学界和知识产权法学界，有很多学者都主张应当把商法、知识产权法等以单独列编的方式编入民法典。其主要理由是：从法律适用的角度来看，在民法典颁布以后，民法典会成为整个社会最基本的法律制度，如果商法、知识产权法能够进入民法典，那么就可以大大提高这些法律在法律体系中的地位，也会提高这些法律在社会中的地位。此外，从立法角度看，现在我国仅提出要编纂民法典，并未提出要编纂其他法典，所以无论是商法还是知识产权法，至少在短期之内其单独制定法典的可能性微乎其微。因此，如果未能搭上民法典这趟“末班车”，其他法律有可能会被边缘化。我一直不太主张商法和知识产权法进入民法典，因为无论是商法还是知识产权法，其与传统的、基本的民法制度相比较，都具有重大差异性。换言之，民法的一些基本制度、基本要求，无论是对商法抑或是知识产权法，都不可能得到适用，至少大部分不可能得到适用。因此，当前民法典的编纂体例，从某种程度上是为商法和知识产权法的未来发展预留了足够的空间。

第三点是《民法总则》的具体内容会对《公司法》产生影响。《民法总则》第 10 条规定了“习惯”可以作为民事裁判的依据，所以在未来的商事立法当中，也包括未来的公司立法中，商事习惯有可能会取得法律渊源的地位。值得说明的是，我国《民法总则》中所说的习惯，按我的理解大部分应当指的是商事习惯，主要也是适用于商事审判领域。为什么这样说呢？因为在民事生活中，各地的风俗习惯差别非常大，所谓“五里不同风，十里不同俗”。因此，真正能够被作为习惯在审判中加以使用的比较少，即使有，也主要局限于婚姻家庭和继承领域，当然也包括财产关系中的一些习俗，如典权制度、处理相邻关系的一些习惯等。但总体来说，其他领域的民事习惯比较少，真正具有相对广泛适用性的还是在婚姻家庭和继承领域。比如说，中国的大多数地方一直有订婚及订婚收彩礼的习俗，男女双方一旦订婚就基本上被视为夫妻了（至少是准夫妻）。因此，这种正式登记前的订婚行为就基本上是一个在全国具有普遍性的习惯，可以被用于特定身份的证明和婚姻关系的认定，用于处理财产纠纷和继承等。当然，这一习惯的具体内容在不同地方还是有很大差别的。例如，在我们老家，对于订婚后女方收取的彩礼，如果是今后女方提出退婚，那么则应无条件地退还彩礼；但如果是男方提出退婚，除非是巨额的财产，否则一般是不需要退还的。即使是退还，一般也不需要全部退还，因为毕竟耽误了别人女儿的婚嫁时间。另外，有些民事习惯，可能还会因违反法律或公序良俗而无法得到法院支持，典型的如以前许多地方流行的出嫁女儿不能继承父母遗产的习俗。这因与我国《继承法》规定的基本原则相抵触，不可能得到法院的支持。实际上，能够作为常态形式存在并被广泛加以适用的应该是商事习惯或者商事惯例，特别是商事交易习惯。从历史上看，商法规范来源于商事交易习惯，按照恩格斯的说法，这些内容的商法规范不过是把每天重复的交易活动通过一定的规则体现出来，固定下来。这种规则首先表现为习惯，后来就上升为法律。因此，商事习惯构成商法，特别是早期商法的法源基础。从某种意义上说，没有商事习惯就没有商法制度。即使到现在，商事习惯或商事惯例仍是商法的主要法律渊源之一，其作用不仅在于填补成文法法律规则的漏洞，更在于有效平衡商人之间的利益分配，并强化商人的利益共同体意识。因此，商事习惯的适用并不是对成文法的消极补充，而是在某种程度上可以变更成文法的适用范围，或者对成文法的适用构成某种限制。当然，在商事审判实践中怎么判定商事习惯、商事惯例的有无及其适用范围和适用条件，当商事习惯、商事惯例与法律规定不一致时如何进行取舍，在引入商事习惯、商事惯例之后所做出的商事判决如何保证既能为当事人所接受，又能充分服务于经济社会的发展等，这些都是未来在商事审判中应当予以认真思考和着力解决的问题。

还有一点就是《民法总则》的一些具体制度也会对《公司法》产生影响。比如，第 61 条所规定的法定代表人制度，根据该条的规定："依照法律或者法人章程的规定，代表法人从事民事活动的负责人，为法人的法定代表人。法定代表人以法人名义从事的民事活动，其法律后果由法人承受。法人章程或者法人权力机构对法定代表人代表权的限制，不得对抗善意相对人"。这一条实际规定的是传统商法上有关经理权的内容，尤其值得注意的是其中第 3 款的规定，即"法人章程或者法人权力机构对法定代表人代表权的限制，不得对抗善意相对人”。这一款确立了这样一个原则，即法定代表人的对外代表权具有法定性，其权利内容直接来源于法律的规定。为了保证公司的法定代表人合理履行自己的职务，出于维护公司自身利益的需要，公司法人当然可以对法定代表人的权力进行适当限制，限制的方式可以通过章程，也可以通过股东会决议。但这种限制的作用是有限的，除非你通过正当程序取消了他的法定代表人资格，否则他都可以以法人的名义对外从事民事活动，并且民事活动的结果还要由法人承受。因此，也可以说该条同时还确立了这样一个原则，那就是法人的内部事务和外部事务是分开的，对内部权力的约束不能对抗外部人。

另外，《民法总则》第 65 条中有关法人的登记事项与实际情况不相符，不得对抗善意相对人的规定，也是主要针对《公司法》的。第 74 条关于分支机构的规定确立了这样一个原则，如果分支机构产生了民事责任，可以先由分支机构管理的财产承担责任，不足部分再由法人来承担，也就是说法人可能是承担补充责任。但在传统理论中，分支机构所从事的行为，法人是当然的第一债务人。此外，第 75 条关于法人发起人的责任不但借鉴了《公司法》和《公司法司法解释（三）》的相关规定，而且发展了这一规定。按照《公司法司法解释（三）》的规定，公司发起人无论是以自己名义还是公司名义从事的活动，其后果都应归属于公司（其第 2 条规定：“发起人为设立公司以自己名义对外签订合同，合同相对人请求该发起人承担合同责任的，人民法院应予支持。公司成立后对前款规定的合同予以确认，或者已经实际享有合同权利或者履行合同义务，合同相对人请求公司承担合同责任的，人民法院应予支持。”第 3 条规定：“发起人以设立中公司名义对外签订合同，公司成立后合同相对人请求公司承担合同责任的，人民法院应予支持。公司成立后有证据证明发起人利用设立中公司的名义为自己的利益与相对人签订合同，公司以此为由主张不承担合同责任的，人民法院应予支持，但相对人为善意的除外。”）但根据《民法总则》第 75 条的规定，法人的设立人以自己的名义从事的民事活动，其产生的民事责任，第三人有权选择请求法人或设立人承担相应责任，也就是说赋予了第三人以选择权。第102条则对非法人组织，即除公司以外的其他主体的法律地位进行了总结和确认。对于独资企业、合伙企业及其他一些不具有法人地位的特殊机构究竟应该叫什么，过去在立法上比较混乱，有的称为“其他组织”，有的称为“非法人社团组织”。这次《民法总则》一锤定音，就叫“非法人组织”。

此外，还有比较重要的一个条文，即《民法总则》第147条。该条规定的是关于重大误解行为的法律效力问题，其内容为“基于重大误解实施的民事法律行为，行为人有权请求人民法院或者仲裁机构予以撤销”。同原来的法律规定，特别是《民法通则》的规定相比，该条在对行为效力的认定机关上增加了仲裁机构，也就是说，无论是法院还是仲裁机构都有权对这种行为予以撤销，也会影响商法上关于重大误解行为的法律效力的确认。

除此之外，就是《民法总则》第153条，即“违反法律、行政法规的强制性规定的民事法律行为无效，但是该强制性规定不导致该民事法律行为无效的除外”。这条读起来非常拗口，许多人认为前后矛盾，文理不通。为什么会出现这一条呢？这一条在之前的草案中有规定，但在提交全国人大审议时被取消，后又在梁慧星老师等人的极力呼吁下恢复了这一条。这条规定实际上是将《合同法》第52条第（五）项关于合同效力的规定，即“违反法律、行政法规的强制性规定”的合同无效，以及《合同法司法解释（二）》对这一款所作的限制，即这里的“强制性规定”仅指“效力性强制性规定”，糅合在了一起。其目的主要在于限缩法律行为无效的适用空间，最大限度地尊重行为人自己的意志。按照我的理解，该条所适用的对象应该主要是以公司为代表的商主体的行为。因为只有针对商主体的行为才强调行为的外观效力，强调行为效力的独立性和稳定性，强调商行为的非违法性，即只要该行为没有明确违反法律的禁止性规定，该行为就是合法有效的行为。在某些情况下，即使违反了法律的明确规定，也只有在违反效力性强制性规定时才有可能影响到民事行为的效力。如果只是违反了管理性强制性规范，即这种违反没有给相对人、第三人或社会公共利益造成重大损失，通常也不会影响到该行为的效力。

另外，《民法总则》第170条的规定，即“执行法人或者非法人组织工作任务的人员，就其职权范围内的事项，以法人或者非法人组织的名义实施民事法律行为，对法人或者非法人组织发生效力。法人或者非法人组织对执行其工作任务的人员职权范围的限制，不得对抗善意相对人”。该条也是一个专门的商法规则，即我们通常所讲的商业使用人对外实施法律行为的效力问题。法人的工作人员以法人的名义所从事的活动,在职权范围内对法人或非法人组织发生效力。大家注意一下第二款，法人或者非法人组织对执行其工作任务的人员职权范围的限制，不得对抗善意相对人。也就是说，商业使用人、辅助人只要在其职权范围内以法人名义行事，相关事项的后果就要由公司法人承担。在原来的观念和司法实践当中，我们只强调“法定代表人”的行为可以直接对公司发生效力，但对于商业使用人等通常要求其具有委托授权书，有明确的授权。在我看来，《民法总则》的相关规定改变了这种传统的看法。

为什么《民法总则》会对公司产生与自然人不一样的影响？这可能是和公司本身的特殊性分不开的。我一直认为，公司与自然人是完全不同的两个主体。我们可以简单地比较一下二者的差异。对公司可以从三个层面进行界定。

首先，公司是一个组织而非自然人，也非单个自然人的简单叠加。即使是个人独资公司，我们也要强调其组织属性而非其自然人属性。所以，任何公司都应当理解为是一个组织体。过去为了突出公司的组织体属性，在对公司进行定义时要求公司的股东必须为两个人以上。后来我国修改《公司法》时承认了“一人公司”的合法性，有些人由此认为公司的组织属性不存在了，公司的人格已经和股东的个人人格合并了。这种理解是不对的，即使是一人公司，我们仍然强调公司独立于股东的组织存在,股东的意志也不能直接体现为公司的意志。公司作为一个组织,必须有自己的意思表示机关,也必须有规范的可以为外界所知晓的意思表达方式。换句话说,股东要想把自己的意志上升为公司意志必须通过一定的决策程序,通过一定的媒介形式,因为公司和股东毕竟是两个不同的主体。无论公司的出资人是一个人还是多人都无法改变它的组织属性。所以,我们在对待公司时首先考虑的不应是其自然人属性而应是其组织属性,这是《公司法》立法的基点。

其次,公司是一个营利性的组织,具有营利性目的或具备可营利性的条件是一个公司存在的基本价值。因此,一个不能营利的公司在某种意义上已经丧失了合法存在价值。这里涉及两个层面的问题:一是公司的设立目的是为了营利,这是它的目的属性;另一个是公司的经营活动能够为它的股东带来回报,能够为社会创造财富,这是它的价值属性。自 2016 年以来,国家开始清理僵尸企业。我认为这种行政行为是有一定的法理依据的。有学者说“僵尸”是一种权利,因为作为一个商事主体既可以从事活动也可以不从事活动,其行为结果既可能盈利,也可能不盈利。公司是否具有营利能力应当是属于公司行为自由的范畴而非国家管制的范围。我认为这种说法是值得商榷的。从目的属性上来看,一个企业如果成立就不是为了营利,那么它就不应当作为公司而存在。如果成立后长期不能开展正常的经营活动,就意味着它已经完全丧失了营利能力,同时也意味着其既丧失了合法的存在基础,也丧失了其合法的存在价值。从这种意义上说,清理僵尸企业并无不妥。

最后,公司是一个拥有自己独立人格的组织,有自己独立的人格属性。这里的独立人格既可以是独立法人人格,也可以是独立的非法人人格。原先我们所理解的独立人格,一般指的是独立的法人人格。实际上,这里的独立人格是指公司作为一个组织,应当有区别于其出资人的独特的存在形式、行为要求和行为规范。

自然人就不同了。《民法通则》中所说的“公民”在《民法总则》中被称为“自然人”。我认为用“自然人”取代“公民”是一种社会进步,因为公民强调的是政治身份，自然人则强调生物属性。自然人与公司究竟有什么不同呢？

首先，我认为两者的生存价值评判标准是不一样的。作为自然人，其生存本身就具有正当性，只要他出生了，只要他还活着，就表明他的存在具有正当性，任何人都无须向其他人证明其生存的必要性和生存价值之所在。即使是一个天生无法为社会创造任何财富的痴呆儿，我们也不能剥夺他生存的权利。作为一个自然人，其生存价值的正当性是不证自明的。但是作为公司就不同了。正如我刚才所说的那样，公司的生存价值是需要通过自身的行为加以证明的。如果公司无法向社会证明其存在的价值，那么我们就可以认为这个公司已经丧失了继续生存的正当性，这种公司可能就没有继续存在的必要。

其次，自然人与公司的行为评价要素也是不相同的。我们对自然人行为性质和行为要素的评价，通常将其推定为一种非理性的行为、非逻辑性的行为、感性的行为、任性的行为、偶发性的行为等。法律上为什么要对自然人设置一些保护措施，例如民法中的无效制度、可撤销制度，主要就是基于对自然人行为的这些基本假定。这些制度的适用逻辑是：任何自然人都不可能是一个完全理性的人，其行为也不可能都是经过深思熟虑的，许多行为都是在非常冲动的情况下做出的。所以，要给自然人一个冷静期，给他一个后悔的机会。最典型的例子，现在我们网上购物比较多，在淘宝上买东西时，大多数可能是冲动性消费。许多东西购买之后才发现自己根本不需要。但这种冲动性消费，正是作为自然人的一种正常反应。所以，要对自然人进行适当保护。但公司就不同，我们对公司的假定是，它是一个非常理性的主体，学术上我们把它称为“经济人”。什么是“经济人”呢？“经济人”最主要的特征就是它首先必须是一个理性的人，必须对自己的行为后果、对自己的利益所在有非常清晰准确的判断。所以，对公司通常不能以误解、不知情或没经验作为主张行为无效的理由。另外，公司的行为还有一个特点，就是大多数是具有连续性的交易行为，而不像自然人那样是个别的、偶发的行为。之所以法律上要对自然人和公司的行为效力做出不同的判断要求，主要就是基于对自然人和公司不同的行为要素评价和不同的社会价值判断。从社会要求的角度讲，我们在评价一个自然人时，我们首先是把他作为一个普通人来看待。当然，每个自然人的道德素养是不一样的，有些人的道德修养比较高，我们说他是“道德人”；有些人的道德修养特别高，我们可能称他为“圣人”。但社会上通常只存在两种人，“普通人”和“道德人”，“圣人”是可遇不可求的，几千年才出一个。民法的规则设计不能以“道德人”的标准要求所有人，否则，有对社会主体道德绑架之嫌。民法中的“人”就是“普通人”，法律术语叫“中人”。但如果说一个人的行为达不到社会普遍认可的“中人”标准，那么，其行为就会为法律所否定，就可能要承受一些不利后果。所以，法律对自然人的评价有非常强的道德评价色彩。但对于公司来说就不同了，我们不能要求公司必须是“道德人”，但它必须是一个理性人。所以，不能赋予公司太多的道德要求。事实上，我们传统上所讲的伦理和道德都是针对自然人而言的，它和商业伦理、商业道德是完全不同层面、不同要求的问题。商人“唯利是图”的本性是不是合乎传统的重义轻利的道德要求？我们恐怕很难从传统道德层面对商人的行为要求进行评价，得出结论。再举个例子，按照现在的司法解释，对于民间借贷，法律保护的年息为24%~36%。24%~36% 是什么概念呢？已经远远超出了实体经济的平均利润率。我也曾经问过一些经济部门的领导，他们告诉我，目前我国实体经济的平均利率可能只有百分之几，远远低于 24%~36% 的水平。也就是说，部分人通过民间借贷这种方式获取高利息的行为既是对实体经济的摧残，也是一种不劳而获的行为。从社会道德层面进行评价，这种行为显然具有非正当性。别人辛辛苦苦赚的钱，因为借了你的高利贷，不但不能获得任何收益，可能还要把自己的一部分本金还给你，这显然是非道德的、非正当的。但是从市场经济和公司的角度看，它可能也具有一定的正当性。因为在借款时，利息是需要约定清楚的，不存在欺诈或胁迫等情形。出借方作为市场营利主体，通过高利贷行为可以为自己牟取更大利益。因此，这种利益导向型的行为选择，从商法角度看并不具有太多可指责性。当然，从社会公平、社会稳定角度来说，我一直认为 24%~36% 的借款利息是暴利，是不应当得到支持的，应当予以大幅度调低。

二、如何准确定位中国的《公司法》

下面我讲一下应当如何准确定位中国的《公司法》这个问题。这里存在两个问题：第一个是社会为什么需要《公司法》，第二个是应当如何准确定位中国的《公司法》。

我先讲第一个问题，即为什么需要《公司法》？中国为什么需要《公司法》？这好像是一个不需要论证的问题。但我认为有些问题还需要进一步说清楚。从国家层面和社会层面来看，我认为之所以需要《公司法》主要基于两个原因。第一个原因，《公司法》是推动社会经济发展的主要动力机制。我有一个观点，就是在所有的法律制度中，只有《公司法》是唯一直接以创造社会财富为目的的法律，其他所有法律包括民法在内都不具有这个功能。当然，这个观点可能不太容易为学界所接受。经济法的学者可能说我们就是直接调整市场经济关系的法律，为什么说不是以创造社会财富为目的？知识产权法的学者也不会同意，认为确立知识产权法的目的也在于促进社会财富的增长。合同法的学者也不会同意，有可能会说通过合同交易可以产生交易价值，也可以创造社会财富。既然如此，为什么还要这样说呢？因为按照我的理解，其他法律虽然也讲营利性，也讲为市场经济服务，但这些法律通常并不直接为市场经济设计交易规则，而大多数是为市场交易活动提供基础和保障，创造外部环境。也就是说，《公司法》以外的法律对市场经济的调整，对社会财富的创造具有间接性。当然，这不是说这些法律不重要。实际上，如果没有这些法律，《公司法》的这种营利性目的就无法实现。而《公司法》就不同了，一般认为《公司法》既包括行为法，也包括组织法。从组织法角度来看，《公司法》一个重要的作用就是通过良好的公司制度和组织形式设计，充分调动各方的积极性，最大限度地激发公司的组织潜能。从行为法的角度看，无论是公司行为的设计基础，还是设计目的，都是围绕着怎样帮助公司实现营利为目标的。附带讲一下，有人说《合同法》中也有营利性规则，但我们应当注意的是，《合同法》中的营利性规则大多数都由公司来实施的。因此，也可以理解为是一种公司的行为。

国家和社会需要《公司法》的另一个原因在于《公司法》是国家参与世界经济竞争的主要制度载体。原来我们讲资本竞争，后来讲人才竞争，现在又在讲制度竞争。那么，我们究竟有哪些制度可以参与世界竞争？可以对其他国家进行制度输出？当然，基本的社会经济制度、社会政治制度都可以参与国际竞争，都可以进行制度输出。但我认为，相对于这些政治制度、经济制度来说，公司制度可能是更具有竞争力的制度输出方式。当然，这并不意味着其他制度就不能进行制度输出，而是说就其可行性而言，公司制度可能是最佳的制度输出载体，因为公司本身就具有相当的国际普适性，也是世界范围内市场经济活动最重要的参与者。另外，《公司法》还有一个其他法律很难具备的制度特点，即具有较为广泛的世界影响力和快速感染力，一个国家创造出来的良好公司制度设计很快就会被其他国家所吸收和采纳，典型的如以美国为代表的LLM制度（有限合伙公司）。实际上，不但在国际上，就是在国内，大家可能也已经感受到，制度竞争已经渗透到我们社会生活的各个方面，如以淘宝和京东为代表的网购对实体卖场的冲击，网约车对传统出租车的冲击等。再举个例子，近几年，我国仲裁机构的数量呈爆发式增长，仲裁案件的数量也越来越多。为什么会有这种现象？这可能就是制度竞争的结果。现在仲裁机构的主要竞争对手是法院。当然，仲裁机构之间也存在竞争问题。原来各个仲裁机构的仲裁规则差不多，所以，选择哪个仲裁机构都差不多。但现在不一样了，很多仲裁机构都在致力于修改规则，目的是为了吸引更多客户。比如有些仲裁机构允许采取临时仲裁的方式，这就已经突破了我们传统的制度设计要求。就仲裁机构与法院的竞争来说，仲裁机构对客户的吸引力体现在哪些方面呢？当然首先是程序公正和实体公正。但如果法院的判决和仲裁的裁决都能够确保公正的情况下，仲裁的吸引力如何体现呢？在这种情况下，仲裁机构的优势就应当体现在方便、快捷、便利，以及符合当事人的预期上。为了应对仲裁机构的竞争，法院也在积极改革自己的审判程序，调整自己的审判理念。例如，有个很重要的案例，曾被冠以中国对赌第一案。涉案当事人为甘肃世恒公司和江苏海富公司，江苏海富是一个风险投资公司，甘肃世恒则是一个实业公司。因为甘肃世恒公司要上市，但现有规模不够，资金也不够，需要引入资本以满足上市条件。海富公司又为何要投资呢？因为它看到该实业公司具备上市的可能性，所以双方签订了一个对赌协议，海富公司以 2000 万元人民币的对价购买了对方 3.85% 的股份。但其中有两个引起争议的条款：一个是如果在 3 年内世恒公司没有实现上市，那么世恒公司需要将股份进行回购，即回购条款；另一个是所谓的利润保底条款，即世恒公司每年必须达到一定的净利润额，若未达到，就由世恒公司和原来的公司大股东补足相应利润。后来该公司未能上市，对股份的回购争议不大，争议的焦点是利润保底条款是否有效，大股东和公司有无补足相应利润差的义务。该案最终由最高人民法院进行再审，其判决结果是：投资人和原股东的对赌协议有效，但投资人和公司的对赌协议无效。其主要理由是，投资人与原股东的对赌系发生在两个股东之间，并没有损害第三人利益，所以有效；但投资人和公司的对赌，一旦公司对赌失败，就意味着需要动用公司的自有资本甚至是注册资本进行补偿，这有可能会涉及公司的减资问题，而公司减资是有严格的程序限制的。因此，投资人和公司的对赌无效。现在各地法院基本都按照这一思路处理类似案件。但是，现在已经有数家仲裁机构改变了最高人民法院这一裁判规则，不但认为投资人和股东之间的对赌有效，而且投资人和公司之间的对赌同样有效。其理由在于：投资人与公司之间的对赌并不影响或并不必然导致公司减资后果的出现，也不会损害其他股东的利益，特别是在公司所有股东都签字同意的情形下更是如此。因此，仲裁机构认为投资人与公司之间的对赌属于意思自治的范畴。我们可以设想一下，如果今后风投公司和实体公司签订对赌协议，约定争议解决条款时必然会倾向于选择仲裁机构，因为仲裁机构的裁决可能更有利于保护风投公司的利益。

实际上，在公司制度方面的竞争更加激烈。现在大陆法系和英美法系公司制度之间的界限越来越模糊，公司制度规范之间的借鉴越来越普遍和充分。如何通过良好的制度设计影响整个社会、整个国家、整个世界的发展趋势，这也是各国公司制度竞争的主要目标之一。从制度设计方面来说，国家能够通过《公司法》对公司做些什么呢？我认为《公司法》对公司的作用主要体现在四个方面：

第一，促进交易，帮助公司营利。国家制定公司法的主要目的不是限制交易，而是为了促进交易，即通过良好的制度设计帮助公司实现营利的目的。

第二，改善公司治理结构，即通过吸收其他国家先进的公司治理经验，通过把一些成熟的公司治理方式上升为法律规定，以提高公司的治理水平，改善公司的治理结构，这是最近几十年来各国公司法的共同目标。20世纪60年代以来，世界范围内都在开始进行公司治理的提升运动。公司治理的提升运动实际上也就是通过实现公司内部的结构优化、机制的完善来提高公司的营利能力、竞争能力和创造社会财富的能力，当然，也包括提高对投资者保护的能力。

第三，规范公司行为，保护社会公共利益。公司作为一个以营利为目的的趋利性主体，如果对它的行为不加限制、不加规范，那么，其疯狂的逐利行为就会给整个社会带来灾难性的后果。我们说公司是商人，而商人的一个显著特点就是为了实现目的而不择手段，并且商人还具有无限的创造力。因此，为了实现营利的目的，公司可能会想尽一切办法来规避法律。因此，《公司法》的一个重要功能就在于怎样使公司行为不偏离国家经济发展的轨道。当然，对商人行为的矫正并不是《公司法》能够独立完成的，还需要其他法律，特别是民法的配合，甚至还需要社会道德和宗教的介入。以民法为例，我最近写了一篇有关民法的价值定位的文章，其中提到一个观点，认为民法的一个重要功能就是为了矫正和克服市场经济活动所带来的负面影响，用伦理性的规则克服营利导向型的制度缺陷。按照我的观点，以前我们过分强调了市场经济的正面效应。实际上，市场经济也存在诸多负面效应。市场经济是不讲人伦与感情的。以营利性驱动为代表的市场经济的行为选择模式，会冲垮正常的社会秩序和社会关系。所以，民法的一个重要功能就是在冷冰冰的市场交易规则中注入一些伦理基因，保障公司的行为不越界。而促进社会财富的创造，促进社会经济的发展并非民法的功能，更不是民法的主要功能。对公司行为进行规范的另一个重要的原因是公司的许多有害行为都有可能会损害社会公共利益。其中，对公司行为所进行的最严厉的民事处理就是对其行为后果进行否定性评价，即认定行为无效。换句话说，公司行为的无效实际上是国家对具体民事行为最直接、最彻底的干预，其判断依据主要就是是否损害了社会公共利益。

第四，规范公司组织，保护相对人利益。大多数国家对公司组织采取的是组织法定原则。为什么要求公司组织必须法定呢？其中最主要的原因在于通过这种法定化的组织形式，为相对人提供最有效的保护。另一个原因则在于通过规范公司组织把公司打造成商人。这里的公司组织规范化既包括公司组织形式的设计要符合法律的要求，公司组织的设立程序要符合相关法律要求，也包括公司组织的存续要符合法律要求以及相关信息必须进行公示。在我国当前的现实生活中，商人和非商人的界限非常模糊，该问题在此次《民法总则》的制定中仍然没有得到妥善解决。我一直主张在《民法总则》中应当对商人或商事行为做出一些限制和要求。因为民事主体的全面商化和商行为泛滥会给整个社会经济带来灾难性的影响。目前中国包括自然人在内的所有社会主体都可以从事传统意义上的商事行为，也就是对商事行为没有设置任何门槛，未做任何限制，这实际上隐含了很大的经济风险。商事行为和传统民事行为相比，它有一个重要的特点，一方面它可能有较大的营利性空间；另一方面，根据风险与利益相一致原则，它又会隐含远较一般民事行为更为巨大的风险。所以，在很多国家，并非任何主体都可以从事商事行为，能够实施商行为的只能是经过批准的商人。举个例子，现在很多银行都在发行名目繁多的理财产品、金融商品，保险公司也在卖金融衍生品，出售的对象就是一般老百姓。前不久，重庆电视台为了配合“3·15”维权做了一个节目，节目组在采访我时给我看了一份保险合同，该合同的设计非常复杂,理赔条件、权利义务等条款都规定得晦涩难懂。有人开玩笑说，现在的很多金融产品都是数学家通过一系列数学运算设计出来的，设计人自己也搞不懂，出售人也不一定真正了解自己产品的属性，而购买人更无法透彻了解这些产品的实际内容。由于出售方通常会夸大金融产品的收益，有意无意地隐藏或淡化其风险，因此导致关于各种金融产品的纠纷层出不穷。所以，在大多数国家，这些金融产品或衍生品都是出售给银行等机构投资者而非普通消费者的，因为大多数普通消费者不具备相应的专业知识或判断能力。从主体角度来说，商人和非商人也有着显著区别。以前我们讲课时经常说早期的商人是一种特权，只有经过国王特许才可以做商人，即使到现在商人也需要经过登记。实际上，商人既是一种特权，从另一角度来说也意味着义务和责任。商人的财产和其他基本财务信息要向社会公示，接受社会的监督。但自然人就不同了，任何国家都不可能要求所有自然人都把自己的财产进行公示。换言之，商人在享受利益的同时必须履行相关义务，并必须做出一些牺牲。

下面我讲一下第二个问题，即中国应该制定一部什么样的《公司法》。按照我的理解，未来的《公司法》首先应当是一部能够满足市场经济发展需要的《公司法》，或者说是一部效益导向型的《公司法》。虽然我们说市场经济有很多缺陷，有许多不尽如人意的地方，但相对于其他经济形式来说，市场经济无疑是一种最能激发人潜能的经济形式。而《公司法》的立法目的就是为了促进市场经济的发展，公司制度产生的原因也是适应了市场经济发展的需要。所以，《公司法》或公司制度设计的基本要求就是应当充分满足市场经济发展的需要。从另一方面来说，判断一个国家公司制度优劣的主要标准也是看它是否完全契合市场经济的发展要求。

有人问我研究商法和研究民法有什么不一样。从最直观的角度来说，研究民法的人言必称罗马法，直接借鉴的外国法律条文主要是《法国民法典》和《德国民法典》，而很少提到美国的民法和英国的民法（当然英美法国家根本就没有大陆法意义上的民法概念）。而研究商法的学者就不一样了，除了商法史涉及《法国商法典》和《德国商法典》之外，很少引用到现代《德国商法典》，特别是《法国商法典》的条文，但任何国家在制定涉及市场经济的法律时都必须研究、借鉴美国的相关法律制度，包括公司法在内，任何国家的公司立法都要向美国公司法学习，向美国看齐。为什么呢？究其原因主要在于经过这些年的实践检验，美国公司法确实是反映市场主体需要最充分的法律，也是促进社会经济发展最明显的法律。我们经常说，在美国的法律制度中有几个法律是任何国家都必须高度重视的。一个是美国的公司法，由于美国并没有全国统一的公司法，而是由各州分别制定。因此，我们通常所说的美国公司法应该指的是由美国律师协会发布的带有一定示范性质的美国《标准商事公司法》，还有就是特拉华州的《公司法》。第二个是美国的证券法和证券交易法，第三个是美国的破产法。这几个法律的共同特点是都直接和市场经济密切相关。很多人说，在中国真正了解美国民法制度的人并不多，即使有所了解也仅限于美国的合同法或侵权法。但不懂美国的民法制度并不影响我们的专业学习。但是，如果对美国的公司法、证券法或破产法不了解的话，那么，就很难说他是一个非常好的学者。从另一方面来说，一个国家在进行相关立法时没有从美国的既有法律中寻找制度资源，那么，就很难说这个国家法律是非常值得称道的法律。举个例子，日本在 19 世纪进行大规模法典化时主要效仿的是德国的法律制度，包括商法制度、公司制度，所以日本是典型的大陆法系国家。但在 2005 年进行《商法典》修改时，不但将公司法从《商法典》中独立出来，而且进行了颠覆性的修改，修改的依据就是美国的公司制度，也就是说，现在的《日本公司法》就其内容来看，可以说更接近于美国公司法，基本上采取的是英美法国家的立法体例。现在日本还在进一步对公司法进行修改,修改的目标是进一步美国化。这和日本的立法态度是分不开的。我们知道，日本是一个非常讲求实用主义的国家，由于它认为美国的公司制度比其他国家的公司制度更符合市场经济发展的需要，所以必须向美国靠拢。虽然世界范围内的公司法有几个比较典型的体例,在我看来,美国是典型的效益导向型公司法体例，而德国则是参与型的公司法治理体系，比较强调职工对公司事务的参与，这种类型的公司治理体系曾经比较成功，特别是在2008年世界经济危机时表现更为抢眼。但从长期的经济实践来看，德国的公司法还是稍逊于美国的公司法。由此可见，美国的公司制度在和其他国家的公司制度竞争时是胜出的，所以它的效益导向型公司法也应当成为我国公司法效仿的对象。同时，未来的中国《公司法》也应当是一部能够充分满足市场经济发展需要的《公司法》。

我国未来的《公司法》应当是一部能够满足公司内在生存和发展需求的《公司法》，是一种内生型或内在刺激型的《公司法》。也就是说，公司应当有内在的活力，应当能够充分满足公司的内在发展要求。我之前提出过一个观点，叫自由型的公司法或者自治型的公司法。这种公司法能够充分激发公司的内部活力，而公司内部活力的激发是推进公司目的实现的最佳途径。

我国未来的《公司法》应当是一部能够满足时代发展要求的《公司法》。2016年9月份，我在北京参加一个有关民法典制定的会议，有许多学者提出我们应当制定一部代表21世纪发展要求的民法典，或者说一部满足时代发展要求的民法典。我当时就表示出了不同意见，我认为根本就不可能有代表21世纪发展要求的民法典。因为，民法所调整的社会关系具有稳定性和保守性。因此，民法典的制定应当是以维护现有的社会关系，回应社会现实需要作为立法的基本考量。每个国家的民法典都可以有自己的特点，但却无法准确把握民法的发展趋势。《公司法》就不同了,《公司法》面向的是未来，应当满足世界未来市场经济发展的需要。因此,《公司法》在某种程度上应当具有一定的社会引领功能。

也就是说，在《公司法》中应当容纳未来社会经济发展的一些基本要求，或者说是要准确把握市场经济发展的方向。无论是现在的互联网金融，还是虚拟经济或新兴技术，未来都有可能会在公司制度中得到某种体现。虚拟股东会制度，包括电子投票制度就是很好的例证。原来公司股东大会都要求现场投票，现在交易所已经允许并鼓励进行网络投票。为什么要鼓励网络投票？因为在公司召开股东大会时，如果要求现场参加会议并投票，那么，实际参加会议的可能只有几个大股东，真正参会股东人数可能会很少。有时参加股东大会的人数甚至会少于参加董事会的人数。为什么？因为董事会成员中有一部分是股东代表，有一部分是非股东代表，都是这几个人，所以有资格参加股东会的人数更少。另外，我国的《公司法》中并没有对参加股东会的人数和最低持股比例做出要求。因此，从理论上说，在只有一个大股东参加的情况下召开股东大会尽管不太合理，但却未必违法，只要履行了法定的程序要求，股东大会就可召开。当然，这里主要指的是上市公司，有限责任公司就另当别论了。为什么没有规定最低持股比例要求？其原因在于具体标准的确定是一个十分复杂的问题。如果要求的持股比例太低，例如5%，既缺乏代表性，也欠缺合理性，因为以5%的股东代表其他95%的股东很难说得通；如果规定的太高，例如30%，我相信很多公司可能就根本无法顺利召开股东大会。因此，如何充分调动股东参加股东大会和参与公司治理的积极性，这是未来公司法应当解决的问题。网络投票就提供了这样一种可能性。随着新兴技术的发展，未来的股东会或董事会，从会议发起，会议表决，到会议的完成可能都是在网络的状态下进行。当然，这可能会对我们传统的投票规则、表决规则等提出一些新的要求。

我国未来的《公司法》应当是能够满足科学性要求的《公司法》。这里的科学性包括定位的科学性，即如何来准确定位《公司法》，也包括体系的科学性、制度的科学性以及结构的科学性。换句话说，《公司法》的结构如何安排，采用何种体系，设计什么样的制度，进行怎样的制度选择等，这些内容都需要符合科学性的要求。

我国未来的《公司法》应当是一部能够满足社会可持续发展需要的《公司法》。这主要包括三个方面的要求：第一是强调公司要有责任感；第二是要求公司必须为善，不能作恶；第三是倡导绿色公司法。公司有责任感就是要强调公司的社会责任，强调公司的社会使命。对于现行《公司法》第5条中有关公司应承担社会责任的规定，虽然有很多人不赞成，但我认为该规定没有问题。我们还是应该继续强调公司的社会责任。另外，还要强调公司的行为底线意识，强调公司既要做“经济人”，也要做“道德人”。记得国外有个学者说，任何社会运行都是要消耗道德资源的，社会的运行成本中包含了道德成本在内。而道德资源的总量是有限的，如果单纯地消耗而不创造，道德资源会越来越少，人们的道德水平也会越来越低，这也是我们感觉世风日下的原因。特别是市场经济更是道德资源的高消费者，其经济产出很多时候以牺牲或消耗道德资源为代价。因此，社会的良性发展除了要刺激人们创造财富和获取财富的欲望之外（这一点我们国家做得已经非常充分了），更重要的是建立一种富有成效的道德产出机制，尽量增加道德的存量，至少是降低道德的衰减速度。《公司法》实际上在这方面是可以大有作为的。现在作恶的公司很多，从普通公司到上市公司。公司危害社会的行为、危害社会公共利益的行为也层出不穷，从食品安全到大气污染。公司的这些行为既严重背离了公司的设立宗旨，也严重违背了其基本的社会主体角色要求，必须予以制止。当然，对这些问题有的可以通过《公司法》加以解决，需要在《公司法》中进行适当的要求和限制，有些则需要其他的法律解决。

三、我国的《公司法》应当如何进行修改

这一部分我主要讲两个大问题：一个是在立法时应当处理好的几个关系，另一个是关于《公司法》修改的主要内容。

现在我讲第一个问题。在《公司法》的修改过程中，我认为需要着力处理好以下几个关系。

首先，要处理好普通法和特别法之间的关系。这个问题我一直没有思考清楚。我们通常说民法是普通法，是基础法。商法、公司法是特别法。对此有两个需要遵守的原则，一是特别法不能违背普通法的基本要求，二是特别法优先适用于基本法。既然是特别法，就必须有其特别之处，否则它就不可能成为特别法。但是另一方面，特别法不能违背普通法的一些基本要求。那现在怎么来把握这个度？基本法的哪一些要求、哪一些原则是特别法不能突破的底线或原则。这些至少我是不太清楚的。在这次《民法总则》的制定过程中，立法机关（至少是学者建议稿的起草人）曾经提出《民法总则》的具体规则要提取最大公约数，或者叫提取最大公因式。这个提法没错，但具体如何实施就复杂了。在中国法学会召开的《民法总则》专家咨询会上，我曾提出一个观点，那就是《民法典》，特别是《民法总则》的内容应该越简单越好。因为法律规则越多，涵盖程度越高，不周延的可能性就越大，能够提取的公因式就越少。我们现在采取的是民商合一，但在民商合一国家的民法典里，大多数国家是没有民法总则的。也就是说有民法总则的国家基本上存在于民商分立的国家。为什么会产生这个结果？因为在民商合一的情况下，要想总结出民法和商法共同适用的一些规则或要求实在太难了。当然也有例外，典型的像《瑞士民法典》，我们说瑞士也是民商合一，但《瑞士民法典》里面也有总则。请大家注意，《瑞士民法典》中的总则主要规定的是关于法律的适用，和我国民法典中的总则内容风马牛不相及。也有人说，商法制度的特殊性主要表现在具体制度层面，也就是说具体的商法制度设计可以不同于民法制度，但问题是民法的基本原则是不是要对商法起指导作用？从立法机关来说，肯定要将民法的基本原则和指导思想作为整个私法的基本原则，能够涵盖包括商法和知识产权法在内的所有制度，但事实却未必尽如人意。举个例子，在原来的《民法总则》法律草案中，在民法基本原则部分规定了一个基本原则叫保护交易安全原则。后来我写过一篇文章，就是专门谈的民法基本原则，我认为这个原则应该取消。道理很简单，保护交易安全仅适用于行为领域，并没有涉及其他领域，并且这一原则所保护的对象仅是有偿的市场交易行为，是专门针对公司行为所作出的规定，并不能将其推广适用到所有的民法领域。

另外，还涉及一个问题，就是我们是不是还需要商事思维。有人认为商事思维本身就是一个伪命题，根本就没有民法思维和商法思维这个说法。我认为这可能并不是一个伪命题，商事思维既可以反映在立法当中，也可以反映在司法实践当中。我给大家举一个例子，来看一下民事思维和商事思维的不同。在今年 3 月份，中国新三板证券市场上出了一个著名的“宁波水表乌龙事件”。所谓新三板，是在全国中小企业股份转让系统里进行交易的股票活动。在这个新三板市场上，有一家公司叫宁波水表股份有限公司，这个公司知名度并不很高，股价也一直不温不火。在 3 月 9 日这天，一个投资人在购买该股票时误将两个 1000 股，每股股价为 19.7 元的报价输成了 1970 元，小数点点错了两位。由于新三板交易系统中并没有设置涨跌幅的限制，所以该两笔交易很快成交，成交金额接近 400 万元。从民法的角度来说，这个行为属于典型的重大误解行为，受害人可以主张撤销。但根据我国《证券法》第 120 条的规定，对按照依法制定的规则产生的交易，是不得改变其交易结果的。这是证券交易的一个特点，因为证券交易是一种集合性交易和即时性交易，也是一种模糊性交易，在很多情况下我们并不知道交易对手究竟是谁。因此，这种交易是具有不可撤销性的。这种错误交易在我国的证券市场上并不鲜见，以前也曾发生过多起“乌龙指”事件，只不过此前发生的类似事件并没这么夸张，比如在“红豆杉”事件中是把 6.8 元输成了 68 元，还有一个乌龙指事件是把 20.2 元输成了 10.2 元。当然，还包括曾引起轰动的“光大证券乌龙指”事件。“乌龙指”行为从民法角度来说肯定是重大误解行为，是可以撤销的民事法律行为。但从我们现有的证券交易规则和商法的特殊属性来看，我们都承认了“乌龙指”这类行为的效力，包括相关的司法审判都确认了这些行为的有效性。其主要理由是：投资人作为一个商人，作为一个市场交易主体，其任何行为都是基于自己的理性做出的判断，当然应当对自己的行为负责，同时也应当对自己的过错承担责任。再比如有个法院曾找我们咨询一个案子。一个房地产开发公司要向银行贷款，因为当时可能不具备贷款条件，所以该公司就动员（也可以说是要求）自己的职工以假按揭的方式向银行进行贷款。这些职工并没有出钱，按揭首付和房贷都是由公司替职工偿还的。当然，首付款是公司将钱打到职工的账上，然后再由职工将其付给银行，程序上都是没问题的。后来，这些房子被作为安置房分配给了拆迁户，并且大多数已经实际入住（当然，这些入住的拆迁户是无法办理房产证的）。现在房地产开发公司已经破产，银行的按揭贷款有一部分没有收回来。这就存在一个损失究竟应当由谁承担的问题。这就涉及民法思维与商法思维的差异问题。法院在讨论时有两种意见：第一种意见是损失应由银行承担，理由是职工在这个交易中是被动的、无辜的，职工既没有从中得到任何好处，没有得到房子，也没有真正签订这个合同。如果探究这个法律关系的实质内容，可以认定该法律关系实际发生在银行和公司之间，只不过是假借了职工名义完成了该笔交易。如果按照民法所强调的"探究当事人真实意思"的思路，相应损失应当由银行和房地产公司承担（实际由银行承担）。第二种观点则认为应由银行和职工承担，理由是：从商法角度来看，我们强调行为的外观效力，相关合同是由职工以购房人的名义签订的，合同的义务主体就是职工，至于职工是否实际取得房子，那是职工和开发商之间的关系，与银行无关。可见，不同的指导思想、不同的审判理念是会实际影响不同的法律制度设计和不同的审判结果的。

第二是要处理好行为规范与裁判规范的关系。我们一般认为公司法主要是行为规范。但实际上，现在的公司法律制度设计除了行为规范的属性之外，它的裁判功能也越来越强。换言之，在《公司法》的制度设计中，其裁判性功能需要得到一定程度的体现，但具体规范到什么程度却是一个值得思考的问题。

第三是要处理好自治性规范与强制性规范的关系问题。这是一个老话题，不再展开叙述。

第四是要处理好制度的消化和借鉴的关系。就是我们未来的公司制度如何最大限度地对外国的相关制度进行消化、借鉴，并如何对我们既有的公司制度进行创造和总结。

最后，我讲一下第二个大问题，我国《公司法》修改的主要内容。我认为对于我国的《公司法》，未来应当从以下几个方面进行修改。第一个是在《公司法》中增加关于基本原则的规定。我们现有的《公司法》中并没有关于基本原则的规定，我认为应当把《公司法》的一些基本原则通过法律原则的方式或其他方式固定、确立下来。在《民法总则》制定过程中对于是否需要规定民法基本原则，也有不同看法，但我认为，从我国的思维习惯来说还是规定为好。在《公司法》中是否可以借鉴《民法总则》的基本规定，将一些原则性的规定进行抽象和提炼？当然，公司要接受民法基本原则的调整，但是公司制度毕竟有其自身的一些特殊要求。无论是私权优先原则、交易自由原则、交易安全原则、诚实信用原则，还是商业伦理原则，都有必要在《公司法》中进行明确和强化。

此外，就是要对现有的一些制度进行清理、修改和补充。《公司法》自 2005 年修订之后，到现在已经 12 年了，已经到了需要修改的时间。从修改周期来看，各国公司法的修改周期大约是 10 年。因为 10 年之中社会经济已经发生了很大变化,所以需要对以前的制度进行清理和修改。从大的方面来看，有几个制度可能需要修改：

一是《公司法》和《中外合资经营企业法》《外资企业法》的统一立法问题。由于我们现在仍然采取的是三法分立的立法体制，统一的公司制度被人为分割成三个制度，违背了法律制度的统一性要求。而实际上，除《公司法》之外的其他两个法律在具体制度设计上不但和《公司法》有一些差异，而且在现实生活中其适用空间也越来越小。因此，很有统一立法的必要。

二是在公司治理中确立董事会中心主义思想。我国《公司法》现在采取的仍然是比较保守的股东会中心主义，公司的主要权力还是集中在股东会手中，这与世界的发展趋势、公司法的发展潮流是不相符的。实际上，在西方国家，特别是以美国为代表的发达国家，在 20 世纪六七十年代就已经完成了从传统的股东会中心主义向董事会中心主义的转变。我们之所以固守股东会中心主义传统，其中一个重要原因就是基于这样一种固有观念，即认为公司的财产来源于股东，所以，公司的所有权力也都应当归属于股东。实际上是参照我国的政治治理结构，把公司股东会比作人民代表大会。股东会中心主义有一个最大的缺陷就在于公司的组织机构可能比较僵硬，无法适应公司快速发展的需求，也无法适应瞬息万变的社会经济发展要求。此次万科在应对前海人寿、宝能系的反收购过程中，反映得就比较充分。因为，按照我国现有的法律制度安排，公司的反收购行为是公司的重大事项，其决定权归属于股东会。也就是说，想要通过启动反收购措施阻止恶意收购，董事会是无法单独完成的。当然，进行反收购的权力到底是属于董事会还是股东会，各国的做法并不一致，但是把公司主要的经营权、决策权由股东会过渡到董事会应当是一种发展趋势，其好处是能够提高公司运行的效率，满足公司高效经营和迅速发展的需要。

三是弹性化的公司组织形式及其治理结构。弹性化的公司组织形式是指，对于公司组织形式应当允许公司根据自己的实际需求做出调整。对公司的内部治理结构，也应当赋予公司更大的决策自由。如今，这个问题表现得越来越突出，无论是阿里巴巴，还是其他一些公司在上市时都遇到了这个问题。阿里巴巴开始选择的是在国内上市，因其不符合国内上市条件所以被证监会否定。之后中国香港也未能接受其上市申请，最后才选择了去美国上市。国内上市最重要的一个障碍就是该公司的股权安排，即阿里巴巴所特有的合伙人控制公司的股权安排不符合同股同权原则。现在国内对上市公司的股权安排有非常严格的要求和限制，不允许类别股的存在，不允许股权的差异化安排。对公司内部的治理结构和组织形式如何安排，我认为应当允许公司根据自己的实际需求进行调整。举个例子，根据我国《公司法》的规定，为了加强对公司的监督，规定现有的上市公司必须有独立董事，但同时还保留了监事会作为监督机构，从而造成监督职能重叠。在引入独立董事时，有学者认为多加一个监督机制，虽然不一定真正有监督效果，但至少没有副作用。但现在看起来似乎副作用还不小。我们看一下日本是如何处理这一关系的。日本也有独立董事制度，但却是选择采用的，即日本公司的组织结构分为两种：如果选择了独立董事，那么就可以不设监事会，即监督职能由独立董事来行使；如果选择了监事会制度，那么就可以不设独立董事。除此之外，日本的公司股权中还包括一些柔性化的股权安排和股权设计，例如优先股制度、劣后股制度、特别股制度等，这些都值得我们学习。

四是应引入有利于保护、促进经济发展的公司发起人保护制度。许多国家都对公司的发起人或创始股东采取了一些特别保护措施，因为要成立一家公司非常不易，一个公司可能倾注了发起人的全部心血。如果可以轻易被他人取代，这对发起人是非常不公平的，对整个实体经济的发展也是非常不利的。所以，需要对一些特别股东，尤其是公司的发起人给予一些特别的保护措施，包括股权的差异化安排。在宝能系收购万科事件中，如果说是单纯收购一个房地产开发公司，那么可能对社会经济的影响比较小，国家相关部门并没有太激烈的反应。但当宝能系把手伸到格力公司时情况就不一样了，因为格力电器是我国实体经济的代表，是国家实体经济发展的一面旗帜。这就涉及触碰国家底线的问题了，国家当然不能坐视不理。以上仅仅是坊间传闻，并不一定是真实情况。但至少说明对金融经济、虚拟经济侵害实体经济的问题必须引起高度重视，反映在《公司法》上就应当是对实体经济采取一些保护性制度。

五是进一步强化公司章程的核心地位，充分发挥公司章程对公司活动的统帅效力。公司章程是公司的“宪法”，在公司经营活动中占有举足轻重的地位。但是，我们现有的公司章程还存在很多问题：第一是过于简单，第二是高度趋同。很多人说对于公司的章程根本没有必要看，因为公司章程都是依据统一的示范文本制定的，所以根本不可能规定出什么新东西来。那怎样才能通过公司章程来显示出自己公司的特殊性？

英美国家的一些做法值得借鉴。美国的公司中不但有章程，而且还有章程细则，也就是在公司的基本章程之外，还有一个专门适应本公司特殊要求的一些章程条款，这就防止了公司章程的趋同化问题。

当然，《公司法》的内容非常繁杂，需要修改的地方也很多。由于我对《民法总则》的学习还很不够，有些理解也不一定完全正确，只是根据自己有限的理解，对《民法总则》的颁布可能对《公司法》产生的影响谈了一些粗浅的看法。不妥之处，欢迎大家批评指正。

最后要说明的一点是：虽然我国现在还没有把《公司法》的修改列入立法规划，但我们还是应当积极呼吁尽快启动对《公司法》的修改。因为一部不符合市场经济发展需要的《公司法》，很可能会成为阻碍社会经济发展的障碍。让我们共同为之而努力！

今天我的讲座就到这里，非常感谢大家的支持和配合！

侯东德 我提议大家再次以热烈的掌声对赵万一教授的讲座表示感谢！赵老师的演讲风趣幽默，信息量非常大，而且把理论与实际结合得非常紧密，既有丰富的案例信息，也有博大精深的理论作为支撑。最可贵的是为我们未来《公司法》的修改指明了方向。下面，我们进入点评环节。首先我宣布一下点评规则：作为点评嘉宾，可以提赞同意见，也可以提不同意见，但每个人发言时间不能超过10分钟，最好在5分钟之内。下面我们首先有请侯国跃教授发言，大家掌声欢迎！

侯国跃 谢谢赵老师，谢谢主持人！赵老师是一个有胸怀的人，虽然说赵老师不是圣人，也不是亚圣，但他是我们的老师，是一位非常好的老师。客观地讲，今天晚上这场讲座信息量非常大，超出了我的想象和大脑容量。赵老师讲的这些问题主要是法律问题，也有个别不是法律问题。赵老师以前是研究民法的，后来专门研究商法，然后又回来研究民法，现在是民商法通吃。《民法总则》刚刚颁布，我们西政第一场跟《民法总则》有关的讲座就是此次赵老师的讲座，而赵老师把《民法总则》和商法、《公司法》的关系都梳理了一遍，这是我们要学习的。这是我听赵老师讲座的第一个心得：我们研究法律不能太狭隘，要有胸怀。

听赵老师讲座第二个感受就是法律研究要敏感，与时俱进，与法同行。刚才赵老师谈了《民法总则》的条文以及跟我们《公司法》修改的关系。在民法典整个制定过程中，赵老师写了不少文章。比如说，有关宪法跟民法的关系问题、《民法总则》的表达问题、《民法总则》和民法典的体系结构问题。我们现在得思考一下《民法总则》和《民法通则》《侵权责任法》《物权法》《合同法》等这些法律的关系，将来应该怎样去修改、怎样去完善和怎样去适用。本来以为《民法通则》已经废止，结果《民法总则》颁布前，立法官员就说我们暂时没有考虑废止《民法通则》,《民法总则》最后一句话也只说这个法从 2017 年 10 月 1 日开始实施，没有说《民法通则》废止。前几天在中国民法成长论坛里面就有人讨论过诉讼时效从 2 年改成 3 年后，原来规定的 4 年的诉讼时效怎么办？ 1 年的诉讼时效怎么办？有人就说都不能用了，全部改成 3 年，这是一种观点。第二种观点认为 3 年的规定只是替代了 2 年的规定，1 年的规定没有被替代还是有效的。后来朱晓喆教授还专门为此发了一篇微信文章来讨论这个问题。就说明我们对于一个新的法律颁布之后要敏感，要与时俱进，要与法同行，要去研究这些问题。在过去我们的法律实践里面，法律人够不够敏感呢？我看不见得。比如说，有些律师或法官，找我们咨询案件时，我就发现他们有些人对其中的证据不够敏感，不能敏锐地发现里面的问题。比如对合同案件，法官必须审理三个问题：合同成立没有？合同的性质是什么？合同有效吗？这些都是必须审理的，但有些人恰恰忽略了这些问题。刚才赵老师讲到了湛江仲裁委的问题，这个问题我觉得是一个法律问题。我们研究法律的同学，尤其是研究仲裁法的同学，要去考虑一下仲裁委员会、仲裁机构能不能跨行政区划、跨行政区域设置分支机构，它这种行为应该怎么去规划、规范。这是我们学法律的人必须要敏感的问题，这是第二个体会。

第三个体会就是关于赵老师讲到的私权保护优先问题。对私权保护优先的问题我确实比较困惑，这一原则在我们的《民法总则》中已经再次作了明确规定。其实，赵老师刚才提到的《公司法》第215条、《证券法》第232条、《消费者权益保护法》第58条、《侵权责任法》第4条、《刑法》第36条、《民法通则》第112条等都有规定。只是说在司法实践中，根据以前的刑诉方面的司法解释，刑事案件的被害人要求精神损害赔偿，人民法院不予受理。我们以前说《侵权责任法》出来之后情况可能就不同了，但是新的《刑事诉讼法》第138条照样这样规定。那么，这个私权保护优先在我们未来的法律实践里面到底能不能得到贯彻？应该如何贯彻？关于刑诉法司法解释的规定应该如何评价？待会儿我们可以请赵老师来发表一下意见。当然，赵老师讲到私权优先的时候，说把私权优先、诚实信用、交易安全这些规定放在《公司法》里面作为基本原则，我个人还是不太赞同的。这些基本已经规定在民法典里面了，其他的法律就最好不要再作为基本原则加以规定了。基本原则因为它很基本，所以放在民法典里面就可以了，这是我学习的一些体会。

最后我提一个问题，就是赵老师讲的公司是组织，是营利的组织，但是在实践中，公司很多时候就是一个工具，是我们参与市场经济活动的工具，也是我们去营利的工具，是我们防范风险的工具，是合法集资的工具，甚至是违法犯罪的工具。现在包括很多政府的所谓平台公司，其实都是在从事这些事情。那么，《公司法》的修改如何去应对公司股东利用公司这个组织形式去从事违法犯罪的活动，特别是在犯罪已呈现出智力化、复杂化、技术化趋势的情况下，我们《公司法》如何去应对这样一些现象。这个问题，如果有时间，待会儿请赵老师回答一下，谢谢！

侯东德　好的，感谢侯国跃教授的精彩点评。下面请汪青松教授发言，大家欢迎！

汪青松 我们注意到，刚才侯教授用他高超的智慧回避了他所承担的评议责任，特别是批判性评议的责任。但难题就来了，我们是赵老师的学生，怎么批评？学生总是不如老师的，但我还是试图给大家承担一下作为合格评议人的角色。我想给大家分享的很重要的一点就是，如果我们今天来只是听到赵老师的一些观点并奉为珍宝，那么我们今天的讲座可能只实现了 20% 的目的，更重要的是我们要学习赵老师思考问题的方式。简单来说，我们可以看到基于《民法总则》和公司法律制度的比较，赵老师可以做到上溯及法理，下达至实践。如果不能很好运用这样一个思维，我们可能很难真正塑造成法律人的研究性思维。我们也可以看到，在这个过程中，赵老师对相关制度进行了一些对比。比方说，我们《民法总则》在涉及公司债务的问题时，似乎坚持了一种债权人利益保护优先的原则，这个看起来天经地义，但是我们进一步思考的话，它会不会导致在未来的适用中，债权人利益保护优先与我们的独立人格、有限责任等一系列原则发生冲突呢？我们未来的《公司法》会不会沦落到早年像《律师法》那样，当你持着律师证去调查取证的时候，电信部门告诉你，我们不给你取。然后你说律师有取证的权利，电信部门告诉你，对不起，《律师法》是管你们律师的，管不到我们。当赵老师在探讨民法中的意思表示瑕疵可以撤销的制度时，我们隐约地感觉到，赵老师也在担忧这样一个制度的表达，未来会不会导致和我们商法中的外观主义原则发生冲突。《民法总则》在设计这些制度时是否忽略了现代商事交易的特殊性？同样，我们也可以看到整个过程中赵老师一直在思考的一个问题就是，民事权利能不能涵盖商事权利？商事权利是私权利没错，但是商事权利具有很明显的涉他性。你是股东，你拥有股东权利，但是这个权利你拿不到，不像物权那样可以直接把属于你的汽车开走，这种权利是体现在和其他股东、公司的关系上的，这是商事的私权。再比方说，民法的基本原则能否全面指导商法的适用？我们知道民法更倾向于对一种结果的，或者说是一种实质正义的追求，而我们商法在很多时候是无法顾及实质正义的。再比方说，民法典能否全面包容商事法律的内容？民法在更多情况下可能还是局限于近代天赋人权理念、自然人平等理念基础上发展出来的一套市民社会的基本制度。这种制度如何在今天回应我们商事领域、商事组织的时代性、变动性的要求，这可能是商法学者需要考虑的一个问题。

当然，这部分我就不多说了。下面我想给大家讲一下我们如何实现对于老师的批判。仅针对赵老师的问题进行批判是不现实的，但是可以在老师思考的基础上作进一步的思考，就权当是批判吧！比方说，赵老师说公司是组织。那么，我紧接着想问的是，组织是什么？组织的法律概念是什么？有的同学也给我提过这样的问题。我之前在北京开一个会的时候，我在会上也提出，法律缺少对组织的界定，我们应当考虑在民法典里把它引进来。紧接着有个学者就举手说，组织是个政治概念，不能够纳入到法律里面来。我还没回应的时候，另外一个学者就立刻说，不对，我们大量的法律里面都用组织这个概念。但是，我想说的是，我们并没有思考组织的内涵究竟是什么。它到底是个政治术语呢？还是一个可以成为法律概念的术语？再比方说，赵老师说公司是营利组织。但我们会注意到赵老师在他的演讲中已经反映出一个矛盾，他说不能够赋予公司太多的道德要求，但最后他又特别强调，对商事行为不加限制会存在很大的问题，甚至在未来的《公司法》中，他主张要引入商事伦理要求。这种矛盾显示出赵老师的担忧：如果我们只强调营利性，公司的存在价值最终可能是值得怀疑的。一个人在社会上，如果只往自己的口袋里装钱，这个人对社会有意义吗？像我们国家有的富豪，赚了钱从斐济买水回来煮米饭。如果一个公司经营只以赚钱为目的，这个公司对我们社会有意义吗？它似乎是可有可无的。但问题是，在未来的商法中如何考虑去兼容，如何在营利性之下兼容公司的社会性问题。再比方说，赵老师说公司是有自己独立人格的组织，这个也没有错，但是我隐约地感觉到，我们的公司太强调其独立的公司人格了，而忽略在现实形态下大量的公司实际上并不是独立存在的。马云名下有几十个公司，这些公司之间的关系如何？我们现有的《公司法》似乎对它们关注得太少了。

所以，我们再回过头来反思整个的法律制度，可以进一步看到，我们可能过于强调法律的一个层面,就是法律的惩罚性。我们说法律要有牙齿，那么我们似乎忽略了法律该有的另外一个层面，即如何解决公司承担社会责任的问题，显然不是依靠惩罚，而是要靠激励性的法律制度。我们在设计制度的时候是否该鼓励公司承担社会责任？是否该对它们设计应有的激励机制？这些权当是我对赵老师的批判性的回应。最后再说一句话，其实我们最应该学习的是赵老师的治学精神，你们都很羡慕赵老师的这个高度，我也羡慕，但是你们也要看到，直到今天讲座开始前，他还在修改他的演讲内容。这既是对你们的尊重，更是他自身严谨治学的态度表现。感谢大家！

侯东德 说起青松教授，他今天是唯一一个真正从“四海八荒”飞过来的，因为他刚从英国回来。我感觉他也挺狡猾的，他先把侯国跃教授批评了一下，说他没有批判精神，结果他整场也没有批判。当然，难能可贵的是他把老师的研究做了进一步延伸，而且非常精彩，感谢他精彩的点评。接下来有请林少伟副教授发言！

林少伟 谢谢主持人师兄，谢谢赵老师！我在讲之前，可能也想学习一下我们汪师兄给侯教授的一个回应，给汪师兄一个回应。汪师兄在点评当中提出了很多知识点，其中有一点，我不太赞同。他说，如果一个人或一个公司想赚钱，对于社会来说，可能就没有多大的存在价值，我觉得恰恰相反，如果每个人都可以用合法的手段来赚钱的话，那这本身就是对社会最大的价值。

回到赵老师的讲座当中，赵老师的讲座当中提了很多内容，其中我们的师兄说作为学生可以批判，可以不批判。我也想找到可以批判的要点，但找来找去找不到，可能是能力问题。但是，我最终发现了一个批判的点。这个点是什么呢？那就是赵老师在提到公司和自然人区别的时候，有几个要点，其中他说，自然人是一种非理智的、感性的个体，而公司是一种理性的组织。但是，大家发现没有，在赵老师两个小时的讲座当中，彻底地推翻了这个结论。因为赵老师作为一个自然人，他的两个小时的讲座全都是理性的。这是一个。第二个就是我有一个感觉，刚刚我们侯国跃教授也提出来，说赵老师有很多的优点。我们的汪师兄也提出来，赵老师对学术追求的严谨性。其中，在我看来，赵老师有个最大的优点就是知识非常渊博。为什么这么说？举个简单的例子，身为他的学生，至少从我 2007 年作为他的研究生开始，赵老师所有的文章我都看过。知识渊博体现在哪里？他是我们民商法学院的院长，大家肯定知道，民商法学院院长肯定是某一个学科的领头人、带头人。但事实上，赵老师不仅仅在商法上造诣很深，在民法上的造诣也同样如此。事实上，他一开始担任的是中国民法学研究会的副会长，现在是商法学研究会的副会长。显然，他在民法和商法这两个在我看来可能界限有点清晰的学科里面，至少都是顶尖的。但是，大家有没有想过，民商法学院除了民法和商法外，还有两个学科，一个是知识产权法，一个是婚姻法。赵老师在去年北京市法学会主办的《法学杂志》上发表了一篇关于民法典与家事法或婚姻法的文章，而在《华东政法大学学报》上发表了一篇关于知识产权法与民法典的文章。我想，在法学界可以横跨民法、商法、知识产权法和婚姻法的学者并不多，但赵老师就是其中的一位。我不知道大家有没有看过他写的那两篇文章，使我受益非常大。这是我个人的一些感受。

下面，我说一下我和侯国跃教授不太一样的地方。他是民法教授，我们这场讲座的主题偏重于商法，因此，大家可以看到侯老师点评过程当中往往避重就轻，大多讲的是与商法没有多大关系的内容。但我本身是一个商法教研室的老师，我要就赵老师今天的讲座提出几个看法，或者是学习的几个感受与大家分享。我把这几个感受总结成“一个中心五个基本点”，或者说是“一个核心五大矛盾”。

第一个核心就是我们如何看待公司。我们都知道，公司在过去几百年中极大地推动了社会经济的发展，而背后是有限责任的保护。美国哥伦比亚大学以前的校长叫巴特勒，他曾经说有限责任是近代最伟大的发明，如果没有它，甚至连蒸汽机和电力的作用都会大大降低。正是因为有了有限责任，公司的作用才会如此之大。但是我们也要反思一个问题：公司在为我们带来如此大的发展的同时，它同样有着极大的破坏力或毁灭力。在我看来，甚至第一次世界大战和第二次世界大战都是由公司这个组织所引起的。大家都知道，每一场战争背后都是利益的争夺，而这种利益的争夺一开始好像是政治上的，实际上，政治背后即经济，而经济背后则是公司。所以，我们无论是在探讨公司还是探讨公司法的时候，首先要有一个理念，那就是：公司无疑是好的。然而，我们在赞扬公司的时候，也不能忽视它对于整个世界带来的潜在性危险，这是一个核心或基本点。

什么是五大矛盾呢？五大矛盾主要是以下几个矛盾。第一个矛盾，那就是社会规则与《公司法》规则的矛盾。我们都知道，学法律的人一般都瞧不起常识和常情。他们认为，如果你对纠纷的解决是抱着一种非法律思维的话，那么你很可能就白学法律了。但是，在我看来并非如此。为什么？如果一个人连最基本的社会规则或者说社会的最大公约数规则都忽视的话，肯定会出大问题。举个很简单的例子，之前很火的一个关于公司决议效力的问题，就是一旦一个公司的决议被判定或认定为无效，那么按照民法或《合同法》的理论应当是当然无效，绝对无效，自始无效的，其处理结果就是恢复原状。但如果将这样一个结论放到《公司法》决议的溯及力方面的话，你会发现它违背了我们基本的常识。想象一下，假设一个公司的股东会通过一个合并的决议，一个公司跟另一个公司的合并已经完成，但最后发现这个决议做出的程序和内容有瑕疵，处于无效或者可撤销状态。如果股东向法院提起诉讼要求确认这个决议无效，而法官支持这种无效请求的话，那会发生什么效果？难道这种无效具有溯及力吗？需要恢复原状吗？如果恢复原状，那就意味着原先已经合并了的公司又恢复到合并前的状态，这显然是不可能的。所以，我们在探讨《公司法》规则的时候要守住底线，这个底线就是社会的基本规则或社会的常识。

第二个矛盾是唯利是图的商人与尊重商人自主意志的矛盾。刚才赵老师提到商人是唯利是图的，所以有点可恨，但是我们也要尊重商人的自主意识。这种尊重商人自主意识的体现，比如说，最近我们都知道的韩国乐天事件，对乐天事件的处罚实际上就是忽视了商人自主的意识。如果说我们允许这种事件的发生，那么我们的法律显然成为了一种单纯的工具。

第三个矛盾是公司到底是私人的公司还是社会的公司？刚才赵老师提到说，我们的《公司法》应当是绿色的《公司法》，是一个责任型的《公司法》。按照这一逻辑我们就应该朝着认为公司是社会的而非私人的方向发展，但这与我们通常对公司的理解是不一样的。

第四个矛盾是小股东保护与公司资本规则之间的矛盾。我一直认为，公司法不应当对小股东提供更多的保护，因为资本规则意味着如果有些人愿意拿出更多钱投入这个公司，那么法律上就应当保护这些投入资本更大的股东而非那些投入公司很少钱的股东。

第五个矛盾是公司的垄断与竞争的矛盾。在我看来，这个矛盾应该在《公司法》中有所体现，但是我们现在的《公司法》却基本上忽略了。不知道大家有没有留意过，根据2016年的统计数据，世界500强企业当中，中国占据了111家公司，而在世界500强的前五强当中，中国占据了三家。哪三家公司呢？国家电网、中石油、中石化。大家想象一下，如果没有垄断，如果没有国家强有力的推动，我们怎么可能出现111家全球500强公司？我们怎么可能在500强当中在前五家占据了三家？因此，只有垄断才能让中国企业或中国国企走出国门，称霸世界。但是如果垄断的格局一旦造成，我们就很难打破这种垄断格局。而这种垄断格局如果没有打破，就可能会让我们老百姓的福利和生活深受影响。因此，在我们制定《公司法》或者是涉及《反垄断法》《反不正当竞争法》时，尤其需要注意解决垄断与竞争之间的矛盾问题。

因为时间的关系，我就不给赵老师提问题了，谢谢大家！

侯东德　林少伟老师确实厉害，左右开弓，不但批判了两位师兄，而且借赞美之意把老师也批判了。但是点评很精彩，请大家给他鼓掌！下面有请赵吟副教授发言！

赵　吟　谢谢赵老师！我作为师承赵老师时间最久的一位徒弟，直接讲正题。赵老师讲的关于《公司法》的所有观点，我都全部赞同。因为我对《公司法》的认识就是在赵老师的谆谆教导下形成的，深受赵老师观点的影响。赵老师是从宏观上对《公司法》进行概括和展望，我就在这个基础之上谈一点具体的心得体会，供大家思考。我以三个权利为例，请大家来思考一下我国《公司法》在未来应当如何进行修改。

第一项权利是关于股份回购请求权的问题。我国《公司法》中关于股份回购请求权，对有限责任公司和股份有限公司的规定是不一样的。在有限公司当中，规定的是“股东在以下情况下可以请求公司回购”，而在股份公司中规定的却是“公司不得收购本公司股份，但有下列情形的除外”。就这两种规定来看，究竟是原则禁止、例外允许，还是法无禁止皆自由，并不明确。

第二项权利是关于优先购买权的问题。我国《公司法》关于股东对外转让股权的规定可以说是全世界最复杂的，没有任何一个国家是这样规定的。对于股东没有经过股东会决议或没有经过其他股东同意，对外转让股权的转让协议效力如何，在司法实践中也是十分混乱的。有判有效的，有判无效的，有判效力待定的，有判可撤销的，甚至有判未生效的。对此，我们可以思考一下，《公司法》的这个规定如果是一个示范性规定，那么能否通过章程加以改变？如果它是一个强制性规定或者说是一个最低的标准要求，也就是说公司章程的规定应当严于《公司法》的标准，那么我们的《公司法》又如何起到一个保障公司股东对外转让权利的效果？

第三项权利是关于派生诉讼的问题。之前看到过这样一个案子，公司只有一个法定代表人，没有董事，没有监事，在这种情况下，股东如果要提起派生诉讼，穷尽内部救济的程序如何来走？在这个案子中，因为公司只有一个法定代表人，股东没有办法穷尽公司内部救济就直接起诉了，结果法院判决股东败诉，原因是没有穷尽内部救济。问题是，缺乏前置程序的要求，实际上是法律的规定跟实践不一致的问题。所以，这也说明我们的《公司法》目前在保障股东基本权利或者说自由方面，或是赵老师刚说的自治型《公司法》的发展方向上，还是有很多不足。另一方面，我要强调的是，除了立法规定之外，法院的审判实践或者叫立法续造对于《公司法》的发展也非常重要。在最高人民法院公布的指导性案例中，与《公司法》紧密相关的只有 5 个案例。而且这 5 个案例事实上也根本不具有代表性，也就是说，在这个司法审判实践当中对于《公司法》的续造功能还是没有很好地发挥。这也是未来我们需要对《公司法》除了强调立法本身的完善之外，对相关的司法解释和指导性案例也要高度重视。

以上就是我的主要观点，谢谢大家！

侯东德　谢谢赵吟副教授的精彩发言！下面我们有请赵万一老师进行一个简短的回应。

赵万一　感谢几位点评人对我的评议和批评。下面，我对他们的观点做一个简单回应。以上几位嘉宾的评议内容比较多，我简单梳理了一下，主要涵盖以下几个问题：

第一个问题是我们应该怎样看待公司。公司最基本的要求是什么？我认为，有限责任肯定是公司制度的底线。因此，针对公司的所有制度设计，都应当以维护公司的有限责任作为基本考量。现在的股东人格否认制度，实际上是对股东有限责任的一种否定，仅仅是一种非常例外的情况。因此,不应当作为一个基本制度被规定在《民法总则》中。对《民法总则》中的这一规定，我一直表示坚决反对。因为适用于具体制度的特殊性规定是不应当作为一般性规定出现在民法的基本规定中的。就像刚刚点评嘉宾所言，对债权人利益的过分保护很有可能会危及整个公司制度的存在基础。我之所以一直不太同意在《民法总则》中大量引入商法性规范，主要原因也在于此。我也曾经写过一个建议稿，认为不单是涉及公司和法人规定这一部分，包括民事权利的内容部分都应该在《民法总则》中隐身，因为它不是《民法总则》应当解决的问题。另外，再举一个关于法人制度的规定。从《民法总则》的角度看，法人制度究竟应该规定什么呢？我认为，作为民法所规定的法人，主要解决的是法人主体的法律主体地位问题。因此，应该规定什么是法人，法人应当具备什么样的条件，怎么样确定一个组织是不是法人。至于法人的具体行为规则，包括种类划分，不应当是《民法总则》解决的问题，事实上，它也解决不了。当然，对于民法中的法人分类问题一直存有争议，我一直认为《民法总则》中的法人制度应当是把法人所共有的一些特点，一些特殊要求提炼出来，包括与自然人不一样的一些东西，而不应当涉及太多极具个性化的具体规则。因为不同法律,其思考的立足点是不一样的，民法思维和商法思维在对不同主体利益保护的切入点也是不一样的。因此，很难将涵盖不同领域的法人制度通过单一的《民法总则》予以规范和解决。

第二个问题，我要解答一下刚才侯国跃教授所提到的公司被作为股东工具的问题。我认为，公司被作为工具加以使用的问题，这个在现实生活中非常普遍。对这个问题,有些是可以通过《公司法》加以解决的，但在大多数情况下,《公司法》可能是无能为力的，需要借助于其他法律的相关规定。从理论上说，任何国家公司制度的设计，都不能完全实现防止或者说根本杜绝股东把公司作为一个工具来使用的目标。法律制度设计的目的主要是对公司股东将公司用作工具使用时不能超越一定的边界，一旦超越了，就要受到一定的制裁。当然，也可以通过一定的规则设计对股东滥用公司人格的行为进行防治。我们说，公司是理性的主体，并不是说公司的任何行为都具有合理性。实际上，公司作为一个拟制的法人组织，最终还是要受股东这个非理性的自然人的控制。

最后一个问题，关于自然人的非理性问题。我们说，自然人具有非理性的特点，这主要是与公司比较得出的一般性结论。实际上，也有非理性的公司，公司行为也有非常疯狂的行为。典型的如2017年1月5日上午，ST慧球科技公司通过网络发布的拟提请临时股东大会审议的多达1001项的奇葩议案就是一个典型的例子。但这个公司的疯狂行为仅仅是个案，不具有普遍性。另外，这个行为也是公司的实际控制人利用自己的公司地位和职务之便，将自己的行为外化为公司行为的结果。大多数公司还是非常克制，非常理性的。自然人就不同了，我们不能假定大多数自然人都非常理性，也不能假定自然人的每一个行为都经过了谨慎的思考。当然，由于个体的差异，有些人可能比较理性，有些人可能比较感性，不能一概而论。但总体上说，自然人应该没有公司理性。

非常感谢几位嘉宾对我的一些中肯的点评，因为时间关系，有些问题我就不一一回答了，谢谢！

侯东德 谢谢赵老师！听了赵老师的讲座，作为主持人，我也简短地表达一下自己的感受：第一，《民法总则》的出台对于《公司法》的修改，影响肯定是巨大的。按照我的理解，《民法总则》一方面为《公司法》的修改提供了一个基本的制度框架，但另一方面，有些规定也可能对《公司法》的修改构成障碍。比如，在《民法总则》中明确提出营利法人的类型是有限责任公司和股份有限公司及其他营利法人。那么，现在很多学者主张我们应当效仿美国，将公司类型主要分为开放型公司和封闭型公司。如果今后《公司法》要往这方面进行努力时，肯定会遇到《民法总则》设置的障碍。

第二，一个国家公司法的自由化程度，实际上是与这个国家的经济政策密切相关的。如果一个国家采取的是一种自由型的经济政策，那么它的公司法的自由化程度毫无疑问就会比较高；如果一个国家实行的是管制型的经济政策，那么这个国家的公司法就会偏向管制型的公司法。

第三,《公司法》未来的完善应当处理好内部关系和其他关系。公司内部关系的处理以自治或自由为主,外部关系则应当是以强制性为主。但划分内部关系和外部关系之间的标准是需要好好把握的。比如说,大股东和小股东之间是一种内部关系,董事会和股东之间也是一种内部关系,但如果是整个公司与外部第三人之间,就是一种外部关系了。

第四,关于独立董事的职能问题。我认为基于一种独立的、客观的、中立的、超然的身份,独立董事的主要职能应当是决策而非监督。我们在引入美国的独立董事制度时,实际上是误读或者说误解了美国的独立董事制度,因为我们本来就有专司监督职能的监事会。

今天的讲座是《民法总则》通过之后,我校举办的第一场关于《民法总则》的专题讲座。明天上午学校还有一场专门针对《民法总则》的学习、宣传和研讨会,贯彻学习《民法总则》的高潮在我校已经掀起。所以,今天的讲座非常重要,对于以后我们相关活动的开展具有良好的示范效应。

让我们再次以热烈的掌声感谢我们的主讲人赵万一教授!同时,也感谢我们四位点评嘉宾的精彩点评!当然,更要感谢参加本次讲座的热情洋溢的各位同学!谢谢你们!《论道西南》今晚的讲座到此结束。祝大家晚安!

第四讲 《民法总则》的精神与理性

主讲人：孙　鹏　西南政法大学民商法学院教授、博士生导师
主持人：侯国跃　西南政法大学民商法学院教授、博士生导师
嘉　宾：王　洪　西南政法大学民商法学院教授、博士生导师
　　　　　徐　洁　西南政法大学民商法学院教授、博士生导师
　　　　　张建文　西南政法大学民商法学院教授、博士生导师
　　　　　黄　忠　西南政法大学民商法学院教授、博士生导师
时　间：2017年3月24日晚7:00
地　点：西南政法大学笃行楼学术报告厅

侯国跃　各位亲爱的同学们、教授们，还有来自法院、检察院、律师事务所等单位的朋友们，现在我宣布，由西南政法大学民商法学院和重庆坤源衡泰律师事务所共同举办的“中国民法成长论坛”第35场讲座正式开始。

今天来参加讲座的人很多，我们临时将场地更换到了笃行楼学术报告厅。这里有520个座位，意味着西政对在座的各位一直坚持“我爱你”。相对于今天到场的观众而言，这里的座位仍然是有限的。各位同学、教授、朋友们，请大家一定注意安全！

今年3月15日，十二届全国人民代表大会第五次会议审议通过了《民法总则》。这是一部什么样的法律呢？可能有人认为这就是一部法律

而已，但是正如赵万一教授在前天晚上的讲座中说的那样，它不仅仅是一部法律或者一堆规则。

在国外有人说，人人应该一手一部圣书：一书为圣经，以求心灵的净化、精神的寄托；另书为民法典，以求人格的保障、财产的安全。我国已经通过了《民法总则》，我们应该如何去理解它、解读它、宣传它、践行它，这正是今晚讲座的主题。

今天晚上的主讲嘉宾是学校著名的青年才俊、教学名师、科研标兵和男神级人物——博士生导师孙鹏教授。因为到场的同学们比较多，坐满了地板。我刚才跟孙鹏教授协商一下，他就坐在这里讲，同学们不要像以前那样站起来走动了。孙鹏教授是喜欢站着讲的，可能是站起来讲更加容易结合肢体语言激情地表达。孙鹏教授在讲到特别激动的时候，也可以站起来讲，我一定帮你举着话筒。

关于孙鹏教授，我对他作任何介绍其实都是多余的。不过，关于今天晚上他来作这个讲座，我还是要说几点。第一点，孙鹏教授对民法典是有贡献的。孙鹏教授不仅对《民法总则》提了很多建议，而且也深度参与《民法典物权编建议稿》的起草工作。在这一方面，我们西政有很多教授都有贡献，比如谭启平教授、赵万一教授、李开国教授、张玉敏教授、王洪教授、刘云生教授、陈苇教授等等。第二点，孙鹏教授是中国民法学研究会的副秘书长，也是我们这个论坛——“中国民法成长论坛”的坛主。第三点，孙鹏教授为了庆祝《民法总则》的通过并完成今天的讲座，提前做了很多准备，包括故意把头发挑染成花白。

除了主讲嘉宾孙鹏教授，我们还邀请了几位点评嘉宾，分别是：博士生导师王洪教授、博士生导师徐洁教授、博士生导师张建文教授、最年轻的博士生导师黄忠教授。

今天还有很多重要的客人来听我们的讲座，我不可能一一点名介绍，但我要向大家表示最热烈的欢迎！

下面就请孙鹏教授开讲《〈民法总则〉的精神与理性》！

孙 鹏 各位晚上好，我在来到讲座现场之前，就通过微信看到很多的朋友在讲座现场外守候，长长的一条龙，现在大家又济济一堂，场面空前火爆，这是我本人的感动、民法成长论坛的感动、西政的感动、《民法总则》的感动、中国的感动！谢谢大家！

今晚与各位交流的话题是"《民法总则》的精神与理性"。

第一，《民法总则》弘扬了社会主义核心价值观。

不仅《民法总则》第1条立法目的部分嵌入了社会主义核心价值观，而且紧接着一系列基本原则的规定也与立法目的中的核心价值观相呼应。我要重点讲述两个法条，一个法条是第184条"好人条款"。其实此前我国民事立法也规定有"好人条款"，只不过此前的"好人条款"只有半部分，仅仅规定了"好人"对他人进行救助，自己受到损害怎么处理，回答是，如果有"坏人"，那就由"坏人"来承担责任；如果没有"坏人"，或者"坏人"无力承担责任，就由接受"好人"帮助的人进行适当补偿。然而此前的法律疏于规范一个问题，"好人"在紧急情况下自愿对他人进行救助，如果因为他的不小心，准确地说是情急之下的不小心，导致被救助人受到伤害怎么办？《民法总则（草案）》的表述发生了数次变化，最后通过的《民法总则》的条文告诉我们，"好人"自愿在紧急情况下为他人提供救助，如果受助人遭遇损害，"好人"免责。

在我目前的学识范围内这是"开天辟地"的规定。因为其他国家和地区尽管有完整的"好人法"，或者说"好的撒玛利亚人法"，但是"好人"给被救助人造成损害的时候，都要追究"好人"重大过失时的责任，而根据《民法总则》，纵然被救助人遭遇了不必要的损害，纵然被救助人举证证明"好人"在施救过程中存在重大过失，"好人"也一律免责。为什么说该"开天辟地"的规定有进步性呢？甚至是对社会主义核心价值观的彰显呢？

我们都听过也经常吟唱一首歌，那就是《好人一生平安》。"好人"施救的时候可能自己遭到损害，也可能使别人受到损害。"好人"自己受到损害的时候，他的损害未必能够获得全部的弥补。无论是《民法通则》，或者是《侵权责任法》，或者是刚刚通过的《民法总则》第183条，当没有“坏人”或“坏人”力所不及的时候，“好人”充其量从受助人那里获得适当的补偿。“好人”因做好事受到伤害的时候，他只能获得适当的补偿，“好人”已经难以平安。如果“好人”因为情急的疏忽，对被救助人的损害还要承担责任，那“好人”平安又从何谈起？我想《民法总则》第184条与183条珠联璧合，就是为了让“好人”一生平安，《民法总则》让这首歌对“好人”的祝福真正落到实处。

弘扬社会主义核心价值观的第二个标志性条款是《民法总则》第185条的“英烈保护条款”。近些年来，有很多无良的人拿英烈说事，贬损英烈的名誉。各位，我们都深深地知道英雄烈士们的大义，他们的大爱是我们民族精神中最宝贵的财富，是我们民族得以不断薪火传承的动力，我们怎么能够拿英雄烈士来说事呢！近些年贬损英雄烈士的代表性案例有两个，一个是“狼牙山五壮士系列案”，一个是“邱少云烈士案”。前案中，有人在网上写了两篇文章，他们以所谓的细节研究的手法追究当年狼牙山五壮士在何处跳崖，跳崖之前是否还拔了老百姓的萝卜充饥。他们追问这些微小的细节，以贬损狼牙山五壮士早就植根于我们国人心目中的光辉伟岸的形象。“邱少云烈士案”更是让我等痛心无比，有人在网上发言说“由于邱少云趴在火堆里一动不动，最终食客们拒绝为半面熟买单，他们纷纷表示还是赖宁的烤肉较好”。我真不知道他们说这些话的时候良心何在？！在这些贬损英雄烈士的案件中，烈士的近亲属都站出来向那些无良的加害人主张精神损害赔偿，“狼牙山五壮士系列案”中，加害人居然还对反击他们不良言论的人提起了诉讼。

关于《民法总则》第185条，也许有人认为该条文是多余的，甚至是有害的。为什么这些人认为是多余的呢？因为早在2001年，《精神损害赔偿司法解释》就有这样的规定，侵害死者的遗体、遗骨、姓名、肖像、名誉、荣誉、隐私等死者人格利益的，死者近亲属有权向人民法院主张精神损害赔偿。《民法总则》在此背景下，针对英雄烈士设立一个专门性的保护条款，是不是传递出一个信息：英雄烈士英名永存，而非英雄烈士的身后之名、身后之人格利益不受保护？这是莫大的误解。《民法总则》的前提当然是保护所有的自然人和在他们故去之后的人格利益，绝非陆游所说的“死去元知万世空”。《民法总则》第185条针对英烈的英名专门设置条款是考虑到了这样一种特殊的情形，那就是英烈们已经没有在世的近亲属了，根据一般的死者人格利益保护的规则，就没有原告提起诉讼。如果没有原告提起诉讼，就会放纵那些侵害英烈、与我们整个民族作对的人。因为他们对英烈英名的侵害，是对我们社会主义核心价值观的挑战，是对我们民族情感的挑战，是对我们中华民族正义精神的挑战。正因为他们损害了社会公共利益，所以即便英雄无后，他们也必须为挑战我们社会的文明、挑战我们民族的文明付出应当付出的代价。

前面提到，在“狼牙山五壮士系列案”中，贬损五壮士的作者和编辑面对汹涌的舆论反击浪潮，亦进行了反击。对此有一些网民发声说这些人搞历史虚无主义，这些人亵渎英灵，否定英雄烈士的光辉。有人说贬损五壮士的人是“狗娘养的”，他们也不高兴了，他们也要提起诉讼。人民法院对这些被指责“狗娘养的”人的诉请如何判决呢？你就应当容忍社会的反击，即便主流社会的反击存在着些许不文明的言论，这也是你自己必须承受的。人民法院的判决何尝不是身体力行地弘扬社会主义核心价值观呢？

第二，《民法总则》是一部加强版的中国《人权宣言》。

有人说1986年的《民法通则》就是中国的《人权宣言》，此言不虚。而此次《民法总则》则是在新的时代背景下全方位强化了的中国的《人权宣言》。我稍作列举，因为时间非常有限，就不详细展开《民法总则》从哪些方面深化了《人权宣言》。

其一，第3条将权利神圣作为民法基本原则。我阅读了全球范围内几十部民法典，也没有看到哪一部民法典在基本原则中规定权利神圣。我们的民事立法历来是要规定基本原则的，这是一种价值的诠释，也是对民众法律和道德的双重教化。本来，在《民法总则》的相关草案中，权利神圣是放在权利这一章的，后来好多人大代表提出既然民法是权利法，是人民自由的“圣经”，为何不在基本规定中开宗明义地将权利神圣作为原则呢？全国人大法律委员会认为该建议非常好，就将权利神圣作为民法基本原则规定下来。

其二，第113条宣示所有民事主体的财产权平等受保护。其实很多人都对平等保护财产权似曾相识。2007年《物权法》已经宣布国家的、集体的、私人的物权平等受保护。中华人民共和国的法律从来不会辜负我等的期待。第113条宣示的不只是民事主体的物权，所有的财产权都在法律的平等保护之下。

其三,第187条明确了民事责任的优先性。关于民事责任的优先性，在座的各位也是似曾相识的。2009年《侵权责任法》第4条已然确立了民事责任的优先性,我感到很欣慰。曾经,我国似乎有这样的“传统”，那就是民事责任很容易被吸收、被吞没到刑事责任、行政责任等公法责任当中。当民事责任与刑事责任、行政责任等公法责任不能够都获得圆满实现的时候，民事责任在很长的一段时间里没有优先的位置。2009年《侵权责任法》强调侵权责任相对于刑事责任、行政责任的独立性和优先性。当时，我们实在是按捺不住内心深处的感动。当然也有遗憾，我们多么期待法律能够总括性地表达所有的民事责任相对于公法责任具有独立性、优先性。2009年我们并没有这样的机会，因为当时我们起草的仅仅是单行法性质的《侵权责任法》。此次，立法者没有与这个机会失之交臂。立法者之所以没有与这个机会失之交臂，是因为在法治不断昌明、权利观念不断深入人心的当代中国，民事责任的独立性、优先性早就植根于立法者和人民大众的心中。

其四，被监护人“自我决定权”和“正常化”。国际人权保护运动的一个重要环节就是保障未成年人、成年被监护人的自我决定并让他们尽可能正常地融入社会。在《民法通则》的相关规定中，尽管也给予了被监护人很多的关爱，但是没有像《民法总则》那样，无论是在监护人的确定还是监护人职责的履行等方面，充分地尊重被监护人的意愿，努力实现被监护人利益的最大化，让被监护人尽量融入这个五彩斑斓的社会。《民法总则》的一系列条文顺应了监护领域国际人权保护的潮流，对被监护人的权利保护上升到了一个新台阶。

其五，关于失踪人利害关系人保护之强化。在《民法通则》失踪人宣告这个领域，利害关系人申请宣告死亡要受顺序的限制，而在《民法总则》第 46、47 条两个条文的联袂推动下，一个人被宣告死亡，不再受利害关系人顺序之限制。宣告死亡的制度主旨就不是保护失踪人，而是保护利害关系人。既然主旨本来是保护利害关系人，哪管利害关系人中的你我他，哪管利害关系人顺序的先后。《民法总则》在宣告死亡启动这个环节，不再考虑利害关系人的顺序。如果失踪人重新出现，撤销死亡宣告。在婚姻关系的处置上,《民法总则》第 51 条相对于《民法通则》也有显著的变化。《民法通则》规定只要失踪人重新出现,撤销死亡宣告,配偶尚未再婚，婚姻关系自动恢复。这就没有考虑配偶尚未再婚的具体情形。配偶尚未再婚至少有两种情形，一种情形是苦苦地守候着失踪的故人归来，失踪人的配偶终于等来了这一天，婚姻关系自动恢复，此乃上策；但也不排除另外一种可能，配偶与失踪人的关系本就不睦，因为感情不睦，那个人才玩了失踪。配偶在他（她）失踪之后，已经开启了人生新的航程，甚至明天就要与他人登记结婚。然而她（他）早就无爱无恋的失踪人却在这个节骨眼上出现了。按照《民法通则》的规定，婚姻关系自动恢复，若想与新的恋人登记结婚，还须先办理离婚手续。对此,《民法总则》第 51 条规定，配偶未再婚，如果其向婚姻登记部门书面申明不愿自动恢复夫妻关系，夫妻关系就不能自动恢复。这是多么人性化的规定!

其六，诉讼时效之软化。在座的各位一定知道，诉讼时效是一个反权利的制度，实质是“有权不用，过期作废”。这个制度意在让权利人感受时光飞逝的意义。我国《民法通则》的时效制度设计对权利人在很多方面都是不利的,《民法总则》以强化权利人保护为主旨，顺应各国以及国际组织在时效领域最新的立法趋势，作了一系列的调整，以尽可能降低反权利的时效制度给权利所带来的伤害。

第 188 条将普通的诉讼时效期间延长为 3 年，而且在时效的起算点上修正了以前知道或者应当知道权利被侵害即起算时效的不当规则，把它完整地表述为时效从权利人知道或者应当知道权利被侵害而且知道或者应当知道加害人的时候才开始计算。第 190 条针对行为能力欠缺者与法定代理人之间的权利纷争，规定在法定代理关系终止之后，行为能力欠缺者权利保护的时效才开始计算。第 191 条关于未成年人遭受性侵害，其请求损害赔偿的诉讼时效可以从成年之后开始起算。第 194 条关于时效中止的规定，借鉴了一些国家时效不完成的内容。在诉讼时效运行的最后 6 个月内，因为客观原因导致权利人没有办法行使权利，在障碍事由消除后，即要求权利人时不我待地行使权利，这对刚刚遭遇了客观障碍的权利人而言是何等窘迫。所以第 194 条规定在时效运行障碍事由消除后，时效 6 个月内不完成，权利人可以在剩下的 6 个月的时间内较为从容地行使权利。

第三，《民法总则》实现了治理能力与治理体系的现代化。

这句话可不是我说的，在《民法总则（草案）》一审稿出台之后，我参加了中国法学会召开的第一次专家咨询会。我在这次会议上，注意到全国人大常委会领导在相关文件中将《民法总则》的制定与治理能力的提升、治理体系的现代化紧紧地联系在一起。《民法总则》表决通过之后，我又一次注意到全国人大常委会领导继续强调《民法总则》在治理能力提升、治理体系现代化中的价值，而且将治理能力、治理体系现代化与法人的分类密切地联系在一起。因此，我判断法人的分类是治理能力、治理体系现代化的标志性举措。

那么《民法总则》在法人分类这个问题上有什么样的举措呢？其核心举措就是将《民法通则》的企业法人、事业单位法人、社会团体法人、机关法人的分类置换为营利法人与非营利法人的分类。营利法人与非营利法人分类的标准是什么？标准就是法人的设立与存续是否以营利为目的。具体表现为，是否向法人的设立人分配利润；在法人终止的时候，是否向法人的设立人返还剩余资产。营利法人就是要向设立人返还利润，终止的时候设立人可以收回剩余资产的法人；而非营利法人一不可分配利润，二不可收回剩余资产。我们要注意，是否从事营利活动不是营利法人和非营利法人的区分标准。非营利法人也可以从事相应的营利活动，不过它通过营利活动得到的利益，不是为了设立人，而是为了非营利法人本身所从事的事业。营利法人和非营利法人这种分类，对社会治理究竟有什么样的意义，以至于我们说这种分类能够提升社会治理能力、能够使社会治理体系现代化？全国人大常委会领导有一句话，说营利法人、非营利法人的社会治理结构不同，这一分类有利于健全社会组织法人治理结构，有利于加强对法人组织的引导和规范，促进社会的治理和创新。

那么营利法人、非营利法人究竟有什么样的不同，它们究竟怎样实现社会治理体系的创新呢？营利法人是经济组织，营利法人的设立者追逐的是利润。对于营利法人，我们可以本着经济发展的理念，倡导经济自由、企业自由，所以在法人准入问题上奉行准则主义。非营利法人是社会组织，它不是一个简单的追逐利润的问题。非营利法人这样的社会组织固然彰显了在现代法治社会中自然人的结社自由，但是它也与国家的政治、文化、宗教、社会等方方面面密切关联。所以非营利法人之结社自由，与国家和社会整体利益之间的平衡相当关键。于是，在非营利法人的准入问题上，不能采取放任主义，原则上应践行核准主义，设立非营利法人的时候，国家要严格把关。

对于营利法人而言，你在市场中追逐着利益，那就竭尽你的能力，竭尽你的智慧，竭尽法律一切允许的手段，你不要指望国家和社会对你有多少的优遇，国家还指望着你在实现利益最大化的过程中，为国家税收，以及在承担社会责任等方面做出贡献。然而对于非营利法人而言，国家将从财政、税收、土地等方面提供一系列的政策性优惠。

如果我们在法人的分类中不使用营利法人和非营利法人这样的分

类，这个法人是否应当享受国家财政、税收、土地等政策上的优惠就并非一目了然。有那么一些法人，它实质上是营利法人，但此前没有营利、非营利的清晰分类，它就可能套取，甚至骗取国家有限的土地、税收、财政等优惠性政策资源，使这些优惠政策资源“好钢不能用在刀刃上”。营利法人和非营利法人这种分类，就要在一级标签上增强法人的可识别性，体现法人在公法上的不同待遇，以方便国家对它们进行不同的治理，包括在治理的时候是否给予政策上的优惠。

营利法人、非营利法人这种分类还顺应了我国当前事业单位改革和发展的态势。现在的事业单位，包括三类，即承担行政职能的、从事生产经营活动的、从事公益服务的。承担行政职能的事业单位将逐步划归或者直接转为行政单位，从事生产经营活动的事业单位将逐步转为企业，只有从事公益服务的事业单位将继续保留在事业单位的序列之中。很显然，我国当前正在进行的事业单位改革，也是以营利法人、非营利法人的区分为引领的。尽管营利法人、非营利法人的分类在社会治理能力的提升和社会治理体系的现代化的过程中有重大的作用。我们也不得不承认这种分类将面临着一定的问题：

一是大量的“中间法人”何去何从。在我国社会的发展过程中存在着大量合作社、证交所、民办教育机构、民办医疗机构、农村集体经济组织、基层群众自治组织等，这些法人半营利、半公益，被称为“中间法人”。在营利法人、非营利法人的分类规则之下，它们将何去何从呢？一方面《民法总则》特别法人一节“收容”了部分的中间法人。特别法人包括机关法人、合作经济组织法人、集体经济组织法人、基层群众性自治组织法人，比如村民委员会，居民委员会。在这四类特别法人当中，城镇、农村合作经济组织这一类法人就足以“收留”现今我国存在的大约 148 万个农民专业合作社。有些遗憾的是，《民法总则》所规定的特别法人不可能“收留”所有的中间法人。那些没有被特别法人“收留”的中间法人的未来在哪里？比如说民办医疗机构、教育机构、养老院，尤其是民办教育机构。据统计，当前中国有 15 万所民办学校，在校学生数千万，此等不能为特别法人所“收留”的中间法人，只能做出非此即彼的选择。要么你选择作为营利法人，民办高校选择作为营利法人，将不能再享受国家政策上的优惠；要么你选择非营利法人，继续享受国家政策的优惠，但是别指望分取利润，甚至民办学校无以为继的时候，你也别指望收回剩余资产。其实，依《民法总则》，让这些“中间法人”做出这样的选择，又何尝不是我们国家自信的表现。以前正因为我们经济社会的发展没有达到今天的水平，所以我们强烈地呼吁民间资本进入相关公益领域。现在我们国家经济社会全面发展，国家有自信，政府有自信，即使这些“中间法人”选择做营利法人，它们“撤离”后的公益事务国家完全可以自行承担。

另外一个问题是非营利法人法如何跟进，如何与营利法人法并驾齐驱？在我国现有的民事法律体系中，以《公司法》作为龙头，营利法人的法律已经相当完备，而非营利法人作为与营利法人平起平坐的一类法人，作为法人世界的半壁江山，其相应的法律规范又该如何跟进？我了解到有关部门已经在动议非营利法人法,但它目前是“犹抱琵琶半遮面”，就让我们一起期待吧！

第四，《民法总则》彰显了时代性和前瞻性。

其一，《民法总则》第9条将节能环保规定为民法基本原则，这就是所谓的绿色原则。《民法总则》既有古朴民法典的传统风貌，又有盎然生机的翠绿。在我国此前民事立法中，其实就已经有绿色的元素。绿色原则渗入较早的是《侵权责任法》《土地管理法》这两个领域。因为《侵权责任法》中有环境侵权责任，《土地管理法》中有保护和改善生态环境的规定。《民法总则》让《侵权责任法》《土地管理法》这两个领域早就渗入的绿色元素蔓延到整部法典。绿色原则是民法体制外的限制性原则，它与平等原则、意思自治原则、公平原则是不能等量齐观的，它与公序良俗原则等一道对民法体制进行外部限制。也正因为绿色原则构成了对民法体制的外部限制，使民法价值更加多元化，也使《民法总则》以及《民法总则》引领的未来中国民法典呈现出鲜明的社会化特征。

在绿色原则植入《民法总则》之后，民法和环境保护法是什么关系？我在这里借用龙卫球先生的话，“绿色原则乃民法对高度社会化及生态环境问题十分突出的当下的一次重要回应。但它并非环境法对民法的体制入侵，而乃民法伸手援助环境法，其作用只能是脐带性的、桥梁性的，看，民法母亲多么博爱，连不是她的孩子都要养一把、抱一回”。龙卫球先生紧接着提出了一个建议，诚望环境法立足好自己的本位，看守好自己的灵魂，不要期望民法完全抚养自己。

其二，关于个人信息的保护。《民法总则》第 110 条、第 111 条两个条文告诉我们，个人信息是一种独立的权利，个人信息不能够栖身于隐私当中。以前学术界有很多说法，说个人信息通过隐私保护就行了。《民法总则》第 110 条列举的权利当中有隐私，然后在第 111 条又单列了个人信息，表明《民法总则》结束了个人信息与隐私关系的讨论。个人信息超越于隐私之外，也只有将个人信息置于隐私之外，它才能够获得保护上的大空间、保护上的大发展。《民法总则》不仅将个人信息明确地作为隐私之外的独立的法权，而且还为未来进一步深化个人信息保护立法确立了基调。我尽量尝试复述一下第 111 条的原文，“自然人的个人信息受法律保护。任何组织和个人需要获取他人个人信息的，应当依法取得并确保信息安全，不得非法收集、使用、加工、传输他人个人信息，不得非法买卖、提供或者公开他人个人信息”。尽管这个条文本身不能够立竿见影地缓解当前个人信息保护不力的现状，但在《民法总则》为个人信息设立了基本的法律保护基调后，更为精密、全面的个人信息保护立法将很快出现，对此我们也有权期待。

其三，数据、网络虚拟财产的保护。显然，数据、网络虚拟财产是我们这个时代的产物，并代表这个时代的特征。《民法总则》第 127 条针对数据、网络虚拟财产保护做了两件事：第一是表态要保护，第二是在怎样保护这一问题上留下了巨大的弹性空间。其实在《民法总则》制定过程中，数据、网络虚拟财产应当受保护已经成为学界和社会共识，而怎样保护，以何种路径保护，争议不断。《民法总则》相关草案曾将它纳入物权保护，将数据、网络虚拟财产作为物权的客体。由于争议未息，最后通过的《民法总则》就采取了更为宽松的表达，那就是“法律对数据、网络虚拟财产的保护有规定的，依照其规定”。以后究竟以什么路径来保护数据和网络虚拟财产，还可以进一步研究。我个人感觉，数据是不是可以由知识产权进行保护？网络虚拟财产当中的游戏装备、比特币等是不是可以通过物权法来保护？手机流量等是不是可通过债权法来保护？不同的虚拟财产法律属性有别，保护路径也会出现些差异。

其四，第四章第102条至第106条确立了非法人组织的主体地位。《民法通则》只有两类主体——自然人、法人，当时自然人还被称为公民。《民法通则》后这几十年，民法学界一直在思考一个问题——自然人、法人之外有没有第三民事主体？个人独资企业、合伙企业、一些专业服务机构有没有资格成为“民法上的人”？曾经两派观点很对立，但待到《民法总则》起草时，争议的硝烟其实早已散去，基本认为这类组织应该成为第三民事主体。尽管《民法总则》将非法人组织规定为第三民事主体，但当初中国民法学研究会拟定《民法总则专家建议稿（征求意见稿）》时，很多人感觉法人组织、非法人组织的概念在条文上不好表述，也很难区分。《民法总则》第120条使用了最简单的手法——非法人组织就是不具有法人资格，却又能够以自己的名义从事民事活动的社会组织。此前学界说法人是依法具有民事权利能力和民事行为能力，能够独立承担责任的社会组织，非法人组织就是德国、日本所谓的“无权利能力的社团”。我觉得这个说法有问题。因为中国民法人普遍认为，民事权利能力就是民事主体的代名词。你是民事主体，你就得有民事权利能力，你有民事权利能力你也就必然是民事主体。你说非法人组织是个主体，却又说它无权利能力，真的非常纠结，似乎也很矛盾。法人依法具有民事权利能力，非法人组织也应当是具有民事权利能力的，它不具有法人资格，不是因为没有民事权利能力，而是因为它不能独立承担民事责任，《民法总则》就是从责任承担这个角度来区分法人和非法人组织的。在设立某个社会组织时，由设立人选择是要设立一个独立承担责任的法人组织，还是仅设立一个不能独立承担责任的非法人组织？就如同在设立法人时，设立人可以选择设立营利法人或者非营利法人一样。当然，法人和非法人组织除了在民事责任方面的差别外，在税收等公法调整方面可能也会有些不同。

第五，科学性与实用性。

我感觉有两个领域最能彰显《民法总则》的科学性和实用性。一个是法律行为效力的合理化，一个是诉讼时效适用范围的合理化。《民法总则》对法律行为效力作了一些小调整，现在没有乘人之危这种可撤销的法律行为了，乘人之危被归入显失公平了——一方利用他人处于危困状态或者没有判断能力等情形实施法律行为导致对他人显失公平，拥有撤销权。因重大误解而实施的法律行为作为可撤销的法律行为，与其他可撤销的法律行为相比，撤销权的期间比较短，为知道或者应当知道撤销事由之日起 3 个月。一方当事人受到第三人的欺诈，与对方实施法律行为，如果对方不知道也不应当知道他受到了第三人的欺诈，那这个法律行为就这样了。如果对方知道或者应当知道他受到第三人的欺诈，受欺诈的人可以撤销法律行为。也就是说，《民法总则》将《担保法司法解释》确立的第三人欺诈规则推广到了所有的民事法律行为。以上关于法律行为效力的微小调整，不是我今天要重点分析的。我认为彰显《民法总则》科学性与实用性的法律行为效力规则涉及两个内容：

一个是违反强制性规定的法律行为的效力。这在我国曾经不是个事儿，《民法通则》第 58 条、《合同法》第 52 条第（五）项规定，违反法律、行政法规的强制性规定的法律行为无效，这点根本就不需要考虑。后来有很多人认为，这太简单、太绝对、太粗暴了。于是 2009 年最高人民法院发布了《合同法司法解释（二）》，该解释第 14 条规定，足以导致合同无效的强制性规定指的是效力性强制性规定。从此以后我很幸福，法官很痛苦。为什么我很幸福呢？因为我在 2005 年到 2007 年间连续写了两篇文章，核心精神就是违反法律、行政法规强制性规定，合同当然无效是要不得的，就像我前面说的那几个词，是简单、绝对、粗暴的，所以一定要软化违法行为的效力。《合同法司法解释（二）》软化了违法行为的效力，我能不感动吗？一个学者好不容易写出一两篇文章没人看有意思吗？有人看，没有转化为生产力有意思吗？当然我也不敢说最高人民法院一定是受了我那两篇文章的影响，因为有可能他们就没有看那两篇文章，不过就算没有受那两篇文章的影响，他们的解释与我的主张基本吻合，也算“英雄所见略同”，这样也可以让我有点小得意。从这个角度上，我很幸福，但是法官真的很痛苦。

法官为什么痛苦呢？因为我们国家那么多的法律、行政法规，那么多强制性规定，从来没有给自己贴上标签，说我叫“惹不起”，我是效力性强制性规定，如果你招惹我你就“死定了”；或者说我叫“稻草人”，只是管理性强制性规定，吓唬你的，你最好乖、听话，但你非要以身犯我，其实我也不能拿你怎么样，至少不能使你无效。很少有强制性规范给自己贴上这样的标签，最高人民法院自己也没有作规范识别和梳理的工作，所以法院感到很累、很难、很烦，甚至无所适从。后来我又发现法院也不再累，也不再烦了，为什么过一段时间他们就不累不烦了呢？是不是已经找到区分效力性强制性规定与非效力性强制性规定的法宝？不可能，我找了好久都没有找到，好像全国也没有其他人找到真正有效的区分法宝。法官之所以不再痛苦，是因为他们将效力性强制性规定、管理性强制性规定作为道具来使用。他想判无效，就说违反了效力性强制性规定；他要判有效，就说违反的是管理性强制性规定。你问他为什么是效力性强制性规定？为什么是管理性强制性规定？他不给你作任何解释。法官手艺如此娴熟，如此从容，他的职业人生还有什么痛苦呢？

《民法总则》对这个问题很重视，我印象中，中国民法学研究会提交全国人大常委会法工委的建议草案把《合同法司法解释（二）》效力性强制性规定原原本本搬上去了，说这可能是司法对立法的重大贡献。

后来，《民法总则》的几个草案都保留了，但是上会的时候又被拿掉了，也就是删除了“违反法律、行政法规当中的效力性强制性规定的法律行为无效”这一条，记得当时是第155条。梁慧星教授等对删除这条很有意见，建议恢复。现在恢复了吗？可以说恢复了，也可以说没有恢复，至少再也没有回到从前的模样。如果说恢复了，恢复后的条文就是第153条，怎么规定的呢？太有艺术了——“违反法律、行政法规的强制性规定的民事法律行为无效，但是该强制性规定不导致该民事法律行为无效的除外”。原来是“违反效力性强制性规定的法律行为无效”，尽管也没搞懂哪些是效力性规定，但至少还梦想将强制性规定做出准确的两分，以方便对法律行为效力的裁判。现在更灵活了，违反法律、行政法规中的强制性规定的法律行为无效，但是该法律、行政法规中的强制性规定不导致该法律行为无效的除外。这是什么意思呢？刚才我说再也没有回到从前，不过虽然再也没有回到从前，我却在一旁偷着乐，我更高兴了。我认为就是不能回到从前，也不应当回到从前。前面说我与最高人民法院“英雄所见略同”,但也仅仅是“略同”而已。我们的共同点是，违反强制性规定的法律行为并不总是无效。但在哪些有效、哪些无效的问题上，我与最高人民法院的解释有分歧，他们想区分强制性规定的性质，违反效力性强制性规定无效，违反管理性强制性规定有效。我认为这既不可能，也未必妥当。我认为对第153条有两种可能的理解，第一种可能的理解是效力性强制性规定和管理性强制性规定的另外一个版本或者说另外一种形式的表达。而第二种理解，别指望将强制性规范区分为效力性和管理性的，必须回到具体的案件中，基于案件的方方面面的情况来判断违反该强制性规定是否损害公共利益，是否将导致法律行为无效，而这正是我本人一贯的学术主张。

下面我举一个简单的例子，可能要稍微占用些时间。根据国务院《危险化学品安全管理条例》,经营加油站必须有危险化学品经营许可证，简称危化证。该危化证不得出卖，不得出租，不得以任何方式转让。国务院这个管理条例属于行政法规，这个行政法规中说危化证不得以任何方式转让，这显然是强制性规定。而现在它就被出租了，它为什么被出租呢？壳牌公司这一重要的成品油经营企业，它想进入加油站这个领域，然而加油站这个领域不是想进就进得来的。因为一个地方方圆多少平方公里，设几个加油站必须符合当地社会经济发展规划，如果规划建设的加油站已经够了，你别说壳牌公司，中石油、中石化来都没有你的位置了。然而壳牌公司又太喜欢经营加油站了，刚好有一个加油站的业主——比如王洪教授，对他经营的加油站不太有兴趣了，于是王洪教授就把他经营的加油站给了壳牌公司，双方签订了租赁合同，租赁期间是《合同法》能够容忍的最长期限 20 年。壳牌公司深深地知道，自己经营加油站必须要有危化证。很遗憾，它不可能取得自己名下的危化证，因为根据国务院条例，加油站实行“一站一证”原则。当初这个加油站的业主是王洪教授，他已经申办了危化证，现在壳牌公司想就这个加油站再去申请一个危化证，办证的机关说不可以，因为“一站一证”，于是壳牌公司没有办法，请求王洪教授把这个危化证给它，王洪教授就给它了。不仅壳牌公司把租来的危化证挂在加油站的醒目位置，而且某省经信委以及工商行政管理局联合发文，说这种情况下，壳牌公司等可视为有证经营。

之后，王洪教授想法变了，他当初“咬牙切齿”地与壳牌公司签订了租期 20 年的合同，“咬牙切齿”地收了一大笔钱，他以为收这么多钱已经很不厚道了，但是后来发现壳牌公司经营加油站才六七年时间，挣的利润远远超出他收的那笔钱，王洪教授感觉当初“咬牙切齿”原来是不了解商业。王洪教授就要找壳牌公司说事，但解除合同是根本不可能的。最好的办法就是连根拔起，合同无效。开玩笑，我把我的危化证出租给你了，那危化证是能出租的吗？国务院行政法规掷地有声地规定，危化证不能以任何方式转让，现在我们两个人触犯了“天条”，我当年“年少无知”，违反了行政法规中的强制性规定，现在学了法律，愿意效忠并维护法律的权威，痛改前非，悬崖勒马。不少人民法院纷纷判决“壳牌公司们”败诉，合同无效。那你“滚蛋”吧，“壳牌公司们”心里很不爽，于是上诉、申诉。

后来壳牌公司方面的律师问我对这样的案子有什么看法，我说这个事，人民法院要判决你败诉也很容易，判你败诉你也没办法。人民法院判决说合同无效，因为违反了效力性强制性规定，而国务院条例的那一条就是效力性强制性规定，效力性强制性规定惹不起，你惹它就是“死定了”。然而在我看来，面临这样的案件时我们一定要追问，行政法规中的这一强制性规定的目的是什么？它传承的社会使命是什么？违反该强制性规定的法律行为是否真的妨碍了该规定的目的和社会使命的实现。

我们来看看申请危化证需要满足些什么条件：

第一，你要有稳定的油源。你不能开个加油站，加了七八辆车就没油了，你这是浪费行业特许资源。第二，你加油站的软硬件设施必须达标，不能引发安全事故或有安全隐患。第三，你的从业人员素质也必须要达标。说白了申领危化证有两个条件，第一个条件有稳定油源，第二个条件设施和人员无安全隐患。当年王洪教授那个加油站具备这两个条件，把危化证申请到手了。现在加油站租给了壳牌公司，壳牌公司不再具备这两个条件？第一，壳牌公司没有稳定的油源？王教授的油源能跟壳牌公司比吗？第二，加油站转手给壳牌公司后马上就有“毛病”了，有这样的怪事吗？本来达标的硬件不会因为转手就不达标了。加油站在石油领域属于成品油的终端销售环节，是个小卖部。壳牌公司风里来、雨里去，什么大风大浪没有见过，比你这个危险成千上万倍的“刀头舔血”的事情都干过，人家的从业人员也是“浪里白条”（方言）。也就是说壳牌公司形式上没有这个危化证，但是它实质上胜于有危化证。国务院行政法规的目的是避免出现“那些事”，而本案根本就不会出现“那些事”。法律行为纵然形式上违反了该强制性规定，但客观上法律行为不会发生该强制性规定所担心的危害后果。相反，如果认定合同无效，那才是要“出人命”。出什么“人命”？王洪教授把壳牌公司赶走后，并没有“改邪归正”，他已经耍赖了，早就不愿自己经营了，于是又把加油站出租给我孙鹏同志来经营，向我收取更高的租金。我经营加油站不出事才怪，所以稳定壳牌公司与王教授的租赁关系对社会有益而无害，相反宣告合同无效对社会有害无益。

因此，我一直认为违反什么样的强制性规定不是最重要的，关键的是违反强制性规定的法律行为有没有损害该强制性规定所旨在保护的公共利益。《合同法司法解释（二）》要区分强制性规定的性质——效力性、管理性，我认为规范的性质是不能很分明地区别出来的，刻意区分甚至可能是有害的。《民法总则》第153条是否为我这样的理解留下了一点空间？能不能认为，本条所谓“该强制性规定不导致该民事法律行为无效的除外”，就是指违法行为客观上没有损害该强制性规定旨在保护的目的，所以法律行为例外有效？让我们拭目以待。

在法律行为效力部分体现科学性、实用性的第二个内容是通谋虚假意思表示的效力。我们经常看到“以合法形式掩盖非法目的无效”这样的条款。很多法官用这个条文判了一些老百姓不满意的案子，我不知道这些法官自己是否满意。实际上，以合法形式掩盖非法目的，本身有几种可能：

第一种可能，只有合法形式没有被隐藏的行为，非法目的也不是什么被隐藏的行为。比如为了逃避强制执行，将自己的财产转让给某某，有一个转让的合法形式，非法目的为逃避强制执行。

第二种可能，合法形式掩盖着一个行为，非法目的不是被掩盖的行为。比如房屋买卖价款200万元，又签订一个买卖价款100万元的合同，登记时出示价款100万元的合同。200万元的合同就被100万元的合同掩盖了，非法目的是逃税，而逃税这个非法目的并不存在于被掩盖的那个法律行为中。

第三种可能，合法形式掩盖着一个行为，非法目的就刚好存在于被合法形式所掩盖的那个法律行为中。尽管《民间借贷司法解释》已经有限承认企业之间的借贷，但是并没有全线放开，企业之间只能为解决偶然的流动资金短缺临时拆借资金，而不能够以经营借贷为常业，否则就成了地下钱庄。例如，一个企业实际上在搞地下钱庄，与很多企业签了名为联营、实为借贷的合同。被隐藏的法律不认可的企业之间的借贷正好是非法目的。

“以合法形式掩盖非法目的无效”这句话太简单了，应该这么说，用来掩盖非法目的的合法形式肯定是无效的，因为它不是双方的真实意思表示，但是被掩盖的法律行为有没有效，得看被掩盖的法律行为本身是否为非法目的，如果被掩盖的法律行为本身不是非法目的，它是否有效应结合具体事实来判断。《民法总则》第 146 条就清晰地表达了这个意思。前面说有法官用“以合法形式掩盖非法目的无效”之条款作出了一些糊涂判决。我是真碰到了这样的法官的，他也真有这个本事。前面举的例子，本来 200 万元的买卖合同，过户的时候出示 100 万元的合同，法官真有本事将两个买卖合同都判无效。我问他为什么这样判，他说以合法形式掩盖非法目的无效。本案肯定是以合法形式掩盖非法目的，肯定有非法目的，我说的确有，他说既然以合法形式掩盖非法目的无效，本案就是以合法形式掩盖非法目的，怎么可能有效呢？我马上发现我的智力远远没有达到可以说服他的程度，因为他一口咬定，法律条文上就是以合法形式掩盖非法目的无效。现在，《民法总则》第 146 条告诉这些法官，不是别人没有智商，是你没有智商，被合法形式隐藏的法律行为只要不构成非法目的，就不会当然无效。究竟有效或无效，要根据其他具体的情况来判断。

讲到这个地方，我联想起一个案子，与我们正在探讨的话题有点关联，也有些意思。甲乙二人是夫妻，房屋登记在甲的名下，甲将房屋卖给了丙，约定的价款为 200 万元。甲丙二人认为 200 万元要交很多契税、营业税、所得税，干脆“整成”100 万元，于是又签订了价款为 100 万元的买卖合同，到登记机关办理过户登记，登记到了丙的名下。过了一段时间，甲乙夫妻二人关系不合，乙本来想起诉到法院，说甲擅自出卖夫妻共有房屋无效。有法律高人告诉她，在现在《物权法》《合同法》的背景下，你要以这个理由请求人民法院确认合同无效，不可行。高人还批评了她，当初为什么把房子登记在老公一个人的名下，乙回应说还不是为了凸显老公的“法定代表人”地位。我认为这不是凸显老公的“法定代表人”地位，而是给了他一次放纵的机会。当然生活中有更多的夫妻共有的房屋登记在老婆个人的名下，我认为这也不能表明老婆我爱你有多深，你以为用这种方式证明你对我的爱有多深，你以为看到房子登记在我的名下就看到了你对我的爱？那不是你对我的爱，那是你对我的侮辱！所以最好登记在双方名下。本案乙本来想以私卖共有物请求人民法院确认合同无效，法律高人说此路不通。本案作为登记机关登记依据的合同，就是掩盖非法目的的合法形式，也并非双方当事人的真实意思表示。人民法院一看这个案子很简单，已经好久没有碰到这么简单的案子了，当即判决合同无效。登记机关心想，人民法院生效判决说合同无效，那就意味着我登记的依据已经不存在了，于是就撤销了丙名下的登记。丙一看，这还得了，旋即向人民法院提起诉讼。这次丙提起诉讼的内容是，当初甲乙二人共有的房屋登记在甲的名下，甲卖给我，我给了全部的房款，曾经办理了登记，请求人民法院根据《物权法》第 106 条确认我已经善意取得所有权。人民法院觉得也对，丙又拿到了确认他取得所有权的生效判决。丙又找到登记机关，说本来登记在我名下的房屋，你说登记依据无效撤销了我名下的登记，现在法院确认我善意取得了，又得重新登记到我名下来。乙说丙名下的登记都撤掉了，那登记显然应回到我夫妻二人名下，现在要离婚，那就分财产，搞得人民法院“鸡犬不宁”。其实这是人民法院自己把自己搞得这么累。我想，就算确认用来掩盖的那个行为无效，都还要把控一下确认的节奏。比如在本案中，请求确认甲乙二人 100 万元买卖合同无效，我觉得人民法院是否应采取这样的做法，该合同作为法律关系整体有效，只不过当中的 100 万元价款并非双方当事人的真实意思表示。庭审中双方的陈述已经让法院足以查明，真实的价款为 200 万元。如果这样，登记机关怎么敢以登记依据不存在为理由撤销登记呢？在我国，不同机关对法律的理解程度和理解能力本来就不一样，容易导致法律适用的冲突。我们得注意协调，尽量未雨绸缪地化解这些冲突于无形之中。

关于科学性、实用性的第二个表现是诉讼时效适用范围的合理化。曾几何时，我们接受的教育都是返还原物请求权不适用诉讼时效。坦率地说，自从我接触诉讼时效第一天开始，我就不明白为什么会有这个观点存在，到现在也一直没想明白。后来又阅读了一些文献，有学者说在德国、日本还有好多国家都不适用，中国当然不应该适用。姑且不论返还原物请求权在德国、日本是否真的不适用诉讼时效，即便真的不适用，但返还原物请求权却适用了取得时效。在中国，现在没有取得时效。我关于时效的比较理想化的设计是诉讼时效与取得时效并存，返还原物请求权适用取得时效，债权请求权适用诉讼时效，这两种时效井水不犯河水。在2006年的一次物权法研讨会上，时任全国人大常委会法工委民法室主任的姚红女士认为我这个观点还可以，当时她觉得如此一来时效中很核心的一个问题就说清楚了。如果立法采纳我的前述建议，我坚定地同意返还原物请求权不适用诉讼时效，因为它已经被取得时效约束了，通过取得时效约束返还原物请求权，在我看来也比通过诉讼时效约束更科学。因为时间关系，我就不展开讨论为什么通过取得时效约束返还原物请求权更科学。然而问题在于，当今中国没有取得时效，未来中国会不会有取得时效，现在还说不清。我个人感觉比较困难，在我们的民事立法上，要整体性地引入一个新制度，都有点困难。当年制定《物权法》的时候曾经尝试过规定取得时效，最后没有成功。此次制定《民法总则》，好多人主张在时效这一部分统一规定消灭时效、取得时效，但还是没有成功。在没有取得时效的情况下，假设返还原物请求权不适用诉讼时效，结论就是该请求权不受任何时效的限制，这是很危险的。大家都知道时效的主要作用是敦促权利人早日行使权利，时效不保护权利上的休眠者。如果有人欠你的钱，你躺在权利上休眠，等你一觉醒来，债务人可以不再还你的钱，就是要惩罚你在权利上呼呼大睡；有人欠你一个东西，你也躺在权利上休眠，一直没要他还，你的权利仍“永垂不朽”，鼾声如雷睡过了，睡醒了，你还是可以要他还你东西。那凭什么对债权人法律不允许他睡大觉，而对返还原物请求权人就让他呼呼大睡？这在道理上是说不过去的。因此，返还原物请求权也应受诉讼时效的限制，《民法总则》第196条第（二）项规定不动产物权和登记的动产物权的权利人请求返还财产不适用诉讼时效，无异于肯定了在不动产和登记动产两种情形外，其他返还原物请求权是可以适用诉讼时效的，这是一个很大的进步，具有科学性和合理性。当然，不动产物权和登记动产物权的权利人请求返还财产为什么不适用诉讼时效？其不适用诉讼时效是否合理？需进一步研究。尽管我对这些问题也有些心得，但因为时间关系，就不展开了。

我就先讲到这里，谢谢大家！

侯国跃　孙鹏教授用了接近90分钟的时间演讲，基本上没有什么废话，他讲了五个方面的问题。当然，可能有一些朋友还没有来得及看《民法总则》。所以，我还是稍微补充介绍一下，这个自然不算对孙鹏教授讲座的点评。

《民法总则》是2017年3月15日第十二届全国人大第五次会议审议通过的，共十一章206条。十一章规定内容分别是：基本规定；自然人；法人，包括营利法人和非营利法人、特别法人；非法人组织；民事权利；民事法律行为；代理；民事责任；诉讼时效；期间计算；附则。

我对今晚讲座有一个感动，首先是白天就从四面八方传来消息，大家很关注这个讲座。

其次，今天上午邓宏光教授说是不是考虑换场地，我当时很消极地跟他说，我们学校换场地程序是非常复杂的，就算换了场地也还是不够用，我说就不要考虑这个事了。但是挂了电话之后，我还是抱着试一试的态度，给徐银波副教授说了这个事情，结果他急急忙忙赶往了医院，在医院接下了“民法二代”，银波博士今天当爸爸了。银波博士在去医院的路上，把换场地的事情给学生讲了，希望学生去处理，学生很悲观地给我打电话说，我们学生自己恐怕是搞不定的。接下来我又怀着试一试的心态去打电话，没想到更换场地的事情十分钟就搞定，主要是学校有关部门很支持宣讲《民法总则》。怀着感恩的心，让人温暖，不要老想着别人就那么不好打交道，实际上很多事情是很简单的。这个事情让我很感动，感到很温暖。

刚刚通知大家换场地之后，又有同学们、教授们发图片说，从模拟法庭外面排队一直排到了三教，一会儿排到了南苑，一会儿又排到了北苑。我给同学们说赶快把场地收拾出来，以便教授们、朋友们进来，千万不要发生不愉快的事情。我以为500多人的报告厅一定够坐，结果来了之后，各位同学们、教授们、朋友们让我们特别感动，又一次感到很温暖。

孙鹏教授讲的《民法总则》的内容，什么权利神圣、“好人条款”、绿色原则等，也让我感到很温暖。所以今天晚上，虽然外面阴雨绵绵、春寒料峭，但是我感到很温暖。

这个环境是很温暖的，但是论坛的规则是残酷的。孙鹏教授讲那么多《民法总则》的好，其实这是一种态度，我们要理解法律，特别是理解法律的缺陷。我们要对外宣传法律的精神。不过，如果我们内部没有深入探讨这个法律，我们就没有办法理解法律和宣传法律的精神。我们下面看看点评嘉宾是不是有不同的意见，我建议相同的意见就不要说了，不要耽误大家时间。首先有请80后黄忠教授。

黄　忠　刚才侯教授说要进行批判，但我今天的学习体会是要维护《民法总则》的权威性。

在《民法总则》的立法过程当中，我们学者提出了很多意见，这些意见有一部分最终被立法者所采纳，但事实上也有很多的意见并未获得采纳。如果从立法论的角度来说，《民法总则》仍然是有一些缺陷或者遗憾的，这完全可以等到2020年的时候再去完善。但是现在，纵然《民法总则》有百般的不好，我们仍然要尊重和维护它的权威。这点跟《民法总则》的来之不易和重要意义是有关联的，这个我就不作讲解了。更重要的一点在于：当一部新的法律颁布之后，我们学者、我们的司法者应当站在推定合理性、科学性的基础上展开应用层面的解释论研究和思考。事实上如果一个立法本身是非常的科学和精准的话，那么也就很难有高超解释论的产生了。从这点来说，即便《民法总则》仍有不足，那么当前的核心问题不在立法者，不在《民法总则》，而在于我们的应用者、我们学者的解释能力。所以在《民法总则》颁布的当下，第一个要形成的共识是要维护《民法总则》的权威。

第二步要做的工作是要科学阐释《民法总则》的精神和含义。首先是要从司法的角度来科学阐释。刚才孙鹏教授谈到了第 185 条。这一"英烈条款" 在 3 月 12 日左右被媒体披露之后，在网上引起非常大的反响，有一些群众、有一些学者甚至带有挖苦、讽刺的意味对第 185 条作了一些批评。在 3 月 15 日之前，我觉得这些批评都是可以被接受的，这是代表民众的声音，你去发言，如果立法者采纳你的认识，当然是没有问题的，但最终的结果是第 185 条被保留了。在第 185 条被保留、公布之后，群众的意见该如何回应？这是我们的司法者、学者需要解释的。第 185 条是不是在做厚此薄彼的判断？显然不能这样说。我们应当承认第 185 条只是对英烈的特别保护规定，原因在于英烈可能没有近亲属。在体系上，我们不能就这一规定反面解释出对普通人的死者人格利益不予保护的结论。为什么这样说？因为如果说我们要对普通自然人的死者人格利益予以保护，那就应当放在自然人那一章去规定，显然在体系上，我们用第 185 条来做反面的解释推论《民法总则》厚此薄彼是错误的。事实上，《民法总则》的规定并不否定《民法通则》甚至包括《民法通则》之前的司法解释。也就是说，站在历史的角度解释，第 185 条并不能推断出 2001 年的《精神损害赔偿司法解释》关于死者利益保护的第 3 条规定已经被否定了。所以要通过解释论形成一个共识，我们不能再去攻击第 185 条，目前我们所要关注的工作应当是第 185 条的具体适用问题，比如说谁做原告，比如说如何确定英雄烈士的保护期限等问题。

其次是要围绕着民法典编纂的后续工作，尤其是民法典分则的内容，将《民法总则》的一些价值判断、所表达的一些结论在民法分则中予以贯彻和落实。我们看到有论者在《民法总则》的立法过程当中提出来说整个《民法总则》关于民事权利一章统统可以删除。在 3 月 15 日之前，这种意见我们是赞同的，但在之后这种意见就是不能接受的——因为《民法总则》对民事权利已经作了宣示。我们现在能够认识到《民法总则》关于民事权利的宣示的条文太过于一般化，基本上没有我们所谓的构成要件与法律后果的明确设置，但这并不构成“要说它不对”的理由。我们要做的是对《民法总则》民事权利的抽象性规定作展开。比如说第 127 条谈到数据和虚拟财产的问题，我们就可能需要在《物权法》《侵权责任法》里面，甚至在《继承法》里面做更进一步的细化和阐释，这是维护《民法总则》的权威，在民法分则领域做进一步阐释的一项重要工作。包括《民法总则》第 9 条规定的绿色原则，也需要在《物权法》甚至《合同法》领域做延伸和拓展，不能在《民法总则》第 9 条颁布之后，我们再去攻击绿色原则说它是一个非常稀奇古怪的东西。

最后需要注意，要将《民法总则》的内容放在整个法律体系当中来考虑，以期实现法律体系内部之间的融贯性。虽然《民法总则》第 1 条说它是依据宪法来制定的，但是在理论上一直有将民法作为整个私法的“宪法”的观点。实际上，民法的价值不仅仅局限在私法当中，对于经济法、行政法、刑法甚至程序法的内容，也都是有影响的。比如说第 128 条谈到了一些特殊群体权益的保护，包括未成年人、老年人、残疾人、妇女和消费者。显然该规定关于“法律有特别规定的”内容需要经济法、社会法作进一步的拓展。再如，关于法人中的非营利法人，刚才孙鹏教授说现有规范是非常不足的，而非营利法人很多规则其实是带有行政法律的色彩的，尤其是非营利法人登记、审批的内容，这就需要加快非营利法人的行政法学和立法的研究。又如，孙鹏教授用了比较长的时间讨论了第 153 条的问题，这事实上跟《民法总则》第 3 条有关联。《民法总则》承认私权神圣。刚才孙鹏教授举了很多例子，其实背后有一个东西，那就是有很多的强制性规定可能是不妥当的，对于这个东西，民法的作用空间是有限的。第 153 条也好，或者是之前的最高人民法院的司法解释也罢，这其实都是我们民法对抗那些不公正、不合理的公法规范的一种手段，但这里的治本不在我们，而在公法。目前，我们虽然看到新一届中央领导集体有这个决心，要为市场经济发展创造更好的营商环境，但是我们碰到的很多案例中，比如有一案例甚至将农民收购玉米作为一个犯罪问题来看待，如果这样，那案涉的收购合同就很可能是无效的。甚至前几年河南某地一个人因为将外地开餐馆所剩余的盐带到河南去销售，就被认定为是违法经营，包括孙鹏教授谈到的加油站，其实与此相关的还有很多。在中国，彩票的代售，盐、烟这些专营的许可证都是不得买卖的，包括城乡当中的公交车运营线路都是不得买卖的，甚至《邮政法》规定邮政也是专营的。也就是说，在座的各位，如果用中国邮政之外的任何快递寄日常的信件都是违法的，这显然会产生不利的影响。《民法总则》第 153 条，包括《合同法》相关规则都是试图去改变这个做法，但是治本不在我们，治本在公法。在强调私权神圣的背景下，我们要对公法上的不正当的强制性规定作逐一梳理，否则会给我们的民事生活或者民商事活动埋下无穷隐患，会让我们的生活遍地是雷，导致行为效力认定上面出现很大争议。这是《民法总则》对行政法修改与完善提出的要求。

民法还跟刑法，甚至刑事诉讼法也有关联。比如说第 187 条分号后面的内容指出民事责任要优先。其实在《侵权责任法》中对此已经达成了共识，但是目前一个民事合同、一个民事行为涉嫌犯罪的时候，法院还是存在所谓的“先刑后民”，甚至是“以刑代民”的认识，这会极大地影响到民事权利的落实。要贯彻民事责任优先的民法的原则、精神，就需要检讨《刑法》上的规则、刑事诉讼程序的正当性问题，就需要修改《刑事诉讼法》的规定，以达到让民事权利优先得到满足、民事责任优先得到落实的目的，否则，民法的权威性就不能够得到实现。这是通过学说和司法上的科学阐释来达到维护《民法总则》权威性的第二步工作。

《民法总则》颁布后，我们要做的第三步工作是要大力弘扬民法的文化或精神。我们读书的时候，教授说《法国民法典》不仅仅是法律的规范，还激荡着一种自由的精神，所以像司汤达、巴尔扎克这些大文豪都会阅读《法国民法典》。巴尔扎克甚至还在一部作品中写到“他的所有的做人之道都写在民法当中”。不过巴尔扎克在这一句之后还写到“凡是法律所不禁止或者是无法惩戒的事情，他认为都是可以做的”，这显然不符合我们这个时代的认识，尤其是不符合今天的《民法总则》的认识。今天的《民法总则》已经不再向群众灌输“只要法律不禁止、不惩戒的事情都是可以做的”的思想。《民法总则》所倡导的精神已经高过《法国民法典》那个时代的要求了，或者说《法国民法典》高扬自由主义的意识更加社会化了。我们的民法强调诚信、友善，其实已经将人与人的关系、人与社会的关系，甚至人与自然的关系作为一体来考虑了，应当说具有时代的进步性，应当说相对于传统的民法典在精神上面有所超越。我们应当将《民法总则》所确立的、所倡导的诚信、友善等精神予以传播和宣扬。站在《民法总则》的角度来说，所有在我们这个社会或者是政治课本里见到的那些好的东西都已经不同程度地被其所吸收和采纳了。所以以《民法总则》为契机去传播、去宣传其所倡导的精神和气质是我们要做的一项重要工作。德国著名法学家耶林曾经明确提出：“不是公法而是私法才是各民族政治教育的真正学校。”相对于接下来要编纂的民法分则而言，我们普通群众对于《民法总则》能够理解的程度要高得多。如果说将来的民法分则是主要面向司法者的精密的仪器，那么《民法总则》则是公民教育的一个好素材、好学校，所以要以此为契机去传播民法精神，去倡导民法人的强大，只有一个社会的公民都具有了这样的素质，我们国家才可能强盛，才有站在世界民族之林的可能性。

侯国跃　谢谢黄忠教授！他是80后，但是他讲话不讲那些无知愤青的语言，他说的东西一开始听好像都是“政治正确”的老一套——维护《民法总则》的权威，但是认真听完了他的点评，我觉得不单是“政治正确”。他讲我们今天所有的法律人都应当去解释好《民法总则》，去传播好《民法总则》的精神和文化，这是我们的责任。按照黄忠教授的意见，3 月 15 日之前和 3 月 15 日之后，我们就应该是两种不同的人，因为我们有了《民法总则》！没有《民法总则》的时候，我们是学术探讨，是公民意见；有了《民法总则》之后，我们是传播法律精神，是宣讲法律的内容。所以 3 月 15 日是每个人生活与工作态度的分水岭。我觉得黄忠教授讲的这一点我还是非常赞同的。

黄忠教授讲完之后，我们下面有请一位刚刚从俄罗斯回来的教授——张建文教授！

张建文 今晚的讲座实际上是这两天以来关于《民法总则》的第三场活动。昨天上午有一个《民法总则》的座谈会，昨天下午中心组学习了《民法总则》，谭启平教授专门作了辅导报告，今天晚上的讲座对我来说是第三场了。刚才黄忠教授讲我们从 3 月 15 日之后，应把更多的精力和智慧放在民法规范的解释上,这正是我们解释学智慧的用武之地。这个观点我是比较赞成的，这也是学者的社会责任所在。今天参加讲座的各位年龄不尽相同，有比我还年长的，也有跟我差不多的，但是还有比我更年轻的 80 后、90 后。所以说社会责任的意义是很重要的。

第一，我想提醒的是法人制度为什么争议这么大——是因为现在的社会基础跟以前完全不同了。核心之一是我们现在法人的类型非常多元化。很多这种问题其实在俄罗斯也是存在的。最明显的例子，在计划经济时代，法人是很简单的，国家机关、农庄之类的，现在还有吗？丰富多彩的法人类型产生立法上怎么回应和变化的问题。去年开民事主体意见座谈会的时候，孙鹏教授发言说企业法人和非企业法人分类是典型的特征，这次改变为营利法人和非营利法人，是不是已经足够了呢？可以说并不足够。从整个当代民法典的浪潮来看，尤其对转型国家而言，法人制度的分类还有一个基本的分类——就是我们所谓的社会团体，以及单一制法人——没有成员的法人，这是我们目前还没有考虑到的。

第二，我们的民法典仍然具有转型性、过渡性的特点。对于转型性，首先，《民法总则》里面还有些问题我们还没有来得及考虑或者没有考虑。比如说我们民法学者很少去研究国际条约。我们加入世贸组织后，包括推进“一带一路”过程中，中国签订了很多国际条约。民法典的规范和国际法公认的原则、国际法规范，以及中国参与的国际条约规范之间怎么去协调？这个是民法典考虑得比较少的地方。其次，宪法和民法中讨论得比较多的是宪法规定的基本权利，特别是人权条款在民法中怎么落实。值得欣喜的是，《民法总则》第五章民事权利第109条明确规定自然人的人身自由、人格尊严受法律保护，这是“非常厉害”的条款。为什么“不是权利”，为什么不说人身自由权、人格尊严权？该条款和第126条、第129条，对民法来说是非常有意义的。

此外，《民法总则》还有原创性的特点，不过这里面也有一些问题，包括第126条，这里面还有进一步解释的空间。同时，通看《民法总则》，我们会发现有一些语词是之前传统的法规就有的，比如说公序良俗原则；还有一些新的语词，比如说社会服务机构、承担行政职能的法定机构等一大批新的概念，将来如何处理，亦是需要考虑的问题。还有一条款在未来适用中可能出现大问题，第11条规定：“其他法律对民事关系有特别规定的，依照其规定。”我们在理念上要区分观念上的民法典和立法上的民法典。观念上的民法典的表达，我们也使用了民法典编纂的概念，如依法治国方案使用的即是“编纂民法典”，但是我国在立法上没有关于民法典的规定。《民法总则》不叫“民法典总则”。民法典作为一个体系性强、逻辑性严密、最全面、最基本的民事立法，通过第11条其他法律不断作特别规定，可能会把《民法总则》给架空。民法典编纂完之后，大致的配套法有多少？我考察了其他国家编纂民法典的过程，中间至少有三四十部法律作配套。我国在编纂民法典的过程中，立法上有没有一个关于民法典或者关于“中华人民共和国民法”的效力高于其他普通法律的规定——《立法法》第87条指出宪法位于最高位阶，一切法律不得跟宪法抵触。我们忘记把《民法总则》作为一个基本法律树立起来：它是通过全国人大最后审议通过的，而其他一般的民事法律可能通过常委会审议通过就可以了，但是《立法法》上，它们具有同样的效力。就法律修改而言，基本法律的修改，应该是按照它原来制定的程序去修改，全国人大常委会有权力进行普通法律的修改和制定。在有多个配套法律的情况下，无意中会有一些不同的规定，反而可能会把基本法律架空。第11条的解释和适用问题，值得引起大家的关注。《立法法》没有在民事基本法律和民事普通法律效力上去作一承接性的规定。我们至少应该树立民事基本法律统领配套法律的理念，配套法律违背民法基本原则或者违背民法典的基本规定是不允许的。

中国民法典的编纂是现今世界民法典现代化浪潮的一部分。我们知道《德国民法典》《法国民法典》还有《俄罗斯民法典》都在进行大规模的现代化。尽管《民法总则》已经通过，但是关于民法典编纂的研究仍然还有很多问题。比如，《民法总则》通过之后，并没有宣布要废除《民法通则》的相关部分，是不是2020年才会废除呢？这涉及一系列的法律，比如《物权法》《合同法》《侵权责任法》，我估计民法典编纂过程中也要同步推动“中华人民共和国民法实施法”，协调各法律之间的衔接问题。目前，我们解读民法典的时候，一定要结合3月8日全国人大关于《民法总则》通过时候的说明。我们要搞清楚民法典的编纂目的是什么，意图是什么，要追求的理想形态是什么。

顺便我还想说一点，《民法总则》的制定，民法学者的投入可能比较多一些。我不知道商法学者有多少人参与。这次民法典的编纂提及了一个原则——民商合一原则。民商合一在市场经济条件下怎么实现呢？最近我去访学的时候，看到俄罗斯在推进民法典现代化，它的路径是什么呢？民法典规范的二元主义，也即一个规范里面，首先规定的是民法的内容，例如违约金过高怎么调整的问题，但如果双方都是商人，调整的方法不一样。这次俄罗斯的民法典有很多规范都是在一个条文内部做了二元主义的区分。我国《民法总则》包括其他分则编纂的过程中，需要思考商法怎么发挥效力。我认为，其实不仅仅是商法，民法如何与宪法、行政法、国际法等学科对接，都是一个关键的问题。民法典不仅仅是民法人的事，也是整个法学界关注的事情。

侯国跃 张建文教授讲的有一点我特别赞同，那就是《民法总则》第11条可能会带来法律适用上的疑惑。我对《民法总则》最不满意的地方就是立法机关没有废止《民法通则》，反而在《民法总则》第11条规定，其他法律对民事关系另有规定的依照其规定。《民法总则》的结构跟《民法通则》的结构非常接近，但是颁布《民法总则》的同时却不废止《民法通则》，那么《民法通则》是不是《民法总则》第11条中的“其他法律”呢？根据修改后的《立法法》第92条，“新法优于旧法”。但是,民事法律应怎样区分？新颁布的法律都是过去的法律的“新法”吗？按照《立法法》第92条,似乎《民法总则》应优先适用。但是,《民法总则》第11条中的“其他法律”凭什么不包括《民法通则》？就这个问题而言，张建文教授说到我心里面去了。

下面请第三位点评嘉宾徐洁教授发言。

徐　洁 大家好！刚才一直沉浸在孙鹏教授诗歌般的讲座当中，经过了黄忠教授、张建文教授的评议，我的心情逐渐平复下来。今天孙鹏教授所讲的《民法总则》的精神和理性没有刻意区分哪些是精神，哪些是理性。在他看来,也许精神和理性已经在《民法总则》中融为一体了。民法的精神究竟是什么？我想说的是，它不是来自于民法自身，而是来自于一个特定时代的特定民族。借用古代德国先贤萨维尼的一句话,“法律是从民族的血液和精神中流淌出来的”。我们这个时代也有我们的精神，也有我们的特质，来源于这个社会基本的一种精神。今天孙鹏教授所总结的五个方面的内容我都非常赞同。

我想讲三个方面：

第一方面，社会主义。《民法总则》第1条指出，适应社会主义的发展，弘扬社会主义核心价值观。以前有人批评这个提法，但是要知道任何一个法典，任何一个时代的法典，它都有自己的意识形态。古罗马法有，德国民法有，法国民法也有，中国民法为什么不能有？我们处在社会主义这样一个时代当中。

第二方面，我非常赞同孙鹏教授关于《人权宣言》的观点。《民法总则》第 108 条，提到了人的尊严，对人的尊严要给予保护，这不但契合了中国自古以来的人本主义，也是和西方人权观念的一种结合，代表了中国走向世界的一个步伐。

第三方面，孙鹏教授提到的时代性、前瞻性，我认为这也是中国社会很基本的特质。大家想一想阿里巴巴，想一想中国目前的网购在世界上所占的比例，就能非常理解《民法总则》为什么要把个人信息，要把网络的虚拟财产，纳入到《民法总则》当中。

大家不要小看《民法总则》，它和《德国民法典》总则代表的意义截然不同。我认为已经远远超出了提取公因式的价值。它实际上为整个民法，也为整个社会的治理和制度构造提供了一个制度性基础。比如孙鹏教授刚才提到的法人制度，我们现在选择的是营利法人和非营利法人这样一个分类，为什么会选择这个分类？为什么不选择社团法人和财团法人的分类？这里面有一种根本的为社会提供制度性构造基础的考虑。在改革开放以前，中国的任何组织都可以被称作公益性组织，没有私益的组织。即使是 1986 年《民法通则》颁布以后，大家看到过私立性的组织吗？也没有。直到 1993 年《公司法》颁布之后，私人可以组织营利性的公司，这个时候才终于有私立性组织。应该说整个中国在 40 年间处于一种刚才张建文教授提到的社会转型时期。这种变革使得我们在社会治理方面存在相当大的混乱，对于营利性的、非营利性的组织缺乏有效准确的管控。怎么处理？最后我们就落脚到区分营利性和非营利性的组织，使我们设立法人的目的清楚并能呈现于外部，这是一种重大的分类。当然你说社团法人、财产法人分类应不应该有？也应该有，但是《民法总则》为我们首先解决了最核心、最致命的问题。

紧接着就产生一系列的效应，《民法总则》作了营利性和非营利性这两种区分之后，涉及营利法人和非营利法人各自的设立、组织内部的不同治理结构、税收制度等一系列的行政管控的方式，都要采取不同的手段，这就向行政法提出了修改的要求。如果行政法律制度没有作出回应，《民法总则》的分类就难以落实。下一步还涉及非营利法人当中，还有普通非营利性法人，就是刚才孙鹏教授提到的中间法人，还有公益性法人，一些其他的社会组织等怎么来处理和区分？这些组织又如何进行管控？我了解在日本有一个专门关于公益性法人组织认定的一个基础性法律，当然这也是在民法典之外所制定的一个新法。这些法律必须要建立在一定的基础之上，而这个基础就是营利法人和非营利法人的分类。

另外一个构造，可以用刚才提到的第187条“民事责任优先适用”这个条款来解释。我们过去对民事责任和刑事责任的处理往往都是“先刑后民”，《民法总则》把这个先后颠倒过来，采用了“先民后刑”的一种责任承担方式。在刑事附带民事诉讼中，被告又要向受害人赔偿损失，又要被判决没收，如果财产不够赔，优先满足受害人的利益，这在观念上做了很大的改变。对受害人优先保护，这种机制固然好，但还必须在相应的程序法上作出调整，而且这不仅仅是要求《刑事诉讼法》的程序调整，还要求观念的转变。所以，《民法总则》不仅仅是为整个民法自身提供了一种制度性的基础，而且也为整个的社会治理和制度构造提出了一种制度性的基础。这两个方面，我觉得非常重要。

《民法总则》可不可以更好，我觉得当然可以。《民法总则》当中肯定还有相当多的不足，但是对这些不足应当考虑怎么去理解和解决。刚才我们提到了第185条保护英烈这个问题。这个问题在之前有批评意见，甚至有意见提出说民族英雄岳飞的名誉要不要保护？这些评价所采用的逻辑和方法实际上都是对这个条文本身的语意或者立法目的的一种曲解，这个条文的核心在于保护真正的英雄烈士，为共和国作出了卓越的贡献、自我牺牲的那些人。因为他们代表了我们这个民族在这个时期里面的信仰和价值观。对他们的玷污，就是对我们的信仰和价值观的玷污。不过该条文的用语也存在问题：第一，英雄烈士的含义不够清楚，需要解释；第二，谁可以提出这样的损害赔偿，条文里没有权利主体的规定，是很大的漏洞。如果条文写得更明确一点，比如人民检察院有权提起民事公诉，主张损害赔偿，也许它的适用价值就会得到非常明确的彰显。所以我们在立法技术上还有很多值得完善和提高的地方，而现在我们需要对这个条文给予合理的解释。

我觉得我们所有在座的学习法律的人有了一项新的任务和使命，那就是正确地解读法律制定的目的，正确对它进行解释，不断地完善，以期《民法总则》达到我们未来理想的状态。谢谢大家！

侯国跃　徐洁教授用平和的语调和均匀的语速阐述了自己的观点。徐洁教授这是一种境界，向徐洁教授学习！徐洁教授关于赞同孙鹏教授观点的观点我都是赞同的，他后来补充的意见我也是赞同的。接下来有请风度翩翩的王洪教授！

王　洪　谢谢主持人！谢谢坐在我左右的民法教研室的同人们！

首先，前面不能算时间，不能称之为点评。我感觉今天举办的民法论坛是台风突然发生根本性转换的一场—— 一团和气。实际上，今天孙鹏教授作这个讲座，可能也有一些涉及的观点没有抛出来。第一，今晚讲座的主题，我认为“精神和理性”不是我们“该玩的东西”；第二，孙鹏教授列举了一些总则与通则相比较的具体条文。所以，我认为题目和内容之间有一点名不副实。现在我进入我的角色。

对于《民法总则》，我们有一个基本共识，即通过全国最高立法机构——全国人民代表大会——这样一种立法程序进行颁布。我们法律人对这部法律，尤其在中国现在以及未来的这样一种意义上，可能不能仅仅停留在条文文字的表述上。实际上，我们为什么选择《民法总则》这样一种立法方式、立法模式？民法典是我们一个共同的最终目的，但是达到《民法总则》这个目标的立法路径有很多种，为什么非要选择首先制定、颁行《民法总则》这样一种模式？如果从作比较法考察的学者的角度来看，他们对此反对的声音最大。他们认为现在这些法典纷纷走向了解法典化，或者去法典化，为什么我们还要走民法典的道路？尤其是有民法典的国家中，采取总论或者总则这种立法模式的，是以德国为代表的少数立法，多数国家没有真正意义上的总则。道理很简单，总则应该是分编共同的东西，而民法调整的社会关系太庞杂，这些内容相互之间很难通过立法技术——提取公因式——的方式发现它们的共同点并抽象到总则的这一层次——能够适用于所有的共同规则。为什么会这样？难道真的是我们立法机关故意要逆世界潮流而为之？我以前也有些纳闷，但是当我把它和30年前的《民法通则》放在一起来考虑的时候，我发现我们认识和评价《民法通则》也好，还是评价《民法总则》也好，要超越民法本身。所以，首先，我想谈到的是这部法律的政治意义。

随着中国经济体制的改革，人权保障不断发展，我们原有的法律供给严重不足，那么我们能不能以修宪的形式，先把《宪法》第二章修改了——对公民的权利义务进行修改？先把权利重新列得更详细一些，然后再来制定民法典？或者是我们选择，如《民法通则》制定的时候，我们现在看来很平淡的条文，或者我们认为应该是本法有的东西——平等原则或者是平等主体——我们西政作了历史性的贡献，老前辈金平教授以及王卫国教授、赵万一院长，他们发表的论文提及当年在涉及民法调整的范围时和经济法一直在“打架”，“势力范围之争”必须要靠智慧。但是这个平等它真的那么容易实现吗？

进一步，《物权法》制定过程中，涉及财产权是否应当给予平等保护时，不还是掀起了一场宪法学者对当时《物权法（草案）》的一次发难吗？《宪法》规定公有财产神圣不可侵犯，《物权法》你怎么能够把公有财产降为和私有财产一样平等保护呢？这是不是违宪？这种根本性的问题超越了《民法总则》，这是政治问题。所以我们一定要认清中国的这种特殊国情，中国当下的社会环境。《民法总则》在坚持30年前

《民法通则》所确立的基本原则。对此，很多学生认为没用——这些基本原则的规定就是《民法通则》第一章一般规定或者更准确地说是第 3 条到第 10 条的内容。我不认为这些基本原则的规定没有用——它建立起的是我们中国的民商法或者说我们私法大厦的根基，这个不可动摇。所以我们认识民法总论应该有这样一个政治高度，站在这样一个高度，我们再来反思。实际上我们采取了很多策略，比如说第五章民事权利这一章，通过权利清单的形式，宣示了我们民事主体享有的各种各样的人身权利、财产权利，甚至回到第 1 条对一般人格权的规定，符合我们学者心中的法律规范——要有那种结构，要有条件，要有结果。这种权利宣言，这些权利清单，它是有用的。举个简单的例子，如果我们在《民法总则》这样一种基本法中没有明确个人信息权（关于个人信息权，草案一审稿、二审稿、三审稿一直有规定），现在如果我们有人大代表在向全国人大提交立法议案的时候，《民法总则》是不是就给你议案的理由一个强大的武器！《民法总则》已经明确规定了个人信息权，那么立法机构就有责任，把这个权利落到实处，即要制定这方面的特别法——加快关于个人信息保护法方面的立法。这个意义是不是就彰显出来了？这是《民法总则》条文，和分则是不同的。所以可以用西方国家法理学上常用的一套理论来认识总则和分则的关系。实际上我们现在看到总则没有用，可能无法成为法官裁判的直接依据，但是它一旦和分则结合起来之后，它的功能就能够体现出来。或者说我们大家都知道高手一般是不出手的，对吧？但是出手的时候，威力就会显现出来。很多案子法官的裁判，最出彩的不是规范本身的适用，而是搬出了规范背后所隐藏的法律的原则。我们对这部《民法总则》应该提高认识高度，我们被迫作出这样一种符合中国国情的历史选择——不能够照搬西方法典化的那套理论或者他们那个路径来批判，或者批评我们的《民法总则》。这是我想讲的第一个观点。

第二，《民法总则》颁布之后，涉及我们法律人的担当——《民法总则》的解释问题。那怎么解释？我认为目前中国民法学界距离真正能够承担起解释好《民法总则》的历史使命是有差距的。差距在哪？这次《民法总则》的起草已经检验了我们有一点“自我狂妄”的民法学界。大家想一想，十几二十年前我们刚刚准备制定民法典的时候，提出了多么宏大的目标，我们要给世界奉献出20世纪“最伟大”的民法典。这些目标是很牛的，自信满满。《民法总则》拿出来之后，我看了一下现在的评论，包括原来号称“最伟大”的，好像现在“最伟大”这个词也不好意思提了，因为它确实是中国特殊时期的一种特殊的产物。那我们能不能解释好呢？比如刚才孙鹏教授和前面点评的嘉宾谈到的第185条的问题。不需要通过其他的方法，我们就从文义解释第185条，也不能解释为违反了平等原则，对英烈之外的其他普通老百姓的死后人格利益不保护。第185条前面一句话说的是侵害这些英烈的名誉、荣誉，还有一个损害社会公共利益要件。如果我们对死者人格利益的保护是对私人利益保护的话，哪一个要件构成损害公共利益要件？所以第185条不能解释为死者一般人格利益的保护。人格利益是私益，而这个条文明确加上了公益被损害的要件。包括今天在座的“法律共同体”，有学界、有法官、有裁判团、有律师，我们对法律的解释缺乏一个基本的东西。我们不遵循解释的方法，导致“公说公有理，婆说婆有理”。这是我们民法亟待解决的问题，不能这么任性地解释法律，我们必须回到方法论。比如刚才孙鹏教授还谈到这是他最激动的时候谈的话题，我也不太满意，不是因为他把我比喻成不诚信的人，真的王教授有这么发达的时候，加油站算什么？不用说租给你，我送给你都可以，我绝不会要回来。涉及第153条的理解，怎么解释？我们从文义就可以看出来，第153条已经改变了《合同法司法解释（二）》。效力性判断从原来的一概无效到要区分效力性规定和管理性规定，实际上是想缩小违法行为无效的后果。这个叫“软化”。孙鹏教授认为第153条是法律行为无效的效力，无效后果很严重，该条是无效后果的一种软化。我不同意这个观点。相对于《合同法司法解释（二）》，它不是软化，它是“硬化”。从文义上解释，第一，违反法律强制性规定的行为无效，然后是但书，该法律规定不使其无效的除外。第153条回到了《德国民法典》第134条,它规定得很干脆,强制性规定的效果可以是有效。这样的立法模式强制性规范不区分效力性和管理性。你要把它判有效，法官的“日子不好过了”，你得找理由，找到这种理由要论证出符合第153条的但书部分，裁判才能够成立。这大大地限制了法官的自由裁量空间。以前法官很爽朗，因为只要法律没有明确指明是无效的,法官就可以任意解释,是效力性还是管理性规定。现在法官的解释自由大大被限缩了，由于本来违反了强制性规定，你要判有效，就需要一个解释和说明。我建议，首先要对《民法总则》中的一些宣示性条款和真正符合法律规范结构的条款作识别。我认为《民法总则》的贯彻适用过程中，着力点应该是在真正的法律规范的这部分条款，而不能笼统在一起不作任何区分。如果我这两点能够成立的话,那么现在很多人射向《民法总则》的箭都是有“毒”的,我希望“毒箭”或者“暗箭”少一些，这样才会真正使得《民法总则》在社会生活中发挥应有的价值。

侯国跃　王洪教授每一次点评都充满了激情，且富有技术含量。

王洪教授讲的这些点评意见，我觉得有一点我必须要再重复一下。总则跟分则是什么关系？现在是先编纂总则，再编纂分则，但是总则本应是从分则里提取公因式形成的，但现在尚未有分则，公因式却先提出来了，难道是从之前的《物权法》《合同法》《侵权责任法》里提取出来的吗?

今天晚上来了很多法官、检察官、律师，我想告诉诸位，不要动不动就想适用《民法总则》。《民法总则》是王洪教授说的“英雄”,“英雄”一般是不出手的，我们审理案件一般从分则去找规范，没有规范的时候才会找到总则。此外,《民法总则》很多条款是宣示性的,而非规范性的,故可用于裁判的条款比较少。因此现在《民法总则》中的条款大多数是不能用的。因此《民法总则》与其说是一部法律,不如说是一种精神,是一种理智，尽管王洪教授和孙鹏教授没有讲出来什么是精神、什么是理智。

前面四位教授的点评意见我基本上都是赞同的，下面就看孙鹏教授怎么回应了。

孙 鹏 感谢几位的评议！

首先是题目的问题，我记得王洪教授和徐洁教授都谈到了“精神与理性”，纠结于为什么要使用这样的措辞，这不就是一个题目吗？无外乎就是讲《民法总则》好，很好，如果今晚的题目叫《〈民法总则〉的好》，那也太没有文化，太没有吸引力了，所以就使用了“精神与理性”这个词。国跃说我没有把精神和理性讲出来，但是王洪讲出来了，我不这么看。王洪教授讲的东西不完全是我国《民法总则》，而是所有民法总则都有的那些作用，我今天不泛泛地讲《民法总则》在整个民法体系中的地位和作用，这是有意的回避。我讲的是我国立法机关刚刚通过的《民法总则》有什么好，他是在一般意义上讲《民法总则》有什么用，我们各自讲的对象都不一样，因此说他把我国《民法总则》的精神与理性讲出来了，我看未必。

另外针对大家在评议中提出的问题以及我临场想到的问题，借最后的时间稍微表达一下。

第一，第185条“英烈保护条款”，我们几个人看来没有任何分歧，唯一担心一个问题——这个条款具体怎么用？因为侵害人应当承担的毕竟是民事责任，不是其他责任。在英烈没有近亲属的情况下，这个民事责任如何追究？又怎样启动？值得思考。

第二，关于《民法总则》第153条，究竟是对法律行为效力的“硬化”或者“软化”，我看这个事还要等一下。我倾向于认为是“软化”，王洪教授认为是“硬化”，也许我们两个说的都不算，我们还得等。如果是“硬化”，那肯定违背了当今立法的潮流，违背了法律行为效力调整之潮流，因为当今市场经济条件下，应尽量使法律行为有效，而不是相反。王洪教授解释为“硬化”也有点困难，因为毕竟第153条的措词是“该强制性规定不导致该民事法律行为无效的除外”,而没有说“不影响法律行为效力的除外”。我认为我和黄忠教授在这一条上所持的立场，相对于王洪教授的立场，正确的可能性更大。假定我的立场是正确的，有一点我必须要强调一下。中国的法官也好，学者也罢，在区分所谓的效力性强制性规定、管理性强制性规定的时候有一个重大误差，他们将一些权限规范作为管理性规定，比如说抵押人没有取得抵押权人同意，不得擅自转让抵押物，将类似的保护特定民事主体权利的规范理解为管理性强制性规定。而将公法上那些与公共利益有关联，不是直接保护特定民事主体权利的强制性规定直接理解为效力性强制性规定。在效力性强制性规定和管理性强制性规定讨论很热烈的日本，他们根本就不讨论权限规范之性质，因为权限规范连强制性规定都不算。他们只讨论公法上那些与公共利益关联的强制性规定，希望降低这些强制性规定对私法秩序的影响,或者说“软化”这些强制性规定对法律行为效力的影响。如果将这些强制性规定一律作为效力性强制性规定，并影响法律行为的效力，可以说对强制性规定问题的讨论很不深入，甚至是拒绝讨论问题，这是很危险的。开始黄忠教授说，其实《民法总则》第 153 条只是给了法官一个对抗公法上不良规定的机会，我同意这个说法。但法官有没有这个能力，有没有这个勇气是个问题。黄忠教授说治本在公法，但如何在公法上治本，如何去除那些不良的强制性规定？这很不容易，我们只能一直去努力。

第三，关于民事责任独立性和优先性规则的运用问题，法律理念上肯定不是个事。在我国经常出现这样的现象：新的法律已经颁布了，而有关部门根据旧法制定的本部门的规范性文件没有变，导致新法律的适用遭遇层峦叠嶂。其实这本来是很简单的问题，新法既出，与新法冲突的旧规则就应该“见鬼”了。但是行业内的人会说这个规则才是我们行内最值得尊奉的“法律”——你那新法虽然是上位法，但“现官不如现管”，直接管住我的就是这个规则，规则未变之前，我等不敢自作主张按新的上位法展开工作。在司法中也存在这个现象，例如，在《侵权责任法》之前，最高人民法院曾经发布相关司法解释，大意是刑事受害人不能主张精神损害赔偿。这显然违背了民事责任的独立性，有通过刑事责任吸收民事责任的味道。《侵权责任法》生效后，这些违背《侵权责任法》精神的司法解释怎么办？从法理上说应该“滚蛋”，但最高人民法院不吭声，各级人民法院也比较乖，对最高人民法院比较崇拜，尽管法理上这些解释该“滚蛋”，但在最高人民法院不吭声的情况下，法官们还不敢让它“滚蛋”。这是新法律贯彻中一个比较大的问题。我们能不能够有一种强烈的意识和情怀，在新法生效后，就彻底投入新法的怀抱中去？一个法治国家本来应该是这样的，那些与新法明显不吻合的规则，尽管没人让它“见鬼”去，它已经自己“见鬼”了，它都“见鬼”了，我们为什么还要把它当人看？

第四，关于法律适用的冲突，国跃他们几个尤其不满制定《民法总则》还不废除《民法通则》。如此，法律适用的确会在一定时间内比较难，《民法总则》第 11 条说其他法律另有规定的适用其他法律的规定，《民法通则》算不算“其他法律”？《合同法》《侵权责任法》《担保法》这些算“其他法律”估计问题不大，《民法通则》算不算？这个问题相当严峻，我的基本看法是还得实事求是，具体问题具体分析。比如说《民法总则》将一般诉讼时效规定为 3 年，《民法通则》规定的是 2 年，那这个时候就不能把《民法通则》作为一个特别法律，普通时效期间必须适用《民法总则》规定的 3 年时间。又比如说《民法通则》第 136 条规定了 4 种情形时效期间只有 1 年，它和《民法总则》的条文是什么关系？我觉得就要好好考量了。《民法总则》没有规定特别时效期间有两种可能：第一种可能是它根本不认为还有特别时效期间，时效期间都是 3 年了，没有比这更短的了，这样理解的话《民法通则》第 136 条就不再适用了；第二种可能是《民法总则》并不否定特殊时效期间尤其是短期时效期间，只不过它对短期时效期间不专门进行规定。它只将一般时效期间从 2 年变 3 年，短期时效期间将就《民法通则》的规定，这样理解的话《民法通则》第 136 条就应当继续适用。我认为这两种可能性都是存在的。如果法官不是必须要在第一时间作出解释，不妨且行且走且观察；如果法官必须要在第一时间作出解释，我认为第二种解释可能更好，《民法总则》它不规定特别时效期间，也不意味着它就废除了特别时效期间。当然这里边还有一些更复杂的问题，《民法总则》现在规定一般时效期间是 3 年，原来的相关特别法规定的时效期间也是 3 年，现在和《民法总则》的一般时效期间一样长，但原来特别法律规定的 3 年时效比《民法通则》的一般时效期间 2 年多 1 年，是不是应当按此逻辑，将这些特别法上的时效期间延长为 4 年？这个问题更复杂，值得进一步研究。

有几位教授提到《民法总则》的立法是不是够开拓？大家也注意到了我所谈到的精神与理性，没有涉及开拓性。我认为《民法总则》不开拓，制定《民法总则》不是重新起草法律，也不是简单的法律整理，所以不会有大动作。坦率地说，在好几次会议上，我也提出了一些我自认为很有建设性的意见。比如，我觉得宣告失踪这个制度就不应该规定，我不认为人民法院会经常宣告人失踪。这个制度本来的目的就是保护下落不明的人，帮他管理好财产。根据我国法律上的宣告失踪制度，你下落不明两年才可能被宣告失踪，只有法院把你“弄”失踪了才安排人管理你的财产，在法院把你“弄”失踪前，你的财产可能处于无人管理的状态。然而，一个人只要下落不明了，就应该有人帮他管理财产，日本就没有像我们那样的宣告失踪制度，只有一个“不在人”制度，意思是说自然人一旦下落不明，他的财产就由相关利害关系人管理，正常情况下也不会出现管理纠纷，法律也无须进行任何调整。如果财产事实上没有人管理，或者那些人没有能力管理，或者由谁管理有争议，法律才介入调整，为下落不明的人确定财产管理人。这样的制度既经济又实惠，对失踪人财产管理更及时更有效。我当时建议效仿日本的“不在人”制度，不再规定什么宣告失踪。我认为这个建议是非常具有科学性、非常具有合理性的，但显然没有被采纳。有关学者跟我讲，你这属于颠覆性意见，《民事诉讼法》刚修改不久，那上面有宣告失踪制度，《民法总则》不规定宣告失踪制度，那不是又要改《民事诉讼法》？这怎么可以？难怪江平教授说,《民法总则》继受精准，创新不足。

根据全国人大常委会的安排，需要在2018年整体提交民法典分编的方案,提交给全国人大常委会法工委。目前《合同法》的方案、《物权法》的方案、《侵权责任法》的方案、《婚姻法》的方案，我估计都差不多了。等待着多开几次会，充分讨论征求意见，估计是能够在2018年整体提交的。2018年方案整体提交后，全国人大常委会方面形成他们的室内稿、一审、二审、三审稿。2020年中国民法典应该是指日可待的。曾经，在2002年的时候,我们尝试着制定一部民法典,期待成为继1804年《法国民法典》、1896年《德国民法典》后第三部世纪之交的法典。若当时制定出来,的确是第三部世纪之交的法典,但世纪之交的法典未必是“划世纪”的伟大法典，尽管错过了“划世纪”的历史机遇，但勤劳、勇敢、智慧的中国人从来就不贪图那些虚名，民法典的美名是由子孙后代来评价的，而不是我们在立法时主动博取的。我们要制定的民法典，必须充分尊重中国的过去，充分把握中国的现在，充分展望中国的未来，必须对中华民族和中国历史负责。如果2020年制定出中国民法典，虽然相对于2004年晚了16年，与世纪之交失之交臂，但伴随这16年中国社会的发育成熟，伴随这16年中国法治经验的累积，伴随这16年中国法律人智慧与汗水的浇灌，我们期待中的中国民法典，虽不再“划世纪”，但却一样拥有甚至超越那些“划世纪”民法典的神奇和伟大！谢谢！

侯国跃　我们要理解法律，理解生活，首先要理解它的缺陷、它的不容易。刚才有位研究生跟我讲，我们的讲座有人自发搞网上直播，竟然有一万多人在线听讲座，这不容易。我们的民法成长论坛第一次走入模拟法庭这么高端的场所，这是成长，这是成绩，这不容易。那么，我们今天学了《民法总则》之后,回去大家都要想一想为什么《民法总则》还有那么多不如意，我们却还必须尊重它、信仰它？因为大家都不容易。立法机关要首先考虑领导的接受程度、人民代表的接受程度，如果要做颠覆性的修改，要提合理性建议，就可能不太容易被理解和接受，工作就难以推动。我曾经尝试写过《中国侵权责任法立法建议稿及理由》，后来发现合理的建议很多都难以被采纳，所以，这是不容易的。立法者不容易，法官也不容易，因为《民法总则》实施后还有那么多法律适用方面的困惑。类似地，检察官、律师也都不容易。既然如此不易，我们大家就应该宣传好《民法总则》，解释好《民法总则》，当然这也是很不容易的。大家都不容易，我们就应相互理解，多一点包容。今天能够编纂出《民法总则》，确实已属不易！国家领导人曾经宣布中国特色社会主义法律体系已经建成，于是很多人主张不搞民法典。今天有了《民法总则》，这个局面我们应当好好珍惜。我们今天走出这个会场，希望大家要体会我们跟过去是不一样的，因为我们有了《民法总则》。难道没有体会到今天跟昨天不一样了吗？今后每一个人手中都应当有一本《民法总则》，如果你没有《民法总则》的话，你已经很 OUT 了，除非像孙鹏教授能够把 206 个条文全部记在脑子里。以后，当我们遇到挫折的时候，我们就静下心来读一读《民法总则》；当我们遇到困难的时候，我们在法院门口高声朗读一下《民法总则》。《民法总则》可能给我们带来生活与工作的激情，带来人生财产安全的保障，也可能带来更多的是私法的文化、私法的精神、私法的文明，这是《民法总则》最大的意义！

第五讲 《民法总则》的主要内容及社会影响

主讲人：侯国跃　西南政法大学民商法学院教授、博士生导师
主持人：谢　鹏　重庆坤源衡泰律师事务所管委会主任、全国优秀律师
嘉　宾：喻　杨　重庆对外经贸（集团）有限公司董事长
　　　　彭　涛　重庆对外经贸（集团）有限公司监事长
　　　　孙　鹏　西南政法大学民商法学院教授、博士生导师
　　　　黄　忠　西南政法大学民商法学院教授、博士生导师
　　　　徐银波　西南政法大学民商法学院副教授、硕士生导师
时　间：2017年4月6日晚7：00
地　点：重庆对外经贸（集体）有限公司二楼大会议室

喻　杨　今天晚上，集团在此举办“中国民法成长论坛走进企业”活动的第三次法律培训。下面让我隆重介绍一下莅临本次论坛的专家教授和有关领导，他们是西南政法大学博士生导师侯国跃教授、博士生导师孙鹏教授、博士生导师黄忠教授、硕士生导师徐银波副教授、市国资委法规处严处长，还有市国资委、市仲裁委有关领导。我代表集团对各位教授、领导、嘉宾们赴集团做指导交流表示热烈欢迎，对你们抽出晚上休息时间到企业指导表示由衷的敬意，对“中国民法成长论坛”走进企业、选择我们集团表示衷心的感谢！企业的改革发展离不开法治的保

驾护航，企业的调整转型更离不开法治的导航领路。今年，国家主席习近平公布了《民法总则》。《民法总则》作为民法典的开篇之作，涉及经济、社会、生产等方方面面，在民法典中起着重要作用，因此学习好、执行好《民法总则》是当前的重要任务。市委、市政府、市国资委对此高度重视并做出表率，希望通过举办此次“中国民法成长论坛走进集团”活动，可以进一步营造浓厚的民法学习氛围。

下面有请侯国跃教授、孙鹏教授、黄忠教授、徐银波副教授开讲，有请重庆坤源衡泰律师事务所谢鹏主任主持论坛，让我们掌声欢迎！

谢　鹏　大家晚上好，我是今天晚上讲座的主持人谢鹏律师。今天是重庆对外经贸（集团）有限公司 2017 年开展的第三次内部法律培训，也是坤源衡泰·中国民法成长论坛的第 37 场讲座。重庆对外经贸集团每年都会进行 6 到 8 场法律培训，一方面是因为集团的主要领导人是学法律或者是从事法律工作出身的，另一方面是因为对外经贸集团正在积极实践中央依法治国、市委依法治市的方针。非常感谢对外经贸（集团）有限公司为我们提供了这么好的机会和场地，谢谢！

此次论坛走进对外经贸集团基于以下几个成长的因素：第一，我们是民法成长论坛，中国民法从 1986 年的《民法通则》到 30 年后的《民法总则》，再到不久以后的中国民法典，一直在成长。第二，民法成长论坛是 2011 年 11 月 11 日由西南政法大学民商法学院几位青年民法学者发起创办的内部非官方学术交流组织，在 5 年多时间里，已经成长为包括北京大学、清华大学、中国人民大学、中国政法大学、吉林大学、上海财经大学、中南财经政法大学、北京航空航天大学、南京大学、韩国东阳大学、西南政法大学等几十所高校的青年民法学者进行学术交流的平台。第三个成长因素是，重庆对外经贸集团的信用等级从 2013 年底开始连续跨越了 5 个台阶，让我们用一组大数据来证明对外经贸集团的成长：从 2013 年到 2016 年，营业收入从 127 亿增加到 244 亿，增长 92%；资产总额从 133 亿增加到 222 亿，增长 67%；利润从 2.08 亿增加到 4.17

亿，增长 100%；进出口总额从 46 亿增长到 193 亿，增长 320%；占全市的比重从 1% 增长到 4.7%。第四，自从我们坤源衡泰律所牵手中国民法成长论坛以来，就由 2013 年底律师和行政人员 60 多人、年收入 2000 万左右，成长为截至 2016 年底律师和员工 260 多人、年创收总额超过 1 亿元。所以，大家都在成长。这几年我自己也在成长，从一个单纯的律师成长到现在可以当主持人了。基于以上几个因素，我们选择将“论坛讲座 + 企业内部的法律培训”放在了重庆对外经贸（集团）有限公司。

今天晚上主讲的是侯国跃教授。侯国跃教授是西南政法大学民商法学院的博士生导师，是民法成长论坛的副坛主，是西南政法大学的名师。他曾获得过重庆“最受欢迎的十大教授”称号，对民法总论、物权法、侵权责任法、合同法有特别的研究。侯教授不仅课讲得好，而且律师实务工作做得也好。他还有另外一重身份，是我们坤源衡泰律师事务所的管委会副主任，是专家型律师，被称为我们律所“最帅的一哥”。

今天晚上的三位点评嘉宾刚才董事长已经做了初步介绍，我再介绍一下：

第一位是年龄不大、名气很大的孙鹏教授。孙教授是民法成长论坛的坛主，也是西南政法大学的博士生导师。他是重庆市十大青年法律专家、重庆名师、首届西政名师、重庆市人民政府立法评审专家、重庆市人大立法咨询专家、全国最受欢迎百佳教授。

第二位点评嘉宾是西南政法大学的黄忠教授。这个黄忠不是三国时候的老将黄忠，他是西南政法大学最年轻的 80 后博导。想当年我们读书的时候，博导都是胡子很长、拄着拐杖的。黄忠教授是我们西南政法大学最年轻的 80 后博导，是论坛的秘书长，对市场交易法律制度有很深的研究。我觉得他无愧于黄忠这个名字。

第三位是西南政法大学民商法学院的硕士生导师徐银波副教授，他在合同法、担保法和物权法等领域耕耘了多年，他一贯的作风是严谨务实。

下面我就把宝贵的时间交给侯国跃教授！

侯国跃 尊敬的各位领导、新老朋友：晚上好！时值民法成长论坛开坛5年之际，我们迎来了《民法总则》的颁布！今天民法成长论坛第一次走进企业，就安排我来宣讲《民法总则》，对我来说是非常光荣的任务和使命。

今晚我讲的主题是"《民法总则》的主要内容及社会影响"，包括三个方面的内容：一是中国民法典编纂的进程。我只想简单地介绍一下背景，而不详细展开。二是《民法总则》的内容解读。这部分花的时间可能相对要多一些。三是《民法总则》的影响分析，即分析它对我们的国家、社会、企业、个人产生的各种影响。

一、中国民法典编纂进程

首先介绍一下背景，中国民法法典化的进程。对此可以简单概括为：民法典一波多折，《民法总则》应运而生。

民法典命运多舛。新中国成立之后先后4次编纂民法典，1954年第一次，1962年第二次，第一次和第二次民法典的编纂都因为政治运动而被迫中断。为什么政治运动要中断民法典的编纂，而没有因为编纂民法典而中断政治运动？原因就是在那个年代并不是真正的需要民法典。在计划经济时代，一切都被计划了，不需要自主交易，不需要意思自治，不敢提权利神圣，所以也就不需要民法典。

1979年开始第三次民法典的起草，但是由于经济改革刚刚开始，国家要向何处去尚不明确，所以在这个情况下出台一部民法典恐怕非常草率。于是，立法机关英明地决定"变批发为零售""成熟一个制定一个"，接着就有了后来的单行法，例如《继承法》《民法通则》《担保法》等。第三次民法典起草工作中最重要的成就是1986年颁布的《民法通则》。《民法通则》1987年开始实施，施行至今长达30年之久，这部法律才被今天的《民法总则》取代，当然后面要说现在可能并没有完全取代。

第四次民法典的起草，有的人说是从1998年开始的，有的人说是从2001年开始的。据说成立了民法典起草工作小组，制订了"三步走"

的方略，于是在 1999 年通过了《合同法》，2007 年通过了《物权法》。1999 年的《合同法》与 2007 年的《物权法》基本都是“三步走”战略里面比较顺利的步骤。2002 年年底第一次审议《民法典（草案）》，审议过后，“江湖”上对这部《民法典（草案）》评价较低，因此这部草案基本上就被“相忘于江湖”了。从此之后几乎很少有人提编纂民法典的事了。2009 年通过了《侵权责任法》，吴邦国委员长宣布社会主义法律体系已经建成！既已建成，可能就不再搞民法典了，弄得我们这些搞民法的人颇为失望。

我们失望但不悲观，也并没有忘记继续各种努力！党的十八届四中全会《决定》宣布依法治国，为此有近 200 项重大举措，其中一项就是“加强市场法律制度建设，编纂民法典”。此次编纂工作由全国人大常委会法工委负责牵头，最高检、最高法、国务院法制办、中国社会科学院、中国法学会 5 家单位参与。我们这些老师主要在中国法学会里面参加民法典编纂的相关工作。此次民法典的起草分“两步走”,2017 年通过《民法总则》，到 2020 年左右再整体通过民法典。

按照“两步走”战略，《民法总则》如期通过了。此前，法学会有一些建议稿，法工委也有一些稿子，在征求意见后，《民法总则》于今年 3 月 15 日在全国人大会上高票顺利通过。在这个过程中，2016 年 6 月 14 日，习近平总书记主持召开中央政治局常委会议，专门听取有关《民法总则》起草问题的请示并做出了重要指示。在过去我们国家民事立法过程中，由国家最高领导人亲自主持政治局常委会议讨论有关问题的情况还是比较少见的。

看到这样的会议，我想到了拿破仑曾经讲过的一段话，他说：“我真正的荣光并非打了 40 次胜仗，滑铁卢一役就抹去了关于这一切的全部记忆。但有一样东西不会被人忘却，它将永垂不朽，那就是民法典。”1804 年的《法国民法典》又被称为《拿破仑法典》，就是因为拿破仑在法典编纂过程中发挥了非常重要的作用。

我国的《民法总则》在各方的努力下，于 2017 年 3 月 15 日表决通过。该法第206条规定：“本法自2017年10月1日起开始施行”。在这部法律实施之前，我们着重要做的事情就是要宣传、解释《民法总则》，当然我们会继续做另外一件事情——制定民法典分则，包括物权编、合同编、侵权责任编、亲属编和继承编等。各编的编纂分开进行，我校的谭启平教授、张玉敏教授、陈苇教授、王洪教授、孙鹏教授等，还有我本人，参与了中国法学会关于民法典分则各编的相关工作。分则各编将于2018年整体提交讨论，预计2020年左右审议通过。

以上是基本背景，我简单地介绍一下。

二、《民法总则》的内容解读

（一）总体评价

关于内容问题，首先，对《民法总则》要有一个总体的评价。全国人大常委会副委员长李建国对《民法总则（草案）》做说明的时候，曾说过“我们国家编纂民法典不是制定全新的民事法律，而是对现行的民事法律规范进行科学整理，也不是简单的法律汇编，而是对已经不适应现实情况的规定进行修改完善，对社会中的新情况、新问题做出有针对性的新规定”。所以，《民法总则》不是一部全新的法律，也不是简单地对过去法律的汇编，而是一部经过综合细致地汇编并加以创新的法律。

不过，理论界对《民法总则》评价褒贬不一。比如，江平教授认为这部法律“承继精准，创新不足”。王利明教授认为，“既不完全推倒重来，也不完全照单全收，从技术路径上是介乎编纂法典和法律整理汇编之间的性质”。总之，它有一些创新，但是也对过去《民法通则》、民事司法解释及其他相关法律规定做了一些承继，这是总体的评价。

（二）《民法总则》的打开方式

接下来讲一个比较严肃的问题，就是《民法总则》的正确打开方式。

1. 理解法律

理解《民法总则》，首先要理解民法，也就是要理解私法。《民法总则》第2条规定：“民法调整平等的自然人、法人和非法人组织之间的人身关系和财产关系。”我宣读一遍这个法条，是为了提醒那些不是专门学法律的朋友，过去在“江湖”上听说过的有关民法的传闻可能是不准确的。有些人认为民法就是关于市民之间普通生活的法律，调整邻里之间关系的法律；有些人认为民法就是调整婚姻家庭生活的法律；还有些人认为民法是关于个人之间社会关系的法律，说得好像民法跟经济没有关系似的。

要正确理解什么是民法，要理解民法概念的内涵与外延，需要注意三个关键要素：第一，平等主体；第二，人身关系；第三，财产关系。人身关系就是人格关系、身份关系，财产关系就是经济关系。所以，民法调整的范围比我们设想的范围更广。从这个意义上讲,民法被称为“社会生活的百科全书”，个人、企业等主体在工作、活动、生活中所涉及的方方面面，都可以在民法里面找到行为的指引或者我们需要寻求的答案。李建国副委员长做说明的时候也提到“民法是社会生活的百科全书”。著名学者梁慧星教授说“民法是人民生活教科书、法治教科书、文明教科书”。王利明教授说“民法是市场经济的基本准则，是市民生活的行为准则，也是法官裁判的基本依据”。因此，我们要正确理解民法。为了说明民法的重要性或者是调整范围的广泛性，我们可以重温一下孟德斯鸠说过的这句话，“在民法慈母般的眼中，每个个人都是整个国家”。

其次，理解法律，我们还应理解《民法总则》的缺陷。天下没有完美无缺的法律,《民法总则》也是有欠缺的。边沁说，要理解法律，特别是要理解法律的缺陷。今天我们讲依法治国，即要推行法治。亚里士多德说，“法治一词有两层含义：已经成立的法律获得普遍的遵从，而大家所遵从的法律本身就是制定得良好的法律”。所谓良法，就是能够实现最大多数人的最大幸福的法律。那今天我们的《民法总则》是不是制定得良好的法律？我想讲一个观点，“良法推定，恶法亦法”。既然《民法总则》是最高权力机关制定出来的，是经过那么多严格的程序后由全国人大审议通过的，那我们就应该推定它是一部良法，哪怕它也有缺陷。

最后，理解法律，我们要理解《民法总则》的社会意义。这个我放在后面去分析《民法总则》对企业、个人生活的影响，对法官裁判的影响，对中国法治建设的影响。

2. 珍惜不易

第一，重启民法典编纂不易。因为从 2009 年开始我们就忽略了这个事，所以要再次重启民法典编纂是不容易的。在中国社会里面缺乏私法精神、私法文化、私法传统，一贯强调公权力的运行和干预，而不重视私权利的保护，所以今天要重启民法典编纂是不容易的。

第二，让各方接受不易。我们有十几亿人口，没有哪个法律可以做到让全国人民都满意。立法机关在制定法律时首先要考虑领导的接受能力，把法律写得很科学、很符合法理，即使超越了《法国民法典》和《德国民法典》，但是领导不能理解，这部法律可能就无法通过；其次要考虑全国人大代表的理解和接受能力，全国人大代表中的绝大部分人不是学法律的，要他们理解、支持也是不容易的。

第三，法理探究不容易。结合本国本土资源，借鉴国外的先进法律，进行真正的落地的法理探究也不容易。

第四，准确表达不容易。制定一部法律既要考虑法理，又要考虑逻辑和语法，这自然也是不容易的。所以这就是为什么学法律的人要学好逻辑和语法的原因。我曾经提交过一份《中国侵权法立法建议稿及理由》给立法机关，在此过程中我深知要形成一份自己比较满意的意见稿是非常不容易的。因此，我们今天要珍惜这个“不容易”。“法律是门艺术，在获得对它的认识和掌握之前，需要长期学习与实践”，这是英国大法官科克讲的。马克思则说过，“立法者应该把自己看作一个自然科学家。他不是在创造法律，也不是在发明法律，而仅是在表述法律，他用有意识的实在法把精神关系的内在规律表现出来”。有时候，我们公司制定出一份规章制度出来，总有人说这不好那不好，但如果把他放在那个位置，由他制定这个规章制度，极有可能还没有别人制定得好。所以诸位，今天我们打开《民法总则》的时候要懂得珍惜它的不易。

3.《民法总则》重在解释

法网恢恢，疏必有漏。任何法律都会有漏洞，任何法律都会用一些不确定的概念，任何法律都可能存有缺陷。因此，任何法律都需要解释才能适用，并且不只是法官需要解释法律，我们所有人都需要解释法律以达到用它来指引我们生活的目的。所以我们要用妥当的解释方法解释《民法总则》，比如说文义解释、体系解释、目的解释、法意解释、当然解释、扩张解释、缩小解释等，我们还可以通过价值补充、漏洞填补这些方法来进行解释。经过正确的解释，让纸面上的法律转化为政治国家及市民社会中的法治，这是《民法总则》颁布出来后我们应该践行的社会责任。

4. 法律人的两面性

我想说的是，我们法律人（包括企业法务）内部要共勉。上一次在孙鹏教授的讲座上，我和黄忠教授也提到过这个问题。3 月 15 日法律通过之前，我们可以提各种建议、批判、质疑，我想不存在错误的观点，只存在是否合理的建议。但是，3 月 15 日这部法律颁布之后，我们要考虑的是怎么解释好、适用好，而不是再去批评它、质疑它、否定它。我们需要考虑这个时间节点的问题。

另外，我们法律人内部经常讨论法律存在的缺陷，一方面是为了更好地解释法律，另一方面也是为将来立法的完善做一些铺垫或准备。但这仅仅是法律人内部对法律的探讨。当我们面对普通老百姓的时候，我们不能抱着“否定一切”的态度，对法律开展各种批判，相反，我们要宣传法律的精神，宣传法律的正确性，让老百姓信仰法律。法律必须被信仰，否则就形同虚设，如果不信仰，那颁布的法律有什么用呢？这就是要正确地打开《民法总则》。

（三）《民法总则》的主要内容

当我们打开之后可以看到《民法总则》共有十一章，共计 206 条。第一章基本规定，第二章自然人（《民法通则》为公民），第三章法人，第四章非法人组织，第五章民事权利，第六章民事法律行为，第七章代理，

第八章民事责任，第九章诉讼时效，第十章期间计算，第十一章附则。

下面我们就把这些内容大概地浏览一遍。

第一章 基本规定

基本规定包括立法目的、立法依据、基本原则、民法的渊源和法律适用，共 12 个条文。

在这里提醒诸位特别要注意的是，基本规定主要规定的是民法的基本原则。其中，第 3 条明确规定了私权神圣的原则，这是我们国家的法律第一次明确确立私权神圣原则。私权包括自然人、法人等的权利，私权是神圣的，私权是受法律保护的，任何组织和个人都不可侵权，这比过去的《民法通则》有进步。

第 4 条是平等原则，第 5 条是自愿原则，学理上又称为意思自治原则，第 6 条是公平原则，第 7 条是诚信原则，第 8 条是合法、公序良俗原则。过去的《民法通则》也会讲到社会主义公德、社会公共利益等，但是没有用“公序良俗”这样标准的法言法语，《民法总则》已经明确规定为公序良俗，即公共秩序、善良风俗。

后面我要讲，违反公序良俗的行为是无效的。我想起杭州某法院审理的一个案件，一个男人和一个女人签订了一份合同，约定这个女人跟这个男人保持某种“友好关系”，这个男人支付给这个女人 200 万元人民币。双方签订合同之后，男方如约支付了 200 万元，女方也如约跟这个男方保持了“友好关系”。但是过了两年之后，男方幡然悔悟跑到法院提起了诉讼，请求法院确认合同无效，并根据《合同法》第 58 条要求返还财产。一审法院根据公序良俗原则确认合同无效，然后根据《合同法》第 58 条判决返还 200 万元。判决一出，一片哗然，认为这样一个弱女子两年含辛茹苦白白付诸东流。这怎么可能是让人民群众接受的判决呢?

后来二审法院颇有智慧，裁定撤销一审判决，驳回一审原告的起诉。意思就是你们这些破事拿回家去说，不要到法院来，法院不管。根据《民事诉讼法》之规定，法院受理民事案件的前提是纠纷“属于人民法院的受案范围”。那这个纠纷为什么不属于人民法院受案范围呢？原因如同有句法谚，“以无耻之对价订立的契约不生诉权”。也就是说，以违反公序良俗原则为对价签订的合同不产生诉权。具体到这个案件，意思就是当事人的约定，应顺其自然，履行了就履行了，没有履行也就算了，法院不干预、不强制、不保护，可见给了钱就给了，没给钱就算了，主要是看谁先下手。这句法谚，“以无耻之对价订立的契约不生诉权”，就是指不给诉权，法院裁驳，不管这个破事。

今天《民法总则》与《合同法》一样，规定了违反公序良俗原则的行为无效，但是根据《民法总则》《合同法》的规定，合同无效之后还要返还财产，因此我们在将来的民事立法或者司法实践，是不是应该灵活掌握这个原则？回归法谚的智慧不失为明智选择。

除了以上原则之外，《民法总则》还规定了一个新的原则，叫绿色原则。《民法总则》第 9 条说，民事主体从事民事活动应当有利于节约资源、保护生态环境。节约资源、保护环境是非常重要的事情，《民法总则》对这个问题进行了必要的回应，这叫绿色原则。厦门大学有一位西南政法大学的校友叫徐国栋，领头起草了《绿色民法典草案》。我当初不知道为什么要叫作《绿色民法典草案》，自己买来看后发现原来封面是绿色的。后来徐国栋教授自己做了一些解释，比如，他认为这部草案把境外注重生态环境保护、资源节约的法律规定都借鉴过来了，所以这是绿色民法典。他还举例说，他的民法典草案中规定了“民事结合”，也就是男人跟男人、女人跟女人的结合。根据徐国栋教授的说法，同性恋不是邪恶肮脏的行为，也不是违背道德的行为，而是非常绿色环保的生活方式，因为同性恋结合不会增加人口压力。我猜测他可能没有理解人口红利的概念，也不理解中央为什么要放开二孩政策。

《民法总则》在民法渊源方面的规定，一个很大的突破就是正式确立了习惯的法源地位。根据第 10 条之规定，处理民事纠纷，应当依照法律；法律没有规定的，可以适用习惯，但是不得违背公序良俗。也就是说，习惯不违反公序良俗就可以作为补充法源。“法律有规定按法律，法律没有规定按习惯”，其实这里就涉及什么是法的问题。马克思说立法者不是创造法律而是在表述法律，如果生活、工作中的习惯有合理性，立法机关就会表述出来，也就变成了法律，没有变成法律的规则就以习惯存在于我们的生活之中，然后在必要时作为补充法源。

不过需要注意的是，习惯不能违背公序良俗。据一位法官讲，四川某地方有一个习惯，就是女人的丈夫去世之后，此女不能再嫁，或者只能嫁给亡夫的哥哥或弟弟，即肥水不流外人田。这个习惯这就违反了善良风俗，也违反了婚姻自由原则，不能为法律所认可。

将习惯确立为法源并不是《民法总则》的独创。例如《物权法》第85条要求处理相邻纠纷除了要遵循16字方针和法律规定外，还要参照当地习惯。《合同法》也多次提到交易习惯。我们都知道合同就是交易的法律形式，有时候要考虑到权利义务的分配，就可能需要依据习惯。过去在民事法律中提到交易习惯，而今天《民法总则》用提取公因式的立法模式明确规定“法律没有规定的，可以适用习惯”，这是一个重要的规定。

还有一点，就是国家政策不再是法源。过去《民法通则》第6条规定，民事活动必须遵守法律，法律没有规定的应当遵守国家政策。看一下《民法总则》,好像就是把《民法通则》里面的“国家政策”改成了“习惯”，现在已经没有规定国家政策是法源，其目的是要区分法律跟政策。当然不可否认的是，法律跟政策是有密切关系的，政策会影响法律，法律也会影响政策。我们要考虑政策和法律的关系问题，司法裁决也需要考虑政策和法律的关系，法院和仲裁委不可能作出跟国家政策相违背的判决、裁决。对此，黄忠教授可能会有不一样的观点，他认为当事人应当跟法院、仲裁委联合起来，与不合理的政策作斗争。

第二章 自然人

自然人就是像你我这样基于出生就当然地取得法律主体资格的人。这一章规定了自然人的民事权利能力和民事行为能力、监护、宣告失踪、宣告死亡等。学习这一章需要注意以下几点：

第一，宣告死亡。如果一个人玩失踪，达到法律规定的条件，利害关系人可以申请法院宣告他已经死了。当然，如果他确实还活着，也可以申请法院撤销死亡宣告。所以我们读过一首诗，“有的人活着，他已经死了；有的人死了，他还活着”。诗说生活，诗说法律。

现在经济生活中很多老赖就老是玩失踪，宣告他死亡后，他的财产就被当作遗产分割了，他的配偶就可以跟别人走了，他的配偶还可以把他的子女送给他人，可见被宣告死亡的结果就是妻离子散、财产分割。一个字概括——“惨”！所以，建议诸位不要玩失踪。

《民法总则》第二章还规定了“两户”，即个体工商户、农村承包经营户，这是回应中国社会现实，仍然保留“两户”。

在自然人这一章中还有一些问题值得大家关注。首先是行为能力划分，根据一个人的年龄和精神状况可以分为三种情况：第一种叫无民事行为能力人，第二种是限制民事行为能力人，第三种是完全民事行为能力人。其中，无民事行为能力人就是未满8周岁的以及完全不能认识自己行为的人。这次《民法总则》对无行为能力人有一个调整，过去《民法通则》规定的跨越无民事行为能力的年龄是10周岁，现在调整为8周岁。原因大家都很清楚，我们常说8周岁可以打酱油，16周岁可以找工作。16周岁可以签劳动合同了，如果以劳动收入作为主要生活来源的话，法律就视为具有完全民事行为能力。

第二，关于住所的规定。关于自然人的住所，除了户籍登记的居住地，还有其他有效身份登记的居所也可以构成住所。这一条相对于《民法通则》的规定有进步，因为现在很多人住在户籍以外的地方，虽然有居住证，但户籍并不在这。一个农村人在城市里面生活了很多年，我们把他在城市的居所视为他的住所。住所可以影响法院对案件的管辖，根据第25条之规定，离婚可以在户籍登记的居住地，也可以在有效身份登记的地方之法院管辖。此外，这一规定对法院送达和死亡赔偿金的计算标准也有影响。

第三，关于监护人的确定程序。《民法总则》第31条第1款的规定与过去《民法通则》和《民通意见（试行）》的规定相比，不再将所在单位或者居委会、村委会的指定作为法院裁判的前置条件。过去需要找所在单位或者居委会、村委会来指定监护人，对指定不服时才向法院起诉，必须经过这个前置程序，带来的问题有两个：一是效率低，二是起诉谁。到底是起诉其他有监护资格的人还是起诉指定单位？现在可以直接向法院申请指定监护人，不需要经过有关单位或者两委的指定程序。

第四，关于《民法总则》第33条的规定。这条现在被很多人解读为"成年监护"，但是我个人认为这是一个误读。"具有完全民事行为能力的成年人，可以与其近亲属、其他愿意担任监护人的个人或者组织事先协商，以书面形式确定自己的监护人。协商确定的监护人在该成年人丧失或者部分丧失民事行为能力时，履行监护职责。"可见，这只是监护人选定的特殊方法，而不是被监护范围发生了变化。这里的被监护人，是指丧失民事行为能力或者部分民事行为能力的人，而不是单纯指年老之人。

有时候我们担心人年龄大了行动不便了怎么办，于是国外就有了老年监护制度。但是在我们国家，《民法总则》这一条的意思是，如果有一天精神分裂或其他可能导致行为能力丧失的情况，于是我先找一个人跟他签一份合同，约定如果有一天我不行了，他来担任我的监护人。诸位你们说，有几个人会做这个事？！

有一次，我去参加一位法学博士的婚礼，他深情地向新娘表白："从此之后，我在你的面前就是无民事行为能力人，你指向哪里，我打到哪里。"新娘感动得热泪盈眶。但我不知道她为什么感动，新郎成为无民事行为能力人只有一条路，那就是精神分裂，她怎么能感动呢？具体到《民法总则》的这条规定上，如果没有丧失或部分丧失行为能力，这个协议也就没用。因此，不要误解第33条的规定！

第五，尊重被监护人。《民法总则》第30条、第31条、第35条都讲到要尊重被监护人的意愿。特别是我们为人父母的人，对小孩还是要客气一点，不要那么强势，经常要问一下他的意见，这是法律给他们的空间。

第六，民政部门担当监护重任，“所在单位”被解放。《民法总则》第 32 条和《民法通则》的规定相比有一些变化：以前如果未成年人没有法律规定的监护人的话，是由其父母所在单位或者未成年人住所地的村委会、居委会或者是民政部门担任监护人，所以“所在单位”是首要监护人，但是现在《民法总则》没有规定“所在单位”，把“所在单位”从监护责任中解放出来了。如果我们重庆对外经贸（集团）有限公司的子公司、分公司将来面临职工的小孩没有监护人，就不能找单位做监护人了，要引导他去联系民政局。我们今天所讲的单位，通常是市场主体，因此不能给它过重的社会负担。此外，民政部门理应是当然的“替补”监护人，民政部门是法定的“备胎”，只要没有父母等近亲属可以担任监护人，民政部门就必须站出来。《民法总则》这个规定是把民政部门放在前面的，由民政部门担当监护重任。

综合来看，《民法总则》对监护人的规定是以家庭监护为基础，以社会监护为补充，以国家监护为兜底，这就是民政部门必须在关键时刻挺身而出的原因。

第三章　法人

重庆对外经贸（集团）有限公司、重庆市政府、西南政法大学等都是法人。第三章关于法人的规定共有四节：第一节一般规定，第二节营利法人，第三节非营利法人，第四节特别法人。

我前面讲到逻辑和语法的重要性，当我读到“非营利法人”的时候，我以为一切营利法人以外的都是非营利法人，结果后面还有特别法人；当我读到“特别法人”的时候，我以为前面都是不特别的法人，结果前面叫营利法人和非营利法人，所以此处的逻辑和语法还是存在些问题的。

学习这一章，还需要注意几个问题：

第一，法人责任。

《民法总则》第 60 条规定，法人以其全部财产独立承担民事责任。我们经常说法人有“三独”：独立人格、独立财产、独立责任。重庆对外经贸（集团）有限公司就是有独立人格的，可以从事民事活动，也有独立财产，可以独立地对外承担责任。

在这里，我可能要提醒大家注意两点以免产生误会：第一点，我们讲的法人跟有些人平常在生活中习惯讲的法人可能不是一个含义。他们说的法人其实是法定代表人。我们公司的董事长就是法定代表人，而公司才是法人。第二点，法人独立于股东或成员对外承担责任，这个责任叫无限责任。例如，重庆对外经贸（集团）有限公司，虽叫有限公司，但却需要承担无限责任。故，“有限公司，无限责任”。那么，谁承担有限责任呢？股东承担有限责任。

此外，法人可以设立分支机构。《民法总则》第 74 条规定，分支机构以自己的名义从事民事活动，产生的民事责任由法人承担；也可以先以该分支机构管理的财产承担，不足以承担的，由法人承担。这个规定跟《公司法》第 14 条的规定没有本质区别，《公司法》第 14 条第 1 款第 3 句说，“分公司不具有法人资格，其民事责任由公司承担”，所以过去我们说分公司可以以自己的名义签合同，可以以自己的名义参加诉讼，但是责任还得由法人来承担。我们在提起诉讼的时候，可以起诉分公司，还可以起诉总公司，最后法院裁判总公司承担责任。对此，有些法院有不同的认识，有的认为只能起诉总公司，有的认为只能起诉分公司，在执行程序再把总公司追加进来。但是，根据《民法总则》这个规定，可以由分公司管理的财产来承担，不足部分由法人承担。其实分公司管理的财产也是法人的财产，分公司并没有独立的财产权，所以分公司管理的其实就是法人的财产，最终由法人来承担责任。由此我认为，《民法总则》第 74 条的规定没有从根本上突破《公司法》第 14 条的规定。如此一来，我们公司如果到外地投资，成立子公司风险相对可控，成立分公司风险较大，因为分公司的经营活动都是由总公司来承担责任的，而总公司承担的是无限责任。因此，公司对外投资到底是采用分公司还是子公司的形式需要慎重考虑。

在法人独立责任这一部分，还需注意设立人为设立法人从事的民事活动，其法律后果由法人承受。例如，重庆的一家公司到成都去成立新公司，在成立新公司的过程中产生的法律后果由新公司来承担；如果新公司没有成立起来，就由原计划设立新公司的重庆公司来承担；如果成立新公司的重庆公司有两个以上，债权人就可以享受连带债权，这两个重庆公司应承担连带债务。这里的"连带债权"和"连带债务"也是《民法总则》的规定。

关于法人责任，还要注意第62条的规定。法定代表人（比如说西南政法大学的校长）因执行职务造成他人损害的，由法人承担民事责任；但是，法人承担民事责任之后，可以照法律规定或法人章程的规定向有过错的法定代表人追偿。依照法律规定或章程规定、有过错的法人代表，是这个规定中的关键词。与此相关的规定还有《国务院办公厅关于建立国有企业违规经营投资责任追究制度的意见》，它涉及方方面面的追责，企业管理者应注意。

第二，法人治理与交易安全。

首先来看看《民法总则》第61条、第65条、第170条的规定。根据这些规定，法人章程或者内部的权力机构（比如说公司股东会）对法定代表人代表权的限制不得对抗善意相对人；法人的实际情况与登记情况不一致的，不得对抗善意相对人；法人或非法人组织对执行其工作任务的人员职权范围的限制，不得对抗善意相对人。

这些规定都是为了保护交易安全而设。比如说，西南政法大学的章程对校长权力有限制，规定对外签约标的数额不能超过100万，如果超过100万要经过校长办公会讨论通过，结果校长忘记了这个程序直接跑出去签了，据此规定内部章程对校长权力的限制不能对抗善意相对人，因为人家不知道章程对校长有限制。

除此之外，还有第85条、第94条，规定了营利法人的权力机构、执行机构作出决议的会议召集程序、表决方式违反法律、行政法规、法人章程，或者决议内容违反法人章程的，那么决议是可以撤销的。但是，如果法人依据该决议与善意相对人形成了民事法律关系，那么该民事法律关系也不因此受到影响。同样，在后面捐助法人部分也有相类似规定。也就是说，内部表决决策程序有瑕疵或决议内容有瑕疵，不影响对外民事活动的效力。这也是为了确保交易的安全。

说到《民法总则》关于法人的新规定，顺便提一下与诸位朋友工作关系比较密切的，也跟交易安全保护比较相关的案例。即《最高人民法院公报》2015 年第 2 期刊登的招商银行与大连某公司及其集团公司借款合同纠纷案（最高法院 2012 民提字第 156 号），涉及两个问题：第一，《公司法》第 16 条关于公司为其股东担保须经股东（大）会决议的规定，法院指出，该条规定宜理解为公司的内部控制管理程序，违反该规定提供担保的，担保合同并不因此而无效。也就是说，内部程序跟外部交易要区分。第二，担保人抗辩称法定代表人越权对外担保，但债权人已尽形式审查义务，主张构成表见代表的，法院应予支持。这些问题目前在中国法学界的争议很大，法律认识不统一。但我们仍然应考虑对我们可能发生的最坏的情况，进而进行风险预防。

这跟我们前面讲的《民法总则》规定所倡导的精神是一致的，对法定代表人代表权的限制其实不能对抗善意相对人。也就是说，善意相对人只要尽到形式审查义务就可以了，法律不能对债权人要求太高，因为法律从来都不能强人所难。

说到交易安全，还应注意《民法总则》第 67 条的规定：法人合并的，其权利和义务由合并后的法人享有和承担。这一条第 2 款讲的是法人分立，这里暂且不说。《公司法》第 174 条也有类似的规定，比如重庆对外经贸（集团）有限公司下面有两个子公司合并到一起，合并前的各子公司的权利和义务由合并后的新公司来享有和承担。同样地，与我们对外经贸集团进行交易的企业主体，如果跟其他企业合并了，也要适用这条法律规定。

然而，作为在企业里面负责依法治企、企业风险控制的人员来说，还不能仅仅停留在《民法总则》第 67 条的规定。请允许我以下面这样的实际案例来说明。甲公司跟乙公司长期有合作关系，现在还有很多合同在履行之中。某日，甲公司收到乙公司的工作联系函，内容是："感谢贵公司长期以来的支持与厚爱，为回馈广大客户并向贵公司提供更好的产品和服务，我公司决定兼并丙公司，实现强强联合，兼并后我公司名称不变，与贵公司的合同关系不变，合同经办人员也不变，特此函告。"

如果你是甲公司的相关负责人，当你收到对方的这封函件会怎么处理呢？我们可能会想到《民法总则》第67条之规定，公司合并之后，原来的权利义务由合并之后的企业法人享有和承担，好像对我们没有什么实质影响嘛。然而，如果这样想，那就没有把这封蕴含温情的工作联系函可能带来的风险看清楚，看透彻，于是就不太可能重视。因为，我们一般会认为两家企业合并，强强联合，跟我们的合作没有变，那我们去管它干什么呢？！

但是，请大家看一下《公司法》第173条的规定，"公司合并，应当由合并各方签订合并协议，并编制资产负债表及财产清单。公司应当自作出合并决议之日起十日内通知债权人，并于三十日内在报纸上公告。债权人自接到通知书之日起三十日内，未接到通知书的自公告之日起四十五日内，可以要求公司清偿债务或者提供相应的担保。"

两个公司合并应当通知我们债权人，我们接到通知后有权要求它提前清偿债务或者提供相应的担保。为什么《公司法》要赋予我们这个权利呢？因为我们的客户跟别人合并有可能强强联合、做大做强，但也有可能正好相反。一个强大的还有偿债能力的企业，跟一个很破很破的企业合并，就有可能净资产减少，偿债能力降低！比如说，乙公司资产为3000万元，负债为1000万元，净资产为2000万元，现在它跟丙公司合并，丙公司呢，资产为1亿元，负债5亿元，那乙公司兼并丙公司之后，乙公司的偿债能力是增强还是减弱了呢？很明显是减弱了！因此，《公司法》就赋予债权人这样的权利。假设我们不知道《公司法》第173条的规定，仅仅知道《民法总则》第67条的规定，肯定不能有效地控制企业之风险。所以解读一部法律需要从国家法律体系的整体解释出发，不能只见树木不见森林。

说到交易安全的问题，请大家再注意一下《民法总则》第 83 条第 2 款规定，“营利法人的出资人不得滥用法人独立地位和出资人有限责任损害法人的债权人利益。滥用法人独立地位和出资人有限责任，逃避债务，严重损害法人的债权人利益的，应当对法人债务承担连带责任。”

法律对公司的股东实行有限责任的保护，前提是股东必须诚实守信，股东不要违反诚信原则滥用股东的有限责任和公司的独立地位。如果滥用了，导致债权人利益受损，股东就要与公司对债权人承担连带责任。《民法总则》的这个规定其实就是《公司法》第 20 条第 3 款和第 63 条规定的重申，只不过《公司法》仅仅涉及公司，叫“揭开公司面纱”或“刺破公司面罩”“否认公司人格”。这个规定在过去被视为《公司法》上的一个例外制度，一般是不能用的。通常情况下，我们还得坚持股东的有限责任和公司的独立地位，偶尔才能用一下这个条款。此次《民法总则》在民事基本法律层面予以规定，会不会将法人人格否认的裁判尺度放宽？我们还需要进一步观察。

关于这个制度，希望在企业里面做领导、做法务的朋友，不仅要知道公司的股东有限责任、公司的独立地位，还要知道如果违反诚信原则，法律会做出相反的判断。这就对公司的日常经营管理提出了一些要求。重庆对外经贸（集团）有限公司有很多子公司、孙公司，我们在日常管理的时候要注意人员、财产、业务方面的区分，千万不要混为一谈，如果混同就可能要跟子公司、孙公司承担连带责任。

不仅如此，司法实践已经对“揭开公司面纱”的规则进行了一定程度的突破。比如，最高人民法院指导案例 15 号，讲的是关联公司的人员、业务、财务等方面交叉或者混同，导致各自财产无法区分、丧失独立人格的，构成人格混同。如果严重损害债权人利益的，关联公司相互之间对外承担连带责任。因此，企业集团在日常经营管理的时候，进行风险控制的时候需要特别注意，一体管理上虽然具有一定的方便性，但是也具有较大的风险性。

第三，法人的类型划分。

刚刚提到营利法人，就是以取得利润并分配给股东等出资人为目的的法人，最典型的代表就是公司。天下的公司是不是都是以追求利润为目的呢？根据《中共中央、国务院关于深化国有企业改革的指导意见》和《关于国有企业功能界定与分类的指导意见》，国有企业应区分为商业类和公益类，有的国有企业还关系到国家安全、国民经济命脉的关键领域，因此对不同的国有企业股权改革的目标和经营管理的考核指标也是完全不同的。说到这里，我们要想一个问题，《民法总则》把营利法人规定为以追求利润为目标，但是我们中共中央、国务院却把国有企业分成了商业类和公益类，这到底应该如何衔接？起草《民法总则》的人有没有读过中共中央、国务院的意见？这是个问题，需要下一步深入考虑怎么衔接的问题。

至于非营利法人，就是不向出资人、设立人或者会员分配所取得利润的法人，比如事业单位法人、社会团体法人、基金会法人、社会服务机构法人等。这些法人就不能以追求利润为目标，也不能向成员分配财产，跟营利法人有明显的区别。事实上，这些年国家一直在整顿某些领域的非营利法人不法营利的现象。

第三种法人是特别法人。除了营利法人和非营利法人，还有特别法人，比如机关法人、农村集体经济组织法人、城镇农村的合作经济组织法人、基层群众性自治组织法人。孙宪忠教授说，赋予农村集体经济组织法人资格是重大历史进步！于安教授则说，《民法总则》明确机关法人为特别法人有利于建设廉洁法治政府。

第四章　非法人组织

非法人组织包括个人独资企业、合伙企业以及不具有法人资格的专业服务机构等。根据《民法总则》的规定，如果非法人组织的财产不能清偿债务，则由设立人和出资人承担无限责任。

第五章　民事权利

民事权利这章规定了很多民事权利，各位回去读一下《民法总则》

第五章你可能会心潮澎湃、慷慨激昂。后面我会讲一下“私权神圣”的问题。

第六章　民事法律行为

民事法律行为这一章有一般规定、意思表示、民事法律行为的效力以及民事法律行为附条件和附期限等,这一章跟我们的关系也比较紧密。民事法律行为最主要的就是合同。

1. 民事法律行为的概念与类型

《民法总则》的规定跟《民法通则》相比，有些重要区别：第一，以意思表示为要素，意思表示即将我们意欲发生某种私法上效果的意愿表达于外部。比如,我走到谢律师面前说,把你这辆车100万元卖给我,如何？这就是要约的意思表示。我希望跟他订立一份汽车所有权交换的合同，我把我内心的想法表达出来了，就叫意思表示。法律行为都是以意思表示为要素的，以变动法律关系为目的。第二,《民法总则》规定的法律行为不像《民法通则》那样仅仅包括合法行为，还包括无效法律行为、可撤销法律行为、效力待定法律行为。这个概念更加接近《合同法》关于合同的界定，基本放弃了《民法通则》关于民事法律行为的界定。

2. 可撤销法律行为

这一章第二个对实务有重大影响的是关于可撤销行为的规定。

首先，可撤销行为种类跟过去不一样。第一，重大误解，跟过去没有区别。第二，欺诈，跟过去也没有区别。当然，过去我们讲欺诈损害国家利益是无效的，但欺诈要损害国家利益实际上是不容易的。第三，第三人欺诈且另一方知道。不是我而是第三人欺诈了你，法律行为也是可撤销的，这可是新规定。第四,一方胁迫或第三方胁迫。过去《民法通则》只规定了胁迫，没有规定第三方胁迫。第五，显失公平。今天我们讲的显失公平已经吸收了《民法通则》以及《合同法》所规定的乘人之危，乘人之危要导致显失公平的结果在法律上才有意义。

其次，撤销权消灭事由，包括除斥期间届满或者撤销权放弃两个方面。但是，如果是重大误解导致可撤销的，除斥期间只有 3 个月，比过去少了 9 个月。除斥期间 1 年的起算有一些细微的变化，如果是胁迫，就是从胁迫行为终了之日起算。

最后，我们还要注意一下过去《民法通则》《民通意见（试行）》以及《合同法》的规定叫“可变更、可撤销”。如果当事人请求变更的，法院只能变更不能撤销；如果当事人请求撤销的，法院可以变更，也可以撤销。现在《民法总则》不再规定“可变更”，只规定了“可撤销”。

对于这样的规定现在在实践中间有两种解读：第一种解读是世间从此没有可变更，只有可撤销；第二种解读是变更乃撤销的应有之意，无需明说，也是包含于其中的，未来我们遇到这样的合同，仍然可以向法院或仲裁机构请求撤销或变更。

我个人觉得这个规定的解读是很重要的。曾经有个律师找我咨询过一个案件：一个小区有 200 多名业主，他们认为开发商对他们实施了欺诈，于是准备请求变更合同，不想撤销合同，因为房价已涨。所谓变更合同，其实只想降点房价，退点房款。律师组织业主准备提起诉讼，结果业主分为了两派，第一派委托律师提起诉讼，为权利而斗争，第二派静观其变，准备见机行事。第一批业主提起诉讼获得法院支持，第二批也提诉讼以为会胜诉，但是却败诉了，因为 1 年的除斥期间早已经过。这个律师说，我们没有请求撤销合同，只是请求变更合同，《合同法》规定的是撤销权经过 1 年消灭，但我们行使的是变更权啊？

我跟他解释说，《合同法》在合同效力部分规定的撤销，就已包含了请求撤销和请求变更两层含义，因此，法条在表述的时候可能不那么严谨，导致了一些误读，但不能对请求变更与请求撤销作出完全不同的裁判。当然，这些所谓的机关算尽的业主，却聪明反被聪明误。所以，做人不能太聪明，因为“算尽则死”。

3. 无效法律行为

《民法总则》规定了几种无效的情况：第一，通谋行为。第二，无民事行为能力人实施的行为。第三，违反法律、行政法规的强制性规定

（但是该强制性规定不导致该民事法律行为无效的除外）。对于第三种情况，法官似乎可以自由裁量——想把法律行为搞成有效，就说那是不能引起法律行为无效的规定，我认为立法就是要给法官这样一个空间。第四，违反公序良俗。第五，恶意串通，损害他人利益。

需注意的是，过去《民法通则》规定“以合法形式掩盖非法目的的行为无效”。到底是什么行为无效？是意思表示瑕疵的虚伪表示无效？规避行为无效？语焉不详。过去法院曾进行过探索，比如说最高法院的一个案件：当事人串通签订一个股权转让协议，目的是为了规避较为严格的行政审批要求，破坏了对外投资的监管秩序和外汇管理秩序，属于以合法形式隐藏非法目的的行为。反过来不一定无效。比如，根据北京高院的会议纪要，双方为了逃税，房价本来是 100 万元，在买卖合同里面写 70 万元，这时候只是为了逃税的价格条款无效，其他部分还是有效的。

今天，《民法总则》就是对通谋行为进行二分处理：A. 以虚假的意思表示实施的行为无效；B. 以虚假的意思表示隐藏的行为，依法处理。这更接近于北京高院的意见。

第六章规定的民事法律行为，是企业交易的表现形式，也是个人生活的表现形式。

第七章 代理

代理这一章有一般规定、委托代理和代理的终止。我们在座的各位，如果做外贸就需要经常跟代理打交道，包括直接代理和间接代理。对此《民法总则》也有一些规定，跟过去相比，变化不大。

第八章 民事责任

这一章规定了民事责任及承担民事责任的方式。这跟过去《民法通则》《合同法》《侵权责任法》的规定基本接近。

第九章 诉讼时效

诉讼时效这一章除了对过去《民法通则》的规定有一些改变外，还把司法解释的相关规定融入其中。

1. 普通诉讼时效

普通诉讼时效期间从2年改为3年，目的是要延长权利保护期间。老百姓都知道2年的概念，但是今天我们要知道3年的概念。对于这个3年的规定,《民法总则》第188条的规定里还有一句,“法律另有规定的，依照其规定”。过去有些法律里面确实有一些规定，要不要依照其规定呢？比如说《民用航空法》《国家赔偿法》《专利法》规定了2年的诉讼时效期间，到底是适用这些法律规定的2年还是延长为3年？现在有不同的看法。

2. 短期诉讼时效

《民法通则》第136条规定了四种情况应适用1年的诉讼时效期间，这个1年的期间还适不适用？

对此，也有几种意见：第一种观点认为这是“立法者有意的沉默”，也就是不再搞1年短期诉讼时效，把《民法通则》第136条全部删掉，全部改为3年，不再用1年的诉讼时效期间；第二种观点是过去的2年变成3年，现在的1年则应变成2年，叫“同比例延长”；第三种观点是应继续适用1年的规定。

还有更短的诉讼时效，比如说《海商法》规定的90日以及《铁路货物运输合同实施细则》规定的180天，这些期间是为了实现加速纠纷处理的特别目的而做的特别规定。对这个期间到底还适不适用，也有不同的理解。

3. 长期诉讼时效

过去《环境保护法》有3年诉讼时效的规定,《海商法》也有,《合同法》有4年的规定,《保险法》有5年的规定。《民法总则》实施后，这些规定还变不变？是保持原状还是也变成3年？这也是一个问题。

带着以上疑问,我认真读了李建国副委员长关于《民法总则(草案)》的说明，他说,《民法总则》是“将现行民法通则规定的二年一般诉讼时效期间延长为三年”。他这句话应该理解为，只是把《民法通则》第135条规定的2年变成3年，其他都没有变。可见，立法机关只是把一般诉讼时效期间延长为3年，并没有改变特殊诉讼时效期间。所以将来我们的权利受法律保护的期间就可能呈现出多元化的局面，有3年的、有1年的、有2年的、有4年的、有5年的，还可能有90天或180天的。但是，这种解释意见实在让人费解，立法机关怎么这样规范同一事项呢？我想，李建国副委员长的这个说明可能并没有准确反映立法机关的本意，或者说，这种意见本身并不科学。从延长权利保护期间的立法本意出发，应解释为：过去立法规定的短于3年的诉讼时效期间都不能继续适用，而应适用3年的规定；过去立法规定的长于3年的诉讼时效期间，则应“依照其规定”。

4. 诉讼时效期间的起算

一般诉讼时效期间的起算不仅要知道或应当知道权利受到侵害，还要知道义务人，即知道是谁干坏事，我们要找谁主张权利。

《民法总则》还规定了特殊情况下诉讼时效期间的起算：同一债务约定分期履行的情况下，从最后一期履行期限届满之日起算（第189条）；无民事行为能力人、限制民事行为能力人对其法定代理人的请求权，从该法定代理终止之日起算。比如说父母侵害了子女的权利或配偶侵犯精神病人的权利，现按照《民法总则》的规定，要等法定代理终止之日才起算诉讼时效。

另外还新增加了一个规定，这是根据梁慧星教授的建议增加的——未成年人遭受性侵害的赔偿请求权的诉讼时效，从受害人年满18岁之日开始起算。我看到过网上的一个调查报告，报告指出现在未成年人受到性侵害的现象并不少，不过很多人都基于各种考量而不去主张权利救济。如果要主张权利救济，从18周岁开始才计算诉讼时效。当然，并不是要等到18岁才可以主张权利救济，在此之前也是可以主张权利救济的。

最后，关于长期诉讼时效期间的时间计算，从权利受损害之日起算。不管你知不知道权利受损害，都要开始计算。关于这个问题，《产品质量法》和《海商法》有一些特殊规定，大家注意一下即可。

5. 诉讼时效中止

《民法总则》第 194 条规定了更多的请求权行使障碍导致诉讼时效中止的事由，这明显是增加了请求权行使障碍的事由，以防止权利失去保护。

此外，根据《民法总则》194 条的规定，中止的效力是"继续计算 6 个月"。这个表述跟过去是不一样的。过去《民法通则》的规定是"继续计算"，现在则是"继续计算 6 个月"，也就是中止事由消灭之后，不管过去还剩多少时间都要计算 6 个月。这是一个很大的变化。关于诉讼时效中止的这一效力，不仅仅是借鉴了德国、日本、我国台湾地区的规定，还采纳了我国一些学者的建议。

第十章　期间计算

根据《民法总则》，期间的计算方法可以有约定，即有约定按照约定，没有约定按照法律规定，这跟《民法通则》不一样。

有一个问题值得关注，就是期间的计算方法。我猜你有可能会算错。大家看一下《民法总则》第 202 条："按照年、月计算期间的，到期月的对应日为期间的最后一日；没有对应日的，月末日为期间的最后一日。"

过去《民通意见（试行）》第 198 条第 1 款的规定是：当事人约定的期间不是以月、年第一天起算的，一个月为 30 日，一年为 365 日。我们知道，一个月不一定 30 天，一年也不一定 365 天。所以现在不再按照过去 1 个月 30 天，一年 365 天这种方法计算了，而是按对应日，没有对应日的，这个月的最后一天就是这个期限的最后一天。与过去的规定相比，《民法总则》可能导致期间的长度发生改变，导致当事人的利益发生改变。比如说，两种算法下的利息和违约金就可能会不一样。举例说明，自 2017 年 1 月 30 日起算 1 个月，过去讲 1 个月就是 30 天，就是 31 日这 1 天加 2 月份的 28 天，再加上 3 月 1 日这 1 天，即 3 月 1 日到期；现在还是从 2017 年 1 月 30 日起算 1 个月，就直接是下一个月对应的那一天，由于 2 月没有 30 日，所以就是 2 月 28 日到期。这样一对比，《民法总则》的算法就少了好几天。大家可不要小看，这可能会产生一定的影响。

第十一章 附则

附则规定了数字的用法和法律生效的日期。这里规定“超过”不包括本数，这是新法的规定，过去《民法通则》规定的仅是“不满”“以外”不包括本数，这次增加了“超过”也不包括本数。

以上是我讲的第二方面的内容，也是今天晚上的主要内容。

三、《民法总则》的影响分析

（一）私法之母，统帅三军

以前说宪法是母法，是一切法的母法。但现在有一种观点是，市民社会、政治国家二分之后，宪法是公法之母法，民法是私法之母法。如此一来，《民法总则》乃私法的母法。

作为私法之母法，《民法总则》要统帅三军：

第一，统帅民法典分则。分则是对总则的细化规定，要受总则的统帅。如李建国副委员长说，《民法总则》是民法典的开篇之作，在民法典中起统领性作用。

第二，统帅其他民商事法律制度，《公司法》《著作权法》《保险法》等法律，需要根据《民法总则》做相应的调整。故王利明教授说，《民法总则》是民法典的总纲，纲举目张，整个民商事立法都应当在《民法总则》的统辖下具体展开。

第三，影响公法。私法如果发达就影响公法的走向。公法和私法不是截然对立的，而是可以互动的，私法越是发达，公法也就日渐谦抑，这有利于法治的建成。

所以，我校民商法学院院长赵万一教授说，“民法典绝不是一些零散制度的简单拼接，而是一种有明确价值追求和深厚理念支撑的先进制度结合体，充盈其中的是深邃的人类理性之魂，制度背后是平等自由的人文主义精神”。

（二）权利圣书，法治纲领

列宁说民法典是公民权利的圣经。民法就是权利法，是写满权利的纸。权利法对法治会有什么影响呢？其实，法治就是要保障私权，限制公权，所以要让私权昌明，使公权谦抑。

《民法总则》是权利圣书、法治纲领，我们可从几个方面来说明：

第一，《民法总则》的立法目的。根据第 1 条的规定，《民法总则》的主要立法目的是保护民事权益。

第二，《民法总则》的基本原则。第 3 条规定了私权神圣原则。私权神圣，即“民事主体的人身权利、财产权利以及其他合法权益受法律保护，任何组织或者个人不得侵犯”。这一原则其实超越了《民法通则》，类似于《宪法》之规定。第 4 条规定了平等原则，同时第 113 条规定了财产权受法律平等保护的原则，这跟《物权法》第 4 条的规定一脉相承。

这里顺便提一下，《中共中央　国务院关于完善产权保护制度依法保护产权的意见》提到国有企业改革，员工持股要坚持同股同权、同股同利。

第三，《民法总则》规定人身权益、财产权利、知识产权等，也规定个人信息、数据、网络虚拟财产受法律保护。个人信息受到法律保护，过去我们往往遭受个人信息被泄露的危害。过去我们通过司法实践对个人信息或者网络虚拟财产予以保护，今天我们通过《民法总则》的规定予以明确。

第四，私权是公权的来源和边界，公权应该保护私权，而不是侵害私权。比如，曾经有两名警察把一对在家看黄色录像的夫妻抓起来了，后来这对夫妻精神分裂了。经过媒体持续发酵之后，这两名民警被革职，公安局长去给看黄色录像的夫妻道歉。为什么呢？因为两名警察破门而入就侵犯了人家的私权，获得的证据资料也不能作为定案依据。夫妻看黄色录像不关警察的事！我们买的房子有门、有锁，门和锁其实就是私权（所有权）的象征。警察破门而入侵犯了私权，那自然不可能是合法行政行为。此外，公权要保障私权。我们每年交税，养着国家机关，就是为了获得公权的保护。

第五，非经法律授权，公权不得限制或剥夺私权。对此，《民法总则》第 117 条再次重申了征收、征用的三大原则：第一，公共利益；第二，法定程序；第三，充分补偿或者说公平合理的补偿。

当然，私权神圣但也不可滥用，滥用权利同样也不受法律保护。

（三）人文关怀，生态中国

《民法总则》体现了人文关怀、生态中国的精神。比如关于胎儿的保护问题，"涉及遗产继承、接受赠与等胎儿利益保护的，胎儿视为具有民事权利能力"（第16条）；未成年人遭受性侵害的损害赔偿请求权之诉讼时效，从年满18周岁起算。还有《民法总则》第9条规定的绿色原则。

（四）交易安全，发展经济

《民法总则》对交易安全也是有充分考虑的。比如说，《民法总则》规定的市场主体是多元的，它明确规定了非法人组织。前面提到的法人、法律行为效力新规则等也充分关注了交易安全。理由是，在社会分工越来越细密的今天，没有交易我们就活不下，没有交易我们就活不好！

（五）行为准则，裁判依据

1. 宣示性条款和规范性条款

民法既为我们提供行为指南，也为法官提供裁判依据。《民法总则》的条款也大致可以分为宣示性条款和规范性条款。宣示性条款，有一些是有意义的，有一些则放在法典中确实没有多大意义，是为了适应某种需要而在法典中回应一下而已，我们可称之为"概念美容"，或者"正确的废话"，它们对我们未来的生活和工作可能并没有太大的实际影响。

当然，也有一些宣示性条款是可以作为裁判依据的。比如说英雄烈士的保护，第185条规定："侵害英雄烈士等的姓名、肖像、名誉、荣誉，损害社会公共利益的，应当承担民事责任。"可见，如果既损害了英雄烈士的人格，又损害了社会公共利益，则要承担相应的法律责任。我们国家过去有"狼牙山五壮士"的案例，这个案例的精神现已经吸收到《民法总则》之中。当然，将来我们这些普通人死亡后人格也会受到法律保护。《侵权责任法》和《精神损害赔偿司法解释》早已确立了立场。

2.《民法总则》跟《民法通则》的关系

接下来，我们再通过以下几个问题，来看看《民法总则》对裁判规范的影响。首先，《民法总则》跟《民法通则》的关系。李建国副委员长在《说明》中提到：《民法总则》通过之后暂时不废除《民法通则》，但是《民法总则》跟《民法通则》不一致的应适用《民法总则》。

其实，《民法通则》已经千疮百孔，没有多少条款可以适用了。以后如果你想再用《民法通则》，请一定要慎重。我国有了《合同法》《物权法》《侵权责任法》等法律之后，《民法通则》的诸多规范已被刷新。今天颁布《民法总则》，那么，《民法通则》的适用应更加慎重。

当然，《著作权法》《专利法》《保险法》有一些内容没有纳入《民法总则》，可以作为特别法予以适用。

3.《民法总则》与《合同法》的关系

我的意见是，法官处理合同纠纷应优先适用《合同法》，但在今年10月1日之后，如涉及合同效力则应优先适用《民法总则》。

4.《民法总则》与司法解释的关系

《民法总则》已经吸收了一些司法解释的规定，特别是被变更吸收的司法解释，就不能再用了。如果没有被吸收但不违背《民法总则》的精神，那么这些司法解释条文仍然可以补充适用。

综上，现在我们可以得出这样一个结论：《民法总则》实施之后，过去的法律或者司法解释虽然没有被明确废止，但是其中的一些条文可能已经不能被法官用来裁判案件了。

各位朋友，今晚我给大家介绍了三个问题，分别介绍了中国民法典编纂的进程，梳理了《民法总则》的主要内容，分析了《民法总则》对我们这个时代的影响。现在要考虑的问题是，身处民法典的时代，我们应该怎么办?

可能有的朋友会说，不要以为《民法总则》颁布了，中国的法治就一下子实现了。其实这一点我也必须认同。《民法总则》颁布后，我们还有很多问题没有解决。但是，请相信中国的法治进程一旦开启就不可能后退，我们只能向前！中国的法治虽然可能走得缓慢，可能会遭遇各种困难，但是毕竟已经上路，我们只能向前！在民法典时代，我们与其怀疑，与其徘徊，不如更新观念，补给知识，与时俱进，顺势而行，与法同行！谢谢大家！

谢　鹏　侯国跃教授从《民法总则》《民法通则》《合同法》以及相关司法解释，公权与私权的关系、变化、注意事项等方面给我们做了一个对比的讲解，同时也讲到了一些司法裁判的案例。按照论坛的规则，下面进入点评环节。实际上平常在学校举办论坛的时候，就有一个点评规则，就是点评嘉宾要针对主讲人所讲述的观点和问题提出反对的（反驳的）或者是不同的意见，不能唱赞歌。但是考虑到今天的主题是对于一部新法的理解和解释，所以下面的点评嘉宾可以发表自己的观点，对侯国跃教授没有讲到的进行补充，而不一定是批评。每个点评嘉宾的时间是 15 分钟。今天之所以邀请三位点评嘉宾是考虑到实务界的同人们，包括市仲裁委领导、市国资委领导、律协的几十位律师及企业法务，主要是想让三位点评嘉宾再展示一下对《民法总则》的见解。

下面，我想先请黄忠教授打头阵。让我们听听 80 后最年轻博导的见解！

黄　忠　很高兴今天有这样的机会跟各位实务部门的同志一起来交流关于《民法总则》的学习体会。我讲三个方面的内容。

第一个层面，我大概谈一下学习《民法总则》的重要意义。从宏观层面来讲，刚才侯国跃教授也谈到过，中央高度重视民法典的编纂和《民法总则》的制定。从历史来看，我们的《民法总则》确实是来之不易的。在 3 月 15 日《民法总则》颁布之后，我们学校召开了一个《民法总则》的学习会议，同时也是为了落实中央的要求所做的一项工作。今天晚上是第一次在重庆市企业领域、商事领域学习《民法总则》。《民法总则》的学习，在政治生活中的意义是非常重大的。

第二个层面，我谈一下《民法总则》所谓的权利法的意思。大家如果有兴趣去阅读《民法总则》就会发现，无论是在语词的表达，还是篇章的设计，都有很强烈地贯穿权利法的意志和精神。刚才侯国跃教授谈到监护问题，其实监护问题跟工作的关系不是很大，但是跟个人生活有很大的关系，这里面体现了很多的权利色彩。比如《民法总则》在语言的使用上就很慎重，不再使用“精神病人”这个概念了。大家知道“精神病人”是骂人的话，所以《民法总则》就放弃了带有歧视性的语言表述。这其实就是对人的尊重。《民法总则》第五章关于民事权利的列举、第八章有关民事责任的专章规定，在世界民事的立法领域当中，都是具有中国特色的做法。在比较法上，包括刚才侯国跃教授谈到的《法国民法典》《德国民法典》都是没有这样设计安排的，这些做法其实是彰显出《民法总则》里面有一种推动中国民事权利进一步勃兴的意图。

第三个层面，我想重点谈一下，在《民法总则》的立法过程当中，一直有这么一个想法，就是将《民法总则》的制定和实施跟国家、社会治理水平的提升关联起来，这方面对企业而言意义比较重大。对企业而言，在座的各位想必比我们更加了解现实。纠纷的产生原因是多方面的，纠纷的解决成本是比较高的，结果有些时候也是不可预测的。所以对大多数商事主体而言，他们更想做的是预防和事前化解纠纷。刚才国跃教授谈到宣告死亡和宣告失踪制度的时候，告诉我们大家不要随便玩失踪，因为这样会导致很悲惨的结果。其实不仅如此，我们还需要想想，怎么避免自己被别人宣告失踪和死亡呢？简单的做法就是常回家看看，这就是重要的预防思维。

《民法总则》当中体现了哪些预防的思维呢？我们讲预防思维的核心是掌握主动权，而《民法总则》的很多规则和原则给了我们追求主动权的可能性。首先是《民法总则》第 5 条确立的意思自治原则，这主要体现在契约领域。我们可以根据事先的合同约定，将风险的结果和风险的可能性做事先的安排，责任的产生也可以由当事人约定，我们还可以通过事先的安排将责任进行一定的特定化，这些都给了我们进行风险预防的机会。尤其是《民法总则》第178条第3款，全国人大开会的时候增加了这一条，连带责任只在法律规定和约定下产生。在这之前，理论上对于连带责任的产生其实是有拓展的，实践的案例中存在被推定为连带责任的空间。现在第178条第3款说“连带责任，由法律规定或者当事人约定”,其实就给当事人预防风险提供了一个很好的指引。所以《民法总则》所确立的意思自治以及有关权利和责任的规范都给我们预防法律风险提供了很好的工具和空间。其实这种空间不仅仅是对预防纠纷而言，而且还对创造交易模式以及发展金融工具，具有非常重大的意义。因为金融衍生品的开发和发展，在很大程度上是通过合同的方式组合成新的工具来进行的,《民法总则》就承认了这种创新机会的可能性。这是第三个层面的第一个问题，就是《民法总则》确立的意思自治的原则给我们的启示。

第二个问题是我们讲风险的防控，那就是要把握风险点的问题。法学尤如医学，法律人如同医生。但这里不宜理解为中医，因为中医的答案非常宽泛，没办法基于他给你的解释做很多的演绎和推论。因此我们说若把法律人比作医生的话，要比作西医，就要做精准的分析。那我们可以把握哪些点呢？侯教授谈到的问题里面，有一些我个人的理解与他不太一致，比如考虑到法人有独立责任，建议设立分公司而不设立子公司，这个我不太能理解。如果从风险的把控来讲，设立子公司或许更好一些，风险会被分离，而总分公司的设计架构就会出现城门失火，殃及池鱼的现象。这里我要重点提示的是《民法总则》反复出现的两个概念,第一个概念是“善意”,第61条说限制法定代表人的权限是可以的，但不可以对抗善意第三人，第170条谈到法人内部的决议对工作人员权限的限制不能对抗善意第三人。据此，“善意”的把握就非常重要，包括第145、171条也都谈到善意第三人。善意在日常工作中就需要把握，怎么保证你自己就是善意的当事人？或者你要怎么避免别人会被法院认定为善意第三人呢？所以我们要在跟他人交易的行为当中尽到审慎的审查义务，审查的要点有哪些呢？这当然要做个别化的分析和概括。每个交易类型的合同当中可能蕴含的风险点是不同的。这是《民法总则》里面不断的出现“善意”带给我们的风险预防启示，也是我们要结合工作实际挖掘关于“善意”的要点。第二个出现的概念就是“过错”。如果公司的法定代表人有过错，那法人对外承担责任后要向法定代表人追偿。包括第43条，都谈到了类似的关于过错责任的承担问题。过错是什么意思呢？过错就是你应当知道就不能装不懂，你一脸无辜不代表你懵懂。比如说今天下午开会的时候，有一个独立董事聊起就在前段时间他看到证监会有个消息说，有一个独立董事被处罚了，但这名独立董事说他不知情，因此不应该受到处罚，但证监会不支持这个抗辩理由。这里给我们的启示是我们要了解工作的具体要求，免得因为无知而被要求担责。当然，公司的行为类型很多，我们不一定都有了解，比如说对于公司的财务，我是一窍不通的，我也看不懂材料背后的内容，但是这不代表你没有责任，这就需要你去做专业的咨询和专业的审计，由他们来提供专业的咨询意见，这样就可以让你避免因为过错而导致的责任承担问题。

第三个层面的第三个问题就是如何掌握主动权，这就需要讨论证据的问题。《民法总则》是一个实体法，没有讨论证据的问题，但是要想在司法实务和商业活动当中把握主动权，就一定要有证据意识，一切法律上的请求权都将建立在合法、充分的证据基础上。因此，做好合同的管理就需要把控好证据的问题。一个公司出现过这样一个事情，一个员工离职了，拿了辞职信就走人了，后来这个员工拿着表就去主张公司偿付辞退他的补偿金，仲裁机构支持了补偿10000块钱，因为那份辞职报告上没有写辞职原因。事实上，我们相信这个单位是无辜的，可能就是被辞职的人自己在辞职表上填上“公司裁员，不是自己的原因”而离职。虽然事实上可能是他因为自己的原因而辞职，但是你公司没有做好证据的预防，就可能倒霉。

以上是在《民法总则》里面可以感受到的，可以体察到的，可以挖掘到的关于如何做法律预防的空间，这也是我在《民法总则》的学习当中所获得的感觉和体会，跟大家交流和汇报一下。谢谢各位！

谢 鹏 黄忠教授对侯国跃教授的观点提出了不同的观点，我们最后再给侯教授时间进行回应，现在先请徐银波副教授进行点评。

徐银波 谢谢主办单位的邀请！谢谢主持人！侯国跃老师说得正确的我都赞同，不过，既然立法要求尊重法治的权威，那么我就侯老师说的补充以下五点。跟侯国跃老师稍微不同的是，侯老师是整体地讲，而我是结合企业的运行以及《民法总则》可能跟企业治理相关的内容谈以下五点：

第一点，侯老师说第 9 条绿色原则是没用的，是宣示性的，就好比女生化一下妆，好像跟不化没有什么区别，对此我持不同的观点。民事主体从事民事活动应该有利于节约资源、保护生态环境，说这条对企业没有影响，我不赞同。我想起侯国跃老师说《民法总则》起了统帅性的作用，就这条来说是不可能作为裁判依据的，但是《民法总则》统帅着民法分则，甚至不只是单行的民事法。这条和《环境保护法》相结合，对于企业治理污染、企业将来的投资以及企业排放污染的考量是非常重要的。一方面，《环境保护法》增加了公益诉讼，原来企业只需要把污染治理好，如果污染导致私人遭受损害，那么私人可以要求企业承担赔偿责任。但现在不一样，现在是民间的环保组织可以要求企业承担修复生态的责任。虽然企业没把个人搞伤，但是把生态搞差了，民间环保组织是可以要求企业修复生态的。为修复生态所付出的代价远比赔偿个人的人身损害、财产损害付出的代价更高。目前重庆已经受理了类似的若干个案件，并且重庆法院系统还成立了环境资源庭。另一方面，《民法总则》统帅着民法分则，侯老师是中国法学会“侵权责任编”编纂小组的成员，我们未来想加重环境污染侵权责任，就是民法要跟《环境保护法》相统一，不仅要增加规定，增加修复生态的责任，还要增加大家的连带责任，也就是投资人和企业对污染治理的连带责任。有可能企业在这里投资，挣到了钱，就注销了，几十年之后这里搞环境污染治理，但是企业的民事主体资格不存在了，没有诉讼主体资格了。因此，将来的“侵权责任编”很可能涉及的规则是只要投资人存在，无论多少年，将来有环境污染仍然可以追究投资人的责任。当然，这样的改革方案能不能实现取决于将来民法典的讨论以及最后高层领导们的意见。

第二点，权利的开放性与企业发展的开放性。《民法总则》中非常重要的一点就是权利的开放性。虽然第五章已经列举了权利，但它并不是完全性的列举，它规定了“其他法律有规定的依照规定”。首先，在大众创业、万众创新的背景下，有那么多新型的知识产权，《民法总则》里面有关于知识产权保护的兜底条款有益于创新企业保护知识产权。其次，权利的开放性对融资尤为重要。根据《物权法》规定的物权法定原则，担保企业没有钱的情况下可以抵押房屋来融资。那如果没有房屋也没有股权呢？现在的担保物权是开放性的，比如出现了商铺租赁权的质押、债权性质的质押，只要符合条件都是可以的。最后，在网络化时代既会出现新型的权利，也会出现创业的机会，比如说滴滴。一开始滴滴是违法的，违反了经营秩序，但是由于权利的开放性、政策的变动性，就有可能让企业在网络时代的环境下，能够像马云一样有更多的发展空间。

第三点，企业面临的治理风险。侯老师从正面的角度肯定了《民法总则》对交易安全的保护和对善意第三人的保护。但是与之对应的是我们在跟别人交易的时候，我们可能“被善意”了，别人以“善意”为理由给我们带来了很多风险，比如说第 61 条对法定代表人权限的限制以及第 85 条的决议无效，都不能对抗善意第三人。而由此带来的风险是，即使公司对法定代表人的权限进行了限制，但是相对人说不知道或者公司的决议行为无效，就会带来交易安全的风险。这些规定一方面保护了我们跟其他人的交易安全，另一方面却也让我们处在极度的危险之中。那么该如何保护交易安全？要保证内部操作的规范。比如起草合同要做到合规审查风险的控制，还有加强表象的登记，发生了什么变动都要去办理登记。再比如说，法人对法定代表人权限的限制不能对抗善意第三人，但同时又说了登记事项和真实事项不一致的，以登记事项为准，那就说明了登记是很重要的。刚才黄老师说怎么判断一个人善意，我想说如果别人在跟我们交易的时候，别人没有查询我们在工商登记处所登记的事项，相对人肯定无法构成善意。同样，反过来也是一样的，如果我们在跟别人进行交易的时候，没有去查别人工商登记的事项，也是无法构成善意的。这里的风险除了有企业的风险之外，还有我们作为企业的工作人员面临的风险。两个风险是不一样的，例如企业法定代表人和企业工作人员的风险是不一样的。原来的《人身损害赔偿司法解释》规定，如果我们执行职务的行为给他人造成损害的，如果执行职务人有故意或者重大过失的情况，那么执行职务人要跟企业承担连带责任，而且企业对外承担了责任之后可以向执行职务人追偿。而《侵权责任法》没有说这一条，所以新法没有规定的是适用旧法？还是新法废止了旧法？我想《民法总则》对这个问题似乎给出了回应，也就是第 62 条和第 170 条规定的不同。第 62 条规定的是法定代表人执行职务行为只要造成损害的，由公司承担责任，法定代表人对外不承担责任，对内公司有权向有过错的法定代表人追偿。而第 170 条规定的是，不是法定代表人而是一般工作人员在执行职务时，造成的后果由法人承担，并没有说法人承担责任后可以向一般工作人员追偿。所以，法定代表人有过错要承担责任，但是一般工作人员有过错按照当前的条文似乎不用承担责任。另外，原来解释说的是我们基于工作人员有故意或重大过失的要追责，但请注意，现在的规定是法定代表人只要有过错的，包括故意和过失，当然也包括一般过失，就要追责。法定代表人权利更大，义务和责任也更大，所以现在的规定是一般的过错都要被追责，这是我们法定代表人面临的职业风险。

第四点，刚才侯国跃老师特别提到了公司担保的问题，谈到公司治理完善的问题，我有一点不同的观点。关于公司治理，原来《民法通则》没有规定决议行为，现在《民法总则》特别增加了决议行为制度，规定的是公司的运行要一切按照决议行为来，而且特别规定了决议行为必须按照章程或法律规定开会，同时还规定了哪些时候决议行为可以撤销，比如说关于违反程序的规定，关于违反《公司法》明确规定的开会要提前多少天通知的规定，关于要将提案送到哪些股东手上的规定，由此就带来了公司运营中的一些障碍。但这里也会谈到公司决议无效时相对人保护的问题。侯老师刚才说的担保，现在公司担保的情况很多，集团公司有很多子公司，有的子公司要向外融资但自己没有清偿能力，于是让集团公司提供担保，或者集团公司让子公司提供担保。法律规定公司为他人提供担保必须经过公司的决议，有这样几个案例，公司的股东根本没有做出决议，控制股东伪造了一个决议，让法定代表人拿着伪造的决议跟银行签订了担保，设立抵押或者签订保证合同。原来的规定是银行只尽形式审查义务，根据《民法总则》第 61 条，法定代表人签订的合同，公司章程对法定代表人权限的限制不能对抗善意第三人，我不太赞同这一做法。因为《民法总则》第 61 条是这么说的，公司章程对法定代表人权限的限制不得对抗善意第三人，而公司对担保的限制，不是公司章程的限制，是《公司法》的限制，是要推定别人都知道的。所以我们在跟别人融资的时候，如果我们作为债权人，其他人作为债务人，有第三人提供担保，而这里的第三人又是公司的时候，我们就必须审查是否有决议以及决议上的股东与形式上在登记机关登记的股东是不是一样，还要审查决议是不是满足要件，否则担保可能就因为决议而被认定无效。

最后，诉讼时效衔接的问题。昨天晚上我一个同学打电话给我，他说遇到一个问题，现在《民法总则》规定的诉讼时效是 3 年，如果诉讼时效才过了 2 年零 3 个月，到 2017 年 10 月 1 日的时候，没有满 3 年，那么那时候没有满 3 年能否适用？我说显然不行，因为《民法总则》只对未来的行为发生效力，不对过去的行为发生效力。所以在此之前只要满了 2 年了，仍然不受保护，只是说如果到 2017 年 10 月 1 日的时候，还没有满 2 年的可以延长为 3 年。

以上就是我简单的一些汇报，谢谢大家！

谢　鹏　通过刚才徐银波副教授的点评，我个人发现了教授和副教授的两点区别。第一点区别是前面的教授超了3分钟，而副教授节约了3分钟。第二点区别是黄忠教授在表达自己的观点与侯国跃教授观点不一致时比较委婉，而徐银波副教授则比较直接，很直率地指出我不同意他哪几点。我们都知道，一般好的、压轴的都是留到最后的。今天最后的点评嘉宾是孙鹏教授。孙鹏教授不久前也才举办过一场有关《民法总则》的讲座，鉴于孙鹏教授的角色比较重要，我利用主持人身份的特权，宣布孙鹏教授的点评时间比前面的点评嘉宾多5分钟，共计20分钟。下面有请孙鹏教授！

孙　鹏　今天大体上我要谈三个问题。

第一个问题是《民法总则》的意义。侯教授今天晚上这个主题，全国人大常委会的同志已经说了，此次的《民法总则》不是制定新的法律，也不是简单的法律汇编，而是叫法典编纂。既然是法典编纂，就不可避免的要有创新的空间。我本人作为中国民法学研究会的副秘书长，以及中国法学会民法典编纂领导小组秘书处的成员也是摩拳擦掌、磨刀霍霍，想在这一轮立法活动中大展宏图。我在若干会议上曾提过很多自认为非常有建设性的意见，在《民法总则》颁布之后，我仔细对比过法条的表述与我曾经提出的建议，感觉似乎有40多处表述与我当初的建议是吻合的，但我本人非常不满意，因为吻合的多半是文字性表述，而不是我所期待的东西。《民法总则》有点搞头，但是搞头不大，干货不多。所以，侯国跃教授今天晚上讲《民法总则》可以说是勉为其难，不是他讲得不好，是他不太有办法讲得很好。既然《民法总则》搞头不大，干货不多，那么我们能不能说这个立法就失去了光泽呢？曾经有人说在中国搞什么民法典，我们有那么多民事单行法，日子一样可以过，甚至在英美法系中连成文法都没有，人家不照样过吗？但是《民法总则》还是轰轰烈烈地搞了，中国民法的法典化也不可阻挡地向前推进着。侯国跃教授说2018年民法典各分编提交全国人大常委会审议，但实际上在2017

年 2 月就已经提交了，有关方面告诉我们暂时保密。

那么，制定民法典，当然包括《民法总则》，究竟有多大的意思呢？至少有三个意思。第一个意思，实现民事立法的体系化。以前在《民法通则》的统领下，有太多的民事单行法，群龙无首，群龙相搏，最后搏得一塌糊涂。《民法通则》马马虎虎算是个龙头，但是它自己武功太过低下，不能号令群雄。在这个背景下，为了尽可能避免群龙相搏的格局，所以要制定体系化的标准。第二个意思是对于我们这些民法学者来说的。我们天天都做梦已经制定了民法典，但一觉醒来还是没有制定出来，现在制定民法典是要圆我们的梦。最重要的是第三个意思，凸显民法在法治体系中的高贵。所以，以下我讲的内容就围绕着民法在法治体系中的高贵而展开。马克思老人家说法典就是人民自由的圣经，列宁也曾经说过宪法是写着人民权利的纸。两位伟大革命导师说的话当然是对的了，但这未必是最准确的，最准确的表述应该是：民法是写着人民权利的纸，民法是人民自由的圣经。在任何现代民主与法治的国家都不可避免的存在着几种关系：国家与人民、政府与社会、政治与经济、行政与民事、权利与权力。在这几组关系中，民法反映的是人民、社会、经济、民事、权利，民法是部门法，也是法律体系的半壁江山，更是法律体系中最为绚烂的半壁江山。既然民法这么牛，是法治改革的基石，是人类法治进步的普遍经验，而在中国其他部门法都有法典，但民法那么牛却没有法典。所以从这个角度上来说，为了凸显民法应有的高贵和尊严，中国也必须制定一部民法典。在中国和西方的法治发展历程中，几乎在同一时期揭开了法律成文化的序幕。尽管东西方的法律同一时刻开启了法律成文化的步伐，但在之后，中国与西方走过了不同的法治历程。西方是以民法为中心，以政绩为诉求的法治历程；而中国是以刑法为中心，以高压为诉求的法治历程。这两种法治历程哪一种才是真正的现代法治？英国有一位法学巨匠曾经说过这么一段话：衡量一个国家文明程度的高低，看它民法与刑法的比例即可知道。当然，文明程度高的国家民法多、刑法少，而文明程度比较低的国家刑法多、民法少。当今中国肯定是文明的国度，所以必定要民法多、刑法少。自十一届三中全会以来，中国民事立法犹如雨后春笋，今天，已经到了修成正果的时刻。然而非常遗憾，在中国人的心目中仍然有着根深蒂固的刑法中心意识。如果问老百姓，甚至问包括在座的各位，法律是什么？也许，法律在你等的心目中是一种面目狰狞的东西，法律就意味着警察、监狱，甚至杀头。当年，我获得了西南政法大学的录取通知书，好多亲朋好友前来祝贺，祝贺的时候就跟我套近乎，想着我未来可能会成为一名法治英才，可能给他们生活以若干的帮助，说以后有事就求你，但马上又说最好没有事求你。这是什么意思嘛！就是他们认为与法律有关的就是见不得人的东西，就是作奸犯科、男盗女娼的东西。显然，他们心中的法律，让他们印象深刻的法律是刑法。所以，中国要实现真正的现代化就必须实现法治的现代化，中国要实现法治的现代化，就必须彻底地确定以民法为中心的法治观念。为什么十八届四中全会开天辟地地决定将编纂民法典写入执政党的决定当中？为什么习近平总书记在 2016 年 6 月 14 日主持召开的中央政治局常委会会议上专门听取了全国人大常委会党组关于民法典的编纂，以及《民法总则》起草当中若干问题的汇报？就是因为党和国家领导人意识到了中国法治的明天应当怎么样。中国法治的明天绝对应当是以民法为核心的明天。

第二方面的问题是针对侯国跃教授在报告时候的具体事项，我略作评价。

第一，侯国跃教授说此次《民法总则》第 10 条列举的法源没有政策，他觉得这是个好事。这当然是个好事，政策作为法源显然是法治不够的表现，因为在一个真正的法治国家，法律是最至高无上的东西。但是我必须提醒在座的各位注意，政策没有被《民法总则》列举为法的渊源，并不意味着政策就失去了它的权威。因为在特定的历史时期，执政党以及政府发过的相应政策代表着执政的方向，代表着社会的根本，也从一定的程度上彰显着社会公共利益。所以，我们绝对不要因为政策不再是法源就违背政策，漠视政策。如果我们敢于公然地挑战政策，那极有可能根据《民法总则》的违背公序良俗，根据《合同法》第52条第（四）项损害社会公共利益，让你付出沉重的代价。

第二，关于习惯成为法源。侯国跃教授对此似乎也非常鼓与呼，但我要无比慎重地提醒各位，习惯成为法源不仅要受到公序良俗的限制，因为习惯有良习也有恶习，同时还应当受到公平原则的限制。这些年来，很多行业，比如说钢材批发行业，他们就创立了自己所谓的习惯，就是加价款。如果你在约定的钢材付款期限届满后不支付钢材款，你就要被加价。我觉得这是完全正当的，因为这是违约责任。最要命的是，他们还约定，在预订的付款期限届满前，从钢材送到工地的那一天起到约定付款的那一天止，每天每吨钢材也要加收钱。我在重庆仲裁委员会审理过好几起这样的案件，尽管我都支持了钢材供应方的请求，但我也注意到人民法院现在对此严重不满，并进行了深刻的反思。有好多法院专门问我这个问题，说凭什么？网上公布的价格就是这么多，约定的付款期限就是那一天，在那一天期限没有届满之前，我按价格付给你，我就对得起党、国家和人民，凭什么从开始送货那天到付款那天，每过一天一吨钢材要加收15块钱？然后钢材供应方说这是我们的交易习惯。这个交易习惯违背公序良俗吗？谈不上违背。但是能不能经过公平的拷问，能不能通过《民法总则》当事人应当合理地确定双方权利义务这个条文的洗礼，我认为大有疑问。

第三，就是侯国跃教授提到的法人分支机构的地位问题。尽管《民法总则》将分支机构规定在法人这一章，但分支机构的地位应当属于非法人组织。这里又涉及分支机构在诉讼中怎么列当事人的问题。以前有的是列的法人，有的列的是分支机构，有的同时列了法人与分支机构，我建议或者说强烈地表明我的立场，同时列法人和分支机构是绝对不正确的。要么列法人，要么列分支机构，不能让两父子同场竞技，因为不是同一阶级的人格。我建议列法人或直接列分支机构也可以，毕竟是非法人组织，是《民法总则》所认可的民事主体。有人担心分支机构没那么多钱，如果分支机构没那么多钱，人民法院直接根据相关规定执行法人的财产就可以了。

第四，侯国跃教授谈到了法定代表人超越章程等的问题，他说此构成表见代表。我认为，在法定代表人超越职权环节不存在表见代表。因为法定代表人以法定代表人的身份，以法律的名义实施了法律行为，法人永远承担责任。相对人知道或应当知道它超越代表权也好，不知道也不应当知道它超越代表权也罢，都不能改变这个铁定的事实。当法定代表人以法人的名义实施法律行为的时候，法定代表人不是他自己，如当西南政法大学校长以西南政法大学名义签订合同的时候，它就姓西南，名政法大学，这个责任永远归属于法人承担。哪来什么表见代表，什么非表见代表，唯一的差别就在于，如果相对人知道或者应当知道法定代表人越权，根据《合同法》第 50 条，这个行为将无效。如果相对人不知道也不应当知道，法定代表人越权，这个行为是有效的。但有效也好，无效也罢，责任一定是法人的。

第五，关于侯国跃教授提到的现在《民法总则》上叫“可撤销民事法律行为”，有两种观点，要么是已经没有可变更民事的法律行为了，就是说从此以后，江湖上就没有可变更法律行为这一说；要么是说可撤销民事法律行为已经包容了可变更的法律行为。我认为这个问题必须且行且走且观望，我现在只能这么跟大家讲，在立法过程中曾经有过讨论，的确有人认为撤销是要命的，举重以明轻，但也有人有一种强烈的立场，就是撤销并没有想象中那么严重，变更才是人民法院、仲裁机构自以为是地介入当事人之间的法律关系，因此撤销 OK，变更不行。所以侯国跃教授今天晚上的解释是不是正确的解释？如果是，那也只能是他认为正确的解释。

第三方面，《民法总则》在适用当中的难题。适用难题我觉得涉及以下几个内容：

第一个是《民法总则》与《民法通则》的冲突。侯国跃教授开始谈得比较多，我基本上同意他的观点，但是我也建议各位不要完全上他的当。用他现在的话说，《民法通则》除了第 136 条那 4 种为期 1 年的特别诉讼时效期间外，其他的规定都已经被扫入了历史的垃圾当中，甚至还说如果以后你们援用《民法通则》，援用的又不是第136条，那就表明自己是个法律的门外汉。此言危害极大。我个人负责任地认为，侯国跃教授准备这场讲座也是有点匆忙的，没有完全将《民法通则》156个条文与《民法总则》206个条文进行彻底对比，看哪些是真正被舍弃了，哪些可能命悬一线，哪些依然雄纠纠气昂昂。根据我的理解，《民法总则》相对《民法通则》可能出现这样的情况，就是都共同规定了一个制度，然而，《民法总则》对这个制度的规定还不如《民法通则》那样细密。如果《民法总则》对某一个制度的规定没有《民法通则》那样细密，而《民法通则》更为细密的规定又与《民法总则》的精神并不违背，那么它应当还是有用武之地的。

第二个是《民法总则》适用过程中也许会面临着规范不明朗的问题。首当其冲的就是第153条。曾经在我们国家，人民法院、仲裁委员会面对违反法律、行政法规合同的效力时手起刀落。后来，我本人、黄忠以及最高人民法院都认为这种做法太简单、太野蛮、太粗暴、太残忍。最高人民法院做出了一个司法解释，还要看你违反的法律、行政法规当中的强制性规定“姓”什么。如果它的“姓”你惹不起，而你又非要去惹它，那么只会死无葬身之地。如果它“姓”稻草人，就算你惹了它，它最后也只是对你微微一笑，拿你没办法。用最高人民法院的话说，如果你违反了效力性强制性规定，那就是自取没落；如果你违反的是管理性强制性规定，那尽管你违法，但你仍然是一条好汉。而《民法总则》第153条的表述非常有艺术，它说违反法律、行政法规当中强制性规定的，民事法律行为无效，但是该规定不导致民事法律行为无效的除外。实际上，按当年最高人民法院的逻辑，哪些法律、行政法规当中的强制性规定是效力性的、是惹不起的，哪些强制性规定是管理性的、是稻草人，自己都说不清道不明。而现在《民法总则》却说你惹了它，你要死，但是它不让你死的除外。那么，什么时候它要让你死，什么时候它要让你活呢？什么时候它又不仅让你活还拜倒在它的石榴裙下呢？鬼知道。所以这涉及巨大的规范不明的问题。

第三个是成年人监护问题。侯国跃教授开始严肃批评了第33条，疑似认为第33条的规定不是成年人监护。这个怎么不是成年人监护？一个成年人在自己尚且健全的时候找另外一个人，说哪一天我不行了你就好好地保护我、好好照顾我，这是成年人意定监护。尽管我不太赞同侯国跃教授的表述，但是我必须指出，《民法总则》在成年人监护这个领域做的贡献太小了，美其名曰除了精神障碍患者之外，将老年人也纳入了被监护人的范围，以顺应国际人权保护的趋势和中国即将步入全面老年化社会的潮流。然而这里面有一个严峻的问题，《民法总则》的精神障碍患者之外的成年人监护是以剥夺被监护人的行为能力为条件的，也就是说，一定要宣布你是无民事行为能力人，或至少要宣布你是限制民事行为能力人，才能设定监护人。同志们，不防想一想，如果有一天我们老了，动不了手动不了脚，但我们神志尚且清楚，也就意味着其实我们是有行为能力的。但关键的问题在于，我们老了，动不了手动不了脚，需要人照顾，需要人关爱，需要人搀扶，需要人监护。可是，根据《民法总则》的规定，必须要剥夺民事行为能力，必须要把我们弄到法院去宣告我们有点笨，宣布我们要么是彻底的傻蛋，要么是比较傻蛋才能给我们设定监护人。同志们，当有一天我们老了，我们的子女却需要将我们弄到人民法院去，需要把我们的形象弄得如此的不光辉，这情何以堪啊！所以，国外的成年人监护制度中有相当一部分是不以剥夺行为能力为条件的。

第四个是《民法总则》对社会热点问题的回应严重不足。比如说，现今社会出现了很多冒名交易，我不说我是黄忠的代理人，我说我就是黄忠。这种交易在诉讼中已经发生了很多，没有相应的法律规范。又比如说，现今社会想要规定限购、限贷、限售等行为交易，但法律在实践中的供给不足，所以我们热切期待《民法总则》给我们一个交代。在《民法总则》的相关草案中，至少对冒名行为曾经是有过交代的，然而最后审议通过的《民法总则》中，冒名行为却与我们渐行渐远。我不知道为什么对这样的社会热点诉求不进行积极的回应。

我占用的时间太多了，不好意思，谢谢大家！

谢　鹏　感谢孙鹏教授和前面两位教授的点评。本来今天是企业的普法教育课，所以之前我很担心，怕三位点评嘉宾要违背论坛的规则，可能会是一团和气，所以刚才我说的是你们有什么要补充的。但是，三轮发言下来，我发现他们仍然牢记了民法成长论坛的宗旨，就是对主讲人只能批评，不能唱赞歌，这是非常难得的。当然也只有这样，才符合民法成长论坛"论天下事，道万物理"的宗旨。三位点评嘉宾在点评的时候，我看到侯国跃教授一直恶狠狠地做记录，已经记了好几篇了，就像一个人挨了很长时间的打，不让他还手，他很憋屈。那么，下面我们就给侯国跃教授一个综合的回应时间。原则上他们三个人你每个人可以回应 5 分钟，共计 15 分钟。

侯国跃　在我们这个成长论坛里，我跟孙鹏老师、黄忠老师、徐银波老师都是发起人，我们论坛的要求就是不许说恭维的话，只能批评、质疑或提问。从这个意义上讲，今天我遭遇的批评都是极好的，我也认可他们的批评，我认为这不是说坏话，他们说得都很好，我接受他们的批评，同时我也准备进一步深入地思考。从另外一个方面来说，我虽然是一个有胸怀的人，但我也是一个敢于坚持自己观点的人。

孙鹏老师首先讲到《民法总则》的意义，把我前面没有论述深入的地方论述得更深入，我赞同他的观点。关于具体的问题，孙老师讲到的有一些内容我是同意的，比如说政策虽然不再是法源，但是不等于可以违反政策，我前面讲了司法实践也要考量政策。习惯虽然是法源，但是不等于习惯就可以"横行霸道"了，司法实践中还要考虑用公序良俗、公平原则来限制习惯的适用。

至于法人的分支机构问题，前面我的表述可能有点问题。我的本意是如果要对外投资，设立子公司比设立分公司更安全，风险更可控。如果是分支机构对外从事经营活动，可以以自己的名义签订合同，也可以参与诉讼，但责任最终得由法人来承担。至于诉讼主体，我个人其实更赞同列分支机构和法人两个主体，这一点我跟孙老师的观点是不一致的。为什么要列法人？因为法人是责任主体，是责任主体就应该把它列进来，列进来比最后在执行环节去追加更妥当一点。为什么要列分公司？列分公司更方便查明案件事实。所以我觉得列“分公司＋总公司”更好一点。但实际上有一些保险公司、银行等机构，法院通常只列分支机构而不列总公司。有些律师从诉讼策略的角度出发，把支行列为被告，把分行列为被告，把总行也列为被告，这实际上是诉讼策略问题，是为了给总行（总公司）施加压力而已。这个问题我跟孙老师的观点不完全一样。

关于法定代表人超越代表权限这个问题，我前面陈述的是法院的裁判要旨，而不是我个人的意见。

关于可变更是否包括在可撤销的应有之义里面，我也坚持我的观点。

关于《民法通则》跟《民法总则》的关系问题，我觉得不能单纯地比较《民法通则》与《民法总则》的内容。在《民法总则》出台之前已经有《合同法》《物权法》《侵权责任法》《公司法》《涉外民事关系法律适用法》等法律，刷新了《民法通则》的规定。过去《民法通则》中的规定，我们主要适用基本原则、诉讼时效、宣告失踪、宣告死亡等，但现在《民法总则》出来之后，这些东西基本上就不能用了。因此，我仍然坚持《民法通则》中的规定在今年 10 月 1 日之后基本上都不能适用这一观点，如果要适用《民法通则》的话，要慎重，因为可能会被人家怀疑你是门外汉。

关于《民法总则》第 33 条的解读，我承认我的表述不严谨，但我想强调的是，第 33 条并没有扩展被监护人的范围，只是在成年的时候可以通过协议来选定未来的监护人。以上是对孙老师点评的回应。

关于黄忠老师的观点我都是非常赞同的。孙老师在学校里面带领我们几个人做了一个项目，叫“预防式法律教育和供给侧法律人才改革”。按照这个项目的意见，读一个法条的时候不能只是站在法官和仲裁员的立场来考虑，还要站在普通市民、社会成员的角度来读；读这个法条不光要考虑承担责任，还要考虑如何预防风险，这叫预防法学。我们教学生就要教他们如何在自己未来的工作和生活中去预防法律风险的产生，让所有学法律的人觉得学法律是有价值的，就算将来不当法官也是有价值的。每个人都需要用法律来防范风险，不管是个人还是企业。所以，在这个方面，我们在学校做了一些探索。在这个探索里面，黄忠老师有很大的贡献。我在不同的场合听到黄忠老师从一个法律条文出发，站在不同的方面来考虑怎么从法条里面找到防范风险的路径。

徐银波老师是我们学校的青年才俊，他不同意第 9 条绿色原则无用的观点。第 9 条肯定是有用的，只不过是宣示一下立场，作一下“概念美容”，但不能作为法官的裁判依据。不过银波从整个国家法律体系的衔接方面，来考虑说第 9 条是有用的，这我是赞同的。他讲到权利的开放性、企业的开放性、企业风险的防控等这些方面我都是认同的。至于公司担保这个问题，银波教授专门做过这方面的课题，研究过决议行为的性质、效力以及法律上的问题，所以我个人认为他的研究成果应该早就超越我了。因此关于公司对外担保的时候，如果没有股东会决议，没有相应的决议行为时效力应该怎么认定，应该如何进行细致的、类型化的区分后，再到个案中做判断这一问题，我认为我有必要进一步和他探讨。他说的另外一个问题我也是非常赞同的，就是我们将来在接受担保的时候，一定要审查担保决议的问题。虽然事后可能担保合同不一定无效，但是事前风险的防范必须要做到严格的审查。我们在进行预防法学教育的时候讲过一个观点，就是事后救济不如事中控制，事中控制不如事前预防，这一点对于企业、个人来说都是比较重要的。

以上是我对三位老师的点评所做出的回应，谢谢三位！

谢　鹏　谢谢三位教授的点评和侯国跃教授的回应。按照论坛的规则，还有一项议程，就是最后听众可以向台上的四位嘉宾提两个问题。有没有哪位听众想向台上四位教授提问的？

提问人 针对对外担保的问题，我还想向各位教授请教一下。关于《民法总则》第153条，孙鹏教授在西政做讲座时说的是，实践中不再分管理性强制性规定和效力性强制性规定，而《公司法》第16条我们认为是一个管理性强制性规定，它不会导致之后签订的合同无效。那么按照孙老师的说法，是不是以后这一块从谨慎的角度上来说，我们应该一律当作是无效的？另外，后面有一条规定是“该强制性规定不导致该民事法律行为无效的除外”，我始终没有太看懂是什么意思。结合《民法总则》第85条来说，营业法人的出资人可以请求人民法院撤销该决定，那么《民法总则》这条跟《公司法》是不是普通法和特别法的规定？依据我自己的理解，《民法总则》第85条规定，我们在违反法律、行政法规、章程对外担保的情况下，依照第85条是可撤销的，但是依据《公司法》第16条规定的话就应该是无效的行为。最后是针对善意相对人的定义上，这个定义对我们小贷公司来说，我们其实是非常严厉地对待这个问题，但同时我们又是在非常疑惑地对待这个问题。我想问的是，怎么样才算是善意第三人？比如说表决权的话还很好确定，2/3、1/3是非常容易到位的，但是召集程序这个问题就非常难界定。很可能一个大股东占90%的股份，还有很多小股东只占5%的股份，那么这5%的股份我们审查的时候应该怎么审查？是不是在股东会决议参会人员这部分把这些人都列上去，就认为已经合法了？我们要开展这个审查，从书面上来看，你只要在上面就认定了，但是在上面是不是要求他们签字？还是只要打印上去，就已经履行了这个行为？

以上就是我想请教的问题。

谢 鹏 你的提问实际上是点评的过程了。既然提到孙鹏教授的名字，那么这个问题就由孙鹏教授来作答吧。

孙 鹏 这位同志问怎样来判断一个人尤其是债权人、被担保人是否属于《公司法》第16条所规定的善意相对人。很简单，如果公司违反的是章程当中记载的担保，基本上就可以认定被担保方不是善意相对人。因为章程是到工商行政部门登记备案的，你应当审查，你知道担保易如反掌，但是你最后装无辜说你不知道，该知道的不知道肯定是要挨刀的。《公司法》紧接着又规定了对外提供担保要经过董事会甚至股东大会的表决，所以我认为，如果说公司对外提供担保的时候，董事会决议、股东大会决议都没有，而你签了担保合同，肯定也要下地狱。法律规定要表决，但决议都没有，你说你是好人，那全国都找不到坏人了！如果对外担保提交到了董事会或股东大会的决议，这时候的判断是最困难的。你至少要按照《公司法》的规定，比如确认上面参与表决的人是不是董事？是不是股东？因为是不是董事、是不是股东这是可以了解到的，还要了解表决同意的人数有没有达到法定的人数要求。如果在上面签字的人的确是股东和董事，又达到了《公司法》要求的法定表决人数，可最后这里签的还是虚假的，那就很难说有过失了。当然，如果对方证明你真知道是虚假的除外。这里顺便提一下之前侯教授提到过的最高人民法院的案例，侯国跃教授说《公司法》第 16 条是公司内部的单纯管理性规定，违反这项无所谓。我认为这对不起市场，对不起法律，对不起未来的案例，我坚决不同意这个案例的精神。

谢　鹏　今天的讲座得到了重庆对外经贸（集团）有限公司的大力支持，特别是重庆对外经贸（集团）有限公司整个法务部门，对此非常地重视。这几年重庆对外经贸（集团）有限公司所取得的成绩也与重庆对外经贸（集团）有限公司依法治企的方针是分不开的。下面有请彭涛监事长做最后的总结！

彭　涛　首先非常感谢西南政法大学民商法学院，今天将民法成长论坛带到重庆对外经贸（集团）有限公司。在今天这个论坛中，四位教授的精彩演讲可谓是一场高水平的演讲，感觉像是一场世纪盛宴。四位教授有着深厚的功底、严密的逻辑和丰富的案例。特别是几位嘉宾的点评,从更多的维度进行了解读,让我们更加全面地学习、理解和领会了《民法总则》。在我的理解中,《民法总则》可能是和企业的经营管理者联系最多最紧密的法律,同时也是和每个人的生活联系最紧密的法律。所以通过他们带给我们的精彩报告,我们除了学习到对《民法总则》的解读,同时还了解到作为企业的管理者,我们更应当去培养、提升我们的法治意识,做到依法规范管理,更好地防范我们的管理风险。从个人生活角度来说,《民法总则》与每个人的生活都息息相关,更是我们在生活中保护自己的重要武器。《民法总则》对于企业来讲是保驾护航的,对于个人来讲也是一个护身符。今天也非常感谢市国资委、市仲裁委相关的领导,还有律师界相关的领导朋友,能够莅临重庆对外经贸(集团)有限公司这样一场论坛。耽搁了大家的休息时间,我们再次用热烈的掌声感谢教授们的精彩演讲。

谢 鹏 谢谢主讲人,谢谢点评嘉宾,谢谢各位的参与!

第六讲 《民法总则》制定过程中的重大争议问题

主讲人：郭　锋　最高人民法院研究室副主任、中国证券法学研究会会长、教授

主持人：赵　吟　西南政法大学民商法学院副教授

嘉　宾：赵万一　西南政法大学民商法学院教授、博士生导师

谭启平　西南政法大学民商法学院教授、博士生导师

侯东德　西南政法大学民商法学院教授、博士生导师

时　间：2017 年 4 月 12 日下午

地　点：西南政法大学毓才楼一楼学术报告厅

赵　吟　《民法总则》通过之后，全国掀起了研究《民法总则》的热潮。今天，我们非常有幸请到了最高人民法院研究室副主任郭锋老师来给我们分享《民法总则》制定过程中的重大争议问题。郭锋老师也是我们西政的校友，原中央财经大学法学院院长，现任最高人民法院研究室副主任，兼任中国法学会理事、中国证券法学研究会会长等。同时我们也非常有幸请到了三位嘉宾，首先是西南政法大学民商法学院院长、中国商法学研究会副会长赵万一教授，西南政法大学民商法学院教授、中国民法学研究会副会长谭启平老师，西南政法大学民商法学院教授、高等研究院院长侯东德老师。

郭锋老师参与了《民法总则》的整个起草过程，应该说在《民法总则》的相关重大问题当中是非常有发言权的，接下来我们就用热烈的掌声欢迎郭锋老师给我们分享他的独到见解！

郭 锋 各位老师，各位同学，大家下午好！非常高兴回母校就《民法总则》制定过程中的有关问题给大家做一个简单的介绍。大家知道，《民法总则》是今年3月15日通过的，定于今年10月1日施行。《民法总则》是民法典编纂的一个基础工程，或者说是开篇之作，这是第一步。第二步马上就要启动了，也就是民法分则。刚刚接到通知，下周二（4月18日）全国人大常委会法工委就会召集我们几家起草单位开会，进行分则的编纂。因为我在最高法院的研究室工作，最高法院是民法典编纂的五家单位之一，所以我有幸参与这个工作。这个工作是由全国人大常委会法工委牵头，由最高人民法院、最高人民检察院、国务院法制办、中国社会科学院、中国法学会这5家单位各派两人参加。我们最高法派了我们的大师兄杜万华专委，他是我们78级的大师兄。再一个就是你们这个小师兄、杜专委的小师弟（我）参加。我们两人代表最高法院在里面做一些具体的工作。

大家也都看到了这些条文，现在我们整个的《民法总则》是11章，206条。由于时间的关系，我就直奔主题了，就把有关的争议问题，我们在制定过程中有什么考虑，给大家做一个简单介绍。

一个就是关于民法的基本原则，基本原则里面有两个问题值得跟大家谈一下。一个是关于第9条的绿色原则，其规定："民事主体从事民事活动，应当有利于节约资源，保护生态环境。"这个我们把它叫作绿色原则。这条规定在起草的过程中有两种意见。一种是否定的意见，认为保护环境和生态是一个综合性的工作，不仅仅是民事的问题，最高可能涉及《宪法》的问题，还有《环境保护法》等一系列保护环境、生态的法律法规。民法把它规定进来，是不是合适，是不是属于民法里面的专属原则，是值得研究的。这是从它的性质来看。另外一个方面是认为如果把它作为一个基本原则来规定的话，好像也不妥当。因为并不是每一个民事主体从事民事活动，比如说我签一个合同，我去买一个东西，我都要节约资源、保护环境，因为基本原则对每一个民事活动都应该是统一适用的，这是第二种反对的理由。我记得最开始的草案里面是没有这一条的，主张这一条的主要是一部分学者，包括我们法学会，也是主张要把这一条写进去。我们最高法院也是力主要把这一条写进去的。我们的理由是，从我们的社会发展进程来看，对环境权的重视已经是我们国家的一个政治决策了。十八大以来，历次中央大的决议，都把保护环境、保护生态、建设美丽中国作为我们的一个基本国策。而且基于我们现在环境污染的现实，我们为了追求 GDP，很多落后的、应当被淘汰的产能还在开足马力地生产，才造成了我们国土大部分被雾霾所笼罩，对人民群众健康的破坏也是前所未有的。因此这种情况下，作为国家的一个基本私法——民法，仅次于宪法的二级大法，竟然不回应我们社会对环境的关注和需求是说不过去的。因此即使作为一种宣示性的原则，也应该把它写入《民法总则》，而且它也构成我们《民法总则》的一大特色。从基本原则本身的功能和定位来看，基本原则是不是就要适用于所有的民事活动呢？也不是绝对的。比如说平等原则，你能适用于所有的民事活动吗？我们说主体平等原则上是没有问题的，但是在监护关系中，监护人和被监护人是平等的吗？在婚姻家庭领域，在亲子关系中未成年人与父母的地位是平等的吗？无民事行为能力人、限制民事行为能力人，他们是不平等的。还有我们的等价有偿原则，现实中存在大量的不对价交易，比如赠与、继承。所以并不是说基本原则就一定无条件、绝对适用到每一个民事活动中去。它可以起到一个宣示的作用，指导法官作为判案的理念。因此把这个问题解决了，绿色原则作为基本原则就没有问题。当时我们也就是强调了这几点理由，因此形成了现在的第 9 条。当然第 9 条改了一下，用的是“应当有利于”。最开始用的不是“应当有利于”，而是“民事主体从事民事活动，应当节约资源，保护生态”。现在加了“有利于”三个字，也是很好的。也就是说，不是把它当作一个强制性的、必须无条件适用于所有民事活动的原则。这个原则定下来，会让社会公众、企业形成一个注重生态环境保护的理念。再一个就是对人民法院判案，有很大的作用。大家知道我们法院已经审理了很多关于环境侵权的案件，包括检察院也可以提起有关环境损害赔偿的公益诉讼。这个原则的规定，为整个司法活动奠定了基础，这是它的一大亮点。因此在对于《民法总则》的说明当中，全国人大常委会副委员长李建国在全国人大的报告中专门指出了绿色原则，他指出："将绿色原则确立为基本原则，规定民事主体从事民事活动，应当有利于节约资源、保护生态环境，这样规定，既传承了天地人和、人与自然和谐共生的我国优秀传统文化理念，又体现了党的十八大以来的新发展理念，与我国是人口大国、需要长期处理好人与资源生态的矛盾这样一个国情相适应。"

还有一个原则也是我们当时力主的，但是没有放在总则部分，而是放在了民事权利部分，即第 131 条："民事主体行使权利时，应当履行法律规定的和当事人约定的义务。"虽然大家看这一条很普通，重申了我们教科书上的说法，你有权利就应当履行相应的义务的这样一个基本法理。当时我们主张把这一条放在总则的第一章，作为一个基本原则规定下来，而且还要把责任放进去。我们的建议条款是说，民事主体行使权利时，应当履行法律规定的或者当事人约定的义务，并承担相应的责任，简称"权利义务责任相适应原则"。我们提出，这个原则加上绿色原则一旦写入《民法总则》里面，可以构成我们这次修改民法的两个原则里面最大的亮点。这条原则第二稿、第三稿都是写进去了的，但是到最后一刻，3 月 14 日左右"两会"的时候才给拿下来的。我们当时是不同意的，主要考虑的是中国的现实情况，另一个是民法究竟是权利本位法，还是权利义务责任相适应的法。从国情来看，我们现在的社会成员，包括一些政府机构、党政官员、普通百姓往往只注重自己的权利，而忽视应当承担的相应的义务，甚至遇到要承担法律责任的时候，都推得一干二净。在维权的时候很积极，但是一说要承担义务和责任，都好像跟他无关，这造成现在的很多滥诉的现象，比如说虚假诉讼等。这一条写进去的话，对引导公众的正确价值观都会很有帮助。第二，我们说民法是权利本位法没有错，《法国民法典》就是典型的权利本位法，但是现在这个阶段，21 世纪以后，各国的法律都在强调除了权利以外，还要承担社会责任和相应的义务。民法不能仅仅说是权利法，它也赋予当事人以义务。而且一旦违反了相应的义务，就应该承担法律规定的或合同约定的责任，这是毋庸置疑的。因此该条具有重要的意义。

接下来介绍民法的渊源，就是第 10 条："处理民事纠纷，应当依照法律；法律没有规定的，可以适用习惯，但是不得违背公序良俗。"最开始的条文，不是这样的，这一条也变了好几次。比如说第一句话处理民事纠纷，最开始是叫处理民事纠纷，到中间把"纠纷"改作"关系"，叫处理民事关系。处理这一点的时候听了一些专家和代表的意见。处理民事关系，应当依照法律，法律后面还有一个顿号，即行政法规，行政法规也是在最后一刻才被去掉的。法律没有规定的，可以适用习惯，这是没有问题的。后面还有法理，有的学者建议可以适用法理，虽然学者一直在提，但是没有转化成为条文。还有一个建议就是除了法律、行政法规以外，应该把国家政策写进去。因为《民法通则》里面就有国家政策。但是这些意见都没有采纳，我给大家解释一下。首先，把"民事关系"改为"民事纠纷"，这是一个非常重大的变化。如果说把它写成处理民事关系的话，这一条的性质就发生变化了，这一条主要是写给法院的，本质上是一个裁判规则，同样适用于仲裁机构，在广义上，也可以包括民间的一些调解组织等。如果说把"纠纷"变成"关系"，这一条就是写给所有的民事主体的，可能也包括法院这些非民事主体，但是主要是写给民事主体的。发生、变更、终止民事关系，都是民事关系，但是前面又在讲要遵循公平诚信原则等，怎么这边又来一个要依照法律呢？这就产生问题了。所以我们认为这一条一定是裁判规则。为什么没有把行政法规写进去呢？本来这次提交人大代表的审议稿里面，还是有行政法规的，也是到最后一刻才被拿下来的。一种意见认为应当加上"行政法规"，国务院制定的行政法规，处理民事纠纷怎么就不能遵守呢？甚至有的说就叫“法规”而不是“行政法规”。这一条本质上还是一个裁判规则，是人民法院适用的，这一条就是解决法律和习惯的关系的，并没有说排斥适用行政法规，但为什么不点出来呢？点出来的话麻烦有可能更多。我们的法律规定，自然人的民事权利以及剥夺人身自由只能由法律规定，法院依照行政法规限制民事权利怎么办？这样一来就有一个不好的导向，会压缩私权的空间。所以民法中不应该把行政法规写进来。但后面的条款中为什么又有行政法规呢？因为在不同的情形之下，有的还是需要行政法规的，但这个地方是解决法律和习惯的关系的，还有人民法院适用法律的情况的，并不排斥行政法规。再一个就是国家政策，国家政策这个概念太大了。《民法通则》当时为什么会有国家政策呢？因为1986年制定《民法通则》的时候我国法律不健全，计划经济体制下，国家政策要写进来。现在我们的法律基本上齐备了。民事单行法都有了，法院都能适用。还有就是，政策有中央政策，有地方政策，难道法院都要适用吗？我们很多政策，说实话，都存在侵犯我们公民基本权利的情况。但是不写进去，不代表法院判案的时候不兼顾国家政策，我们仍然主张对中央的一些政策还有甚至一些调控政策进行照顾，比如经济适用房政策，限购、限号政策。裁判文书的说理部分仍然可以兼顾国家政策，但是不宜作为判案的依据。还有就是习惯的问题，大家争议的问题不多。主要争议是习惯究竟是什么意思？是习惯法呢还是习惯？如何进行界定呢？比如《合同法》里有交易习惯，有商业习惯，还有民间习惯、风俗习惯等，那些习惯跟这个习惯是否一致？还有习惯是不是就是习惯法？这些问题都留下了一些思考的空间。

第三个问题就是给大家介绍一下无民事行为能力人的界限，也就是说这个8周岁的问题。《民法总则》的第19条、第20条规定了无民事行为能力人的年龄为8周岁以下。这个在立法过程中的争论比较大。一种观点主张从10周岁降到6周岁；第二种观点是维持现状，也就是10周岁；第三种观点就是折中，主张7周岁或8周岁或9周岁的都有。最后就是在既有基础上减了一点，成为了现在的8周岁，也没有什么过多的理论分析。减限的理由是现在的社会进步快，网络发展快，孩子成长发育较快，接触面比较广，维持10周岁有可能不利于保护未成年人的利益。反对意见是现在的孩子生活在电脑虚拟空间，不知道社会的复杂性，是很幼稚的，没有太多的抵抗能力，减限是不合理的。很多孩子在网上打游戏、交友，根本不知道社会的残酷性，因此上当受骗的都是年轻的孩子和老年人。他们认为社会是很美好的，都是像网上这样的美好世界，结果未成年人被坑蒙拐骗的很多。《民法通则》实施30年来，定在10周岁没有出现过大的问题，法院审理的案件中，也没有因为年龄问题产生的交易发生纠纷从而需要打官司的。那么为什么要改呢？专家学者提出，认为现在孩子早熟了等。后来大家探讨来探讨去，拿出来了很多数据，最后全国人大常委会法工委砍了一刀，变成了现在的8周岁，这就是8周岁的由来。

第四个问题是关于监护制度，监护制度的改动非常大。在《民法通则》里面非常简单，就几个条款，现在变成了14个条款。现在跟过去比较，理念发生了非常重要的变化，这一次有一个非常明确的理念，即立法机关明确的：我们这次建立的是以家庭监护为基础，社会监护为补充，国家监护为兜底的监护制度。这几句话的原创是我们的杜万华专委，是他从很多司法审判经验里得出来的。在一些机构里面，孩子们得到的人文关怀是不够的，从小造成的心里阴影较大，较大一点的孩子造成的自尊心伤害也非常之大。所以法院提出来，监护制度不管怎么改，还是要以家庭监护为基础，不能转化为社会监护和政府监护。只有当家庭监护确实解决不了现有的问题，才能考虑社会监护，社会监护不能解决的话最后才交给民政部门。不要以为交给民政部门就能解决所有问题。比如当初广东某一个县民政局发生的事件，三十几天死了十几个小孩。基于这样一些认识，已修改的监护制度体现了很浓厚的人文关怀。对未成年人的监护设定了很多的条款来保护他们的权益。再就是我们这次取消了“精神病人”这个概念，规定为无民事行为能力或者限制民事行为能力的成年人。“精神病人”这样的概念还是有人格歧视的，是对这一类人的不尊重。再有，最大的亮点就是规定了成年人监护制度，例如老年痴呆等这些没有辨识能力的人。这样一改，我们的监护制度基本上能够覆盖到所有需要监护的人群，这是一个很大的进步。但是，我们这次没有解决监护和看护或者照管的问题。但是这些问题都讨论过，这次可能留下了一点空白。比如说养老院是看护，其法律责任与监护是否一样？总则里面没有写，下一步看看分则婚姻家庭编里面能否添上。

第五个问题就是关于法人分类的问题。这是我们《民法总则》制定的一个很大的改革，也是一个亮点。现在将法人分为营利法人、非营利法人、特别法人这三个分类。应该说，我们这样的分类，还是借鉴了西方的这种公法人、私法人，财团法人、社团法人这些概念，我们这次直接分为营利法人和非营利法人。社团法人、财团法人这样的概念，大多数官员、老百姓都听不懂。他们认为财团法人肯定是企业法人，社团法人肯定是社会团体、研究会这一块的，这样的名字普法的时候可能会有些难度，所以这次直接以是否营利为标准分为营利法人和非营利法人。再一个就是，特别法人里面最重要的是农村集体经济组织，虽然一些机关法人是特别法人，居委会、村委会是特别法人，农村信用合作社是特别法人，但最主要的亮点还是农村集体经济组织的法律地位，我们以民法的形式第一次将其写进去了。但是大家要注意到，农村集体经济组织为什么是特别法人呢？因为它既从事经济活动，又从事基层政权的管理，叫政经合一。既不是营利的，也不是纯粹非营利的，所以要为其找一个出路，就是把它划归特别法人。特别在哪？这个问题就可以做很多研究了。比如它的财产管理的特别，它的组织机构的特别，它的人员的特别。那么究竟符合什么条件的农村集体经济组织才是特别法人呢？现在不明确，还需要通过其他法律进一步明确。另外要注意，并不是所有农村集体经济组织都会取得法人资格，有可能大量的农村集体经济组织不需要法人资格，因此在农村集体经济组织这一条的第 2 款是留了一个口子的。

第六个问题是关于法人的内部规章还有它运行的一些瑕疵。比如说开会、通知的程序等方面出现了问题，对善意相对人的效力问题。这是规定在《民法总则》第61条第3款，还有85条也与这个相关。总则的这个规定应该是援用了《合同法》第50条，总的是要保护善意第三人的利益。这就是说法定代表人虽然超越了其内部约定对善意相对人行使职权，该民事法律行为仍然有效。这个对法院的影响也相当大，因为法院里面存在大量的类似案件。在这里不再继续详细展开。

第七个问题是《民法总则》的第153条："违反法律、行政法规的强制性规定的民事法律行为无效，但是该强制性规定不导致该民事法律行为无效的除外。违背公序良俗的民事法律行为无效。"这句话很绕，如果不学民法的人肯定不理解这一条，或者会以为是常识性错误。这一条的制定有着很深的背景，总的来说这一条是按照《合同法》第52条第（五）项，还有最高人民法院《合同法司法解释（二）》第14条的思路来进行规定的。最高法将强制性规定分为效力性强制性规定和管理性强制性规定，违反效力性强制性规定的行为无效，违反管理性强制性规定的不一定导致无效。这一次在总则编纂的开始也是这样写的。但是后来有人反对说这是你最高法司法解释说的，而且司法解释也没有对什么是效力性强制性规定，什么是管理性强制性规定进行进一步的解释，写到总则里面更容易导致混乱，所以法工委就采取了一个妥协的做法，就没有说效力性强制性规定和管理性强制性规定，干脆就直接规定后者的"但是该强制性规定不导致该民事法律行为无效的除外"。但是我们最高法理解的该强制性规定是指效力性强制性规定，我们又回到起点去了。

第八个问题是关于第170条规定的职务代理。其规定："执行法人或者非法人组织工作任务的人员，就其职权范围内的事项，以法人或者非法人组织的名义实施民事法律行为，对法人或者非法人组织发生效力。"这个就是我们通过《民法总则》正式承认了法人内部的工作人员，对外发生的行为，我们不是用代表行为去解释，而是用代理行为去解释，主要的贡献就是在这个地方。那么就会适用代理原理，而且是放在委托代理这一块的，这是《民法通则》里没有的。大家要注意。

第九个就是总则第184条，我们说的"好人不担责"条款。内容为：

“因自愿实施紧急救助行为造成受助人损害的，救助人不承担民事责任。”这一条的争议还是比较大的。本来后面还有一句话：“但是由于救助人故意或者重大过失造成被救助人伤害的要依法承担责任。”当时我也不同意这句话，好人条款就是鼓励大家到街上助人、扶人，但是最后一句会让好人条款有太多的限制性，所以这一条最后一句话引起了非常大的争议，就删去了最后一句话。

第十个是关于英雄烈士荣誉的条款，即下面的第 185 条：“侵害英雄烈士等的姓名、肖像、名誉、荣誉，损害社会公共利益的，应当承担民事责任。”这又是一条有争议的条款。这个主要是保护英雄烈士的名誉权。反对意见的观点主要是为什么英雄烈士的名誉要保护，普通人的名誉就不被保护了吗？而且民法不是规定了平等原则吗？还有就是我们学理上分析说，死者不是应该平等保护吗？每个人都有名誉，既然要保护，那规定大家一起受到保护就可以了啊。现实是这样的，英雄和烈士为国捐躯，对党的事业和人民的利益有着重大的贡献，他们的贡献与普通人是不一样的。现在我们宣传的英雄烈士的主流思想已经构成了我们的主流价值观，他们的贡献确实与普通人不一样。但这一条有限制，一定是损害社会公共利益，判断你对英雄烈士名誉、荣誉的侵害，有没有达到损害公共利益的程度，我们的文化、我们的价值观受到了冲击，而不是一般的情形。对其限制在姓名、肖像、名誉、荣誉几种，不能扩大其范围。英雄烈士后面加了个“等”，你也可以理解为跟英雄烈士类似的这样一些革命人，甚至这些等能不能包括普通人呢？我觉得也可以做这样的理解。再一个，写这条就是因为这两三年来法院系统审理了几起关于一些烈士名誉权损害的案件，比如狼牙山五壮士的案子、邱少云的案子等。这个是对司法审判经验的总结。现在担心的是这一条是否会损害言论自由。这个确实应该通过以后的其他法律还有司法解释来进一步规定，应当把正常的言论自由和学术研究与这种恶意的诽谤划清界限，不能因为保护英雄而损害正常的言论自由。至于其他的基础问题，我们都好解决。比如说英雄怎么界定？烈士怎么界定？具体的立法包括烈士条例等都有程序规定。而且我们查到的资料中，美国、俄罗斯等国家都有对英雄烈士的保护条款，而且都有案例作为参考。国际上都有先例，并不是我国的独创，所以大家也要从正面去理解这个条款。

后面简短介绍，总则第 191 条：未成年人遭受性侵害的损害赔偿请求权的诉讼时效期间，自受害人年满 18 周岁之日起计算。这个是我们的一个特殊规定。第二个是普通时效我们从 2 年提高到了 3 年。本来我们主张改为 5 年，因为我们的短期时效其实是有问题的，可能时效制度一开始我们的老师就教错了，我们这次研究了很多国外的关于时效的制度，都是长时效。像几部大的法典都是 20 年、15 年、8 年、9 年等长时效才是普通时效。我们之前照搬苏联搞了个 2 年普通诉讼时效，20 年是特殊诉讼时效，整个我们给搞反了，所以才造成我们现在动不动就打官司，特别是银行起诉企业。如果把时效拉长，我们的企业就有可能起死回生，也对缓解法院案多人少的压力有所帮助。

最后，分则的制定马上就要启动了，按照法工委的指示，分则包括 5 编，即物权、合同、侵权、婚姻家庭、继承这 5 编，但是现在我们在考虑，包括学界，我们最高法院是主张把人格权、知识产权、涉外民事关系法律适用单独呈现。另外，应该以亲属概念来涵盖婚姻家庭、收养监护，而不要用婚姻家庭法的概念，代之为亲属法的概念。希望在座的各位，以及我们大家共同努力，争取在 2020 年完成我们伟大的民法典的编纂工程。谢谢大家！

赵　吟　感谢郭老师以故事的方式给我们分享了《民法总则》当中的重大问题，绿色原则、监护制度、法人等，让我们深入了解了《民法总则》制定背后的一些立法综合考量因素以及一些争议问题，我相信大家对《民法总则》的规定一定有了更深刻的认识，我们再次以热烈的掌声感谢郭老师精彩的主题发言！下面有请我们的嘉宾发言人谭启平老师发言。谭老师是中国法学会民法典编纂项目领导小组的成员，而且牵头负责分则侵权责任编的编纂工作，掌声欢迎！

谭启平 首先对郭锋教授表示感谢！郭锋教授的发言对我们理解《民法总则》的相关条文以及其背后的立法背景、立法意图都有着很重要的启发。今天我的发言主要想表达以下几个意思。

第一，此次颁布的《民法总则》是充满西政基因的。在《民法总则》的编纂当中，有太多西政校友的贡献。

第二，《民法总则》现有206条，说多也多，说少也很少，比我预期的总则的条文少很多。我们民法教研室提议西政的本科生将《民法总则》全背下来，背下来的必要性在于：电脑或手机上查出来和熟记于心是完全不同的两个概念，在理解的基础上背，背下来以后，对整个民法体系、民法内容的理解将有一个新的质的提升。从这个意义上来讲，为什么值得背？以我个人的观点，《民法总则》这206个条文，每一个条文都应该是字斟句酌的结果，是一个反复斟酌的结果。实际上，就这一次《民法总则》来讲，不是说我们有幸参与了这个工作，我们就给予很高的评价，事实上，这一次的《民法总则》比起《民法通则》，比起过去的民事单行法，确实有很多非常丰富的内容值得我们认认真真地、字斟句酌地学习，深刻地领会它的内容，在这个过程中，每一个条文都是来之不易的。

以《民法总则》第1条为例，我对其表达是高度满意的，但是这一条也是来之不易的。这一条的修改经过了五个版本，具体而言是这样演变的。

首先是《民法总则（草案）》（2月内部征求意见稿），当时的表达是："为了保护民事主体的民事权益，正确调整民事关系，维护社会和经济秩序，促进社会和经济发展，根据宪法，制定本法。"我们认为这条的表达是有问题的：第一，"正确调整"的表达来源于《民法通则》第1条，但是，很显然，用"正确调整"隐含着价值判断，民法调整的民事关系都一定是"正确"调整吗？不尽然。所以我们认为应该把"正确"两个字去掉。第二，"维护社会和经济秩序，促进社会和经济发展"，我们认为有重复。以上问题，在7月稿件中已修改。

《民法总则（草案）》（7月社会公开征求意见稿）第1条："为了保护自然人、法人和非法人组织的合法权益，调整民事关系，维护社会和经济秩序，适应中国特色社会主义事业发展的需要，根据宪法，制定本法。"可以看到，"正确"二字没有了，"社会和经济秩序"只保留了一个。

《民法总则（草案）》（10月常委会二次审议稿）第1条："为了保护自然人、法人和非法人组织的合法权益，调整民事关系，维护社会和经济秩序，促进中国特色社会主义事业发展，根据宪法，制定本法。"把"适应"改为了"促进"。

《民法总则（草案）》（12月常委会三次审议稿）第1条："为了保护民事主体的合法权益，调整民事关系，维护社会和经济秩序，适应中国特色社会主义发展要求，根据宪法，制定本法。"此处又把"促进"改回为了"适应"。

最终的《民法总则》第1条表述如下："为了保护民事主体的合法权益，调整民事关系，维护社会和经济秩序，适应中国特色社会主义发展要求，弘扬社会主义核心价值观，根据宪法，制定本法。"

从上述条文的修改可以看出，该条文中的每一个字，该怎么表达，如何精准，我认为是经过了反复推敲的，所以立法经过这样一个过程，最后形成的文本，是经过千锤百炼的结果。所以从这个意义上，我们应当看重《民法总则》，应该看重正在制定的民法典的编纂工作。对于第1条，第一是全面规定了立法目的，把立法的五大目的规定得非常清楚：保护权利、调整关系、维护秩序、适应发展、弘扬价值观。第二，社会主义核心价值观包含三个层面：国家层面"富强、民主、文明、和谐"，社会层面"自由、平等、公正、法治"，个人层面"爱国、敬业、诚信、友善"，24个字中至少有12个字与民法的基本原则、精神高度契合：自由、平等、公正、法治、诚信、友善。社会主义核心价值观不仅是社会主义的，应该说也是人类共同的价值追求。第三，我之所以高度赞同这一条的规定，是因为它真正体现了一种制度自信。我们这次民法典的编纂是世界瞩目的，全世界的目光都在聚焦中国民法典的编纂。

这个条文只是作为一个例子，说明《民法总则》的每一个条文都能够讲出类似它的背后制度、文化以及其他的学术上的内涵和故事，所以我们应该尊重和认真对待《民法总则》。

第三，《民法总则》中的许多内容确实规定得非常好，最后形成的文本在很多方面甚至是超预期的。我自己有这样一个评价，如果说要讲制度规定的部分，在我看来最为理想、最为满意的是监护制度部分。其规定的家庭监护为基础，社会监护为补充，国家监护为兜底的监护制度体系，实际上成为我们整个国家治理体系和治理能力的重要组成部分，其中确立的监护原则以及有关单位包括人民法院所承担的新的职责等内容规定得非常周全。监护制度在民法典编纂过程中受到的社会关注度最高，监护制度与我们每一个人都有高度关联性，大家都关注，而且这个制度研究得很成熟，所以制定得非常完善。另一方面，《民法总则》总共 206 条的规定为我们法学研究带来了无限多的新课题。首先从法治来讲，10 月 1 日之后我们就应该严格遵守，但是作为一个法学专业的学生，作为一个法学工作者，我们不能说法律就是这样规定的，我们就不折不扣不予以研究了。我们还有另外的使命，那就是这个制度该如何解读，制度该如何完善，制度该如何运行，在这个过程中很显然还有很多工作需要我们来做。举例来说，关于法人的分类，采取营利法人与非营利法人的这样一种分类，在我看来是变化最大、争论最多的一章。这一部分的内容，从我个人的观点来讲，到目前为止是持保留意见的。我认为在法人分类的工作思路里面，传统大陆法系经典的社团法人、财团法人，营利法人和非营利法人，或者是按照法人的具体形态分为企业、机关、事业单位、宗教、基金法人，甚至《民法通则》的企业法人、非企业法人，在所有的分类中，站在不同人的角度有不同的学术评价。就我个人的评价来讲，我感觉到现有的营利和非营利的划分是我最不满意的，但是，当其成为法律的时候，我们就应该对其表示尊重。特别法人是所有的稿件里面没有的，在第三次审议稿中增加的内容，我把它称为“打补丁”，这是因为用营利和非营利的分类确实无法回答包括机关法人的定位，包括合作社法人的定位，包括农村集体经济组织和村民委员会、居民委员会在法律上的定位，而在第三次审议稿中增加的“特别法人”，带来的问题就在于农村集体经济组织法人和城镇农村的合作经济组织法人是什么关系？或者与村民委员会这个自治组织是什么关系？这个问题我认为《民法总则》没有回答，下一步很可能需要我们提供解决的方案和制度设计。另外一个问题是关于非法人组织，对此我个人的评价是，这是我感觉最欣慰的，也是感觉最遗憾的，同时也是感觉待解问题最大的。过去法律概念中没有用到“非法人组织”这样一个表达，突然冒出这样一个概念。而建立自然人、法人和其他组织的三元主体结构，这一直是包括我在内的我们民法学界很多人的共同主张。2015 年 4 月 14 日中国法学会民法典编纂项目领导小组成立之后，召开的第一个会议，就是关于民法典编纂当中的民事主体制度问题研究，所形成的成果对于后来中国法学会提交给全国人大常委会的稿件中起到了帮助作用。三元主体制度是我们《民法总则》在主体制度方面的一个重大突破，具有极其重要的意义，但问题的关键是用了“非法人组织”的表达而没有用“其他组织”。请问，我们既有的法律中已经有 71 部法律、69 部行政法规和 63 件司法解释都规定的是“其他组织”，包括《民事诉讼法司法解释》第 52 条对其他组织规定的几种类型，这个制度怎么跟《民法总则》衔接？是什么关系？这是个待解决的问题。

实际上由此往下，我们可以发现，每一个制度设计里面都包含了研究的空间。有一些是需要解读的精细的变化，有一些是留下了待解的问题。包括刚才郭老师所讲的诉讼时效的问题等。以我个人的基本判断，《民法总则》从今年 10 月 1 日起施行，到 2020 年民法典编纂完成这一段期间内，我们的民事司法秩序可能存在一定的混乱。因为在此期间，《民法总则》要施行，《民法通则》也要施行，这就使得人民法院选择性执法的空间扩大了。但我个人乐观地认为，这是中国的法治建设可以承受的一个阶段，也应该经历的一个阶段。当我们的民法典编纂完成之时，我们的民事司法秩序，我们的个案公平，将有更好的基础。我们大家应该共同努力，为中国民法典的编纂作出自己的贡献!

赵 吟 感谢谭老师给我们分享了《民法总则》的制度背景，并且以第 1 条为例给我们展现了什么叫字斟句酌，同时也给我们指明了未来可以研究思考的问题。下面有请第二位嘉宾赵万一老师发言。赵老师的研究可以说是贯穿民商法整个领域，关于民法与商法、民法与婚姻法、民法与知识产权法他都曾经撰写过文章。下面我们欢迎赵老师发言!

赵万一 郭老师和谭老师作为《民法总则》制定的直接参与者，两位讲得非常精彩和到位!我作为一个旁观者，也曾经对民法有些思考。我对《民法总则》的评价是，它是民法典编纂过程中的一个里程碑，对未来整个的社会经济生活会产生重大影响，甚至是颠覆性影响，这个是毋庸置疑的。我来谈几个问题。

第一，民法典到底是什么?到底应当做什么?这个也是我在思考的问题。它能够做什么，不能够做什么，民法的“手”到底应当伸到什么程度?民法典也好，民法也好，既可以分为实然状态的法，也可以分为应然状态的法，当然，我所理解的应然状态的民法，肯定是一个民事权利法，肯定是一个以私法为主导的法律。当然，实然状态下的法律，民法到底应该怎么定位，我一直认为这是一个值得思考的问题。民法的作用、范围在哪个地方，民法的作用有哪些局限，这个也是我们在民法典编纂过程当中应当解决的一个问题。因为这次民法典的编纂，来源于《中共中央关于全面推进依法治国若干重大问题的决定》，在这个决定当中，把民法典定位为完善市场经济的基本法律制度。我一直认为，民法典不单单是市场经济法律体系的一个重要组成部分，它应当是整个国家社会治理体系的一个重要法律，也就是应当把它上升到整个国家法律治理的基本法。从另一方面来说，民法也不能只把它的目光主要局限在对市场经济关系的调整。因为民法从其发展到现在，从各国的民法典规范来看，民法要想承担起调整所有社会关系的任务几乎是不可能的，特别是对市场经济，它的介入程度，它介入的能力是非常有限的。因为市场经济的活动和普通的民事活动之间的壁垒、界限是非常明晰的。它的规则、要求也是完全不同的。我也注意到，包括我们现在《民法总则》里面的很多规定，是不是应当规定在《民法总则》之中？就包括刚刚郭师兄提到的第 83 条，滥用出资人权利，滥用法人人格，这个是《公司法》滥用法人人格中的规定，《民法总则》几乎全部照抄。那么它是不是应当体现在《民法总则》里面？我们的《民法总则》应当规定哪些内容？原来在民法典的制定过程当中，提了几点，包括它的重大性，包括提取最大公约数，包括它的基础性。但实际上，我们现有的法律规范里面，正面的东西很多，但是如果说不足的话，也是把有些过分个性化的制度作为基本法律制度在《民法总则》体现出来。刚才谭启平教授说现在《民法总则》206 条太少了，我感觉如果作为总则，206 条太多了。采取大民法的观点，在《民法总则》里边能够把共同的规则总结出 50 条就不错了。目前大多数内容能不能完全涵盖所有的我们现行民事法律关系？

与这个相关联的就是刚才郭锋教授谈到的民法基本原则，那我也谈一下我所理解的民法的基本原则。虽然我跟郭锋教授的感情非常好，但是我对其关于《民法总则》的基本观点是不赞同的。它是一个基本原则，就应当有一些基本要求，应当具有特有性，应当具有全涵盖性，应当具有可区分性，应当具有可辨别性，应当具有可操作性。如果不具备这些要求，我们就没有必要将它作为一个民法的基本原则。如果说作为民法的基本原则仅仅适用于某些非常特殊的领域，我们很难说它是民法的基本原则，比如说维护交易安全。现在，《民法总则》在《民法通则》的基础上，对民法又做了一些补充和提升，从总论的角度我认为很好。当然，我也说明一下，很多国外的民法没有民法基本原则的规定，甚至没有民法总则的规定。我认为，我们国家需要规定民法的基本原则。因为中国人有一个思维习惯——喜欢总结，喜欢删繁就简，喜欢用简洁的语言表述复杂的问题，能够提炼出来，便于大家接受，便于大家解读。1986

年规定了民法基本原则之后，它的社会效果是非常好的。这对于我们的宣传，提升社会的法治意识，确实起了重要作用。并且民法基本原则的确立，不单单对整个民法，甚至是对整个中国的法治建设，或者说法治理念推动，都发挥了无可替代的作用。具体到我们现有的《民法总则》来说，很多基本原则规定得很好，如果说不足的话，我认为有一些原则还可以进一步提炼，进一步升华。比如第 4 条规定："民事主体在民事活动中的法律地位一律平等。"第 2 条规定："民法调整平等主体的自然人、法人和非法人组织之间的人身关系和财产关系。"但民法意义上的"平等"到底是指的什么？如果是单纯的法律地位的平等，那么第 2 条和第 4 条存在着重复。民法调整的平等仅仅是法律地位的平等吗？不是。民法调整的平等，既包括法律地位的平等，也包括权利的平等，也包括保护的平等，可能权利的平等、保护的平等更重要。但是保护的平等没有出现在原则里，而是出现在了第 113 条："民事主体的财产权利受法律平等保护。"这实际上就是把《物权法》的规定移植到这里。但是权利的平等我们在《民法总则》里并没有看到。当然，第 14 条规定了自然人的民事权利能力一律平等。为什么没有将民事主体的法律平等上升到权利的平等？我认为在未来《民法典》的修改上可以考虑这个问题。还有一个问题，民事权利保护的理念。我一直主张民事权利具有优位性。我们现有的《民法总则》继承了《公司法》第 214 条、《证券法》第 232 条、《侵权责任法》第 4 条、《消费者权益保护法》第 58 的规定，确立了民事责任保护优先的原则。我认为在保护的力度上民事权利应该具有优位性。

关于第三个问题就是如何看待民法的进步性。我同意刚刚两位学者的观点。这次的《民法总则》充满了人文关怀，充满了人文理念，也充满了社会文明。《民法总则》的颁布，对于人文思想的确立，对于人文理念的推动，对于社会文明的进步，应当说都有重大的推动作用。比如对于未成年人的保护、英烈条款等。另外，谭启平教授提出的社会主义核心价值观我也是赞同的。当然，有些作用需不需要民法来承担，未来我们再进一步修改的时候，应当思考把哪些剥离出去。民法应该承担什么样的社会功能？民法事实上不可能承担所有调整关系的功能，很多情况下还是需要其他法律的介入。也不是说《民法典》建立起来了，我们的法律体系就健全了，我们的法律问题就解决了。对民法我们还是需要有冷静的认识。

赵　吟　感谢赵老师给我们分享了民法的地位问题，还有民法的基本原则以及技术性问题。我们有请最后一位发言人侯东德老师！

侯东德　《民法总则》颁布之后对于商法研究会带来怎样的影响？《民法总则》和商法的关系体现在两个方面：一个是《民法总则》的一般规则对于作为特别法的商法规则包括立法、法律实施、司法等方面有哪些指导作用？有什么样的约束作用？《民法总则》怎样发挥统领作用？商法作为特别法，其特别之处在哪里？在什么情况下，可以突破民法的一般规则？有两个例证：一个是绿色原则写入《民法总则》，我认为这是一个非常大的进步。我们在《证券法》中可以看到，对于公司上市 IPO，我们一般要求它符合国家的产业政策，而且要求它要进行环境评价，而且现在资本市场也要求淘汰落后产能，消灭僵尸公司。从这个角度来讲，《民法总则》的绿色原则正好为我们提供指引方向。也就是说，《证券法》的这些具体性规定在《民法总则》当中找到了依据。

另一个是商事规则作为特别法在什么情况下可以突破《民法总则》的一般规则，即所谓特别法优于一般法。最典型的一个案例是最近的宁波水表事件，一位新三板投资者将 19.70 元错误输成 1970 元，导致股价在瞬间暴涨 100 倍，该投资者在短短一分钟之内损失 300 多万元。依据《证券法》的交易规则，其执行的交易是不可撤销的，但在民法当中，至少有两个规则可以进行约束。一个是公平原则，另一个是民事行为的撤销制度，因重大误解、显失公平是可以主张撤销的，但在《证券法》的规则之下是不可以主张撤销的。我认为这个制度是需要修改的，因为实在是太不公平。仅仅由于自身的失误瞬间损失 300 多万元，将投资者主观的意思表示放大了100倍，这个应当属于重大误解，是可以撤销的。那么该交易规则应如何制定？我有一个设想，对于有涨跌版限制的A股市场，是不适用撤销的。因为第一，就算发生错误，也只能是在10%以内，造成的损失非常小。第二，A股市场是集合竞价、电子交易、错峰交易，交易非常快。对于新三板就要区别对待，特别是对于协议转让这一块，协议转让也是通过交易系统报价，但是需要对方也有相应的报价才能成交，一旦发生错误将造成巨大的损失，在这种情况下可以考虑设置一定的限制，即报价超过正常市场交易价格的2倍或3倍之外的无效，这样可以有效减少投资者因错误造成的损失，谋求一种公平，或者损失超过5倍可以主张撤销。商法的特殊规则也要符合民法主张的公平、诚信、等价有偿原则。

赵 吟 感谢侯老师给我们谈了在《民法总则》制度背景下如何学习商法的问题。今天短短的两个多小时，四位老师从宏观到微观、从法前到法后、从历史到现在甚至到未来给我们带来了一场学术思想的盛宴，让我们再次以热烈的掌声感谢四位老师！

第七讲　通过全面理解和科学阐释来激活《民法总则》的活力

主讲人：黄　忠　西南政法大学民商法学院教授、博士生导师

主持人：常　斌　重庆市铜梁区委副书记、区政府党组书记、区长

时　间：2017 年 4 月 25 日上午

地　点：重庆市铜梁区人民政府会议室

常　斌　今天上午我们邀请到了西南政法大学的黄忠教授给大家讲授《民法总则》，大家热烈欢迎！

黄　忠　谢谢各位领导！很荣幸在《民法总则》颁布一个多月后就和各位同志交流一下《民法总则》的相关内容，我非常高兴。大家都知道，民法典是市民社会的“宪法”，是人民权利的“圣经”，是生活的“百科全书”。而民法典由民法总则和民法分则构成。今年 3 月 15 日十二届全国人大五次会议表决通过的《民法总则》是民法典的总纲领。纲举目张，执本末从。《民法总则》所确立的基本原则，列举的民事权利，创设的民事制度不仅大大丰富和发展了我国的民商事法律，塑造了我国民法的基本品格，奠定了民法典大厦的基石，而且还反映了时代需求，彰显了民族精神，是我国法治建设的重要工程。当前及今后的一段时间，我们

应当自觉维护《民法总则》的法律权威，全面理解《民法总则》的社会价值，科学阐释《民法总则》的精神内涵，全面弘扬民法精神与民法文化，让《民法总则》成为我国改革开放伟大实践和人民权利实现的重要制度保障。下面,我主要从三个方面来谈一下《民法总则》的有关内容。

一、《民法总则》来之不易，我们理应自觉维护其权威

集国人智慧，成伟大法典。编纂一部符合时代需求，具有中国特色的民法典一直是新中国法律人的夙愿，几代民法人呕心沥血、孜孜以求。但我国大陆的民法典之路却步履维艰，“四起四落”，1954 年、1962 年、1979 年和 2001 年先后 4 次的民法典工程都未能如愿。

党的十八届四中全会审时度势，明确提出了编纂民法典的重大立法任务，以习近平同志为核心的党中央高度重视民法典编纂和民法总则的制定。2016 年 6 月 14 日，习近平总书记主持召开中央政治局常委会会议，听取并原则同意全国人大常委会党组关于民法典编纂工作和民法总则草案主要问题的汇报，并作出重要指示，为编纂民法典和制定民法总则提供了重要指导和基本遵循。根据党中央的决策部署，十二届全国人大及其常委会将编纂民法典和制定民法总则作为立法工作的重点任务。2016 年 6 月、10 月、12 月，全国人大常委会先后 3 次审议了民法总则草案，并且坚持开门立法的宗旨，先后 3 次将草案审议稿在中国人大网公布征求社会公众意见，两次将草案印送全国人大代表征求意见，还将草案印发中央有关部门、地方人大、法学教学科研机构征求意见。与此同时，全国人大常委会于 2016 年 10 月和 11 月在北京、四川、宁夏和上海召开 4 次座谈会，直接听取中央有关部门，各省、自治区、直辖市人大常委会和部分全国人大代表、基层立法联系点代表、法律实务工作者和专家学者等各方面的意见，并到基层进行实地调研。

在今年的全国人大会上，各位代表更是高度关注《民法总则》，并提出了很多有建设性的修改和完善议案。虽然也有一些学者对《民法总则》并不是特别满意，但应当承认，《民法总则》是在深入调查研究，

广泛听取社会各界意见的基础上，反复修改形成的，其立法进程体现了科学立法、民主立法的精神；其所确立的基本原则和主要制度体现了人民意志和社会需要；其所规定的主要内容和具体规范是我国民商事法学理论和司法实践的总结。《民法总则》并非是某一个单位或者某一个人的成果，而是集体智慧的结晶，是改革开放实践的提炼，是我国社会最大公约数的体现。回顾我国起草民法典的艰辛历程，我们不仅会为一代代的民法人锲而不舍、久久为功的精神所感动，同时也会深切地感受到《民法总则》确实来之不易。对于这样一部聚集几代法律人心血和百姓厚望的《民法总则》，我们理应倍加珍惜，自觉维护其法律权威。

二、维护《民法总则》的权威需要全面理解其现实价值

《民法总则》不仅是中国特色社会主义法律体系的有机组成部分，同时更是一部重要的基础性法律。只有从国家基本法的角度才能真正全面理解《民法总则》的重要地位及其现实意义。作为基本法的定位意味着《民法总则》不仅仅是人民法院定分止争、审理民事案件的裁判依据，同时也必将对国家的政治、经济、社会等各个方面产生全面和深刻的影响。

（一）《民法总则》蕴含了国家治理的丰富内涵，是国家治理体系和治理能力现代化的重要体现

十八届三中全会提出要推进国家治理体系和治理能力现代化。十八届四中全会强调，“法律是治国之重器，良法是善治之前提”。可见，法治是国家治理的重要手段。虽然当前很多人在谈论国家治理时会论及法律，强调唯有良法才能善治，但这里言及的法律多半是指宪法、行政法、经济法等在内的公法。很少有人会将民法与国家治理联系在一起。事实上，这不仅是对国家治理体系的误解，同时也是对民法功能的误读。国家的治理不仅需要公法，同样也需要以民法为基础的私法。以民法为基础的私法对于国家和社会的治理有重要作用，并且相对于公法治理模式还有着自身的特征和优势。《民法总则》通过确立调整对象、明确基本

原则、设置相应规范和民事责任等方式为国家和社会的治理提供了有效工具，蕴含国家治理的有益思想。

首先，《民法总则》确立了民法的调整对象，为私人权利与国家权力的关系划清了界限，有利于促进国家权力的依法行使和民事权利的有效保护。如何认识民法的调整对象不仅关涉具体法律纠纷的定性问题，更是一个关乎国家与社会、权力与权利等关系协调的重大问题。《民法总则》第2条明确规定："民法调整平等主体的自然人、法人和非法人组织之间的人身关系和财产关系。"这一规定不仅从立法上明确了民法所调整的社会关系的范围，而且还区分了政治生活与市民生活、国家权力和民事权利的基本边界，肯定了民法的私法属性，从而限定了国家权力的运作空间，最终为个人和社会的自由发展提供了坚实的法理基础。因为民事法律关系是平等主体间的关系，因此平等主体间民事法律关系的产生、变动、消灭都应当遵循自愿原则。国家非有正当理由，并经合法程序不得随意干涉。不仅如此，国家还应当积极创造条件为平等主体的自由发展提供前提保障。这一思想与我们当前推进的负面清单管理模式改革具有高度的契合性。"对于市场主体来说，法不禁止即自由。"李克强总理的这一句话道出了负面清单管理模式的精髓。而负面清单管理模式所奉行的"法不禁止即自由"的理念也充分体现了民法所倡导的私人自治精神。现代法治的核心在于"规范公权、保障私权"，因此，我们在全面深化改革，推进以负面清单管理模式为代表的市场准入制度的改革过程中，应当注意结合《民法总则》所体现和倡导的"私人自治"观念进行理解和落实。

其次，《民法总则》确立了权利神圣原则，并对民事权利作了专章规定，凸显了权利在国家治理中的重要价值。长期以来，我们总是将治理与权力联系在一起，认为治理就是通过权力来命令、控制国家和社会。这种以权力为基础的治理模式所体现的是胁之以害的"大棒"政策，但一个正常的社会不可能完全屈从于强权和"大棒"，还应当积极承认权利，通过利益机制来引导广大民事主体积极进取、努力向善。从胁之以害，甚至胁之以刑的权力控制模式到导之以利的权利引导模式其实是一个正常社会，尤其是市场经济的当然选择。经济学鼻祖亚当·斯密在其巨作《国富论》中就曾坦言，“我们的晚餐并非来自屠宰商、酿酒师和面包师的恩惠，而是来自他们对自身利益的关切”。事实上，源远流长的中国传统思想文化中也有推崇导之以利的认识。比如，子贡赎人和子路受牛两个故事其实就蕴含了这样的治理思想。子贡赎人是说在鲁国有一条法律规定，鲁国人在国外沦为奴隶，如果有人能把他们赎回，那回国后就可以到国库中报销赎金。有一次，孔子的弟子子贡在国外赎回了一个鲁国人，回国后却没有向国库报销。子路受牛是说孔子的另一个弟子子路在路上救起一名落水者，这名被救的人为了感谢子路就送了他一头牛，子路对此欣然予以接受。从我们的道德观念而言，这里似乎应该褒奖子贡。但孔子却严肃地批评了子贡，认为子贡“不取其金则不复赎人矣”。相反，孔子表扬了子路，赞扬说子路受牛之后“鲁人必多拯溺者矣”。孔子之所以作出这样的判断其实是基于趋利避害的考虑，因为子贡赎人的义举会置其他鲁国民众于两难境地，而子路受牛的行为则会诱导社会大众拔刀相助、见义勇为。可见，承认私人权利，维护好、发展好私人权利其实是社会发展、进步的不竭动力。实际上，改革开放的实践也恰好印证了这一点。

《民法总则》一方面通过广泛确认权利来导之以利，另一方面还通过釜底抽薪的利益阻断机制来规制各种不当行为。比如，按照《民法总则》第 87 条和第 95 条的规定，公益目的的非营利法人不得向出资人、设立人或者会员分配利润，也不能在法人终止时向出资人、设立人或者会员分配剩余财产。这样的利益隔离机制就从制度上阻断了一些以公益为目的的基金会、社会服务机构假公济私，甚至监守自盗、私分公益财产的不当行为，为这些公益法人的健康发展提供了制度基石。再如，按照《民法总则》第 153 条的规定，违反法律、行政法规的强制性规定的民事法律行为无效。由于无效之后就不能按照当事人的约定获得原有收益，这样会让不法行为人无法“得偿所望”，从而对那些试图从事违法行为的人产生威慑。此外，《民法总则》第179条引入的惩罚性赔偿制度则有利于激活民间监督和维权力量，调动全社会力量，构建协同共治的公共治理体系。

最后，《民法总则》明确了11种民事责任承担方式，为多管齐下、综合治理提供了基础。《民法总则》第179条一方面规定了赔偿损失、支付违约金等金钱救济方式，另一方面也明确了赔礼道歉、恢复名誉等非金钱损害赔偿的责任承担方式，有助于实现善治。在金钱损害赔偿之外，规定赔礼道歉等非金钱赔偿责任方式不仅是继承《民法通则》的历史传统，而且也是对社会多元需求的有效回应。因为我们所努力建设的是市场经济，而非市场社会。而且，百姓的需求也不仅仅是金钱性质的，除此之外，还会有更为多元的其他需求。因此，国家和社会的善治不仅需要经济利益的诱导机制，同时也需要多元化的治理手段。这一认识告诫我们在进行国家和社会治理的时候，不能过分迷信罚款、罚金的功效，千万不能搞单纯的一罚了之。对此，哈特还曾专门告诫说："罚金可能因通货贬值而变得微不足道，以致它们是欣然交纳的，因而犯罪猖獗。"因此虽然于赔偿之际，以金钱交付，颇为便利，又于执行之时，亦甚简便，但其被滥用的危险却不得不防，尤其是当侵权人能通过保险制度将其金钱损害赔偿责任完全移转时，就会诱发严重的道德风险。早在古罗马就已经出现过这样的"荒唐故事"：一个名叫路西乌斯·韦拉体乌斯的有钱人想出一种自娱自乐的方法，他让一个奴隶带着钱袋子跟着自己，他去拍打一些受尊敬者的脸，并吩咐奴隶向这些人支付25阿斯的法定罚金。随着经济的发展，尤其是保险制度的发达，这种荒唐事在当下重演的几率将会更多。德国学者瓦格纳就曾指出：德国的八卦媒体也正处于与历史上路西乌斯·韦拉体乌斯相似的情境，市场的激烈竞争促使八卦媒体采取了有伤体统的提高销量的手段。可见，《民法总则》所引入的包括赔礼道歉在内的声誉机制对于规制不法、实现正义具有重要的启示意义。必须看到，我们正在经历着一场以市场为导向的深刻的社会变革。这场巨大的社会变革一方面为我们提供了繁荣的经济条件，同时也使得一些传统价值体系和价值观念面临着最严重的挑战。因此，如何捍卫民法的基本“德性”，防止其全面、彻底的市场化，也是我们在讨论转型时期的中国民法典之内在价值体系时所不得不正视和回答的问题。毕竟，我们为之努力和不懈追求的只是“市场经济”，而非“市场社会”。

（二）《民法总则》彰显了社会主义核心价值观，是当代社会精神文明的集中体现

英国法史学家梅因曾谓：“一个国家文明的高低，看它的民法和刑法的比例就能知道。大凡半开化的国家，民法少而刑法多，文明的国家，民法多而刑法少。”《民法总则》继承了《民法通则》的优秀传统，总结了我国的民事实践，呈现了当代中国社会的要求，塑造了面向未来的民法体系，内涵丰富，是社会主义核心价值观融入法律的重要成果，在一定程度上标志着我国文明的新高度。

民法源于生活，反映生活之品性，教人为人处世之方、待人接物之法、安身立命之术，实乃生活之百科全书。应当看到，《民法总则》与未来的民法典都绝不单是具体规范条文的整合与汇编，同时更是民法精神和民法文化的集中体现。而民法所秉承的精神和气质其实与我们所倡导的社会主义核心价值观和优秀传统文化是高度契合，甚至是一脉相承的。比如，《民法总则》不仅在第 1 条中明确将弘扬社会主义核心价值观作为其立法宗旨，而且《民法总则》所确立的平等、自愿、公平、诚信、节约等原则本身就构成了社会主义核心价值观的重要内容。再如，《民法总则》第 185 条、第 62 条就对爱国、敬业的价值提出了要求。此外，《民法总则》第 183 条和第 184 条确立的受益人补偿义务和紧急救助行为人的豁免规则其实是对助人为乐、见义勇为这些中华民族传统美德的褒奖与肯定。可以说，在各部门法律中，唯有民法把人类社会道德的精华——平等、自愿、公平、诚实信用、遵守法律和公序良俗、节约资源、保护生态、尊重他人权利等上升为法律原则，并使之贯穿于每一条民法规范之中。正是在这个意义上，我们可以说，民法不仅仅是一部法律，同时更是人类社会的一部完美的道德教科书，是当代社会精神文明的最集中体现。

家和万事兴。家庭是社会的基本细胞。“不论时代发生多大变化，不论生活格局发生多大变化，我们都要重视家庭建设，注重家庭、注重家教、注重家风，紧密结合培育和弘扬社会主义核心价值观，发扬光大中华民族传统家庭美德。”习近平总书记的讲话道出了家的重要意义。《民法总则》同样高度重视家庭的社会意义，重视亲情的人伦观念。《民法总则》不仅对父母、子女等亲属间的权利义务作出了概括性规定，而且还通过具体规范的设计将其细化、实化，特别是确定了以家庭监护为基础、社会监护为保障、国家监护为补充的监护体制，形成了国家和社会的良性互动，有利于社会的和谐、稳定。

事实上，《民法总则》的字里行间都在强化规则意识，增强道德约束，倡导契约精神，重视家庭伦理，弘扬公序良俗。我们甚至可以说，所有的诚信、友善、和谐等做人之道也都被载入其中，因此，通过宣传《民法总则》，弘扬民法文化，其实是开展公民教育，培养合格公民的重要方式。德国法学巨儒耶林还在《为权利而斗争》一文中明确提出：“不是公法而是私法才是各民族政治教育的真正学校。”所以，我们应当在全社会大力开展以《民法总则》为核心的法治教育，努力培育和弘扬民法精神和民法文化，将《民法总则》融入社会生活，内化为每一个人的精神追求，外化为每一个人的自觉行动，使《民法总则》以及未来的民法典成为实现中华民族伟大复兴中国梦的重要精神动力。

（三）《民法总则》完善了社会主义市场经济法律制度，奠定了民法典编纂的坚实基础

市场经济本质上是法治经济，民法典是中国特色社会主义法律体系的重要组成部分，因此，十八届四中全会将“编纂民法典”作为“加强市场法律制度建设”的一项重要内容进行论述。《民法总则》确立了民商事法律的基本原则和核心制度，为社会主义市场经济法律制度的完善和民法典的编纂奠定了坚实基础。

首先，《民法总则》确立了民商合一的立法模式，有效协调了民法和商法的关系。长期以来，我国民商事立法在体例上奉行民商合一的模式，《民法总则》也明确采纳了这一模式，并在具体规范上吸收了商事制度的相关因素。比如，在法律渊源上，《民法总则》第10条承认了习惯的法源地位，实现了民法渊源的多元化；在民事主体制度上，《民法总则》不仅确认了自然人、法人、非法人组织的多元民事主体类型，丰富了法人类型，而且还进一步将法人区分为了营利法人、非营利法人和特别法人三种类型，顺应了当前经济和社会体制改革的要求；在民事权利上，《民法总则》不仅规定了物权、债权、知识产权、股权和其他投资性权利等诸多权利类型，而且还保持了民事权利的开放性；在民事法律行为和代理制度上，《民法总则》强调交易安全的维护，详细规定民事法律行为的成立、生效等具体规则，并将决议行为纳入其中，还专门完善了代理规则，实现了民商事行为规则的有机统一。在此背景下，《民法总则》就与包括《公司法》《合伙企业法》等在内的各个商事法律构成了一个有机整体，二者之间构成了普通法与特别法之间的关系。这样一来，当出现商事纠纷后，我们首先应当适用商事特别法，但如果穷尽了商事特别法后，则可以适用《民法总则》的规定来进行解决。

其次，《民法总则》开启了民商事立法的体系化、科学化之路，解决了我国民商事立法“群龙无首”的顽疾。“罗马不是一天建成”，我们的民法典编纂也并非白手起家。新中国成立以后，特别是改革开放以来，我国颁布了大量的民商事法律，形成了以《民法通则》为核心，以《合同法》《物权法》《侵权责任法》等民事单行法和最高人民法院相关司法解释为两翼的民商事法律格局。但这些法律颁布的时间不一，所秉承的立法理念和采用的立法技术，甚至所使用的法律术语都存在差异，彼此之间缺乏有效的衔接与配合，这就难免导致相关法律之间存在重复，甚至冲突和矛盾的问题。不难发现，在立法理念上，由于《民法通则》是在我国经济体制改革开始后不久制定的，因而不可避免地会带有旧的计划经济体制的烙印。比如，《民法通则》不仅将国家政策作为法源，而且还专门将违反国家指令性计划的合同作为一种无效民事行为进行处理。在具体规定上，《民法通则》也存在一些不符合社会主义市场经济发展要求的规定。比如，《民法通则》第 91 条在规定合同权利、义务转让时居然要求当事人“不得牟利”。此外，《民法通则》也与《合同法》《物权法》《侵权责任法》等民事单行法的规定之间存在不一致。由于“群龙无首”而导致的上述缺陷亟待通过体系化、科学化的法典方式予以化解。《民法总则》不仅吸收了西方市场经济法律制度发展的基本经验，而且还从现行民商事法律中提取了大量的共通性规则，并整合了司法解释中的相关规定，有力地助推了我国民商事法律的体系化、科学化。《民法总则》的制定既有效避免了共同性民法规范在民法分则中的重复，甚至矛盾，又有机整合了民法各个部分的相关制度，基本确立了未来民法典的框架结构，最大限度地反映了社会主义市场经济发展的要求。

最后，《民法总则》积极回应时代变迁，适应了经济和社会发展的需要。一个时代有一个时代的需求，一个时代有一个时代的法律。我们身处 21 世纪，必须回应时代需要，彰显时代精神和时代特征。当代社会的核心价值观念是强调对人的保护和关怀。《民法总则》高扬“以人为本”的人文主义理念，强化了胎儿利益的保护、降低了限制民事行为能力的年龄标准，规定了遗嘱监护、意定监护、临时监护以及监护人的撤销制度，甚至还专门设置了成年监护制度，从而实现了对人的全面关怀，具有时代的进步性。

“法与时转则治。”从《民法通则》到《民法总则》，中国社会发生了巨大变迁，实现了历史性跨越。为此，《民法总则》既尊重民事立法的历史延续性，又与时俱进，积极回应了当前经济社会发展的现实要求。例如，《民法总则》第 9 条规定的“绿色原则”，为在民事活动中落实生态环境保护要求，扼制“杀鸡取卵”“损人利己”的行为，有效应对生态危机提供了重要的制度保障。再如，《民法总则》第 110 条承认了隐私权的法律地位，有利于在信息社会中强化隐私保护。此外，针对互联网和大数据等技术发展，《民法总则》不仅在第 111 条明确了个人信息的保护规范，而且还在第 127 条将数据、网络虚拟财产纳入了民事权利的保护范围，满足了大数据时代的需求，使《民法总则》站在了时代前沿。

（四）《民法总则》丰富了我国的民事权利体系，极大强化了民事权利的保护机制

民法就其本质而言是有关人的法律，尊重人、保护人、发展人一直都是民法的终极目标。因此，民法典又被称为"民事权利的宣言书"。《民法总则》继承了《民法通则》的传统，专设"民事权利"一章，不仅全面确认了民事主体的人格权、物权、债权、知识产权、股权、亲属权、继承权等各项民事权利，而且还通过第126条的规定保持了民事权利的开放性，从而极大丰富了我国的民事权利体系，充分彰显了民法的权利法属性。

无救济则无权利。《民法总则》还通过专章规定民事责任、缓和诉讼时效制度的适用等多种方式为民事权利的有效实现提供制度保障。虽然传统大陆法上的民事立法并没有严格区分民事责任与民事义务，无论违约责任或侵权责任均是作为一种债务规定在民法典债编之中。但《民法通则》却严格区分了民事责任与民事义务，并首创了统一的民事责任法，在世界民事立法中独树一帜。事实上，民事责任制度是民法的一个重要组成部分。没有民事责任，民事义务的约束性就得不到体现，民事权利的保护也就不能实现，换言之，民事责任制度对于预防民事违法行为的发生，保护民事主体的合法权益，维护社会秩序都具有重要的现实意义。因此，《民法总则》不仅秉承《民法通则》的传统，在第八章中单独对民事责任做了统一规定，而且还在第187条中特别明确了民事责任的独立性和优先性，从而极大强化了民事权利的保护机制。所谓民事责任的独立性是指民事主体因同一行为需要同时承担民事责任、行政责任和刑事责任的，承担行政责任或者刑事责任不能影响其承担民事责任。比如，甲打伤了乙，乙因此花费医疗费一万元，甲的行为同时违反了《侵权责任法》第6条和《治安管理处罚法》第8条、第43条的规定，因此甲须同时承担民事赔偿责任和治安行政处罚两种责任。所谓民事责任优先性是指在某一民事主体的财产不足以同时满足民事责任、行政责任或者刑事责任时，应当优先承担民事责任。比如，某企业生产销售缺陷产品，造成消费者人身、财产损害，并构成生产伪劣产品罪，就需要同时承担对消费者的侵权责任、违约责任以及生产伪劣产品罪的刑事责任。如果刑事责任中被判处罚金，但其财产却不足以同时支付对受害人的赔偿以及罚金时，那么对受害人的侵权责任就应当优先于罚金进行承担。明确民事责任的独立性与优先性体现了对民事权利的优先保护精神。但在我们过去的司法实践中，“先刑后民”“打了不罚”，甚至“以刑代民”“以刑压民”的观念却根深蒂固，由此严重损害了民事主体的合法权益，不利于民事权利的保障。《民法总则》确立的民事责任独立性、优先性的原则体现了对民事权益的优先保护观念，理念先进，意义重大。

此外，从理论上讲，单纯基于诉讼时效而提出的抗辩不仅有悖于诚信原则，同时也不合伦理和国情，因此，《民法总则》吸收了相关司法解释的做法，对《民法通则》中的时效规范做了重大修改。《民法总则》延长了诉讼时效的期间（第 188 条），推迟了时效期间的起算点（第 189、190、191 条），缓和了诉讼时效的效力（第 192、193 条），宽松了诉讼时效中止与中断的情形（第 194、195 条），缩限了诉讼时效的适用范围（第 196 条）。从上述具体规范的变化中，我们可以发现《民法总则》有关诉讼时效规范的基本倾向是加重时效抗辩的难度，减少义务人时效抗辩成功的几率。《民法总则》的上述做法显然有利于维护权利人的合法权益，增强市场主体的信心。

三、维护《民法总则》的权威需要科学阐释其精神内涵

要切实维护《民法总则》的权威首先就要科学理解其精神内涵。《民法总则》体例详实，内容丰富，不仅是人民权利的宣言书，也是国家治理体系和治理能力现代化的重要载体。阐释好《民法总则》的精神内涵需要将其与我国的历史传统、现实国情与发展目标结合起来，将具体的制度规范与社会的需求和人民的要求结合起来进行建设性的分析，不能割裂历史、不顾国情、偏离目标进行断章取义地解读，更不宜拿着放大

镜甚至显微镜一味批评。

总体而言，《民法总则》颁布以后，社会各界的反响热烈，但也有一些同志提出了不同的看法。比如，第 185 条关于侵害英雄烈士等的人格利益应当承担民事责任的规定就受到了一些人的批评。我们认为，第 185 条应当放在一个特定的背景中进行科学阐释，不能将对英雄烈士等死者人格利益的保护与对普通人人格利益的保护予以对立。

必须看到，一段时期以来，我国出现了一批涉及侵害英雄人物、历史人物名誉、荣誉等人格权益的民事纠纷，社会影响恶劣。因此，《民法总则》设置专条对英雄烈士的死者人格利益保护作出规定是具有极强现实针对性的。尤其是考虑到在很多时候，英雄烈士可能没有遗属，因而无法按照此前的司法解释获得保护的情形，第 185 条的进步意义是不可否定的。在我们看来，与此前最高人民法院的相关司法解释相比，第 185 条首次以基本法的形式宣告对英雄烈士等死者人格利益予以保护，这是具有重要历史进步意义的，应当予以充分肯定。当然，肯定第 185 条绝不意味着我国民法仅保护英雄烈士的人格利益。实际上，在我国的民事司法实践中，也是一直允许死者的近亲属在死者人格利益受到侵犯时提起诉讼的。要认识到，我们编纂民法典，制定《民法总则》并不是制定全新的民事法律，而是对现行的民事法律规范进行科学整理。因此，不能从第 185 条的反面解释出《民法总则》不保护普通人死后的人格利益的错误结论。相反，在解释论上，第 185 条的规定应当不是对此前司法解释的否定。换言之，在《民法总则》施行后，普通人死亡后的人格利益保护问题仍然可以适用相关司法解释的规定，《民法总则》第 185 条只是针对侵害英雄烈士等的人格利益应当承担民事责任的特别规定，不能做厚此薄彼的误读。

另外，《民法总则》还有一系列的制度创新，也需要进行科学阐释。比如，《民法总则》不仅在具体制度上因应时代需求，规定了成年人监护，采纳了营利法人、非营利法人和特别法人的分类模式，确认了个人信息、数据、网络虚拟财产的民事权利地位，而且还明确了公序良俗和

“绿色”等具有浓厚社会色彩的基本原则，从而大大丰富了我国民法的内涵，为有效应对新型纠纷，促进社会和谐和可持续发展提供了制度保障。而这一系列的制度创新其实都是因应社会需求的选择，因此我们就必须从实践出发对这些制度进行阐释。比如，《民法总则》所确立的法人分类模式就应当从社会组织和经济体制改革发展的要求以及国家治理体系和治理能力现代化的视角进行理解。再如，《民法总则》第五章有关民事权利的规定因为主要是列举性的规范，因此有些同志就评论认为这些列举性的规范缺乏完整的构成要件和法律效果，对民事裁判没有意义。在立法论层面，是否需要将民事权利以及民事责任作为总则性的规范来看待，抑或是将其分散到民法典分则的具体部分去规定是值得进一步讨论的，但《民法总则》既然已经继承了《民法通则》的做法将民事权利与民事责任予以了明确规范，因此理论上的务实做法应当是去思考如何通过司法来激活这些规范的含义，而不是一味批评。在我看来，法律规范不是独立的，而是一个整体，当我们把《民法总则》第五章有关民事权利的具体规范与《合同法》《物权法》《侵权责任法》甚至《刑法》等结合起来进行体系化的思考，那么就可以让《民法总则》第五章的很多规范发挥出其应有的作用。比如《民法总则》第 111 条有关个人信息的规范，单独来看并不是一个完全性规范，无法构成一个独立和完整的请求权基础。但如果我们将这一条与《合同法》第 52 条结合起来思考，那么《民法总则》第 111 条的意义就会被激活。重庆有个法院裁判过一个案件，说是一个教育机构将其拥有的考生信息出售给了一个广告公司，但因为该信息中部分考生的联系方式有错误，所以广告公司就向法院起诉要对教育机构主张违约责任。这个案件在裁判中，法院会倾向于认定该出售考生信息的合同是无效的。但在《民法总则》之前，判定该合同无效的依据并不充分，需要法院的系统论证。但在《民法总则》生效之后，法院就完全可以将《民法总则》第 111 条中说到的“不得非法买卖……个人信息”的规定与《合同法》第 52 条第（五）项结合起来，从而得出合同无效的结论。再比如说，《民法总则》第 127 条有关数据、网络虚拟财产的规定与刑法盗窃罪的规范相结合，也会激发出其应有的价值。所以，我们不能单纯地来理解《民法总则》，而应当要将《民法总则》放到整个民法，甚至整个法律体系中来理解。这其实也是民法作为基本法的意义之所在。当我们这样进行融会贯通，而不是断章取义地理解时，《民法总则》的很多看似不完全性的规范的现实价值就会获得激发。

当然，这样理解也说明《民法总则》的落实与贯彻绝对不仅仅是民法学家和民事审判法官的职责，《民法总则》的全面贯彻落实需要全社会的共同努力。比如《民法总则》第 187 条有关民事责任独立性和优先性的规范的最终实现就需要《刑事诉讼法》的配合，第 117 条有关征收的规定就需要《土地管理法》等法律的配合。

科学阐释《民法总则》规范的精神内涵还需要关注中国的实际情况。要从中国的现实国情来理解民法规范的含义。比如当前有同志就认为《民法总则》第 184 条对好人的豁免规则过于宽泛，有失偏颇。在我看来，对于第 184 条的理解要从我国当前的现实出发。当前我们的社会存在好人难觅的现象，因此立法的倾向应当是激励好人好事。《民法总则》第 184 条对于鼓励善行具有重要的激励价值。至于好人办坏事的问题可以通过其他途径获得解决。如果好人是故意办坏事，侵犯他人权益，则完全可以依据《侵权责任法》第 6 条进行处理。如果好人是因过失而给受救助人带来损害，则应当由社会救助等社会保障法来解决。通过让救助人承担责任来试图增强其救助水平，避免出现过错，在当前的中国现实国情中并不可行。我们必须看到，我国当前并未普及救助的常识，目前一些地方救助知识的训练和习得都是有偿的，并且费用不菲，因此我们难以想象可以通过让救助人承担过错责任来激励民众自觉去学习救助知识，提高其救助能力，避免出现过错。因此，《民法总则》第 184 条激励好人好事的立场是值得肯定的，我们的各级政府应当积极为社会大众义务普及救助知识，让每一个公民习得救助的知识和能力，从而最终避免出现好人不小心办坏事的结果。很明显，通过要求政府为社会大众提供救助培训与教育要比责令有过错的救助人承担民事责任更有社会效果，也更契合我们的文化背景。

此外，科学阐释《民法总则》规范的精神内涵还需要注意协调《民法总则》与《民法通则》以及《合同法》等民事单行法的关系。李建国副委员长在《民法总则（草案）》的说明中曾指出，“民法总则草案通过后暂不废止民法通则。民法总则与民法通则的规定不一致的，根据新法优于旧法的原则，适用民法总则的规定”。这为协调《民法总则》与相关法律的关系提供了指导。比如《民法总则》第九章有关诉讼时效的规定是对《民法通则》第七章诉讼时效及相关司法解释的统一整合，由于《民法总则》并未将《民法通则》第136条有关四种情形下的1年短期诉讼时效予以吸收，从而出现民法总则与民法通则的规定不一致的情形，这里就应当认为适用民法总则的规定。也就是说，《民法通则》第136条已经被《民法总则》废除，不得继续适用。

还需要特别指出的是，李建国副委员长只是论及《民法总则》与《民法通则》的关系，事实上，《民法总则》与《合同法》等民事单行法之间也存在需要协调的问题。比如，《民法总则》第152条有关重大误解时，撤销权的除斥期间的规定与《合同法》第55条的规定就不一致。按照《民法总则》第152条的规定，重大误解的当事人自知道或者应当知道撤销事由之日起3个月内没有行使撤销权，撤销权消灭。但《合同法》第55条却规定，具有撤销权的当事人自知道或者应当知道撤销事由之日起1年内没有行使撤销权，撤销权消灭。

从立法学的角度来看，之所以导致这一问题，其实是因为我们采取了先总后分两步走的民法典编纂模式。如果我们能毕其功于一役，一次性地颁布民法典，然后同时废止现行民事立法，那么就不会出现《民法总则》与《合同法》等民事单行法的协调问题。但由于我们采取了先总后分的分步步骤，因此这个问题就自然出现了。一般来说，《民法总则》与《合同法》之间是不能简单地适用新法优于旧法的原则的，因此《民法总则》与《合同法》《物权法》等之间是总则与分则的关系，是一般规范与具体规范的关系，它们一并构成了民法典。在法律的适用逻辑上，应当是先适用作为具体规范的《合同法》《物权法》，然后才能拾级而上适用《民法总则》的规范，但这一认识是建立在民法典体系完备的基础上的。必须看到，我们现行的《合同法》《物权法》等民事单行法中的具体法律规范并不完全都是作为民法典分则合同编、物权编的规范，因为历史的原因，现行《合同法》《物权法》等民事单行法中也承载了修改、补充《民法通则》不合理或者遗漏的一般规范的意义，因此导致的结果是现行《合同法》《物权法》等民事单行法中并不都是作为民法典分则部分的具体规范，同样出现了一般规范。比如《合同法》有关合同效力的规范、《物权法》有关孳息的规定其实就具有总则的属性。也就是说，因为历史原因，《民法通则》有关民事法律行为、孳息的规定存在诸多的不足、遗漏，甚至错误，因此我们就选择了通过制定《合同法》《物权法》，而非修改《民法通则》来完善上述不足。这样的历史就说明现行《合同法》《物权法》中有部分规范其实是具有总则属性的，因此当《民法总则》与《合同法》《物权法》的规范之间出现不一致的时候，我们不能简单地套用民法典总则与分则的逻辑来进行分析，一概认为应当适用《合同法》《物权法》的规定。比如《合同法》第55条的规定就应当认为是具有总则属性的规范，其旨在完善《民法通则》的内容，《民法总则》第152条则又重新夺回了《合同法》第55条的地位，此时二者之间仍然应当适用新法优于旧法的原则，即因重大误解的撤销权的除斥期间应当是适用《民法总则》第152条3个月的新规范。

最后，我们总结一下，《民法总则》乃至未来的民法典对于我们来说是来之不易的成果，我们理当自觉维护其权威。而维护《民法总则》权威的最主要方式就是要全面理解和科学阐释《民法总则》的功能与内涵，积极激活《民法总则》的活力，大力弘扬民法精神与民法文化。

因为时间关系，我就先谈到这里。谢谢大家！

常　斌　《民法总则》全面系统地确定了我国民事活动的基本规定和一般性规则，与每个公民的工作、生活息息相关。学好用好《民法总则》对抓实做好政府工作至关重要，我们要厘清市场行为和行政行为的界限，更加有效地保障自然人、法人和其他社会组织的合法权益，全面提高依法行政能力。黄忠教授主讲的内容丰富、生动，对我们全面理解《民法总则》具有重要的参考价值。

全区各级各部门和领导干部要带头尊法学法守法用法,严格遵循“合法行政、合理行政、程序正当、高效便民、诚实守信、权责统一”的统一要求，把依法行政贯穿于政府工作全过程。要坚持学法制度，不断提高依法履职水平。要坚持问题导向，学以致用，善于运用法治手段，统筹解决各种矛盾问题，营造办事依法、遇事找法、解决问题用法、化解矛盾靠法的良好法治环境。

再次感谢黄忠教授!

第八讲 《民法总则》与中国商事审判的独立化[*]

报告人：赵万一 西南政法大学民商法学院教授、博士生导师

时 间：2017 年 5 月 26 日上午 10：15

地 点：西南政法大学毓才楼一楼学术报告厅

非常感谢会议主办方给我这样一个发言的机会。我今天发言的题目是：《关于中国〈民法总则〉背景下商事审判若干问题的思考》。这也是论坛组委会给我安排的一个题目。我今天主要讲三个方面的问题：第一个是我国为什么要实行商事审判的独立化，第二个是《民法总则》颁布后可能会对我国的商事审判产生什么样的影响，第三个是我国的商事审判如何适应《民法总则》的要求。

一、商法的独立性和商事审判的独立化

首先我讲下第一个问题，即我国为什么要实行商事审判的独立化。近年，我一直在呼吁我们国家应该实行商事审判的独立化，我也曾经就民法和商法的关系，特别是有关商法独立性的一些基础理论做过研究，也发表过一些这方面的文章。按照我的理解，商事审判独立化主要来源

---

* 在“中国审判理论研究会民商事审判专业委员会 2017 年年会，暨‘民法总则与民商事审判高端论坛’”上的权威学术报告。

于两个方面的需求：一个是来源于实体法，即商法独立性的客观需求；另一个则来源于商事审判在审判方式和审判理念上的特殊性。

我一直坚持认为，从实体法上来说，商法和民法相比确实有诸多不同之处。比如在立法理念上，商法比较注重效益或效率，实行的是效益优先兼顾公平的原则；而民法则比较注重公平，实行的是公平优先兼顾效益及其他。正是这种立法理念的重大差异性决定了具体制度设计的不同。比如商法强调行为的外观效力，即注重行为的外在表现形式；注重行为效力的独立性和稳定性，尽量排斥国家公权力对个体行为效力的介入；强调行为效力的切断规则，尽量将因确认行为无效而对当事人和社会产生的不利影响限制在最小的范围内。商法强调商行为的非违法性，只要该行为没有明确违反法律的禁止性规定，该行为就是合法有效的行为。在某些情况下即使违反了法律的明确规定，如果这种违反没有给相对人、第三人或社会公共利益造成重大损失，通常也不会轻易否认这一行为的效力。这也就是《民法总则》第153条规定“违反法律、行政法规的强制性规定的民事法律行为无效，但是该强制性规定不导致该民事法律行为无效的除外”的原因所在。至于该条第2款所规定的“违背公序良俗的民事法律行为无效”，根据我的理解，该条所约束的仅仅是普通民事法律行为。因为根据各国的立法和司法实践，通常是不能以法律强制性规定以外的其他事项对商行为的效力进行限定和判断的。即使要用法律规定以外的事项对商行为的效力进行限定，那么对商事行为产生约束力的其他事项或规则只能是“社会公共秩序”，而非“公序良俗”。

就商事交易行为的表现形式来说，也有诸多不同于普通民事法律行为的地方。如商事行为具有创新性（非传统行为可以涵盖，典型的如网络金融活动、货权买卖行为）、连续性（连续不断的交易行为）、复杂性、格式性、综合性（多重行为的综合）、非规范性、不可回复性或非逆向性（如企业并购）、交易对象的模糊性（如证券交易）、交易结果的不可更改性（如证券交易的结果就不能更改）等。就规则设计来说，商法强调技术性、非伦理性、行为要素（特别是时间要素和比例要素）的准确性。换句话说，商法不但要定性，而且还要定量，并且把量变作为质变的前提条件。而民法则更加注重行为的单纯性、伦理性、抽象性、模糊性等。相对而言，影响民事行为效力的因素也比较多，既可能受其他行为的影响，也可能受行为人内心真实意思保留的影响，还可能受公序良俗等因素的影响。

就行为的做出（决定）及其表达方式来看，民事行为和商事行为也明显不同。普通民事行为必须以行为人的意思表示作为行为效力认定的基础，大多数民事行为也是通过行为人的独立判断和独立意志做出的。而大多数商事行为并不依赖于单个自然人的独立判断和意思表示，单个自然人是否有意思表示，其意思表示是否真实都不会影响相关商行为的效力，典型的如决议行为。决议行为并非单个自然人意思表示的简单叠加，决议行为的形成有其复杂的规则要求。例如在按人头表决的情况下，多数人的意志（无论是绝对多数还是相对多数）可以吸收少数人的意志而形成对商主体及其所有成员都具有约束力的决议。而在按持股比例或持股股份进行表决的情况下，少数股东甚至单一的股东就可将自己的意志上升为约束公司和全体股东的公司意志。

从审判的角度来说，商事审判无论在审判方式上还是在审判理念上都有其比较特殊的地方。商事审判和民事审判相比有哪些不一样的地方呢？根据我的理解至少有以下几个方面：首先，在对待行为稳定性的要求上，民事审判和商事审判的态度是不一样的。我一直认为商事审判非常重视商事行为的稳定性，充分尊重行为主体的自由意志，把维护交易安全和交易效率放在非常优先的位置。但这并不是说民法就不注意维护行为的稳定性，只是说民法出于公平的考量有时对行为的稳定性进行干涉，而不像商法那样几乎是强调绝对的稳定性。举个例子，今年 3 月份在中国的新三板证券市场上曾经出了一个所谓的“宁波水表乌龙事件”。在这个新三板市场上，有一家叫作宁波水表股份有限公司的上市公司，这个公司知名度并不很高，股价也是一直不温不火。在 3 月 9 日这天，一个投资人在购买该股票时误将两个 1000 股，股价为 19.7 元的报价输成了 1970 元，小数点点错两位。由于新三板并没有设置涨跌幅的限制，所以该两笔交易很快成交，成交金额接近400万元。从民法的角度来说，这属于典型的重大误解行为，可以主张撤销。但根据我国《证券法》第120条的规定，对按照依法制定的规则产生的交易，就不得改变其交易结果。这也是证券交易的一个重要特点。因为在很多情况下，我们并不知道交易对手究竟是谁。实际上，在我国的证券市场上以前也曾发生过多起“乌龙指”事件，只不过此前发生的类似事件并没这么夸张。如在“红豆杉”事件中是把6.8元输成了68元，在另一个乌龙指事件中是把20.2元输成了10.2元。同时，还有引起轰动的光大证券的“乌龙指”事件。“乌龙指”事件从民法角度来讲属于重大误解，但从我们现有的证券交易规则和商法的特殊属性来看，我们都承认了“乌龙指”这类行为的效力，包括相关的司法审判都确认了这些行为的有效性。其主要理由是投资人作为一个商人，作为一个市场交易主体，任何行为都是基于自己的理性做出的判断，因此应当对自己的行为负责，同时也应当对自己的过错承担责任。

再举一个例子，比如在企业并购过程中，一旦企业并购完成，那么以后即使出现程序方面的瑕疵，我们也很难将其恢复到并购前的初始状态。因为公司一旦被并购，那么被并购公司的主体资格已经被消灭了，其财产也被合并了，我们很难通过一个程序将其主体再加以恢复。再比如，为了鼓励公司负责人主动履职，积极履职，美国的司法实践创立了一个规则叫商业判断规则。这个规则我们大家都比较熟悉。这个规则有一个基本要求就是不能用司法判断来取代商业判断，因为商业判断和司法判断是两种截然不同的判断标准和判断要求，两种判断依据的法律也是不一样的。公司的董事在做出商业行为时依据的是不充分的信息、模糊的信息，具有流动性的信息和时效性很强的信息。而法官在进行审判时所依据的信息则是充分的信息、准确的信息，固化的信息和呈现方式显著的信息。法官当然不能依据这些信息作为判断董事是否尽职的依据。另外，商人在做出某些行为选择时，在外人看起来这些行为选择可能是违背常理的，但我们并不能据此就认为行为人的意思表示不真实。我们要知道，任何商人作为一个理性人都会对自己的利益有充分合理的评估和衡量，都有自己的行为逻辑。此外，在很多国家的商事审判中，之所以要求必须选择一定数量的商人作为法官介入商事审判活动，甚至有国家完全由商人接受法院的委托进行商事审判活动，其原因主要是基于这样一个理念，即只有商人才能了解商人的真实需求，只有商人才能了解商人的思维习惯，只有商人才能了解商人的商业习惯。在诉讼程序上，商事审判一般采取了更为宽容的程序规则，包括比较宽松的法官选任制度，自由灵活的证据制度，更为灵活的管辖要求。典型的如普通民事诉讼，大多数采取的是强制性的地域管辖原则，而在许多国家的商事审判管辖上通常采取的是管辖自由原则，允许商人之间通过订立不遵守法院地域管辖规则的条款，自由选择管辖法院。

在法律责任的承担方面，商事救济也有别于民事救济。例如，在法律救济方面，民事救济的主要目的在于回复当事人正常的利益状态，而商事救济则在此基础上，强化对商事秩序的维护。因此，商事救济无论是在救济范围、救济目的、救济程度上都较一般的民事救济更为全面，典型的如可得利益损失的引入。当然，与民事救济手段的多样性不同，商事救济是通过单一的同质救济方式实现的。这是因为商法所调整的商事关系是一种单纯的财产关系，对商事权利侵犯的直接后果也无非是使受害人的财产利益受到减损。因此，商事责任就相应表现为单纯的财产责任，而鲜有采取赔礼道歉、消除影响、恢复名誉等非财产责任方式。

二、《民法总则》颁布对我国商事审判的影响

第二个问题，我想讲一下《民法总则》颁布后可能会对我国的商事审判产生什么样的影响。按照我国现在的立法规划，我们实行的是民商合一的立法体例，也就是在民法典之外不太可能制定单独的《商法典》或《商法通则》。因此，既已颁布的《民法总则》事实上已经成为整个私法的基本法。从这个意义上说，《民法总则》的颁布不但会直接影响

民事审判活动,而且也会影响整个商事审判活动的走向。按照我的理解,《民法总则》对我国的商事审判的影响主要体现在两个方面，或者说主要是通过两个方面的内容对商事审判活动施加影响的：一个是民法的基本原则，一个是民法的具体规则。民法基本原则肯定会对商事审判活动产生影响。现在的《民法总则》在第 3 条至第 9 条分别确立了民事权利神圣原则，平等原则，自愿原则，公平原则，诚实信用原则，公序良俗原则，节约资源、保护生态原则。这些基本原则有的是对《民法通则》所确立的基本原则的继承，如平等原则、自愿原则、公平原则和诚实信用原则，有些则是对《民法通则》所确立的基本原则的升华，如民事权利神圣原则、公序良俗原则，有些则是对《民法通则》所确立的基本原则的补充，如节约资源、保护生态原则。对这些民法的基本原则，我简单梳理了一下，其中与商法联系比较密切的原则主要有民事权利神圣原则（第 3 条）、公平原则（第 6 条）、诚实信用原则（第 7 条）。这些原则都可以作为商事审判的指导原则。另外，还有一个比较重要的带有原则性的规定，即《民法总则》第 187 条，该条实际上确立了民事权利保护的优先原则，这一原则实际上是将原来的《公司法》第 215 条、《证券法》第 232 条、《侵权责任法》第 4 条和《消费者权益保护法》第 58 条等散见于各处的有关民事权利保护优先的规定，通过一个基本的条文固定了下来。当然，这些做得还很不够，还有进一步提升的必要。我一直呼吁应当把民事保护优先原则上升为民事权利优先原则，甚至上升为民事优先原则，只有这样才能真正打破民事依附于刑事、民事依附于行政的传统思维，才能真正实现在保护的重点上，从侧重国家利益向侧重保护公民利益的转变。

其次,《民法总则》的编纂体例和具体规则也会对商事审判产生影响。我简单梳理了一下，发现在现有的《民法总则》中有许多规定是专门适用于传统上所说的商事审判的。比如，第 61 条关于法定代表人的规定，根据该条的规定：“依照法律或者法人章程的规定，代表法人从事民事活动的负责人，为法人的法定代表人。法定代表人以法人名义从事的民事活动，其法律后果由法人承受。法人章程或者法人权力机构对法定代表人代表权的限制，不得对抗善意相对人。”这一条实际规定的是传统商法上有关经理权的内容，尤其值得注意的是其中第3款的规定，即“法人章程或者法人权力机构对法定代表人代表权的限制，不得对抗善意相对人”。这一款确立了这样一个原则，即法定代表人的对外代表权具有法定性，其权利内容直接来源于法律的规定。为了保证公司的法定代表人合理履行自己的职务，出于维护公司自身利益的需要，公司法人当然可以对法定代表人的权力进行适当限制，限制的方式可以通过章程，也可以通过股东会决议。但这种限制的作用是有限的，除非你通过正当程序取消了他的法定代表人资格，否则他都能够以法人的名义对外从事民事活动，并且民事活动的结果还要由法人承受。因此，也可以说该条同时还确立了这样一个原则，那就是法人的内部事务和外部事务是分开的，对内部权力的约束不能对抗外部人。与此类似的还有《民法总则》第170条，“执行法人或者非法人组织工作任务的人员，就其职权范围内的事项，以法人或者非法人组织的名义实施民事法律行为，对法人或者非法人组织发生效力。法人或者非法人组织对执行其工作任务的人员职权范围的限制，不得对抗善意相对人”。该条也是一个专门的商法规则，即我们通常所讲的商业使用人对外实施法律行为的效力问题。法人或非法人组织的工作人员以法人或非法人组织的名义所从事的活动，在职权范围内对法人或非法人组织发生效力。大家注意一下第二款，法人或者非法人组织对执行其工作任务的人员职权范围的限制，不得对抗善意相对人，也就是说商业使用人、辅助人只要在其职权范围内以法人名义行事，相关事项的后果就要由法人承担。在我们原来的观念和司法实践当中，我们只强调“法定代表人”的行为可以直接对公司发生效力，但对于商业使用人等通常要求其具有委托授权书，有明确的授权。在我看来，《民法总则》的相关规定改变了传统的看法。

另外，还有第83条（营利法人的出资人不得滥用出资人权利损害法人或者其他出资人的利益。滥用出资人权利给法人或者其他出资人造成损失的，应当依法承担民事责任。营利法人的出资人不得滥用法人独立地位和出资人有限责任损害法人的债权人利益。滥用法人独立地位和出资人有限责任，逃避债务，严重损害法人的债权人利益的，应当对法人债务承担连带责任）、第 84 条（营利法人的控股出资人、实际控制人、董事、监事、高级管理人员不得利用其关联关系损害法人的利益。利用关联关系给法人造成损失的，应当承担赔偿责任）、第 85 条（营利法人的权力机构、执行机构作出决议的会议召集程序、表决方式违反法律、行政法规、法人章程，或者决议内容违反法人章程的，营利法人的出资人可以请求人民法院撤销该决议，但是营利法人依据该决议与善意相对人形成的民事法律关系不受影响）、第 86 条（营利法人从事经营活动，应当遵守商业道德，维护交易安全，接受政府和社会的监督，承担社会责任），这些条文实际上就是把原来规定在《公司法》中的相关内容照搬到了《民法总则》中。

除此之外，《民法总则》中与商事审判联系比较密切的还有第 153 条，该条有两款，第 1 款规定“违反法律、行政法规的强制性规定的民事法律行为无效，但是该强制性规定不导致该民事法律行为无效的除外”。该款规定实际上是把《合同法》第 52 条所规定的合同无效的情形和最高人民法院《合同法司法解释（二）》第 14 条的规定，即“合同法第五十二条第（五）项规定的‘强制性规定’，是指效力性强制性规定”，通过合并立法的方式进行了规范表达。其第 2 款的规定，即“违背公序良俗的民事法律行为无效”，实际上是《民法总则》第 8 条（民事主体从事民事活动，不得违反法律，不得违背公序良俗）所规定的公序良俗原则在民事法律行为中的具体体现。关于这一条的适用，虽然从理论上说应该是适用于所有的民商事领域，但实际上对民商事领域的适用是有差别的。《民法总则》中关于民事法律行为效力的规定在民事领域和商事领域应当有所不同。按照我的理解，《民法总则》第 153 条第 1 款的规定主要规范的应当是商事行为，因为只有商事行为才有可能涉及所谓的管理性强制规范的内容。对普通的民事行为而言，国家对其直接进行管制的可能性非常小。而第 2 款主要约束的则是民事行为，对商事行为通常很难以违背公序良俗为由而主张其无效。之所以会产生适用上的模糊，这和我们的立法态度有关。我们知道，在实行民商合一的国家，通常是不可能有我们现在意义上的民法总则的，因为民商事生活对法律适用的要求是有明显区别的。因此，严格说来，只有实行民商分立，才有可能存在民法总则。但我们国家的情况是，一方面要坚持民商合一的立法体例，另一方面又必须有民法总则，也就是说，要把这种不可能完成的任务通过我们的《民法总则》体现出来，结果会发现《民法总则》的很多规定事实上不可能无差别地适用于所有的民商事生活。

三、商事审判如何适应《民法总则》的要求

第三个问题，我简单讲一下商事审判如何适应《民法总则》的要求。《民法总则》颁布后，肯定会对我国未来的商事审判活动产生深远的影响，商事审判必须以《民法总则》作为基本的审判依据，这应当是一个原则。那是否意味着应当模糊民事和商事之间的区别，淡化商事审判的特殊性？我认为不是这样。《民法总则》的颁布并不意味着商事审判走到了尽头，而是在某种意义上为商事审判提供了更为广阔的适用空间，将许多商事审判规则以基本法的形式固定了下来。

在商事审判中，有几个问题尤其应当引起我们的重视。第一个是如何妥善处理效益和公平的关系问题。公平是民法的一个基本原则，也可以说是民法的一个最重要的原则，民法的主要任务就是公平地在当事人之间分配权利义务。因此，从某种意义上说，没有公平就没有民法。但公平原则在商法中的地位就没有这么重要了。商法虽然也讲公平，也讲利益衡平，但更加看重的还是效益原则。也就是说，商法中的公平是有条件的，是要受到效益原则制约的，在有些情况下为了实现效益甚至会牺牲公平。最典型的如《公司法》中所确立的股东有限责任制度。有限责任是公司的存在基础，也是公司制度优越性的体现，同时还是公司制度作用发挥的必要条件。但有限责任制度对债权人公平吗？显然不公平。

"杀人偿命，欠债还钱"，这是天经地义的事情。有限责任制度是什么？说到底就是欠债不需要还，这既不合情，也不合理。为什么要有这个制度？因为只有在股东承担有限责任的情况下才能最大限度地调动投资者的投资热情，才能有效鼓励投资者去创业、创新和冒险。因此，可以说有限责任制度就是公平原则屈从于效益原则的体现。所以我一直强调效益是整个商法的生命线，没有效益就没有商法制度。

按照我的理解，商法的主要功能就是为了保护或者促进社会主体创造社会财富的能力。我一直武断地认为，在所有的法律当中，只有商法是直接以创造社会财富为目的的法律，也只有商法是直接服务于市场经济活动，直接为市场经济设范定制，即制定具体市场交易规则的法律。从这种意义上说，商法的发达程度和完备程度直接体现了市场经济体系的发达程度和完备程度。而作为商事审判的一个主要功能也是为了服务于市场经济的发展需要，满足商事主体创造社会财富的要求。如果失去了效益的指导，商事审判就可能会失去独立存在的价值。所以，按照我的理解，即使在《民法总则》颁布以后，商事审判所追求的效益优先原则也不应当被废止，而应当被进一步发扬光大。就像我刚才讲的，如果我们丧失了效益优先这个理念，整个商事审判就没有独立存在的必要了。

第二个问题是如何妥善处理平等原则和主体身份的差异化之间的关系问题。《民法总则》既把平等主体作为民法的调整对象和调整范围（第 2 条），同时也把主体平等作为一个基本原则。因此平等既是民法的基本特征，是民法区别于其他法律的主要表现，同时也是民事活动应当坚持的基本要求。但对商法而言，对主体平等性的要求则并没有这么强烈，而是非常注重主体的身份属性，甚至可以说，在商法的视野中对主体的身份差异性的关注甚至强于对主体平等性的关注。虽然民法中也讲身份差异，例如《民法总则》中关于营利性法人和非营利性法人的分类就是一种身份识别，但这只是作为一种例外而存在的，并且一直被许多学者所诟病，而不像商法那样是普遍性的身份不平等。也就是说，在很多情况下商法并不强调当事人之间是平等的，而是强调不同的主体其法律地位乃至权利义务的差别性。以股东为例，我们不能笼统地说股东的法律地位都是平等的。事实上，不同的股东所享有的权利义务乃至所受的法律限制是有很大差别的。例如，无论在立法中还是在商事审判中，我们都要区分大股东和小股东，要区分控股股东和非控股股东，还要区分自然人股东和法人股东（机构投资者）。另外，还要区分发起人股东和非发起人股东，原始股东和继受股东，名义股东（显名股东）和实际出资人（隐名股东）。许多国家还要区分承担有限责任的股东和承担无限责任的股东。为什么要把股东区分为各种类型，因为具有不同身份的股东所享有的权利义务是不一样的。例如，发起人股东要对公司设立中的瑕疵行为承担责任，而非发起人股东就没有这个责任；作为控股股东，根据我国《公司法》第 21 条的规定其不得利用关联关系损害公司利益，如果违反这一规定给公司造成损失的，应当承担赔偿责任，而对非控股股东就没这个限制。另外，有些权利只有符合特定条件的股东才可以享有，典型的如股东大会的提案权。根据我国《公司法》第 102 条的规定，只有单独或者合计持有公司 3% 以上股份的股东，才享有提出临时提案的权利，没有达到这一要求的股东是不享有这一权利的。再比如，股东大会的召集权也是如此，根据我国《公司法》第 101 条的规定，在董事会不能履行或者不履行召集股东大会会议职责并且监事会也不召集和主持股东大会的情况下，连续 90 日以上单独或者合计持有公司 10% 以上股份的股东就可以自行召集和主持股东大会。而不符合这一要求的股东是无权召集和主持股东大会的。此外，不同类型公司的股东其权利义务也是不一样的。例如，根据我国《公司法》第 71 条的规定，有限责任公司的股东在对外转让其股权时，其他股东享有优先购买权，而股份有限公司的股东显然不享有这一权利。即使是同一种股东权，在不同类型的公司中其权利内容也是不一样的。典型的如股东知情权，根据我国《公司法》第 33 条的规定，有限责任公司的股东所享有的知情权的范围比较广泛，包括查阅、复制公司章程、股东会会议记录、董事会会议决议、监事会会议决议和财务会计报告以及有条件地查阅公司会计账簿。但股份有限公司的股东所享有的知情权的范围则比较狭窄，根据我国《公司法》第97条的规定，仅限于查阅公司章程、股东名册、公司债券存根、股东大会会议记录、董事会会议决议、监事会会议决议和财务会计报告。由此可见，之所以要对主体的身份进行识别，主要是因为不同身份不但决定了适用法律的不同，而且还与差别化的权利、义务、责任配置相适应。我们经常说在公司法上，特别是在证券法上，有一个原则叫保护中小投资人或者中小股东利益，这里的中小投资人或者中小股东就是一种明显的身份识别。也就是说，只有对中小投资人或者中小股东才需要进行特别的或者说倾斜性的保护，如果身份识别不和权利义务、法律保护挂钩的话，那么，这种身份识别就没有任何实际意义了。

再比如，关于自然人和法人的区别。我一直认为民法应当是以自然人为基础构筑的一个法律大厦，至少传统民法是如此。法人不是民事主体的常态，而仅仅是一种例外。民法应将关注的重点放在自然人身上，将自然人权利的实现作为自己的目标。民法的许多原则和概念，只有针对自然人才有意义，例如公平、善意、过错、公序良俗、内心确认、意思表示。民法的许多制度基本上也是专门针对自然人设立的，如监护制度、宣告失踪和宣告死亡制度、无因管理制度、正当防卫制度、婚姻家庭继承制度、人格权制度等。商法则不同，商法的主要规制主体是商人，通俗点说是市场主体，主要是以公司为代表的法人。商事主体和民事主体有什么不同呢？最重要的一个区别是商事主体要通过商事登记的方式才能获得，而不是自然获得的。民事主体除法人外都不需要通过登记方式，即民事主体的资格是天然取得的，而一个自然人要想取得商人的身份就必须履行登记手续。实际上，登记不仅仅是一个手续，而是一种保障，既是对商人本身的保障，也是对交易相对人的保障。

实际上，当我们说到以公司为代表的法人和自然人时，首先想到的是他们之间的区别。那么，两者最主要的区别是什么呢？说到自然人，一般来说，自然人的生存本身就具有合理性，每个自然人都不需要证明他的存在价值，即使是一个天生的智力障碍者，他也有生存的权利，他也是民事主体。但公司就不同了，公司究竟有没有自己存在的价值需要通过自己的行为加以证明。只有能够为股东带来回报，为社会创造了财富的公司才有存在的价值。从去年开始，我国对僵尸企业进行清理，有人说“僵尸”是一种权利，清理僵尸行为是一种行政权力的滥用行为，但我并不这样看。我认为对僵尸企业进行清理有一定的合理性。如果一个企业根本就不进行任何经营活动，既不能为社会创造财富，也不能为社会解决就业，反而在消耗社会财富，成为社会的负担，那么这样的企业确实就没有存在的价值。

当我们说到自然人时，一般说来他的行为通常具有个别性、偶发性、冲动性。因为自然人大多是非理性的，法律不能要求自然人的所有行为都必须是在深思熟虑之后做出的审慎选择，很多行为都是非理性的行为，所以法律要对自然人提供一些特别的保护。比如，允许行为人以意思表示不真实、重大误解、显失公平等主张撤销某些行为。再比如，我国对网上购物设置了后悔期的规定。因为在网购的时候，大多数人是非理智的，好像每个东西都很便宜，每个东西自己都喜欢，每个东西自己都需要，但真正买了之后才发现，大多数东西可能是自己根本不需要的。所以才需要通过一定的冷静期给他一个后悔的权利。前段时间我在给我校学生做讲座的时候，曾经开过一个玩笑，说女生相对男生来说更感性，更加非理性，网购的主力军是女生，“剁手党”也是女生居多。在点评时有老师说我对女生有偏见，实际上女生可能更理性。但我现在找到了科学依据。我在报纸上曾经看到过一篇文章说，人类学家认为女士爱逛街和爱购物的行为模式在原始时代就已经发生了。当时的妇女主要负责采集，所以就要从一个地方走到另一个地方寻找成熟的果实，演化到现在就是从一条街走到另一条街，从一家店走到另一家店。为什么女性买东西时喜欢反复比较呢？这是因为当时必须通过反复比较才能采摘到新鲜及没有毒性的果实。当然是否真的如此，只有靠你们自己来判断了。

当我们在说到公司的时候，我们给出的假定是，所有的公司都是理性的主体，其行为都是在经过慎重权衡之后所做出的决策。所以，对公司的行为通常不能以轻信、非理性、误解等作为抗辩依据。前面我们曾说过，商法非常强调行为效力的稳定性，其核心是充分尊重商人的行为选择。即使商人做出一个在外人看来非常不理性甚至非常不靠谱的行为，我们也要推定该行为是商人在理性基础上通过反复权衡所做出的一个最佳利益判断。事实上，我们也不能用我们的思维，我们的行为逻辑来判断商人行为的合理性。商人有自己的行为逻辑,有自己的利益判断标准。如果商人将一个价值 10000 元的东西以 1000 元的价格卖给了另外一个人，从表面来看，在这个交易中商人吃亏了。但实际上，商人以这个价格将东西卖给这个人肯定有他自己的合理的原因，其中的原因可能是这次交易本来就是长期连续性交易的一个组成环节，虽然在单个交易中是亏了钱，但从总体的交易来看可能还是赚钱的。也可能是因为在以前的交易中自己占过便宜，所以通过这次交易给对方补偿，也可能是为了长远利益放长线钓大鱼，吃小亏占大便宜。当然，也不排除搞利益输送，或者是进行关联交易等违法行为。但这些违法交易通常是由其他部门负责查处的，商事审判的法官无权直接加以认定。

还有一个是关于民事习惯和商事习惯或者叫商事惯例的关系问题。其实，民事习惯和商事习惯是两个不同的习惯类型，我国《民法总则》中所说的习惯，按我的理解大部分应当指的是商事习惯，主要也是适用于商事审判领域。为什么这样说呢？因为在民事生活当中各地的风俗习惯差别非常大，所谓“五里不同风，十里不同俗”，因此，真正能够被作为习惯在审判当中加以使用的比较少，即使有，也主要局限于婚姻家庭和继承领域，当然也包括财产关系中的一些习俗，如典权制度、处理相邻关系的一些习惯等。但总的来说，其他领域的民事习惯比较少，真正相对广泛性适用还是在婚姻家庭和继承领域。比如说，中国的大多数地方一直有订婚及订婚收彩礼的习俗，男女双方一旦订婚就基本上被视为夫妻了（至少是准夫妻）。因此，这种正式登记前的订婚行为基本上是一个在全国具有普遍性的习惯，可以被用于特定身份的证明和婚姻关系的认定，用于处理财产纠纷和继承等。当然，这一习惯的具体内容在不同地方还是有很大的差别。例如，在我们老家，对于订婚后女方收取的彩礼，如果是今后女方提出退婚，那么则应无条件地退还彩礼；但如果是男方提出退婚，除非是巨额的财产，否则一般是不需要退还的。即使是退还，一般也不需要全额退还，因为毕竟耽误了别人女儿的婚嫁时间。另外，有些民事习惯，可能还会因违反法律或公序良俗而无法得到法院支持，典型的如以前许多地方流行的出嫁女儿不能继承父母遗产的习俗。这因与我国《继承法》规定的基本原则相抵触，不可能得到法院的支持。实际上，能够作为常态形式存在的并被广泛加以适用的应该是商事习惯或者商事惯例，特别是商事交易习惯。从历史上看，商法规范来源于商事交易习惯，按照恩格斯的说法，这些内容的商法规范不过是把每天重复的交易活动通过一定的规则体现出来，固定下来。这种规则首先表现为习惯，后来就上升为法律。因此，商事习惯构成商法，特别是早期商法的法源基础。从某种意义上说，没有商事习惯就没有商法制度。即使到现在，商事习惯或商事惯例仍是商法的主要法律渊源之一，其作用不仅在于填补成文法法律规则的漏洞，更在于有效平衡商人之间的利益分配，并强化商人的利益共同体意识。因此，商事习惯的适用并不是对成文法的消极补充，而是在某种程度上可以变更成文法的适用范围，或者对成文法的适用构成某种限制。当然，在商事审判实践中怎么判定商事习惯、商事惯例的有无及其适用范围和适用条件；当商事习惯、商事惯例与法律规定不一致时如何进行取舍；在引入商事习惯、商事惯例之后所作出的商事判决怎么保证既为当事人所接受，又充分服务于经济社会发展等，这些都是未来在商事审判中应当予以认真思考和着力解决的问题。

总的来说，我的基本观点是：商事审判和民事审判的确有很多不一样的地方，我一直倡导和呼吁希望将商事审判从民事审判中独立出来。商事审判独立化并不是审判程序的简单改变，而会带来审判理念、审判方式和审判结果的根本变革。不仅对法官人员的业务素质提出了更高的要求，而且对审判服务于经济社会发展需要，服务于市场经济发展的任务和目标都会产生重大影响。如果仍然固守大民事的审判理念和审判思路，不注意区分不同审判的不同价值诉求，不但很难适应日趋复杂的市场经济的发展需要，而且很难达到现代社会治理所要求的对不同社会关系进行分类调整的目的。在这里，我再次呼吁大家共同努力，以促成商事审判独立化的早日实现。

谢谢大家！

第九讲 《民法总则》颁布后的商法发展：机遇与挑战

主讲人：刘凯湘　北京大学法学院教授、博士生导师
　　　　温世扬　中南财经政法大学法学院教授、博士生导师
　　　　谭启平　西南政法大学民商法学院教授、博士生导师
主持人：赵万一　西南政法大学民商法学院教授、博士生导师
嘉　宾：曹兴权　西南政法大学民商法学院教授、博士生导师
　　　　侯国跃　西南政法大学民商法学院教授、博士生导师
　　　　汪青松　西南政法大学民商法学院教授、硕士生导师
时　间：2017年5月31日晚7：00
地　点：西南政法大学毓才楼三楼学术报告厅

赵万一　尊敬的各位来宾、各位老师、各位同学，晚上好！非常高兴也非常荣幸我们迎来了静昇大讲堂第八讲《〈民法总则〉颁布后的商法发展：机遇与挑战》。今天我们请来了三位演讲嘉宾和三位点评嘉宾。我首先介绍一下我们今天的主讲人，他们是中国商法学研究会副会长、北京大学教授刘凯湘，中国民法学研究会副会长、中南财经政法大学教授温世扬，另一位老师是中国民法学研究会副会长、西南政法大学教授谭启平。我简单介绍一下三位主讲人，刘凯湘教授和温世扬教授都是我们80级校友,谭启平教授是81级。今天的演讲我们来共话《民法总则》

颁布之后对民法典、商法典的影响。点评人一个是曹兴权教授，一个是汪青松教授，一个是侯国跃教授。我们首先对各位演讲嘉宾、点评嘉宾表示欢迎！下面我们有请谭启平教授，大家欢迎！

谭启平　今天让我跟两位师兄——刘凯湘师兄和温世扬师兄，一起来谈一谈关于《民法总则》颁布后的商法发展：机遇与挑战。

这个题目谈什么呢？严格来讲，从点题的角度，我认为题目本身在某种程度上是一种不完全表达，或者说是一个有问题的题目。因为我们知道，十八届四中全会《决定》中第二部分第四项所提出的任务是编纂民法典。那么编纂民法典，根据全国人大常委会的决定，或者说我们既定的工作路线图，它会分为两步走：第一步是按照原来的预期，于 2017 年 3 月份审议通过《民法总则》，现在是如期通过；第二步是在 2020 年左右完成中国民法典的编纂，实际上就是分则部分。所以，在这种情况下，如果谈商法发展，很显然我们不好独立地谈《民法总则》颁布后的商法发展，因为在编纂民法典过程中，即使要谈也应该是要么跟民法典编纂同步，要么是在民法典编纂完成后再来谈商法未来的、可能的、是否有新的发展空间，以及应该怎样发展的问题。这是第一个问题，关于这个题目我的理解。

第二个问题是，长期以来，大家好像时常把民法跟商法两者之间的关系摆在一个极其重要的位置来进行讨论。这个有多大意义？有多大空间？实实在在说，我没有想得太明白。为什么这样讲呢？实际上这就涉及学理上的民商合一和民商分立的问题。事实上在我们国家，在我的观念中，包括在民法典编纂的过程中，似乎民商合一是一个没有什么可争论的话题。从小的角度来讲，西南政法大学的第一学院就叫民商法学院，是民商合一的对吧？而从我们国家民事立法的角度而言，在民法典编纂之前，我们的民事立法发展过程中，依然是民商合一的。虽然学术上有关于民商分立和民商合一的一些讨论和论争，尤其是商法学界的很多学者，在我有限的阅读和接触的范围之内，以南京大学的范健教授等为代表，非常多地强调商法的独特性，甚至是它的独立性问题。但是实际上，在民法典编纂之前的民事立法中，尤其是改革开放三十多年来，我们所进行的民事立法的进程，事实上走的都是民商合一的道路。作为民事立法最典型代表的《合同法》，它所体现的基本上都是传统商法的基本内容。因此，在民法典编纂之前，我们国家走的是一种民商合一的基本道路。而在这个过程中，在我们的民事基本法之外，实践中有一部分法律在学术研究上，我们把它纳入到所谓的商法的范围里面，如《公司法》《票据法》《保险法》等，虽然我们可能将它们纳入到所谓的商法教学中，但它们应该都属于广义民法的范畴。因为我们都知道，在民法学教学的过程中，当我们讲到民法概念的时候，都会讲到广义的民法和狭义的民法。我们西南政法大学民商法学院民法教研室所承担的教学任务，基本上是属于狭义民法的范畴。如果从广义民法的角度来讲，实际上还包含了商法以及婚姻家庭法，包括知识产权法，这些都属于广义民法的范畴。从十八届四中全会之前、民法典编纂之前来讲，是这样一种基本的格局。而从民法典编纂启动到现在，尤其是经过我们这次《民法总则》的编纂，我们的民法典编纂，应该说在更高的水平，在更好的程度上实施和进行着民商合一的路线。在这一点上，从已经颁布的《民法总则》中，以及在此之前的相关讨论中，这个方针和相关法律条文的规定，应该说是极其明确的。

首先，从我们的立法方针来讲，2015 年 3 月 20 日，全国人大常委会法工委正式启动民法典编纂工作。全国人大常委会法工委主任在 3 月 20 日的启动工作会上，有如下四点表达：第一点，编纂民法典是十八届四中全会确定的一项重大政治任务，他宣布 3 月 20 日既是工作启动会，也是一次动员会；第二点，民法典编纂分两步走，第一步是先完成总则的制定，第二步是要在 2020 年左右完成民法典的编纂；第三点，民法典的编纂由全国人大常委会法工委作为牵头单位，最高人民法院、最高人民检察院、国务院法制办、中国社科院和中国法学会这五个单位作为参与单位，这实际上是采取了一种独特的、有别于我们过去其他立法的立法路线，即民法典编纂有一个牵头单位、五个参与单位；第四点，这次民法典编纂采取民商合一的路线，在民商合一的体制之下进行法典的编纂，并且表示 2002 年全国人大一次常委会议就有关民法典编纂的基本体例已经作出了安排，因此就在此基础上进行。对此我印象比较深刻，而事实上此后的《民法总则》编纂工作应该说完全是按照这个方针和路线图来进行的。因此，我们国家的民事立法采取的是民商合一的基本方针。

其次，从《民法总则》的有关内容来看，现在已经制定出来的《民法总则》整体上是 206 条，其中所体现的基本的规则，什么是民的部分，什么是商的部分，或者哪些是属于传统的民法部分，哪些是传统的商法部分，这些区分我认为是没有明确的界限的。从某种意义上来讲，如果要严格地区分，我认为已经制定出的《民法总则》的有关内容，实际上充分地体现了我们传统商法的很多最核心的内容，因为商法中所研究的商主体、商行为等基本规则，在《民法总则》中体现得极其充分。举例来讲，在《民法总则》第三章法人制度部分，关于法人分类方法，采取了有别于《民法通则》的基本分类。《民法通则》采取的是企业法人和非企业法人的分类方法，而我们的《民法总则》采取的则是营利法人、非营利法人和特别法人的分类方式。营利法人和非营利法人这一分类方式所考虑的营利性这一要件，实际上就是我们传统公司法中最核心的内容之一。大家可以看到，《民法总则》第三章第一节关于法人制度的一般规定，第二节关于营利法人的相关内容基本上都是我们传统所谓的商法里面公司制度中最核心的内容。对于法人的分类，《民法总则》没有采取传统民法或者说大陆法系主要国家民法中社团法人、财团法人或捐助法人的这样一种最基本的分类方式。应该说从主体的角度，我们可以看出，这种分类具有强烈的商法特征。法人的分类，本就应该属于民事主体部分，在我看来是《民法总则》中最核心的内容，但是这个内容把传统民法的思想和内容体现得相对少，而商法的特征和内容则体现得非常充分。包括后面所构建的一种新类型的主体——非法人组织，它实际上也选取的是合伙企业、个人独资企业这样的内容。传统商法上所规定的法律行为的内容，以及代理和其他一些内容，都说明了传统商法上的内容在我们《民法总则》中体现得是非常充分的。也就是说，已经编纂完成的民法典的总则部分充分地、全面地体现了我们传统商法的一些核心内容。

第三个问题是，本题中所谈到的未来的商法发展。我认为我们的《民法总则》为未来的商法以及其他民事单行法的发展留下了极其巨大的空间。关于商法未来的发展，我注意到商法学界有一种声音，强调在民法之外还需要制定商法通则。我记得 2015 年 6 月 14 日，在北京召开了一次商法与民法的对话会议，在我的印象中，这是王宝树教授最后一次参加这个会议，当时他提到在民法典编纂完之后，还应当继续完成商事通则的制定工作，包括范健教授甚至赵旭东教授也持这种观点，还有学者认为应当制定商事一般条款，主要是以中山大学的周林彬教授等为代表。

我个人认为，在某些法律关系处理中，商法肯定有其自身的独特性。这些独特性，也许会成为我们未来的《公司法》《票据法》《保险法》《破产法》等单行法修订中非常重要的依据，也给我们民事审判中的所谓的商事审判和一些特殊规则的设立留下了一定的空间。但是，在我看来，以上这些内容基本上都已经被包含在《民法总则》第 10 条和第 11 条的范畴中。《民法总则》第 10 条规定：“处理民事纠纷，应当依照法律；法律没有规定的，可以适用习惯，但是不得违背公序良俗。”对于未来相当多的商事行为，除相应的法律规定外，对既有的商事习惯留下了很大的适用空间。第 11 条规定：“其他法律对民事关系有特别规定的，依照其规定。”其实是讲民法与其他法律的关系，其他法律对民事关系有特别规定的，按照特别规定。实际上这样一个规定，为未来的商事规则的适用也留下了一个巨大的空间。除了商事规则之外，婚姻家庭部分实际上已经纳入了民法典的分则范围中，但是在未来的处理过程中，也不排除有独特的关于婚姻家庭的特别规定，还有包括其他的一些涉外民事关系以及知识产权等领域，我认为都可以纳入一些特别规定。无论商法未来进一步发展的空间是机遇也好，挑战也好，如果在调整具有其自身独特特征的一些社会关系时，需要单行法或者单行的一些裁判规则来加以规范，那么其所适用的具体法律规定都应当是《民法总则》第 11 条可以有效实现的，或者说在第 10 条中习惯的这一范畴可以解决的。

毫无疑问，民法典编纂完成之后，对中国社会主义法律体系的完善将会起到极其巨大的促进作用，未来与民法典相关的一系列的民事法律群，包括商法在内，应该会获得继续的、更好的发展。伴随民法典的编纂和相关民事法律制度的不断完善，我们法治国家建设的目标能够早日实现，我们法治社会的建设也能够早日实现。

我就先说这一些，不对的地方欢迎大家批评指正，谢谢大家！

赵万一 非常感谢谭启平教授！谭启平教授参加了中国法学会民法典的起草工作，也讲了我们国家有关《民法总则》的一些立法背景和立法考虑。他作为立法的直接参与者，可能比较权威。谭启平教授认为商法“闹独立”不对，民商是一家，当然我们也不能说民商不是一家。商法之所以一直在“苦苦挣扎”，苦苦地追求独立，就是因为商法学者一直认为商法有自己的独立性。下面我们有请来自商法学界的刘凯湘教授，请他来谈一谈他所认识的商法与《民法总则》的关系。

刘凯湘 大家晚上好，谢谢万一，谢谢启平，谢谢在座的各位师兄师弟师姐师妹，很高兴又回到母校。关于民法与商法的关系，去年年底我在《环球法律评论》2016 年第 6 期上发表了一篇论文，题目叫作《剪不断，理还乱：民法典制定中民法与商法关系的再思考》。我的硕士和博士都是民法专业，不过我在很久以前确实就在研究商法了——1997 年《论商法的性质、依据与特征》发表在西政的《现代法学》上。万一原来是民法学研究会的副会长，现在是商法学研究会副会长。我说这些就是为了说明民法与商法的关系确实非常紧密，也很难区分清楚。我总想用一些比喻来说明民法与商法之间的关系。比如说民法与商法像不像一对孪生兄弟呢？有点像，同出一源，血缘是相同的，所以民商都是私法的二元结构，都是私法，都是私的权利、私的利益，都实行私法自治。但是既然是孪生兄弟的话，兄弟是两个人，是相互独立的两个主体，是不能互相取代的。我就想到另外一个比喻，说民法就像一个大厦，民法典就是一个民法的大厦。从罗马法开始，到《法国民法典》《德国民法典》《日本民法典》，这个民法典或者民法，不论是实体民法也好还是形式民法也好，它是一个相对稳定的结构，这个大厦从屋脊到墙，再到里面的不同空间，进去之后卧室、书房、大厅、厨房、卫生间还有棋牌室，它都是一种比较稳定的结构。当然《法国民法典》与《德国民法典》有不同，一个进去之后右边是卫生间，一个进去之后右边是厨房，就这种差别而已。但是商法它不像民法是这种比较严谨的安排，商法如度假村，这个地方是打牌的，那个地方是烤羊肉的，这个地方是唱卡拉 OK 的，这个地方是睡觉的，这个地方是开会的……但是它仍然在度假村内，度假村本身是有围墙的。所以商法里面是一个个独立的部分，公司、保险、票据、海商、信托、破产等，它们相互的独立性是很强的，不像民法那样框架结构很紧密，商法本身是相对独立的。

我认为，民商法的这种争论，尤其是比如有的民法学者完全不承认商法的独立性，或者有的商法学者认为新的市场经济只有商法，民法就是家事法，仅有婚姻继承的问题，这两种观点都确实过于偏激。在我看来，需要明确民商二者之间究竟是何关系。我国《民法总则》的制定和颁布到底给了我们什么样的确定结论？什么样的不确定结论？无论是立法的空间或者司法裁判的走向，包括学理和学术发展的空间，它到底给我们定了一个什么样的调？如何解读《民法总则》中涉及商法的一些问题？举例来说，启平教授反复提到的《民法总则》第 11 条：“其他法律对民事关系有特别规定的，依照其规定。”这就涉及法源的问题，是民法的法源。《民法总则（草案）》最初特别指出了商法、商事法律以及其他法律另有规定的依照其规定，特别把商法提出来。如前所述，在讨论《民法总则（草案）》时，有的商法学者说从中看不到商法，觉得商法被边缘化了，被歧视了，其中包括商法学会的会长赵旭东教授。后来我表示这样的想法是错误的，《民法总则》对商法规定得越少越对，越能给商法预留空间。按理说民法就不应规定商法的内容，因此对于规定法律渊源的第 11 条，我反对将商法特别写出来，准用其他法律不一定准用商法。再比如，关于启平刚才谈到的《民法总则》中非常重要的一个制度，法人制度，其中法人的一级分类，分为营利法人和非营利法人。对此，启平是持否定观点的，我们仔细再推导一下，他的观点不是矛盾吗？《民法总则》基本采用了商法中的法人分类方式——营利与非营利。营利性是商法中法人分类最本质的特征，而民法民事主体制度中对法人的分类，采用了商法的分类，启平认为这是不对的，那正好说明了商法与民法的不同。作为《民法总则》，规定法人制度确实不应该。这一点我与启平的想法一致，我非常反对《民法总则》将商法中营利性与非营利性分类作为法人分类最终确定的依据，既摒弃传统社团法人、财团法人的分类方法，又摒弃了我国民法传统的企业法人、非企业法人的分类方法。它为什么不对？因为它完全把商法这种分类的营利性特征搬进了民法中。不仅如此，《民法总则》从第 83 条开始，包括“刺破公司面纱”的问题，包括关联交易的问题，包括股东决议、股东会决议无效、效力待定的问题，纯粹是从《公司法》及其相关司法解释中的规定照搬过来的，没有任何道理可言。为什么没有道理？因为民法是民法，商法是商法，民法不能把商法的东西照搬过来，民法和商法是不一样的。

前面提到私法的二元结构，民法与商法有共同的地方，它们的理念是一样的，都是关于私的权利、私的利益。其实民商的二元结构，民法与商法共同构成一个私法体系，目的是什么？是私的权利、私的利益，是人们的福祉、人们的安宁、人们的营利、人们的营业自由，以此来对抗公权力对投资营业自由的限制，对私法生活的干预。这是它们相同的理念、相同的地方，构成一个私法的二元结构。但是在私法的二元结构中，民法与商法有不同的理念、追求、规制，包括具体的制度，是不同的，包括商事裁判，同一份合同，民庭法官的基本理念与商事审判庭法官的理念确实存在很大的差异。民法更强调意思自治，更讲究诚实信用、对价、等价有偿等，且更强调公平性。民法与商法的尺度和标准是不一样的。到了商法领域，例如最典型的商法中的股价调整协议或者说对赌协议，从民法的角度看来协议本身是失衡的、不公平的，就诚实信用原则来看也不符合诚信，纯粹就是赌；但是从商法角度来看这就是一种相互的投资风险的安排——当初把投资人引进去，你的股价有高估或者有一定的溢价才转让，结果却没有实现财务业绩，没有实现 IPO，如果业绩能补上便补上，或者按照协议回购，回购又固定一个计算方式公示出来。在商法中这纯粹是一个风险的安排，并非权利义务不对等。因此商法更关注营业自由和投资自由，而民法则更关注所谓的公平和权利义务的对等性。让民庭的法官去审理商事案子，商业就无法进行，或者说商业就很难进行。新一代的市场经济是资本市场、资本经济，资本的投资也罢，理财也罢，运用也罢，其中风险的安排都是商法追求的目的，是为了真正实现营业自由和投资自由，如果对这些进行过分限制，以所谓的诚实信用、所谓的公平、所谓的对等去限制，商业就很难进行了。

我的基本判断是什么呢？《民法总则》颁布后对商法，包括商事立法、商事裁判、商事学说的发展，到底提供了一个什么样的空间，怎么看待呢？是压缩了商法的空间还是给商法一个广阔的空间呢？我的观点是后者，我对此持乐观的态度。从立法层面来看，我是比较乐观的，无论是商法典还是商事通则，总会有实现的一天。在中国，如果没有民法、商法共同构成的私法二元结构，中国就不可能真正走上私法自治，不可能真正以私权来对抗公权，这是我的一个基本理念。因此我认为，从立法角度来看，商法还有很大的空间。从司法裁判来讲，《民法总则》颁布后，对商事裁判的影响是什么？存在一种可能性，即审理商事案件，如公司纠纷、保险纠纷、票据纠纷、信托纠纷等商事案件，是否要更多地借鉴《民法总则》？《民法总则》的内容会不会渗透到商事裁判中？我认为，《民法总则》的一些基本理念是没问题的，比如平等性、公序良俗等理念，尤其是私权神圣、私法自治这些理念灌输进商事裁判是很有价值的。因此我的理解是，《民法总则》的颁布不会对商事裁判产生颠覆性的变化，不会导致商事裁判完全按照民事案件的思路来进行。

最后，从商法理论学说包括教学方面来看，《民法总则》规定了营利法人与非营利法人、“刺破公司面纱”、关联交易、股东会决议效力等问题，这都是《公司法》上的问题。清华大学崔建远教授曾说：“以后教民法不懂商法还不行了。”因此，未来民法教学讲法人这一章，尤其是讲营利法人这一章，不懂商法、不用商法知识还不行了。所以《民法总则》还有一个积极的作用，它把民法和商法的一些内容更多地融合在了一起，同时也带来了一个问题，即民法的教学科研中，有的研究民法的学者也研究商法，有的研究商法的学者也研究民法，但纯粹研究民法的，法人这一章便没法讲了。所以我的结论：第一，《民法总则》的这些规定，从法源到法人分类制度到其他的一些规定，我认为并非彻底地把民商合一了，民商合一形式上绝不可能做到，唯一能做到的是《合同法》中的民商合一。民法就是民法，商法就是商法。第二，《民法总则》的颁布，我认为为商法提供了一个更大的空间，不过是更好地说明了民法和商法分不开，它们是孪生兄弟，但又是各自的兄弟，它们有各自独立的“人格”。

谢谢大家！

赵万一 非常感谢凯湘教授！下面我们有请民法学研究会副会长温世扬教授。

温世扬 谢谢母校的邀请，我再次来到这里和大家交流。坦率讲，我自己主要研究民法，但是也承担了保险法领域的教学科研任务，因此对商法也有一些关注。至于民商关系，我考虑不多。为什么考虑不多呢？因为我认为这个问题不太重要，不需要特别深入去探讨。就学界观点来看，我们现在分为两个研究会。刘老师身份比较特殊，他既是商法学研究会的副会长，又是民法学研究会常务理事，所以他的立场应该有特殊性。就两派的学者而言，正如谭老师所讲，民法的学者不愿意讨论民商关系是因为他们认为民商合一；商法学者中存在分歧。在我看来，民法学者是“统派”，商法学者有“全独派”和“半独派”。范健教授大概是“全独派”，赵旭东教授我觉得是“半独派”，要求在民法典当中为他留一个“包厢”，认为搭上民法典的列车就可以“前途无量”。

对这个问题，我想讲三个方面的看法。

第一，民商关系的定位。我对这个问题思考不多，算是第一次对这个问题发表自己的看法。刘老师说“剪不断，理还乱”我基本同意，但是乱还要理。我认为可从两个方面来进行观察。第一个方面，从我们国家所谓的新的历史时期的立法实践，实然的角度来看，我的观察是民商合一。我想到四个标志性事件，其实不止四个。第一个是《民法通则》，它作为特殊历史时期的立法，可以说并不仅仅调整传统的民事关系，它包含了一些商事因素。第二个是国家立法机关宣布社会主义法律体系建成，如果大家去回顾有关社会主义法律体系的文件，里面提到社会主义法律体系由七个部门组成，其中一个叫“民商法”，这也代表了当时立法机关的一种趋向。第三，如谭老师所说，2014年十八届四中全会《决定》中提到“编纂民法典”五个字，它的前一句是什么呢？是“加强市场法律制度建设”。也就是说这个政治文件中，编纂民法典是加强市场法律制度建设的一个标志，似乎意味着它是通过编纂民法典来奠定市场法律制度建设的基础。这可能也是一种合一的倾向。第四个标志或者说例证是今年3月15日《民法总则》通过，在3月8日，全国人大常委会副委员长李建国做《民法总则（草案）》的说明，我特意看了一下。有这么一句话，“我国民事立法秉持民商合一的传统，通过编纂民法典，完善我国民商事领域的基本规则，为民商事活动提供基本遵循”。因此我的观察是，从我国的实然角度，或者从我国立法过往的实践角度，我国采取了民商合一的立场。当然，我们不评价它是否正确，因为是否正确我们可以主观评价，而这是实然。第二个方面，应然的民商关系是什么？我想我们思考的起点是：什么是商，什么是商法？我有两个基本判断：

第一，私法本身。商法本身是私法，它是调整平等主体的财产关系或交易关系的一个法律的集合，因而它本质是私法，这点和我们传统民法是一致的。尽管现在商法被或多或少地掺入了所谓公法的因素，但它的本质不应该被剥夺。第二，商事特色。在强调私法本质的同时，商事立法，从各种单行法来看，体现的是商事活动的规定性要求，商事特征。比如说，它的营利价值追求，对效率的追求。当然，它并没有否认公平。这就是我对商法的定位。基于这样一个定位，我们再往下考虑，所谓民商关系究竟是什么关系？我觉得这个观点可以有两种论证，第一种论证方法就像凯湘教授考虑的，它们是孪生兄弟，孪生兄弟就是说都是私法的部门，同属于私法，民法是传统的私法，商法也有很多传统的东西，民法更古老，从罗马法开始发展起来，而商法是更具现代意义的、市场经济意义的私法。因此，说它们是并行的两个部门也不为过。第二种论证，从民法学者的观点来看，都认为民法和商法是普通法和特别法的关系，这和所谓的并列关系有什么区别吗？商法的基本原则、基本理念是由民法确认的吗？平等、意思自治、公平、诚实信用，这些来自于或者说奠基于民法，但也是在商法领域共享的一部分。同时，商法也体现自己的特殊要求，比如刚才谈到的，要体现效率，体现营利性。所以从这个方面来讲，说商法是民法的特别法也不为过。那么我基本的看法是什么呢？民法和商法的关系，并非完全一体，也不是完全独立，而是相对独立。这是对二者的应然关系，我的初步判断。

第二，对《民法总则》的观察。《民法总则》是否体现了民商合一呢？启平老师、凯湘老师都谈到了《民法总则》有传统意义上民法的一些规则，实际上也涉及了商法的一些内容。因此，从一般意义上讲，《民法总则》也和前面讲到的一贯立场一样，立法机关或者说法政策层面一样，它是追求民商合一的。具体内容谭老师前面已经讲到，我就不展开了。如果考察历史我们就会知道，所谓民商合一，从民法典意义上讲，我们一般举两个例证，第一个是《瑞士民法典》，通过内置债法来体现民商合一；第二个是《意大利民法典》，通过合同制度的类型化来体现民商合一。

但这两个民法典都没有总则上的民商合一，因为它们都没有民法典意义上的总则。今天我们编纂民法典，第一步是起草《民法总则》，在这样一个环节中如何实现真正意义上或者完全意义上的民商合一呢？在我们的总则上体现了这种追求，但还没有完全实现。比如，在行为制度方面，除了民事法律行为提到的决议行为之外，再没有更充分的体现。从这个意义上讲，商行为难道只能抽象出一条吗？再比如，权利方面，只有一个短短的条文提到股权这种权利，这是真正意义上的民商合一吗？我看并没有完成。

第三，民法分则的把握。从民法典意义上讲，民法分则能否贯彻民商合一？我想，还是应当有所作为。比如，在物权制度、担保制度中，应当体现商事担保的特殊性，如独立保函、让与担保，这些应当罗列在商事担保中。在合同法中，合同类型化、有名合同的设计上，也应当考虑商事的一些合同，如特许经营合同、股权转让类型合同，是否应当纳入民法典呢？当然，商法学者很可能是反对的。但我认为，如果要实现民商合一，这是可以考虑的。还有在《侵权责任法》中，我记得2009年《侵权责任法》通过之前，在学者讨论的过程中，就有一部分学者，比如杨立新教授就特别倡导要规定商事侵权。我仅从文献角度来说，有这样一个印象。这是不是意味着在侵权法中也要体现商事侵权的特殊要求？因此，在《民法总则》完成之后，在民法分则中，民商合一的道路还是可以有所作为的。

谢谢大家！

赵万一　非常感谢温世扬教授，因为他是一个民法学者，我从他的演讲中发现民法也并非铁板一块。学者观点也不尽一致。

下面我们首先有请曹兴权教授发表点评意见。

曹兴权　谢谢赵老师，谢谢三位老师！点评不敢当，我说一下感悟。就我个人的观点而言，去说民法和商法到底哪一个优先，哪一个胜，这个命题本身就是一个不好的命题。因此，在更广义上看，讲民法和商法的关系，这个命题本身也不是一个很好的命题。因为，我们要谈民商关系的时候，必须有一个前提的共识，那就是什么是民，什么是商？如果我们连什么是民什么是商都搞不清楚，谈民商关系便没有基础。我们要谈民商合一、民商分立，什么是合，什么是分，怎么合，怎么分？这些共识或者说基础知识、基础理论，可能也应当形成共识。只有在这样的基础之上，我们才能够设计方案，因为方案是建立在理论和共识之上的。由于我们可能对民和商本身存在争议，对民商怎么合、怎么分存在争议，所以我们讨论民和商，怎么合，怎么分，所有的结论都存在主观因素。比如我们编纂民法典，虽然立法政策坚持民商合一，但它真的坚持了吗？或许我们有不同意见，或许我们认为它是形式上的坚持，实质上并没有坚持。因此，我们可能得到一种感受，所谓民商合一只是一个物理反应，而非化学反应。这句话的前提是，我本身对民商合一是物理反应还是化学反应是不清楚的。因此，就我个人而言，我不太关注民商是合一还是分立。对于这个命题本身，我更关注法律的实践问题。这也并不是说商法不重要，商法很重要。至于如何处理，我认为是一个立法技术问题。民法和商法肯定有区别，今年的两次研究生课堂教学中，第一次课我讲了民法和商法在理念上的区别，以及各自如何在立法和司法的层面加以表达。第二次课我讲了一个非常特殊的制度，商人和一般的消费者有什么区别，《合同法》上合同缔结中有一个主动信息披露义务。通过这两个课程的内容，大家探讨了一下，民法和商法到底有没有区别，有什么关系，这个关系怎么处理。当然，我的这个观点是主观的，因为我们每个人都有这种“情人眼里出西施”的心理定势。当我们在说一个问题时，我们一般认为这个问题很重要；当我们在说一个观点时，我们一般是支持这个观点的。所以，各位一定要小心又小心，我说的可能是“废话”，是站不住脚的。我提出的这些问题，更多的是一种思考性的提示，而不是最终的建议。

我的意见：第一个，民商之间有联系，也有区别，这个区别不一定通过立法的方式来全部表现，可能更多需要通过司法对规则的解释来表达。第二个，我们国家目前的《民法总则》可能坚持的是实质分立模式下的形式二元合一。在关注民商可能有区别的基础之上，我认为在司法当中，应当关注但不能过分强调商法的特殊性而忽略民法的一般性，因为它毕竟是私法的二元。在现实生活中，有部分法官在司法裁决中已经表现出对商法的特殊性过分关注，忽略一般规则。比如，最高人民法院发布的公司法指导案例第 9 号，公司的清算义务人可能承担如同股东滥用公司人格的否认公司人格的连带责任机制，以及指导案例第 15 号的公司人格否认。事实上，这两个指导案例忽略了民法，特别是《合同法》第 73 条关于债权人代位权的最基本的原理。再比如,《保险法》第 16 条，一个不可抗辩规则，忽略了民法，甚至是私法当中任何主体都必须遵守的伦理诚信这个基本原则，故意不告知也可用不可抗辩原则，我认为是有问题的。再比如,《保险法》第 17 条，过度关注了保险的特殊性，以至于要求保险公司需要对免责条款进行实质意义的解释说明。再比如，《保险法》第 19 条，过度关注了保险的特殊性，以至于要求我们要对保险当中的特殊条款进行效力否定。再比如，最高人民法院审理公司对外担保案件和股权对外转让的纠纷，以《公司法》第 71 条审理这种案件。有很多法院压根就没有援引《合同法》的相关条款。如果大家对公司对外担保案件比较熟悉，对这方面问题比较关注的话，有两个经典案例需要考虑，一个是最高人民法院经济庭在 2000 年审理的中国石油对外担保案，这个案件当中一审法院、二审法院压根没有援引《合同法》；一个是最高人民法院提审（2012）民提字第 156 号案件的时候，终于引进了《合同法》相关条款进行判决。那么由此可以看出，我们如果过度关注商法、商事特别法的特殊规定，而忽略民法的一般规定，或许也是不理性的。其实这当中有很多表现，比如在 2002、2003 年的时候，上市公司郑百文重组案当中，要求股东把 1/2 的股权让渡给重组方，由公司来进行表决，竟然还认为这个表决是有效的，其实这完全忽略了股东会不能处分股东个人财产权利的民法基本原理。再比如说我们的《公司法司法解释（三）》第16、17条，关于股东出资不实或抽逃出资的问题，其规定股东会可以限制股东的私权，而忽略了其实它本质是一个违约责任问题，《公司法》第28条已经明确表达了股东和股东之间完全可以根据《合同法》关于违约的理论加以追责，所以我认为《公司法司法解释（三）》第16、17条过度关注了商法的特殊性，而忽略了民法的一般性。这是第一个方面。

当然，从另外一个角度看，我们也不能忽略商法的特殊性而过度地关注民法的一般特征。比如说《民法总则》第10条关于习惯的运用前提是法律没有规定的可以适用习惯，但事实上商事习惯在适用的时候根本不考虑民法的一般规定是否存在，这就是一个典型。再比如说，在从事商业交易时关于违约金的约定，事实上是作为双方当事人交易价格的内在因素而考虑的，但按照现行的法律体制，对违约金进行调整显然是忽略了商事的特殊性，而过分地关注了民法的一般性。这是我的一个基本判断。

理论是如何应对这些问题的呢？我在阅读商法的论文时有一个感触：好像商法更特殊。我赞同。但是有些说法令我很困惑，就是我们在研究的时候，论断式的结论比较多，但是深入分析论证的研究不算多。比如我们经常说商法和民法之间的关系，民法讲究公平，商法讲究效率。于是我很想往下看，公平有形式公平、实质公平之分，那么我们民法这个公平讲的是什么公平呢？关于效率，有狭义的效率、伦理意义上的效率，那么我们商法中的效率指的是哪一种效率呢？所以说我建议我们一起来促进商法的研究，用一些科学的范式、科学的方法来研究商法。因此，建议各位多运用实证分析的方法、归纳分析的方法，少运用伦理的判断方法、演绎分析的方法。

另外，商法之所以被民法“鄙视”，是因为很多民法学者认为商法赖以存在的商人阶层已经不存在特权，这是一个违背社会发展规律的现象。他们认为商人这一特殊阶层已经消失了。但是我们应当看到另外一个问题，关于商和民之间最显著的区别可能体现在经营者与消费者这一特殊的主体分类模式上，所以说我们的研究可能在经营者与消费者这种特殊的主体模式下展开。这是我对民法和商法关系的一点感悟。

回到主题，《民法总则》颁布后，商法该怎么发展？我稍微总结了一下，大概有以下几个感悟。第一个感悟是，我们《民法总则》引进了很多新的制度，这些新的制度会促使商法规则优化。比如说，《公司法》第 11 条明文规定，章程约束公司的董事、监事、高级管理人员和股东，不约束债权人。我认为这个规定有问题，举一个简单的例子，公司章程的注册资本条款绝对对债权人产生约束力，因为注册资本的数额其实就是股东有限责任的“限”。同时，章程虽然不能直接对债权人产生约束力，但是，适用对抗善意第三人这个基本规则是可以对债权人产生约束力的。对此《民法总则》已经有所表达。我相信《民法总则》这个规则会对商法，特别是《公司法》第 11 条规定的修改有启示作用。再比如说，《民法总则》关于法人的清算，它讲到投资人，讲到公司股东可以作为清算义务人。《公司法》关于有限责任公司清算，规定股东有清算义务，没有规定董事有清算义务。对于股份公司来说，董事有清算义务，没有规定股东有清算义务。那么按照《民法总则》关于营利法人的清算，我们看得出来，其实是有拓展的空间的。再比如说，《民法总则》关于民事责任优先于行政责任的规则，可能对《证券法》民事责任的追究以及《破产法》中税收债权的概念适用产生实质影响。因为《证券法》民事责任的追究涉及专业判断，由证监会判断这个行为是否违法，我认为是必需的，但是民事违法的判断和行政违法的判断，其逻辑是不一样的。因为民事责任的判断基本上可以遵循疑则从有的规则，而行政责任的判断必须坚持疑则从无的基本规则。所以说民事责任优先规则可能对证券责任的追究机制产生影响，那么税收债权是税务的本金，还是包括没有按期纳税的滞纳金？如果民事责任优先的话，《破产法》关于税收债权的确定显然需要进一步考虑。再比如说，《民法总则》中没有使用公共利益和国家利益的概念，而是采用公序良俗这一概念。很多商事特别法用了国家利益和社会公共利益的概念，比如说《信托法》第 5 条和第 11 条，可能今后会修改。这是第一个方面。

第二个方面，《民法总则》的很多规定是有问题的，在有问题的规定之下，商法如何进行回应需要考虑。比如说，关于营利法人从事营利性活动要承担社会责任的问题，这个规则表面上看没问题，但是继续往下推理就发现是有问题的。难道非营利法人不从事营利性活动吗？难道非法人组织不从事营利性活动吗？如果非营利法人、非法人组织从事营利性活动，遵不遵守应当承担社会责任的规则？再比如，关于习惯的适用规则，商业活动的商业习惯应当优先于民事一般法，甚至在有些情况下要优先于商事特别法。有了第 10 条这个看起来有点过时甚至错误的规则，商事特别法该如何修正？

第三个方面，商法中有一些规定有问题，在《民法总则》之下如何修改？可能需要考虑。

第四个方面，我特别强调，民法典的制定，我们的立法者强调要顺应时代发展，但是真的顺应时代发展吗？时代的发展包括社会的、政治的、经济的、文化的发展等各个方面。举个例子，《民法总则》是不是完全适应了技术的发展？现在有一个技术非常火热，具体一点就是网络，再具体一点就是区块链。在互联网背景下，在区块链背景下，很多《合同法》制度需要修改。比如说，智能合约对《合同法》的影响，当中就会涉及很多问题，以代码表现出来的合同是不是我们《合同法》所说的合同？区块链下的交易可能很难进行撤销，很难无效，如何适应我们《合同法》关于合同撤销和无效的规则？

最后一点，还需要商事通则吗？民法典制定后对商法学界而言就有一个问题，还需不需要制定商法典，还需不需要制定商事通则？这确实是一个问题。在我们提出这个观点的时候，是从实用主义的立场、功利主义的立场还是理想主义的立场，引出其中存在的理想主义对实用主义基本范畴的问题。如果是理想主义模式下我们该如何对待？如果是实用主义模式下又该如何对待？可能需要考虑，这就涉及制度本身的理性问题和理念问题。

以上是我对各位老师讲座学习后的基本体会。谢谢大家!

赵万一 好的，非常感谢兴权教授。接下来我们有请汪青松教授。

汪青松 我向大家分享一下我听了讲座的几点心得。实际上我们今天的讲座可能重点指向了三个基本问题。

第一个问题可以简单概括为《民法总则》通过之后，关于民商关系的探讨是否已经寿终正寝?从今天的“谭刘之争”来看，没有。这样一个问题，没有寿终正寝是必然的。为什么这样一个民商关系基本问题的探讨，从我开始学法学到现在都二十多年了，还没有结束?我想除了若干人为因素之外，可能是由于我们的社会关系变得越来越复杂。我们现在面对的社会关系基本上是泛商化的关系。传统的民法在面对这样一个泛商化关系时，应该与时俱进，还是应该固守以前的价值理念呢?我们隐约有一种感觉，即赵老师一直强调的民法的伦理性价值基础。实际上我们可以感受到人类社会发展到今天，在确定人人平等以后，在基本上确定一夫一妻的基本家庭规则之后，人类社会在伦理层面已经实际上达到一定的高度了，如果说未来还有发展的话，可能是要走下坡路。比如，现在很多法律制度已经承认同性婚姻，我本身对同性婚姻没有任何偏见，只是从伦理层面上说，我们的制度可能要回到非伦理的层面。那么，传统民法在家庭这个传统领域来说，未来的发展空间可能较小。那么未来民商法的发展主要在哪里?可能更广阔的空间在于理性层面，在整个理性层面，显然商法是其中最大的代表。

第二个问题，今天晚上的主题可能集中在民法典，特别是未来我们整个民法典的编纂可不可以在广义民法理念指导之下来完成，或者说这种广义民法理念不太考虑商事关系调整的特殊制度需求，由民法学者单独完整地完成民法典的编纂工作。今天的探讨显然对这个问题持否定态度。比方说从温老师的发言中，我们可以隐约感觉到民商立法的悖论。从世界上看，世界各国民法典，凡是民商合一的国家，它们的民法典基本上是没有逻辑上或理性上的总则的。设总则的国家采取民商分立的做法。而我们到底是什么样的做法呢？

第三个问题，今天我们集中的问题可能是在于《民法总则》通过以后，在未来的制度解释和制度适用中的挑战在哪里？有人说英烈的名誉权保护是一个很大的问题，实际上，通过今天的探讨我们可以感受到，未来《民法总则》适用过程中可能面临的最大的挑战仍然集中在商事领域。这个我不作过多解释，大家可以感受到最简单的一点，即《民法总则》对《公司法》制度的修正，到底是适用特别法优于一般法还是适用新法优于旧法的规则来解决？再比方说，刚刚曹老师也提到的习惯，在我们国家，可能没有真正意义上的民事习惯，各地的民事习惯差别太大，但是我们可能有普遍意义上的商事习惯，所以未来关于习惯的法律适用问题可能更多集中在商事领域。

最后，我想说，实际上无论民商关系怎么探讨，可能未来对于所有的民商法律人来说，在商事领域都有很广阔的空间。除了客观原因，除了时代发展的原因，还在于我们国家商法的发展还处在一个很低的层次。简单举例来看可以发现，现在当我们的商法还在强调营利性这样一个最核心的商法理念的时候，在世界范围内，在其他发达市场经济国家，营利性和公益性目标的传统模式下，原本不存在的商事主体已经发展得如火如荼。比如说在英国的“汤姆鞋业”，我需要买一双鞋的时候，营业员告诉我：“你要付两双鞋的钱，因为另一双鞋，我们以你的名义捐给非洲。”这样一种经营理念，在我们的商法之中似乎没有太多的关注。另外，我也赞同这样一种观点，即西方国家商法的发展是为消除在中世纪时期形成的对营利性行为的罪感，也就是商人的罪感。而在我国，传统的追求基本上是两条路，即升官发财。虽然我们地位不高，但是我们从来不觉得经商赚钱是一种罪恶的行为。所以我们的商法似乎应当有另外一种使命——建立一种商人赚钱的罪感。而这是传统商法到今天为止所忽略的。再比方说，我们的商法还是以独立的单个法人作为最基本的思维范式。而实践中，关联关系、集团企业大量存在。对于这样一个关系态的社会存在，现有的法律，包括《民法总则》都没有特别关注。举一个简单的例子，在上市公司中普遍存在着关联交易行为，传统的交易规则调整是没有办法解决或调整它的利益追求的。再比方说，我们的商法到现在基本都是以私法的手段进行保护。你不是觉得你的权利没有受到保护吗？我赋予你一个权利，你去起诉吧。而我们忽略了什么？我们忽略了对于商人、商事这样一个自治体，其相互共荣共生，相互协调以形成自我调适的制度环境的引导。如果说商业社会所有的最终关系调整都要通过公权，则商业社会不可能得到一个很好的发展。

以上是我听了讲座之后的一些简单的分享，谢谢大家！

赵万一 好，谢谢青松教授。下面有请侯国跃教授。

侯国跃 谢谢赵老师，谢谢各位！今天晚上听了几位老师的讲座，我谈一下自己的感想。赵老师、谭老师、温老师、刘老师、兴权教授和青松教授讲的都对我有启发，听完他们的讲座，我想说几点。

《民法总则》颁布之后，多少人已经“梦断”《民法总则》。为什么会“梦断”《民法总则》？第一个是，《民法总则》规定了营利法人，还规定了那么多应该由商法规定的规则，因此很多商法教授对于商事通则的梦想其实已经破灭了。所以今天我们谈商事通则，我认为在《民法总则》中民事法的完善下进行规定更靠谱一些。第二个是《民法总则》第五章规定的民事权利包括知识产权，所以我们张耕教授、李雨峰教授所谓的促成知识产权法“独立”的梦想也破灭了。第三个是，以前很多民法学者想促成债法通则和债法总则，但是在我们的民事责任里面也规定了很多其实属于债法总则的内容，因此债法总则的梦想也破灭了。《民法总则》颁布了，梦想破灭了，我们就面对现实吧，这是我想说的第一点。

第二点是关于营利法人、非营利法人和特别法人的分类，这是《民法总则》比较“任性”的关于法人的内容。关于法人的这个分类，我们不是很理解，就像在西南政法大学，我们第一个学院就是民商法学院，还有法学院和应用法学院，民商法学院、法学院和应用法学院的并列，这很大程度上是一种“乱伦”的表现。看到非营利法人的时候，自然会想到这个命题之后就应该是营利法人，结果后面还有特别法人。所以整个关于法人的分类方式我是不太赞成的。我之前讲过，在 3 月 15 日之后我们要做一个合格的“法律推销员”，所以今天在理解法人分类的时候，特别是在考虑到营利法人分类的时候，我们要注意中共中央国务院、发改委、国资委关于国有企业专门做了分类，分为商业类和公益类。那么，这个商业类和公益类的国有企业和我们营利法人怎么去对应，这是值得思考的。同样地，再看《民法总则》中关于民事主体的分类，民事主体分为自然人、法人和非法人组织。这个分类其实也包括民事主体和商事主体在内，看到非法人组织的时候，我以为前面是法人组织，但是前面还有一个自然人，所以这个分类也不是在同一逻辑层次之下的。在法人和非法人组织这一分类采取了组织体说之后，前面对自然人这个主体怎么去界定，这是一个问题。

我想说的第三点是所谓商法。今天晚上讨论商法的发展，所谓商法我个人的看法可能很多的商法老师不是很同意。我认为所谓商法就是民事特别法。这当中有一些是立法问题，有一些是司法问题，即《民法总则》、民法典下的司法问题。所以如前面几位老师讲到的，我们如何在《民法总则》第 11 条的规范之下把民事特别法的立法问题和商法问题搞清楚，这个很重要。不要动不动就要制定商事通则，这是方向性错误。

我就说这些，谢谢大家！

赵万一 非常感谢国跃教授。刚才国跃教授说的一句话，我非常不同意，虽然《民法总则》断了很多人的梦想，但是我认为每个人都应该有梦想，有梦想才能有未来。

首先我再次感谢几位主讲人和点评人，作为主持人，我再简单说两句。刚才几位发言的时候，我感觉《民法总则》很不错，我们应当予以充分肯定。但是我们为什么要谈论这个问题，《民法总则》颁布之后，商法有没有独立存在的必要？它能不能继续发展？从刚才几位的发言中我们也感受到，《民法总则》实际上做了一个两难的选择，《民法总则》和民商合一这个不太可能完成的任务，我们国家完成了。但是带来一个致命的问题，正如刚才所说，我们的目标是能不能把不可能完成的多个目标通过《民法总则》来完成，包括营利法人和非营利法人的分类？为什么作出这样一个规定？就是因为想把商法的一些规定在《民法总则》体现出来，而无论是民法学者或商法学者都认为这个规定似乎有问题，因为这种分类无论从理论上还是实践上都可能出现许多问题。

还有一个问题我也一直在思考，民法中强调平等，《民法总则》第2条和第4条两处强调了平等。我认为虽然我们不能批评《民法总则》，但是第2条和第4条中应该取消一条，二者完全是同一范畴。第2条规定调整对象，第4条是平等原则，但是这条规定能不能适用整个《民法总则》？营利法人和非营利法人有什么共同之处？他们平等吗？法律的平等是通过权利义务体现出来的，那么为什么把法人区分为营利法人和非营利法人？就是因为他们的权利义务不同，两个权利义务完全不同的主体我们可以说他们平等吗？再比如说，我们讲公司，公司权利的差异化非常明显，大股东、小股东、控制股东、隐名股东以及名义股东。之所以把股东作这么多的分类，是因为不同类型的股东的权利义务是不同的，法律对这些不同的股东作了不同规定，有些给予了限制，有些给予了保护。为什么会出现这个行为？就是因为民法和商法在调整观念和思路上是不一样的。我一直认为《民法总则》可能有个值得探讨的地方，即我们将《民法总则》视为市场经济的基本法，这是一个定位错误。民法能不能实现调整市场经济的作用，这确实值得考虑。我们到底应该制定人文主义的民法典还是营利性的民法典？我们现在所有的思路都是按照营利性进行打造而忽视了一些人文性、人文主义的要求，因为一个法律中不可能同时兼顾要求完全相反的营利性和人文性这两个理念。正因为我们把民法典打造成营利性的民法典，才导致我们整个社会市场经济泛化，市场经济的交易规则深入到我们整个社会。我认为这对我们国家的发展是非常不利的，市场经济应当限制在一定的范围，市场经济的交易规则也只能限制在特定的领域。我举一个最简单的例子，民间借贷36%的利息，在任何国家都不可能，都是不可想象的，为什么我们国家会出现？国家要保护36%，而99.9%的企业其收益率都不可能达到36%。正常的企业包括银行，年收益率超过8%就算经营得很好了，但是我们国家要保护36%的利息，这就是市场经济泛化的结果，即对市场主体不加限制，任何人都可以成为市场主体，都可以从事商品交易活动和商事活动。这在其他国家也不太可能。因为我们没有区分民事主体和商事主体，把商事主体作为民事主体的一个内容，所以任何人都天然有从事商事活动的权利。

另外我刚才讲到，我们是用商人的规则、商人的要求对待整个社会、整个规则，也就是说，商人的规则成为整个社会的规则。我也写过一篇文章——《中国需要一部什么样的民法典》。民法典应该干什么？我一直以为民法典的功能不应该是促进市场经济的发展。民法典的功能可能更多的是保护公民的权利，提供基本的社会秩序。因为民法从它的历史发展和基本规则来看，它的基本规则不可能是促进市场经济的发展，因为促进市场经济的发展是商人的事情。法律不鼓励商人为了利益不择手段地从事商业活动，法律的主要功能是怎么把商人的营利行为限制在一定的范围之内，也即防止营利行为侵害国家安全和其他利益。我们可以看一下《公司法》《证券法》《保险法》，特别是《证券法》，并不是鼓励金融创新，而是如何把人的活动限制在一定的范围之内。因为商人的创造力是无限的，任何规则都可以找到规则漏洞，也就是说法律的功能主要是消灭漏洞，使商人成为一个无害于社会的主体，而不是像民法倡导的，怎么赋予民事主体更多的权利，怎么鼓励商人。

《民法总则》颁布后，商法典或者商法通则能不能制定，对此凯湘教授比较乐观，但是我比较悲观。当然，民法和商法的关系可能是立法问题，可能是理论问题。我的理解是，商法学者之所以一直坚持商法要和民法作有效或者说是有限的区分，并非出于“门户之争”，而可能是在于商法和民法有很多的不同。它们的思维方式、思维习惯、追求目标、行为规则和行为判断有很大不同。我想，现在既然颁布了《民法总则》，我们大家应该以《民法总则》为指导,把我们的教学研究和《民法总则》结合起来。就商法而言，就是如何用《民法总则》赋予我们的规则，使商法发展的更好。

今天由于时间问题，我们没有安排提问环节。让我们再次以热烈掌声感谢各位主讲嘉宾和点评嘉宾，也感谢各位老师和同学对我们工作的支持，谢谢大家!

第十讲 《民法总则》答疑解惑

主讲人： 梁慧星　中国社会科学院学部委员、西南政法大学名誉教授、博士生导师

主持人： 谭启平　西南政法大学民商法学院教授、博士生导师

时　间： 2017年6月5日晚7：00

地　点： 西南政法大学笃行楼学术报告厅

谭启平　各位老师，各位同学，今天晚上我们非常荣幸地请到了梁慧星老师为我们就《民法总则》答疑解惑。梁老师的名字和作品我们耳熟能详，在这里，我利用我专门制作的PPT再为大家作一个简单的介绍，以表达对梁老师的尊重和感谢！这个PPT的主题是"'梁'师益友"。

1978年10月，新中国改革的春风初拂，梁慧星老师在历经磨难后，有惊无险地走进沙滩北街15号，开启了他民法学术人生的漫漫长路。时年，他34周岁。1981年初，作为硕士研究生的他，在《法学研究》上发表了《论企业法人与企业法人所有权》一文，大胆地提出了以现代企业及财产权制度对国有企业进行改造的观点，点燃了一场法学界关于国有企业财产权理论争论的战火。今日的实践，证明了他当时的高瞻远瞩。四十年来，随着中国改革开放的步伐，他在中国民法学理论研究、民事立法、民事司法的田野里默默耕耘，为天地立心，为生民立命，不断地思索和奉献。

他，“为了中国民法”，潜心民法学术研究，在民法总论、物权法、合同法、民法解释学等领域潜心探索，形成系统的民法学学术研究成果，引领了中国民法学在新时期的转型。“中国社会科学院学部委员”的称号是对他道德品行和学术成就的最高评价。他作为全国人民代表大会常务委员会聘任的我国民法典起草专家组的成员，作为十届、十一届全国人大法律委员会的委员，全程参与了《合同法》《担保法》《物权法》《侵权责任法》等重要民事法律的起草、制定和审议，并在其中发挥了重要作用。

他，“为了中国民法”，在《物权法》起草遭到“违反宪法”的发难指责时，掷地有声地发出了《谁在曲解宪法、违反宪法？》的檄文，代表中国民法学界发出了最具有学术水平和政治智慧的声音；在全国人民代表大会审议通过《物权法》后，他又赴中南海，为中央政治局讲授《物权法》。

他，“为了中国民法”，在2008年“5·12汶川地震”后，不顾医生“腿部骨伤需继续愈合休养”的劝告，手拄拐杖，以全国人大代表的身份亲赴北川地震灾区考察，面对废墟，他难掩悲愤，默默念就了“建筑物、构筑物倒塌造成他人损害的，由建设单位与施工单位承担连带责任”的法律条文草案，并助推成就了这一条文内容在《侵权责任法》第86条上的入典确认。

他不断为中国民法典鼓与呼！他主持编写九卷本《中国民法典草案建议稿附理由》，为21世纪中国民法法典化奠定了坚实的基础，也为《中共中央关于全面推进依法治国若干重大问题的决定》最后确定“编纂民法典”发挥了巨大的作用。他主办了中国第一份统贯民商法研究的学术辑刊《民商法论丛》，推动了民商法学术论文的精细化和专业化，至今已出版63卷，泽被学林。

他以学术性为唯一考量，主编了第一套《中国民商法专题研究丛书》，出版学术著作100部，褒奖学术，提携同人与后生；丛书现已成为法律出版社的“镇社之宝”。

他“生活在民法中”，教书育人，桃李芬芳。他给学子们上“民法第一课”，教导学子们学习《法学学位论文写作方法》，并放弃这些畅销著作的著作财产权，嘉惠学子。

他讲学的足迹遍布祖国的大江南北，传道授业解惑，告知学子和司法工作者“怎样进行法律思维”“法官怎样裁判案件”，助推司法公平与正义。

他为人师表，心怀感恩，大仁大爱。他卖掉北京的房产，出资近200万元，在他的家乡四川青神县汉阳镇捐建了三百余平方米的图书馆。2012年4月12日，图书馆举行落成典礼，他在仪式上几乎只有一句平实的话，“当年汉阳镇上的一间图书室成就了我的人生，今天我回馈给家乡和乡亲们一座图书馆……”

他尊师重教，行为世范。他为导师王家福教授八十寿诞而作的《难忘的1979—1986》，洋洋四万五千余字，平实无华，是献给导师最珍贵的生日礼物。他感念西南政法大学的张序九、金平、夏登俊、杨杜芳、张云秀等老教授、老教师，无论身居多高的位置，身处何处，时常牵挂这些老师们的冷暖安康……

他是中国任职时间最长的国务院学位委员会委员，是第十一届全国人民代表大会主席团唯一的社科界代表，是《法学研究》杂志任职时间最长的主编。他的事迹还有很多……

而今，他已年逾古稀，但精神矍铄，继续活跃在我国民事立法、法学研究、法学教育的第一线，为中国民法典编纂不断贡献智慧，为《民法总则》奉献和成就了许多的“梁慧星条款”。他就是西南政法学院66级校友、西南政法大学第一位名誉教授、兼职博士生导师、西南政法大学首届“金平法学成就奖”的获得者，为西南政法大学培养了大批优秀学子并做出卓越贡献的好老师、我们的“梁”师益友——梁慧星教授！

下面我们有请他的西政学生代表王勤劳老师为梁慧星老师献花。

今天的讲座，首先由梁老师对《民法总则》作简单的介绍和说明，然后以随问即答的方式展开讲座。请大家事先准备好问题，并通过纸条传递上来，我会从中筛选出需要梁老师回答的问题。下面就有请梁老师开始他今天精彩的讲座。

梁慧星 谢谢谭老师，谢谢母校的同学们、老师们！对于今天的讲座，我先简单地讲几句。同学们是否知道各个国家制定民法典所历经的时间，最短是哪一个？最长是哪一个？各个国家历史传统和国情不同，民法典出台的时间也长短不一。《法国民法典》用了 4 年，《德国民法典》用了 22 年，《韩国民法典》用了 10 年，《日本民法典》用了不到 10 年……我们用了多少年？从中华人民共和国成立之日起算，我们用了近 70 年；若从 1906 年大清王朝光绪皇帝变法、颁布圣旨“起草中国的民法典”起算，整整 110 年。一个拥有五千多年悠久历史文明的民族，为民法典编纂所费的精力和时间是其他国家难以比拟的。

制定《民法总则》是国家立法机关的任务。大家首先要明白的是，立法是国家的政治行为，而不是学术行为。其次，《民法总则》作为民法典的第一编，是对民法各部分“提取公因式”的成果，是民法典最重要的一部分，也是编纂民法典的基础。根据法理学理论，法律是国家意志的体现，它由国家的暴力、强制力来保障实施。在我国，国家的意志就是人民的意志。《民法总则》最终体现的是人民的意志。因此，《民法总则》一经施行，就须对这个民族、这个国家发挥效力。法官必须按照《民法总则》审判案件，律师必须按照《民法总则》办理案件，法学教授必须按照《民法总则》修改民法讲义以及讲授民法课程。《民法总则》是我们民族的现代化的法典，是庄严的、神圣的。

当然，世界上没有完美的法典，就连备受推崇的《德国民法典》也有严重的缺点，如《德国民法典》第 52 条，在法典颁布之初就极具争议。任何民法典都有不足，《民法总则》也不例外。《民法总则》是立法机关、实务各界、学术研究部门以及人民群众的法律意识凝聚而成的一部神圣的法律。在座各位的当务之急是认真地学习、理解和掌握《民法总则》，如果在学习理解的过程当中发现了它的不足，应当通过科学的解释学方法进行完善，使立法政策得到更好地贯彻。

同学们有什么问题尽管问，我一定竭诚回答。谢谢！

谭启平 第一个问题：请问梁老师，《民法总则》中的监护制度还有没有需要补充的？如果有，又该如何补充？

梁慧星 《民法总则》中的监护制度有了极大的完善，这也是对社会发展需求的回应。《民法通则》中关于监护的规定很简单，而《民法总则》中关于监护的条文非常多，并且创设了许多新的制度，比如临时监护、指定监护等。这些新的制度需要通过解释来保障适用。

关于监护制度，曾经面临的一个问题就是放在法律的哪个部分？我负责的《中国民法典草案建议稿附理由》是主张放在婚姻家庭法里，但是最后全国人大常委会法工委沿用了《民法通则》的做法，将其放在自然人一章中。两个方案各有道理，立法只是不同方案之间的取舍。至于编纂婚姻家庭法时如何使《民法总则》的规定和婚姻家庭法的规定相协调，这个问题有待于婚姻家庭法的学者解决。谢谢！

谭启平 第二个问题：请问梁老师，如何理解《民法总则》第153条？

梁慧星 《民法总则》第153条讲的是“违法无效”。各个国家和地区的民法典都有此规定，例如德国、日本、韩国以及我国台湾地区。为什么一定要有这个条款？这涉及“意思自治的国家调控”的民法理论。人类社会曾经度过了一个“自由放任”的时期，“自由放任”的状态就是使合同自由和意思自治绝对化。早期的意思自治带有绝对化、漫无限制的现象。现代的意思自治和早期的意思自治不一样，现代的意思自治是有范围的，这个范围由国家划定。国家为意思自治划定范围的目的是把它限定在正当性、合理性的范围之内，使行为人在行使意思自治时不损害国家利益、社会公共利益和他人的利益。那么，靠什么手段来限定呢？就是第 153 条讲的“违法无效”。这个条文曾经被删除了，最后在学者的呼吁下得以恢复。现在的第 153 条和一审稿、二审稿以及三审稿的表述稍有区别。前三次审议稿在第 1 款中的表述是“违反法律、行政法规的效力性强制规定”，现行的第 153 条表述的是“违反法律、行政法规的强制性规定”。前三次审议稿采用的是最高法院司法解释中的用语“效力性强制性规定”，《民法总则》删除了“效力性”。

理解第 153 条要回到民法的基本原理。按照法律的基本原理，法律规定分为任意性规定和强制性规定。任意性规定允许当事人在法律规定之外另外约定，起补充引导作用。因此，在《合同法》中，很多条文都是任意性规定。强制性规定不允许当事人另外约定，体现了国家的强制性。强制性规定又分为禁止性规定和命令性规定。

《合同法司法解释（二）》把《合同法》第 52 条第（五）项“违反法律、行政法规的强制性规定”，解释为“效力性强制性规定”。大陆法系多数国家的法律和民法理论将其称为“禁止性规定”，但是日本的实务界通行叫作“效力性规定”，最高法院采用了日本的表述。但《民法总则》最后却没有采用“效力性强制性规定”的表述。理解这个问题，需要区分禁止性规定和命令性规定。第 153 条的但书规定，“不导致该民事法律行为无效的除外”，此处“不导致该民事法律行为无效”的强制性规定指的就是强制性规定中的命令性规定，而“导致民事法律行为无效”的是指强制性规定中的禁止性规定。

区分禁止性规定和命令性规定要看规定对象和条文表述。对于禁止性规定，首先，从规定对象来看，禁止性规定的规定对象是行为。其次，禁止性规定所规定之行为，或是直接规定为“无效”，或表述为禁止性的规范。直接规定无效的，例如《合同法》第 40 条、第 52 条，《民法总则》第 146 条、第 144 条、第 154 条。表述为禁止性规范的条文，一般会出现两个关键术语，一个是“禁止”，一个是“不得”。用“不得”的情况，以《民法总则》第 168 条为例，“代理人不得以被代理人的名义与自己实施民事法律行为，但是被代理人同意或者追认的除外。代理人不得以被代理人的名义与自己同时代理的其他人实施民事法律行为，但是被代理的双方同意或者追认的除外。”这在民法理论上叫作禁止自己代理、禁止双方代理。再举个例子，《民法总则》第 111 条。第 111 条是关于自然人个人信息保护的规定，分为两句，第一句是原则，自然人的个人信息受法律保护；第二句从中间第一个“不得”前面的逗号切断分为第二句前段和第二句后段。第二句前段是强加给需要收集自然人个人信息的单位两项强制性义务——“依法取得”和“确保信息安全”。第二句后段用了两个“不得”，这是典型的禁止性条文，表明条文所列举的行为是绝对不允许生效的。用“禁止”的情况，以《合同法》第 272 条第 3 款为例。《合同法》第 272 条第 3 款规定，“禁止承包人将工程分包给不具备相应资质条件的单位。禁止分包单位将其承包的工程再分包。建设工程主体结构的施工必须由承包人自行完成”。以上列举条文，或是直接规定为无效，或是用了“不得”或“禁止”，都属于导致法律行为无效的强制性规定，也就是理论上所说的禁止性规定，最高法院司法解释所谓的效力性规定。而命令性规定的对象是民事主体。如何规定民事主体呢？即要求民事主体具备特殊的资质条件。比如，成立建筑公司以取得相应资质为前提，或者是要求行为主体取得特殊的行政许可。命令性规定也有规定行为的，但它规定行为和禁止性规定不一样，并不是规定行为无效或使用“禁止”或“不得”，它是为某一种行为附加上特殊的程序，例如政府采购必须采取招标投标的方式，国有土地出让必须采取挂牌的方式。

归结起来，禁止性强制性规定是直接规定行为无效或者条文表述上用了“不得”或“禁止”。不导致法律行为无效的命令性规定是规定主体的并附加上特殊的资质、行政许可，或者虽然规定行为，却为某一类行为附加上特殊的程序，这也是最高法所说的管理性规定、非效力性规定。利用理解第 153 条的机会给同学们作以上解释，谢谢！

谭启平 第三个问题，请梁老师谈一谈对《民法总则》第185条的理解。

梁慧星 第185条是一个备受关注的条文。关于第185条，首先，对“英雄烈士”的理解。可以明确的是，那些被授予英雄称号、烈士称号的个人属于这里英雄烈士的范围，“英雄烈士”后面的“等”字，事实上扩张了英雄烈士的范围，使历史上抗击外族的民族英雄以及革命烈士们都能被纳入进来。因此，英雄烈士的范围是开放的。其次，本条的构成要件。本条规定的构成要件是两项：第一项，侵害英雄烈士的人格利益；第二项，损害社会公共利益。这两个要件合在一起才发生本条的侵权责任。

另外，在理解本条时要注意，追究本条规定的侵权责任究竟是一种什么诉讼，是普通的民事诉讼还是公益诉讼？最高法院关于确定民事侵权精神损害赔偿责任的司法解释中规定了一个侵权责任类型，叫作侵害死者的人格利益。侵害死者人格利益的侵权责任构成要件是两个：第一，侵害了死者的人格利益；第二，造成死者近亲属的精神痛苦。最高法院的司法解释明确指出了这属于普通诉讼，诉权归遭受精神痛苦的近亲属。第185条的第二个构成要件明确规定“损害公共利益”，所以，按照我的理解，本条是公益诉讼，诉权归人民检察机关。

最后，本条还涉及文学艺术的创作自由和广大人民群众的了解权。“英雄烈士”本身属于历史，侵害英雄烈士的人格利益、损害公共利益的案件，关系到对历史研究的自由，关系到文学艺术创作的自由。历史研究自由、文学创作自由以及人民群众的了解权，是宪法保障的权利，是公共利益的重要组成部分。因此，本条需慎重适用。不能仅以文字作品所描述的情节真实与否作为判断的根据，还要考虑是否有利于学术研究的自由，是否违反学术研究的自由，是否违反文学艺术创作的自由，是否侵害了人民的了解权。

总的来说，本条可能不会常用，但是不等于没有用。法官在适用本条的时候需秉持谨慎的态度，考虑多方因素进行利益衡量。谢谢大家！

谭启平 第四个问题，请梁老师谈一谈对《民法总则》第9条，即所谓的“绿色条款”的理解。

梁慧星 《民法总则》第9条的出现是社会发展的需要，该条曾经在第二次审议中出现，在第三次审议时被删除，后来又恢复了。改革开放30多年来，我国经济取得重大成就的同时，环境也遭到了极大的破坏，河流污染、空气污染、土壤污染……环境污染和生态破坏给我们的生产、生活带来了严重的威胁。那么，这个条文规定的意义何在呢？首先，每一个自然人、法人和非法人组织都应当节约资源、保护环境，这是本条对每一个社会成员强加的义务。我们每一个人，不论贫富贵贱，都要用这个条文来约束自己。只有这样，我们的自然环境才能得以改善，我们的文明程度才会提高。其次，本条为侵权责任法完善侵害自然环境的侵权责任提供了立法依据，为我们国家制定环境保护方面的特别法提供了立法依据。

我建议老师和同学们都要重视并深刻理解第9条，并将它落实到我们日常生活的方方面面，随时随地注意节约资源和保护环境。我相信它会对我们国家治理雾霾、治理被污染的河流湖泊发挥大的作用。谢谢！

谭启平 第五个问题，有很多同学问到第10条关于法律渊源的问题，请梁老师谈谈对该条的理解。

梁慧星 第10条是关于法律渊源的规定，在本法是新创，非常重要。《瑞士民法典》第1条规定了法源，《瑞士民法典》规定以后其他国家和地区纷纷仿效，《韩国民法典》《日本民法典》以及我国台湾地区“民法典”都有规定。根据民法理论和学者们的建议，本条应该规定三个层次的法源，第一法律，第二习惯，第三法理。为什么后来没有法理呢？这是因为我国有大量的司法解释和指导性案例。如果仿效台湾地区所谓“民法典”的规定，司法解释和指导性案例将无处安放。有人建议以列举的方式，将司法解释、指导性案例和法理纳入法源，形成法律、习惯、司法解释、指导性案例和法理五个层次的法源体系。但是，对这个问题缺乏深入的研究，暂不能定论。就本条来看，虽然只规定了两项法源，却并不等于实际上只有两项法源。

先说第一个层次的法律。这里的法律就是全国人大及其常委会制定的法律和国务院制定的行政法规吗？包括地方性法规吗？包括规章吗？不包括。我们只是理解到这一步行不行？我要告诉同学们：不行！这里说的作为民法法源的法律不仅仅是法律、行政法规，它还有特殊的含义。法律以法律条文的方式表现，分为各种类型，有基本原则、适用规则（特别法优先）、概括性规定、定义性规定、辅助性规定以及裁判性规定等。什么叫概括性规定呢？本法第 143 条关于民事法律行为有效要件的规定，是概括性规定。另外，关于不当利益、无因管理、正当防卫、紧急避险的规定，都属于概括性规定。定义性规定是对法律概念作出定义的条文，例如第 133 条对法律行为的定义，以及对法人、营利法人的定义都属于定义性规定。辅助性条文，是起辅助作用的。例如《民法总则》第 15 条，对出生日期和死亡日期的认定提供了证据规则，属于辅助性条文。本法还有很多辅助性条文，包括前面提到的监护制度，发生监护人争议的时候，规定可以申请人民法院指定的主体范围是辅助性条文。最重要的是具体规定，即裁判性规范，法院裁判时可作为依据的法律规定。凡是这个条文有成立与否、生效与否、是否解除、是否撤销、有责与否、有权与否等类似表述的就是裁判性规范。本法中的裁判性条文也是大量存在的。

第 10 条中的法律，首先是指法律、行政法规上的具体规定。其次，还包括某些原则性条文，例如第 7 条的诚信原则，第 132 条的禁止权利滥用原则。在本法，诚信原则与禁止权利滥用原则同具体规定一样都是裁判性规范，都属第 10 条中“法律”的内容。

第二个层次是习惯，这里指民事习惯。习惯是事实，最高法院在《合同法司法解释（二）》规定由提出主张的一方当事人证明某个习惯的存在。而对于习惯，各方理解不一，有的说指的是习惯法，有的说是习惯。作为法院，该怎么判断呢？这个问题很简单，某一个习惯在没有被法官作为裁判依据之前它仅仅是习惯，一旦被某一个法官作为裁判的依据就成为了习惯法。这两个术语只是在不同的阶段使用时的表达不同，在内容上并无实质区别。

第三个层次是最高法院的司法解释。为什么要制定司法解释？我们国家人口众多，地域辽阔，人民群众的文化程度、法律修养不够，法官队伍庞大但素质参差不齐。法律不经最高法院解释，无法全面有效地适用。因此，国情决定了司法解释的存在。在法院的裁判实务中，司法解释具有相当于法律的效力，可以在民事案件中引为裁判的依据。根据司法解释发挥的作用可以将其区分为解释性的和填补性的。司法解释中存在的大量规定是解释性的，自不待言。对于这一类型的司法解释，法官裁判案件的时候，引为裁判依据的是所解释的这一条文而不是司法解释。在法律没有规定的情况下，创设的新的规定在民法理论上被称为填补法律漏洞的司法解释，例如《买卖合同司法解释》第 2 条的“买卖预约”，《合同法司法解释（二）》第 26 条的“情事变更”。所以严格来说，能作为法源的司法解释指的是为填补法律漏洞所创设的新的规则，这样的司法解释才具有本条中法源的地位。

第四个层次是指导性案例。最高法院现在有 60 多件指导性案例。最高法院有指导案例工作的规定，若法官所审案例的事实与某一个指导性案例相似，法官应当参照指导性案例。根据最高法院的规定，法官可以在判决书的说理部分引出指导性案例的编号、名称，以及引用指导性案例中的裁判要旨，但是不能直接将其作为裁判依据。指导性案例也能进行分类，具体分为两类。一类指导性案例是解释某一个法律条文，例如解释《合同法》上的“双方恶意串通损害他人利益的行为”“通知”“送达”等，这类指导性案例占多数；另一类是为填补法律漏洞创设新的规则的指导性案例，例如第 50 号指导性案例，该案例创设了一个新的规则，“夫妻双方同意采取人工生殖方式所生育的子女视为婚生子女”。还有第 63 号指导性案例，该案例创设了“专项维修资金不适用诉讼时效”的新规则。对于解释法律条文的指导性案例，在法官按照指导性案例的裁判方案来裁判案件时，以指导性案例所解释的条文为裁判依据。对于创设新的规则的指导性案例，在法官参照指导性案例的裁判方案来裁判案件时，以所参照案例裁判时引用的裁判依据为裁判依据。例如第 50 号指导性案例，夫妻双方在同意采取人工生殖的情况下，育有一子，后来一方反悔，否认该人工生育的孩子的婚生子女地位。法院裁判时以诚实信用原则为裁判依据创设了“夫妻双方同意采取人工生殖方式所生育的子女视为婚生子女”的新规则。在参照适用该指导性案例时，法官适用的裁判依据不是创设的新规则，而是诚实信用原则。在这两类指导性案例中，只有为填补法律漏洞创设了新的规则的指导性案例才具有本条的法源地位。

第五个层次是法理。法律没有规定法理，并不等于否定法理作为民法的法源。法官审理案件时，如果没有其他可以作为裁判依据的规定，可以引用民法上的某一项法理来裁判。2012 年最高法院公报登了一个成都法院的判决，这个判决中明确表述了适用民法关于代物清偿的法理。2014 年最高法院提审的第 71 号案件的判决中直接引用了民法关于虚伪意思表示无效，不得对抗善意第三人的法理。所以，法理具有法律渊源的地位，本法生效以后法官依然可以引用法理作为裁判依据。民法中有很多法理规则，我们需充分发挥这些理论规则的作用。20 世纪 80 年代，日本的著名学者星野英一撰写了一篇文章，题目叫《没有法律条文的民法原则》。借用他的话，“没有法律条文的法理就是法源”。

关于第 10 条就给大家介绍到这里，谢谢！

谭启平 大家听了梁老师对这一条的讲解，应该感受特别深刻。梁老师在解答过程中，引用了若干相关法律条文、案件。根据我粗略统计，大约有 30 多个法律条文,其中既包括《民法总则》的,也包括其他法律的。这也告诉我们,法律条文的记忆具有非常重要的意义。

第六个问题,《民法总则》第 11 条也是一个极其重要的条文,主要是与其他法律的关系问题,例如《民法总则》第 128 条。我校经济法学院战东升副教授就提到第 11 条与劳动法的关系,特别注意到第 128 条的列举中没有“劳动者”。请梁老师结合对 11 条的解读对这个问题作个解答。

梁慧星 第 11 条是我们熟知的“特别法优先”的法律适用原则。除此之外,还有许多其他的法律适用原则,其中很重要的一个是“新法优于旧法”。以《民法总则》为例,《民法总则》的推出改变了《合同法》《公司法》上的许多规定。《合同法》第 171 条是关于狭义无权代理的规定,《民法总则》将其从两款增加到四款;《公司法》上的很多条款上升到了《民法总则》,《公司法》第 83 条第 1、2 款,第 84 条、第 85 条,都在《民法总则》上有相应规定,以适用于包括公司在内的营利法人。因此,本法的制定涉及一个特殊的问题。如果按照其他国家制定民法典的通常做法,法典的最后一条应当指明法典的生效日期并同时宣布旧法失效,但我国的《民法总则》只在最后一条指明了施行日期,并未宣布《民法通则》失效。事实上,这是由我国民法特殊的立法背景决定的。过去,我国的民法表现为大量的单行法,有的单行法是按照民法典来设计来制定的,例如《合同法》《物权法》《侵权责任法》;而在制定《婚姻法》和《继承法》时,并未想到要将其纳入民法典,因此未按照民法典来设计。本法制定时,《民法通则》上还存在某些现行依然有效而《民法总则》未规定的条文,例如第 142 条,关于国际条约、国际惯例的适用。2010 年制定《涉外民事关系法律适用法》的时候,考虑到国际条约、国际惯例不属于冲突法,就未将其纳入《涉外民事关系法律适用法》,而是选择将其继续保留在《民法通则》。因此,本法通过后,《民法通则》暂不废止,《民法总则》与《民法通则》的规定不一致的,根据新法优于旧法的原则，适用《民法总则》；对于某一制度，《民法总则》对《民法通则》做出了修改的，凡是没有采纳《民法通则》的规定都不再适用。例如诉讼时效制度，《民法总则》把整个诉讼时效制度进行了修订、编纂和完善，只规定了 3 年和 20 年的诉讼时效，《民法通则》中 1 年的特殊诉讼时效就不再适用。

在本法通过之前，中国的民事法律体系是单行法体系，《民法通则》相当于基本法，《合同法》《物权法》《侵权责任法》相当于特别法，它们的规定不一致时特别法优先。现在的《民法总则》与其他单行法是否也适用特别法优先的原则呢？不适用。因为《民法总则》属于新法，凡是《民法总则》改变了其他单行法的规定的，单行法的相应规定不再适用。举一个例子，《合同法》为填补《民法通则》的漏洞在第 50 条创设了表见代表规则，该条规定法人和其他组织的法定代表人或者负责人超越权限订立的合同除相对人知道外有效。《民法总则》第 61 条第 3 款规定了法人的法定代表人的越权行为；对于非法人组织，第 108 条规定，“非法人组织除适用本章规定外，参照适用本法第三章第一节的有关规定”，因此，第 61 条第 3 款规定的法定代表人越权行为，对非法人组织负责人越权行为也适用。本法的第 61 条第 3 款替代了《合同法》第 50 条，《合同法》第 50 条不再适用。《公司法》第 22 条第 1 款规定决议无效的情形，第 2 款规定决议可撤销的情形，《民法总则》第 65 条只规定了可撤销的情形，无效的情形实际上纳入了第 153 条。第 133 条是对民事法律行为的定义，第 134 条是对民事法律行为的分类，在第 2 款规定了法人的决议，由此，明确了法人的决议属于民事法律行为的范畴。因此，第 153 条对民事法律行为无效的规定同样适用于法人的决议。

《民法总则》出台之后，如何判定、协调其与其他单行法的关系，这是一个比较复杂的问题，有待于研究合同法、物权法、侵权责任法，以及特别是研究公司法的学者仔细推敲。谢谢！

谭启平　第七个问题：请问梁老师，对《民法总则》有没有什么遗憾？

梁慧星 前面讲到了制定《民法总则》是政治行为，体现的是人民的意志、国家的意志。我们所应秉持的首要态度是尊重它、贯彻它，而不是死抠学术上的学理来挑剔它。但同时也应看到，它并非完美无缺。例如第 144 条规定，“无民事行为能力人实施的民事法律行为无效”，并未考虑到那些有足够智力的孩子所实施的简单的民事交易行为。这里就需要类推解释第 145 条的规定，“限制民事行为能力人实施的纯获利益的民事法律行为或者与其年龄、智力、精神健康状况相适应的民事法律行为有效”。另外，还有第 184 条。第 184 条规定：“因自愿实施紧急救助行为造成受助人损害的，救助人不承担民事责任。”《民法总则》的一审稿、二审稿和三审稿在该条规定中有但书，紧急救助若有过错应当承担一定的责任，这个但书在人民代表大会上遭到一些代表的强烈反对，认为我们要鼓励提倡人们自愿实施紧急救助，若是明文规定救助者需承担责任不符合立法目的。最终，《民法总则》取消了但书。严格来说，我认为第 184 条确实有缺陷，缺陷就在于把目的正当性等同于法律公正性。民法的公正不是抽象的，是案件双方当事人之间的公正，是双方当事人利益关系的平衡，而本条用目的正当性代替了当事人之间利益平衡的公正性。本法反映的是当今社会和人民群众的法律观念、法律理解，是由法律学术界和实务界等各方共同的法律水准决定的。一部法律难免有缺陷，学术界的任务就是提出一个解释方案回避缺陷。

对于第 184 条的缺陷，我提一个弥补的方案。假设救助人的行为符合我国《刑法》关于过失伤害罪的要件，构成过失伤害罪，此时可以把这个案件直接作为过失伤害的侵权案件来处理，要求侵权人承担过失伤害的侵权责任，适用《侵权责任法》，从而回避第 184 条的适用。这是迄今我所想到的唯一一个弥补第 184 条漏洞的方案，不知道老师们同学们还能不能想到别的方案。谢谢！

谭启平 谢谢梁老师的回答！梁老师的讲解也顺便回答了很多同学提到的关于第 184 条的问题。

第八个问题：请问梁老师，近期日本在修改民法典，日本这次修法对我国民法典的编纂有什么重大的影响？二者是否存在相互借鉴和参考的关系？

梁慧星　我国的立法体制和其他大陆法系国家不同。在我国，法律案由全国人大常委会下设的法制工作委员会（简称法工委）负责起草，草案一旦成熟提交全国人大常委会审议之后就提交到由专门统一审议法律案的全国人大法律委员会审议。法律委员会审议草案采取一种类似于协议制的方式，如果大体同意，草案得以通过；如果对某一条文分歧很大，就选择删除。在日本，法律案由法务省下设的法制审议会起草并审议，然后由法制审议会以法务省的名义提交内阁，最终由内阁提交到议会。日本这次主要修改的是民法典的债法部分，法制审议会的组成也发生了改变。过去，法制审议会由学者、资深的退休法官和资深律师组成，这一次在以往的基础上增加了企业界的代表。日本法制审议会审议草案时坚持一致同意的原则。

鉴于日本这种立法体制和法制审议会新增加的成员组成，在审议法律案的时候，新一届的代表，在消费者保护、产品责任、格式合同等问题上都持反对意见，使这些有关规定无法通过，最后只能留给政府部门制定相关规定。所以，日本民法文本的参考意义并不大，因为很多先进的制度都已被删除。今年9月，中日民商法研究会将在四川大学召开，将会对这个最新文本进行讨论。谢谢！

谭启平　第九个问题：请问梁老师如何看待和理解《民法总则》将法人分为营利法人、非营利法人和特别法人？

梁慧星　法人分类是民法典上的重要问题，是民法典组织法的基础。大陆法系国家和地区的通常做法是将法人分为社团法人和财团法人。简单来说，社团法人是人的组织体，财团法人是财产的结合体。之所以这样划分，是因为大陆法系国家和地区的民法典只规定私法人，如德国、日本、韩国以及我国台湾地区等。而在我国，对法人首先作了公法人和私法人的区分，公法人是根据公法设立的法人，私法人是根据民法设立的法人。其他的大陆法系国家和地区将相当于我们国家的机关法人、事业单位法人等规定在了特别法上。

法人的分类问题，在制定《民法通则》时就曾争论过。最后，考虑到社会中大量存在的公法人必须予以规定，而在制定《民法通则》的同时另外制定特别法人法的方案也不大现实，最终《民法通则》以法人的设立目的为标准，将法人分为企业法人与非企业法人，国家机关、事业单位等纳入非企业法人。

到了制定《民法总则》的时候，依然绕不开这一问题。若按照学者们的建议，采用社团与财团的分类方法，同样面临着机关法人、事业单位等主体无处安放的问题。因此，最后采纳了目的划分，将法人分为营利法人和非营利法人。实际上，发达国家所采取的社团、财团的划分方法，也以目的为区分将社团法人再分为公益社团法人和营利社团法人，而财团法人都是公益性的，不再进行划分。

《民法总则》在规定营利法人和非营利法人后又规定了特别法人，这是由我国国情决定的。学者们过去的建议草案都没有考虑到村民委员会、居民委员会是否具有民法上的主体地位。村民委员会、居民委员会为群众自治性组织，它们部分承担着来源于国家机关的管理性职能。本法也赋予了村民委员会、居民委员会许多权限和职能，例如监护职能以及作为利害关系人申请法院指定监护人等。在这种情况下，《民法总则》需要明文规定村民委员会、居民委员会的民事主体地位。因此，在第三次审议稿中增加了特别法人，基层群众性自治组织法人与机关法人一同被纳入特别法人。之后，又考虑到合作社的问题。解放初期，我国推行合作化运动，后来发展到公社化。联合国有一个专门机构向世界推广合作社制度，并明文规定合作社是非营利法人。顺水推舟，合作社被纳入了特别法人。那么，集体经济组织呢？合作社也是集体经济组织的一种，所以将以合作社形式的集体经济组织规定为特别法人自不待言，其他的集体经济组织因无处可放，也纳入了特别法人。

特别法人的出现，一方面是因为我们学术界缺乏研究，没有为居民委员会、村民委员会等组织在民法上的法律地位提供理论研究的依据；另一方面也是形势所迫。但特别法人的规定，实质上为法人管理的行政法规、规章的制定提供了基础，有利于增强社会主体的规范性。谢谢！

谭启平 谢谢梁老师对主体制度部分所作的讲解！关于诉讼时效，李建国副委员长在关于《民法总则（草案）》的说明中讲，只是把《民法通则》规定的2年时效延长为3年，既没有改变《民法通则》特殊时效的期间，也没有改变其他法律的时效规定。因此，第十个问题：请问梁老师，李建国副委员长的说明是否准确代表立法机关的本意，是否可以作为理解法律的参考依据？

梁慧星 对于诉讼时效的问题，如我前述所讲，本法的制定在考虑诉讼时效制度时，一定是在《民法通则》基础上加以修改完善，而绝不能设想本法诉讼时效制度只是抽取《民法通则》中的一部分诉讼时效再保留一部分。诉讼时效是一个法律制度，跟前面讲到的《民法通则》第142条是不同的。作为一个制度，应当是完整的、具有体系性的。例如法律行为制度，《民法总则》在《民法通则》的基础上对法律行为制度进行了修改完善，对于法律行为这个完整的制度而言，《民法通则》的规定不再有效了。监护制度也是如此，在《民法通则》的基础上进行了完善、充实、丰富，《民法通则》的监护制度整体失效。因此，在理解某一个法条或者某一个制度时，最根本的是要以法律为根据来进行解释。本法对诉讼时效制度做了更新、完善、充实，原来有关诉讼时效的规定整体失效。

在这里，顺便再讲讲自然人的死亡宣告制度。《最高人民法院关于贯彻执行〈中华人民共和国民法通则〉若干问题的意见（试行）》对申请宣告死亡的利害关系人规定了顺序，配偶为第一顺序，父母、子女为第二顺序等。《民法总则》关于死亡宣告的申请，并未为利害关系人的申请规定顺序。因此，本法生效后，申请宣告死亡，不再有顺序限制，凡是利害关系人都可以向人民法院提出申请。《民法总则》有很多条文都有关于顺序的规定，如果本法明确规定了有顺序要求的，应当严格遵守条文列举的先后顺序；若没有顺序规定，也应以本法规定为准，例如申请宣告死亡，按照本法，凡是利害关系人都可以申请。

总结起来，如果一个制度在本法做了完善、充实，那么旧法中的制度就完全失效，这是立法的规律性。法律的解释、解读一定要立足于法律本身。立法是一个高深的问题，未来我希望我们的老师或同学能多下功夫，结合本法以及将来民法典编纂，研究立法当中的规律性问题。谢谢！

谭启平 第十一个问题：请问梁老师，为什么《民法总则》没有规定个人合伙的有关内容？

梁慧星 从民法的历史发展来看，从罗马法开始，只有自然人和法人两个主体。后来出现了既不是法人也不是自然人的一种主体——合伙，“三主体说”应运而生。这个问题在制定《民法通则》的时候产生了很大的争论，大部分人坚持“两主体说”，认为这是我国的历史做法，也跟苏联的立法一致。后来，《民法通则》采取了折中的方案，在结构上坚持两主体，自然人和法人分别独立为章；在内容上采纳了“三主体”的做法，将个人合伙、两户（个体工商户、农村承包经营户）各作为一节，规定在自然人一章，同时将联营作为一节规定在法人中。所以《民法通则》名义上、形式上是两主体，实际上已经包含了三主体。《合同法》制定的时候，进一步明文规定了自然人、法人、其他组织三个主体。除了《合同法》以外，其他单行法也明确规定了三主体。社会的发展决定了除了自然人和法人，其他组织虽然不具有法人资格但是也应当具有民事主体资格，例如合伙企业。因此，本法将“其他组织”改为“非法人组织”，坚持自然人、法人和非法人组织分别独立成章，形成了形式上和内容上相统一的三主体格局。

有学者仍坚持“两主体说”，认为可以扩大法人的概念范围，将合伙企业等纳入法人的范围。有的国家，同一个法人的股东有的承担有限责任，有的承担无限责任。因此，法人既可以独立承担责任，也可以不独立承担责任，其他组织跟法人并无实质区别，将其他组织纳入法人也无可厚非。在我国，《公司法》只规定了有限责任公司和股份有限公司，没有无限公司、两合公司等需股东承担无限责任的公司类型。《民法总则》第60条规定，法人以其全部财产独立承担民事责任。因此，我国严格遵守着法人的独立责任原则。法人和其他组织有实质的区别，个人合伙、合伙企业、联营都不能纳入法人，非法人组织得单独规定。

个人合伙和合伙企业是不一样的。个人合伙的基础是《合同法》上的合伙合同，如果合伙合同只约定一次交易，那么无须专门成立一个组织，《合同法》就可以进行调整。但是如果合伙合同的目的是长期性的，比如个体经营或者成立企业，就需要形成一个组织化的主体，由《合伙企业法》进行调整。只有形成了组织体的合伙企业才属于非法人组织。

除了合伙，还有关于两户（个体工商户和农村承包经营户）的问题。有相当多的学者建议两户也纳入非法人组织，但是这个意见立法机关没有采纳，而是将两户继续保留在自然人一章中。我的理解是，个体工商户与农村承包经营户大多数属于个人或家庭经营，这样的经营模式与自然人这一主体的联系更加紧密，因此保留在自然人这一章中。立法的方案不论有多少种，最终是为解决个体户和承包户的债务承担问题，这个问题在《民法总则》中也得到了很好的解决。谢谢！

谭启平　梁老师在回答关于个人合伙的问题时，同时也把《民法总则》第四章非法人组织的有关规定做了详细的解读。

第十二个问题：《民法通则》和《物权法》中有善意第三人，《民法总则》有善意相对人，请问梁老师这两者有什么联系和区别？

梁慧星 这个问题在民法学理论上不算问题，这属于民法理论中的基本概念。合同法上有合同的相对性，债法上有债的相对性。所谓相对就是两两相对。一个合同双方当事人互为相对人，夫妻双方互为相对人。第三人是双方当事人之外与双方当事人之一方有特殊关系的人。《合同法》第 64 条规定的是向第三人履行合同。举个例子，好朋友过生日，我在网上订了一个花篮作为礼物，订花合同的当事人是我和卖花人，并约定由卖花人将花篮送给我朋友，在这个向第三人履行的合同关系中，我的朋友就是第三人。一般来讲，民法上的第三人，都不发生善意恶意的问题。有两种例外，一种是连锁交易中的第三人。甲卖给乙，乙卖给丙，连锁交易中后一个合同的买受人丙需要区分是善意还是恶意。若丙订立合同时不知道甲与乙的合同有瑕疵，丙为善意；若丙知道合同有瑕疵还与乙订立合同，丙就是恶意。另一种是《物权法》上一物二卖中的第三人。在重复交易的关系中，存在前后两个合同，后面一个合同的买受人是《物权法》上的第三人。《合同法》上连锁交易中的第三人，《物权法》上一物二卖中的第三人，这两种情况需区分善意和恶意。

本法第 61 条第 3 款规定："法人章程或者法人权力机构对法定代表人代表权的限制，不得对抗善意相对人。"本法第 65 条规定："法人的实际情况与登记的事项不一致的，不得对抗善意相对人。"这两条中的相对人指的是与法人订立合同的对方。理解第 65 条时容易产生混淆，举个例子，一个公司的法定代表人由甲变更为乙，按照本法第 64 条，该公司应当尽快到登记机关办理变更登记，但是该公司未及时变更登记。在该公司实际的法定代表人与登记不符的情况下，甲以法定代表人的身份向银行申请贷款，并以法人的名义订立保证合同。银行订立合同时并不知道董事长甲已经被免职，属于善意相对人，该公司不能以与银行签订合同的人不是登记的法定代表人来对抗银行。公司的登记事项和实际情况不一致的情形并不限于此，有的并不适用本法第 65 条。举个例子，一有限责任公司的股东张三将自己的股份卖给李四，但是没有及时变更登记。后来，他把已经卖给李四的股份又卖给王五。在这种情况下，后一个合同的当事人是已经卖了股份的张三和受让人王五，该有限责任公司既不是出卖人，也不是受让人，不是本法第 65 条中的合同相对人，该案应当参照《合同法》第 51 条无权处分的规定处理。也就是说，第 61 条第 3 款和第 65 条的适用范围限于法人为当事人一方的情形。

以上讲的是相对人，下面谈下第三人：虚伪表示无效不得对抗善意第三人，以重大误解、欺诈、显失公平为理由撤销的法律行为不能够对抗善意第三人。这两条后来都被删掉了，未出现在《民法总则》中。立法说明中说，有些专家认为情况很复杂，不宜统一规定。我认为这种理由是站不住脚的，若是因为情况复杂而删除，则一定要说明复杂的程度。德国、韩国、日本和我国台湾地区都有明文规定，虚伪表示无效不得对抗善意第三人和因重大误解、欺诈、显失公平而撤销的法律行为不得对抗善意第三人。我国因没有法律规定，将来遇到类似案例的时候只能适用法理。前面讲到的 2014 年最高法院提字 71 号案例，就运用了民法关于虚伪表示无效不得对抗善意第三人的法理。还有关于善意的举证问题，根据“谁主张谁举证”的原理，善意相对人主张自己为善意，是否需要举证？不需要。因为善意是“不知”，按照生活经验，“不知”是难以证明的。因此，民法理论上有一个法理叫善意推定，只要当事人一方向法庭主张他是善意相对人、善意第三人、善意买受人等，法庭不要求他举证自己为善意，而直接推定他为善意。如果另一方提出异议，提出异议的一方就需举证对方为恶意，而恶意是“知道”，“知道”是容易证明的。

前面讲到，本法第 171 条第 3 款是关于狭义无权代理的规定，善意相对人有权请求行为人履行债务或者就其受到的损害请求行为人赔偿。这里同样不需要善意相对人举证。在诉讼过程中，如果对方有异议，由对方举证其为恶意。认定了相对人不为善意的，就根据第 4 款按照各自的过错承担责任。谢谢！

谭启平 谢谢梁老师对这个问题所做的如此详细的回答！刚才梁老师的讲解也回答了很多同学关于民事法律行为方面的提问。第十三个问题：请梁老师谈一谈《民法总则》第111条个人信息保护的立法意义。

梁慧星 本法为什么要规定第111条？这是信息网络和电子科技发展的结果。20世纪70年代之前，电脑尚未普及的时候，个人也有个人信息，但当时的个人信息可为隐私权涵盖。后来社会发展到购票、医院挂号、开立账户、买保险甚至快递等涉及生活各个方面的事情都需要出示个人信息。这时候的个人信息实际上已经脱离了隐私的范围，仅靠有关隐私权的规定无法有效保护个人信息。

那什么是个人信息？个人信息和数据是什么关系？十年来，有关方面频频建议制定个人信息保护法，但是仍未有结果。恰逢制定《民法总则》，个人信息保护的规定得以成文。本法第111条，为将来制定个人信息保护法提供了立法依据。在个人信息保护法出台之前，第111条也为人民法院认定某些行为无效，追究收集、滥用个人信息的侵权责任提供了法律依据。

回到本法第111条。第111条第一句，“自然人的个人信息受法律保护”，这是基本原则。第二句从第一个“不得”前面的逗号切断分为前后两段，前段给掌握他人个人信息的单位强加了依法取得和确保信息安全两项义务。后段就是前面说到的禁止性规定。由于我们尚未制定个人信息保护法，因此，第111条发挥着非常重要的作用，既是将来制定个人信息保护法的基础，也为法院审理侵害个人信息权的案件、认定非法转让行为无效以及追究加害人的侵权责任提供了裁判规范。谢谢！

谭启平 谢谢梁老师！两个半小时的时间，回答问题13个，涉及了民法中的大量条文，举了很多例子，信息量非常大。梁老师今天的讲解基本涵盖了我们所收集问题的70%。有些问题大家下来还可以做进一步的学习和思考。

《民法总则》是信息量极大的法律文本，需要我们学习的内容非常多。《民法总则》的学习，民法学理论的学习是永无止境的。也许读一本民法书会觉得什么都懂了，而当你读上十本八本，你就会发现什么都不懂。研究生最重要的就是从懂到不懂，培养求知欲望，不断加强学习。

就个人来讲，今天听了梁老师对《民法总则》的解读，我受益匪浅，我相信各位老师和同学也和我有相同的感受。让我们再次对梁老师的答疑解惑表示感谢！

今天晚上的讲座到此结束，谢谢大家的参与！

第十一讲 《民法总则》的精神理解与制度适用

主讲人：张　力　西南政法大学民商法学院教授、博士生导师

主持人：张文强　重庆市经济和信息化委员会党组成员、纪检组长

时　间：2017年6月9日

地　点：重庆市经济和信息化委员会

张文强　各位同志，大家好！《民法总则》已于今年3月15日经第十二届全国人民代表大会第五次会议审议通过，将于今年10月1日起正式实施。按照国家和我市关于加强《民法总则》学习宣传的要求，为帮助市委机关干部职工准确理解和贯彻落实《民法总则》的精神和规定，进一步强化法治思维和法治素养，市经信委邀请到西南政法大学民商法学院教授、博士生导师张力副院长做专题辅导讲座。接下来，就让我们以热烈的掌声欢迎张力教授！

张　力　各位好！非常荣幸能够前来参加此次讲座，此次讲座的主题是"《民法总则》的精神理解与制度适用"，主要围绕三个方面展开：一是民法典编纂历程，此部分我简单介绍；二是《民法总则》的立法精神和制度价值；三是《民法总则》具体制度适用。后两部分我将详细进行阐述。

一、民法典编纂历程

作为“调整平等主体之间的人身关系与财产关系的法律规范的总和”，民法在人类法制文明史上还素有“一般私法”“世俗宪法”“社会生活的百科全书”“超级部门法”“尘世的圣经”等殊荣。民法这个特殊地位使任何民法典的编纂都当仁不让地成为它所在国家与社会中的重大公共事件与政治事件。我国民法典编纂的进程可谓是波折不断，《民法总则》才应运而生。

民法典命运多舛。新中国成立之后先后4次编纂民法典，1954年第一次起草民法典，此次编纂活动在1956年完成草案，但该草案最终因历史的局限而未能颁行。1962年第二次进行民法典编纂，但也因为历史原因被迫停止。这两次民法典的编纂都因为政治运动而被迫中断。在那个计划经济时代，一切都被计划了，根本不需要意思自治，不需要自主交易行为，更不必提权利神圣的问题，民法典在这种历史状况下是不被需要的。

1979年开始第三次民法典的起草，但是由于经济改革刚刚开始，加之草案自身技术上的欠缺，该草案同样未能颁布实施。但第三次民法典起草工作中最重要的成就是为1986年颁布的《民法通则》创造了条件。

第四次民法典的起草，有的人说是从1998年开始的，有的人说是从2001年开始的。总之2002年年底第一次审议《民法典（草案）》，审议过后，不少常委会组成人员以及有关方面认为，民法涉及面广、内容复杂，一并研究修改历时时间较长，以分编审议通过为宜，当前应抓紧制定《物权法》。这表明中国民法典的编纂采取了分编审议、通过的方式。据说当时成立了民法典起草工作小组，制订了“三步走”的方略，于是在1999年通过了《合同法》，2007年通过了《物权法》。1999年的《合同法》与2007年的《物权法》基本都是“三步走”战略里面比较顺利的步骤。2009年通过了《侵权责任法》，吴邦国委员长宣布社会主义法律体系已经建成。此后，该法案也并未得到广泛关注，从此之后几乎很少有人提编纂民法典的事了。

随着党的十八届四中全会《决定》正式提出“加强市场法律制度建设，编纂民法典”，中国民法典编纂由此才进入快车道。此次编纂工作由全国人大常委会法工委负责牵头，最高检、最高法、国务院法制办、中国社会科学院、中国法学会 5 家单位参与。此次民法典的起草分“两步走”，2017 年通过《民法总则》，到 2020 年左右再整体通过民法典。按照“两步走”战略，《民法总则》如期通过了。此前，法学会有一些建议稿，法工委也有一些稿子，在征求意见后，《民法总则》于今年 3 月 15 日在全国人大会上高票顺利通过。

其实，民法典编纂既是挑战，更是机遇：通过官方主持，社会广泛参与的私法法典编纂活动，将有机会促成曾经分庭抗礼的政治国家与市民社会进入持续的和解、协商与协作的关系状态，民法典的有效适用由此成为国家与社会之间相互礼让，相得益彰，共同走向持久稳定与繁荣的保障机制。

二、《民法总则》的立法精神和制度价值

（一）民法典编纂的基本目标：法源重整与价值引领

当前的民法典编纂是在官方宣布“中国特色社会主义法律体系已经形成”的基础上开展的，它编纂的历史背景显然和《民法通则》以及之前几次编纂活动的背景不同。新中国成立以后，当时我国经济体制不完备，还未定型，尚处在探索期，立法者认为这种经济状况下，中国民法典是很难编纂完成的。长期以来，我国民事立法活动主要围绕各历史时期经济社会中心任务和人民群众急需解决的问题，逐步总结地方与群众经验，在经验逐步定型的基础上，遵循“由简到繁”“由通则到细则”“由单行法规到成套法律”的“经验主义”的路径，分散形成民法制度体系。随着我国的改革开放逐步深入，经济社会发展成就瞩目，更重要的是，我们对中国特色的社会主义市场经济体制逐步认可，社会主义市场经济

体制及其所寓于的社会主义初级阶段整体社会构造，已足以稳定支撑“中国特色社会主义法律体系”的整体建立，在此基础上进一步实现民法典编纂便是水到渠成了。当时官方宣布“中国特色社会主义法律体系已经形成”，既已建成，可能就不再搞民法典了，当时有些学者们颇为失望。但事实证明，“中国特色社会主义法律体系已经形成”的官方宣告不仅不是对民法典编纂必要性的否定，而恰恰是对民法典编纂“时机已经成熟”的宣告，这也就规定了此次民法典编纂的基本目标与“问题意识”：

其一，民法典编纂不是全新立法，而是要充分依托并尊重现有的法律法规，以及既有民事法律制度体系，尊重这一法律体系所立足的我国基本国情，所以法典编纂仍然偏向总结以前法律实践中的经验，形成立法成果。当然，有时候必须得借鉴外国经验，但我们又不能单纯地把他们的经验照抄过来，我们得考虑我国法律的实际情况。同时，这次民法典编纂也不是将现有民事法律法规简单汇编为法规“数据库”，而是目标明确地解决现有民事法律体系存在的问题。简单说来，就是要重新确立民法总则与各分则（过去的单行法）之间的统帅关系，各分则之间的分工调整与协调关系，成文法与因成文法的固有不完全性而导致的司法解释、民事判例、习惯与法理等之间的关系。最终就是理顺由民法总则到分则，由基本原则到具体制度，由一般性规定到特别规定的规范体系逻辑，最大限度地让社会公众与法律工作者感受到民法规范服务的公平、高效与便捷。

其二，法谚云：“凡伟大时代，必有伟大法典诞生。”我国民法典编纂的目标已不再限于法源重整，而一跃成为指导经济社会发展的纲领性文件。这就要求我们的民法典编纂必须具有价值引领意识。有些人认为，民法典编纂必须各方面准备好了，才能开展。实际上，要等需要的一切条件都具备再推出民法典是不现实的。相反，我们借助民法典的制定和颁行以及配套性宣传教育活动，能够促使以“权利神圣”“意思自治”等为代表的传统民法的“权利精神”，以社会主义核心价值观为代表的“中国精神”，以及以中华民族传统美德为代表的“民族精神”在社会各阶层中形成观念碰撞与融合，是引领中华民族走向伟大复兴的法治精神的重要启蒙。

（二）民法典编纂的基本任务：经济与社会法制的双重完善

在党的文件中，“编纂民法典”任务紧跟在“加强市场法律制度建设”的后面，这不是偶然的。民法常常被称为“市场经济基本法”或“商品经济基本法”。这说明，虽然民法的调整对象包括平等主体之间的经济与非经济关系，这大于市场经济关系领域，但市场关系处于民法所调整的社会关系的核心，具有特殊意义。“加强市场法律制度建设”也成为民法典编纂的首要任务。

现在民法典编纂中，相对复杂的有两点：第一点，就是如何妥善处理民法典编纂与商事立法的关系。我们都清楚，商法是调整平等的商事主体（商人）之间的商行为，及由此而引起的商事财产关系的法律规范的总和。商事关系是市场关系中最为重要的组成部分。由《公司法》《证券法》《票据法》等构成的商事法律体系是“市场法律制度”基本组成部分。所以此次民法典编纂必须对如何容纳与体现“商事市场法律制度”加以回应。在存在学科意义上“民法”与“商法”二元划分，仍存在立法模式上所谓“民商合一”（制定一个包括商法的大民法典）与“民商分立”（制定一个民法典与一个商法典或商事通则）理论争执的情况下，民法典编纂更应抓住时机，勇敢廓清理论纷扰，全面承担市场法律制度的体系化完善工作。这并不是说通过民法典编纂对商事法律制度体系全盘吸纳，而是说，民法学界必须防止闭门造车，与商法学界与工商实务界就民法典编纂中的相关问题形成持续会商机制，充分考虑商事主体作为职业化的民事市场主体，在交易风险预见与承担、在行为要件的公示与变动等方面的职业特殊性要求；在民法典总则中预留无身份特殊性的普通民事主体之间发生的民事法律关系，与商人之间发生的民事法律关系（商事法律关系）调整方法的区分机制；对在未来民法分则中需要特殊规定的商事合同、商事物权等特殊制度应进行总结与预先设计，从而有效形成民法总则对民商事法律体系全局的统摄，以及体系内部的协调。

“加强市场法律制度建设”复杂方面的第二点是，如何对以国有企业为代表的主体进行民法调整。我们现在国有资产及国有企业的改革，让公共资源借助国家所有权、土地使用权、国有企业法人为代表的特殊民事法律制度，进入市场形成我们市场经济的基本竞争力量，以及自然资源的公众有偿使用体制，但是民事法律又对国家主体、国家权利提供“平等”的市场化保护，也反映了这些公共利益代表混淆为普通私人，推卸宪法赋予的义务。更有一些垄断国有企业利用所谓市场平等地位大肆攫取垄断利润，内部人收入与福利畸高，而普通人又没有获得这些好处的办法，少数国有企业由此变成垄断官商；一些地方政府利用土地使用权“招、拍、挂”等所谓市场手段，推高土地使用权出让价格，进而推高社会公众的购房居住成本；等等。对此，由民法所提供的过度市场化的法律制度支持难辞其咎。因此，在此次民法典编纂中应尽力辨别此类公共主体与资源“遁入”私法的情形。原则上，对国家以“公法人”身份行使的国家所有权应认定为“公物权”，其主准据法应该是行政法中的公法人及公物权法。《民法总则》法人部分与分则中物权部分都不应该越位调整，只留下“其他法律未规定的，准用民法之规定”的兜底就行了。除此之外，对国有企业法人应严格区别对待：对行政型、自然垄断型及典型公益性国有企业法人，不宜认定为民法中的企业法人，而应由归属经济法的“公用事业法”调整；对现在仍大量存在的竞争型国有企业，也不适合在民法上赋予它完全的、混同于私人公司的企业法人地位，应设计保障公共利益实现的特别规定，并为督促其公共利益实现的行政法等其他部门法律法规的介入留足入口。

围绕“加强市场法律制度建设”，民法典编纂还应促进市民社会的发展与完善。因此，其提供的制度支持至少应当包括：通过民法总则与民法分则分工配合的人格权制度设计，促使户籍制度等传统身份体制改革加快推进；顺应时代发展，规定成年人监护制度，加强胎儿利益保护水平，降低民事主体参与民事生活的行为能力限制；通过非营利法人制度规定，提高对公益性结社自由的法律保障力度，进而提高社会自我组织、服务与治理能力;对宪法基本权利实现的全面有效的民事权利对接，对暂时不宜正式赋予民事权利地位的，可作为“发育中的权利”——法益——对待，在《民法总则》中规定“法益，在被以恶意与违反善良风俗之方式损害时，也可获得保护”；相对应地，优化民事责任体系，强调家庭整体、社会整体观，以及人与自然和谐共存的“绿色民法观”，增加“环境恢复”责任，加强对侵害家庭权益行为的责任规制；实现传统民法基本原则与当代中国社会主义核心价值观在《民法总则》中的相互渗透与融合。《民法总则》对于上述某些内容已经有所规定，这些具体的制度将在第三部分详细讲述。

（三）民法典编纂的基本路径：表白—留白—补白

民法典编纂不同于民法学教科书的编写，法典的好坏取决于它将来具体规则的完备性、内部协调性、可适用性。学界较为普遍地认为，民事法律规定“宜粗不宜细”的时代已经过去，对于民法典中的具体制度与规则的设计，能细则细，能在法律中规定，就不留给法律解释或司法解释；能这次立法完成，就不留以后修法的可能。全面与精细化的制度设计要求，必然意味着对立法工作量与技术的高要求，加之紧迫的立法完成时间表（总则 2017 年、分则 2020 年），都迫使政府主导的民法典编纂工作只能主要委托给学者，但这也更加要求民法典编纂不能变成学者们之间长久的学术纷争，更不能最终被写成了“天书”。学者间对法典的设计与表达应扫除一切障碍，尽力、尽快追求学术共识。对所涉及的具体法律制度，针对社会现状以及民众诉求要体察入微，这样才有资格代表民意，用统一法律语言转述与整合民意，所采用的法律语言应尽力通俗简练与本土化，不故弄玄虚。

但是，就算民法典编纂能够按照之前所提到的要求开展，它也不可能完全包含我们社会所需的全部民事法律规范。民法典的“伟大”不是通过法典编纂这一事件本身获得证明，而是在于在此后的法典适用过程中，法典对学者注释、司法实践与民众意志采取开放态度，使法典中被时间逐步暴露的规范“留白”不断被这些力量“补白”。简单来说就是，法典的漏洞被不断补全。实现民法典体系规划之下的民法渊源体系的持续完善，实现民法体系针对生活发展变化的可持续发展。

造成民法典编纂“留白”的原因有很多：它可能是因编纂中学者的学术水平，内部分工、沟通与整合障碍，对非法学的社会生活方面的专业隔阂等。它也可能是因上层国家政策暂不明朗，导致在民事立法中无法表白，正如《物权法》第149条仅规定住宅建设用地使用权到期“自动续期”，而留白是否续交土地使用权出让金这一关键问题。它还可能是因为主要基于学者一时性学术推动的法典编纂，本来就与我们日常表达、理解等不同。它更可能是因为法典概括式、典型性的规范表达方式，与在案件中适用规范的法官所面临的案件事实要素的非典型性、模棱两可之间的矛盾。民法典编纂中的留白纵然遗憾，但却无法完全杜绝，而只能预先准备民法典的补白机制，这可以包括：

其一，在民法典总则中规定开放式法源格局：民事纠纷的解决根据法律规定，无规定时依习惯，但不得违背公序良俗。习惯是民众日常生活中缓慢形成的常识性行为规范，习惯对成文法的补充可大大拉近民众朴素价值观与专家立法之间的距离。习惯作为法源，其补充作用的发挥，由法官在司法实务中斟酌习惯与国家政策、公序良俗之间和谐程度的把控。

其二，大力发展指导性案例制度。当前中国盛行的抽象规范式司法解释的最大弊病是司法权对立法权的逾越。未来对民法典具体规范在个案司法审理中的解释经验，将更多地通过指导性案例的方式进行总结与推广。

其三，学者对民法典使用过程中，规范缺陷、矛盾、重复的及时发现，逐步形成包含民法典规范的评注体系，实现法理对民法渊源体系构成的合理与持续介入。

（四）民法典编纂的重中之重：《民法总则》

现在民法典总则编纂工作已经完成了。《民法总则》的颁行也正式开启了民法典编纂的进程，这在中国民事立法史上具有里程碑式的意义。有关《民法总则》的总体精神方面我主要强调以下几点：

第一，明确社会主义“一般私法”的立法目的。实际上，“民法是私法”的认识在我国经历了艰难的形成过程，直到中国特色的社会主义市场经济目标模式得以确立，“民法是私法”的观念才被人们接受。因为现在说“民法是私法”，对中国特色社会主义市场经济的发展以及中国特色市民社会的建立和完善有重大意义。《民法总则》中社会主义“一般私法”的立法目的主要体现在：《民法总则》第 1 条的规定，“为了保护民事主体的合法权益，调整民事关系，维护社会和经济秩序，适应中国特色社会主义发展要求，弘扬社会主义核心价值观，根据宪法，制定本法”。第 2 条有关民事关系的规定，“民法调整平等主体的自然人、法人和非法人组织之间的人身关系和财产关系”。此处平等主体不包含国家，却包含可纳入特别法人的农村集体经济组织，以及为“适应中国特色社会主义发展要求,弘扬社会主义核心价值观”的法治要求而制定“好人法”，即《民法总则》第 183 条之规定，“因保护他人民事权益使自己受到损害的，由侵权人承担民事责任，受益人可以给予适当补偿。没有侵权人、侵权人逃逸或者无力承担民事责任，受害人请求补偿的，受益人应当给予适当补偿”。

第二，确立“权利神圣”的民法价值核心地位。我们常说，“民法典是公民权利宣言书”。民事立法的核心要求就在于彰显私权利，保护私权利。我们编纂民法典，就是要充分发掘与整合私权利，为人民呈现清晰明确的私权体系。充分回应社会现实，彰显权利的价值，努力拓展权利的法律空间。《民法总则》对此做出明确回应：

首先，以保护“权益”为立法目的（《民法总则》第 1 条），明确了“益”相对于“权”的对立与开放的法解释路径。现在，我们经常会在司法实践中遇到各种各样有关所谓贞操权、亲吻权、祭奠权等法律未列明的权利诉求，实际上，立法者在法律上作出规定的时候，对一些法益本身是不是成为一种权利或者成为什么样的权利，本身并没有确定。

其次，关于权利神圣与平等保护原则的规定（《民法总则》第 3 条、第 113 条）。《民法总则》第 3 条规定了“民事主体的人身权利、财产权利以及其他合法权益受法律保护”。请大家注意，这是我们国家法律第一次明确确立私权神圣原则。起初，在条文顺序上，该条较为靠后。在全国人民大表大会审议时，有人提议应将其顺序前移，以彰显我国民法保护权利的本质特征。《民法总则》第 113 条权利平等保护原则与《宪法》第 4 条、《中共中央　国务院关于完善产权保护制度依法保护产权的意见》以及《物权法》第 4 条“物权平等保护”相对接。我国原先在《物权法》中规定“私人的合法财产受法律保护”，现《民法总则》规定民事主体的财产权利受法律平等保护，且置于人身权利之后。可见，本条文首先扩大了适用范围，除了私有财产，任何所有制财产均受法律平等保护。

再次，专章宣示权利，拓展权利范围（《民法总则》第五章第 109 条至第 132 条）。《民法总则》第五章专章列明民事权利。其中，第 109 条明确规定人身自由的保护；第 110 条明确保护隐私权；第 111 条以及第 127 条增加“数据、网络虚拟财产”等新兴财产权客体。相较于第 111 条对个人信息保护中详尽规定各种侵犯个人信息的行为，第 127 条为指引性规范，条文本身并未提供保护数据、网络虚拟财产的手段、内容。这部分内容我在下面还会讲到，这里就先不赘述了。

最后，规定民事责任的独立性和优先性（《民法总则》第 187 条）。在《民法总则》起草过程中，关于是否将民事责任写入总则是有很大争议的，但最终《民法总则》第八章还是专章单列民事责任的一般性规定，而且还明确规定了民事责任承担的优先性。

第三，实现“个人自由”与“社会和谐”的平衡。就个人和社会的关系而言，社会是由个人组成的，个人生活在社会之中。从法律的自由价值方面看，法律之下的自由是个人自由和社会自由的和谐统一。要想实现社会繁荣与发展，个人自由与社会和谐的平衡必不可少。

《民法总则》基本原则集中体现了这两者间的平衡问题。我们规定的基本原则是贯穿整个民事立法、司法活动的，它在指导民事主体自由开展民事活动的同时，也注重民事主体行为对社会产生的影响。《民法总则》第 5 条至《民法总则》第 9 条列明了民法基本原则，对于其中一些我们都比较熟悉，因此这里就不再赘述。比如，第 5 条的意思自治原则，即民事主体从事民事活动，应当遵循自愿原则，按照自己的意思设立、变更、终止民事法律关系。第 6 条的公平原则，即民事主体从事民事活动，应当遵循公平原则，合理确定各方的权利和义务。第 7 条的诚实信用原则，民事主体从事民事活动，应当遵循诚信原则，诚实，恪守承诺。第 8 条的合法、公序良俗原则，即民事主体从事民事活动，不得违反法律，不得违背公序良俗。在之前《民法通则》的文本中，会看到“社会公德、社会公共利益”等表述，但都没明确写明为“公序良俗”。这次《民法总则》明确规定了公序良俗。这里我着重提一下第 9 条的绿色原则，即民事主体从事民事活动，应当有利于节约资源、保护生态环境。这个原则是新添加的，就这个原则究竟怎么适用，它还需要后续司法实践或者说司法解释来补充，现在看来这一条的宣示性意义比较大。另外，这些基本原则是具体制度的解释根据，同时可以通过进入第 153 条规定的公序良俗，间接转化为裁判规范。至于怎么转化，具体就要通过司法实践操作了。

第四，缔造“司法中心”的民法法源体系。《民法总则》第 10 条规定：“处理民事纠纷，应当依照法律；法律没有规定的，可以适用习惯，但是不得违背公序良俗。”该条明确习惯成为法源，但受公序良俗约束，同时该条未将法理与判例列入法源。前面我已经提到过，习惯的适用本就是补足法律缺漏的一种方法。此外，这一条所说的是“处理民事纠纷”，而没有说是“调整民事关系”。这就需要我们注意，处理民事纠纷主要强调的是司法，这一条实际上就是缔造“司法中心”的民法法源体系。

第五，实现民事立法的民族性和本土性。比如说，确立习惯的法源地位（《民法总则》第 10 条），习惯是民众日常生活中缓慢形成的常识性行为规范，它带有极强的民族性与本土性；再比如说，确立以家庭为基础、社会为补充、国家为兜底的监护体系（《民法总则》第二章第二节）；还有明确了赡养、抚养、扶养义务与监护之分合（《民法总则》第 37 条）；再就是个体工商户和家庭承包经营户之保留（《民法总则》第 54 至 56 条），这显然就是回应中国现实；再有一点就是特别法人的创设（《民法总则》第三章第四节）。这些都极具中国本土性，具体内容在第三部分进行详述。

三、《民法总则》具体制度适用

这部分，我将重点讲解《民法总则》里面一些具体条文。主要按照条文顺序通过五部分来展开讲解。

（一）《民法总则》关于自然人主体地位保护的有关规定更为周延

所有的法律规范，都以人为法律效果的承受者。不同的是，民法规范不仅将其法律效果指向人，更是直接对人的主体地位作出规定。无论是《民法总则》还是《民法通则》都专章对自然人进行规定。相较于《民法通则》，总则有关制度规定更为完善。具体而言，包括七个方面：

第一，关于胎儿的保护问题，《民法总则》第 16 条明确了胎儿“视为具有民事权利能力”的保护问题。针对该条强调几点：该条规定胎儿利益保护的范围是遗产继承、接受赠与等，“等”的范围一般认为包含人身侵权，但能否针对堕胎行为呢？实际上，立法者在起草本条文时，最初规定了胎儿的损害赔偿请求权，即遗腹子出生后请求损害赔偿的问题。但有人指出这个规定涉及妇女有无堕胎权的问题，而这一问题涉及伦理、宗教等多方面因素，民法无法解答。故全国人大法律委员会最终决定用“等胎儿利益保护”这一表述涵盖未来的损害赔偿请求权，以回避这一问题。此外，该条中“视为”的含义为何？此处的“视为”是法律拟制的意思，我们都清楚胎儿明显不同于具有民事权利能力的人（自然人民事权利能力始于出生，终于死亡），更不可能具备民事权利能力，但此处法条通过拟制的方法将胎儿视为具有民事权利能力。该条另外一个问题就是“其民事权利能力自始不存在”中“自始”的时间界定又为何？本来胎儿就不可能具备民事权利能力，我们只是用法律拟制手段赋予其民事权利能力。此处“自始”的时间界定让人琢磨不透。

第二，《民法总则》第 19 条关于限制行为能力人年龄下限由 10 周岁下降到 8 周岁的规定。《民法总则（草案）》一至三稿均规定为 6 周岁，但最终颁布的《民法总则》却规定为8周岁。实际上无论是6周岁还是8周岁，两者均表达了降低无民事行为能力年龄上限、赋予儿童一定行为能力的立法意思。我个人认为，8周岁与6周岁差别其实不是很大，无须在此问题上纠结。

第三，《民法总则》强调宣告死亡时利害关系人保护的强化问题。宣告死亡的制度主旨就不是保护失踪人，而是保护利害关系人。《民法总则》第46条、第47条规定，一个人失踪后，只要他符合宣告死亡的条件，就可以宣告他死亡，不再需要受宣告失踪的限制。就是说申请不受顺序限制。现实生活中，有些债务人就为了逃避债务经常闹失踪，现在只要债务人失踪满足一定条件，债权人就可以宣告债务人死亡，到时候债务人的财产变成遗产，债权人起码能得到部分偿还。此外，《民法总则》规定死亡宣告被撤销的时候，婚姻恢复尊重配偶意见。《民法通则》规定的是自行恢复，不考虑配偶意见。现在《民法总则》规定则充分尊重配偶对婚姻恢复的意见。这样考虑非常的人性化，因为我们不得不考虑这样一种情况，那就是如果夫妻间关系本就不好，宣告死亡人的配偶并不愿意恢复婚姻关系。

第四，强调监护人确定和履职时考量被监护人的意愿和利益。监护这一节较《民法通则》而言改动较大。在监护人确定方面，根据《民法总则》第29条、第30条，新增父母遗嘱监护和协议监护，被监护人的父母可以通过遗嘱来确定监护人，具有监护资格的人之间可以协议确定监护人。在监护人的确定程序方面，《民法总则》第31条第1款的规定与过去《民法通则》和《民法通则意见（试行）》的规定相比，不再将所在单位或者居委会、村委会的指定作为法院裁判的前置条件。现在可以直接向法院申请指定监护人，不需要经过有关单位或者两委的指定程序。在监护这一节很明显的另一点规定就是充分尊重被监护人的意愿，监护人按照最有利于被监护人的原则进行监护。主要在《民法总则》第30条协议监护、《民法总则》第35条监护人职责、《民法总则》第36条撤销及临时监护制定、《民法总则》第38条恢复监护这几条中明确规定。

第五，《民法总则》第33条增设成年人意定监护制度。首先该条适用范围是成年人丧失或部分丧失行为能力，而非丧失行动能力、生活自理能力，或者陷入经常性醉酒等不良生活习惯或精神状态。因此《民法总则》并未设立禁治产制度。就行为能力丧失的认定而言，包括了智力、精神状况等导致不能辨认或部分不能辨认行为性质，因此大于医学上的精神病范围。

第六，“死者人格利益”保护的典型化规定。《民法总则》第13条规定自然人民事权利能力始于出生终于死亡。根据这句话，我们能够得出：死者无权利能力，亦无权利。

早在2001年最高人民法院发布的《关于确定民事侵权精神损害赔偿责任若干问题的解释》中，就确立了“死者人格利益”这一“法益”及其保护要件。具体规定就是：“自然人死亡后，其近亲属因下列侵权行为遭受精神痛苦，向人民法院起诉请求赔偿精神损害的，人民法院应当依法予以受理：（一）以侮辱、诽谤、丑化或者违反社会公共利益、社会公德的其他方式，侵害死者姓名、肖像、名誉、荣誉；（二）非法披露、利用死者隐私，或者以违反社会公共利益、社会公德的其他方式侵害死者隐私；（三）非法利用、损害遗体、遗骨，或者以违反社会公共利益、社会公德的其他方式侵害遗体、遗骨。”《民法总则》第185条规定：“侵害英雄烈士等的姓名、肖像、名誉、荣誉，损害社会公共利益的，应当承担民事责任。”对比该条与上述司法解释，它们区别在哪里？既然已经有关于死者人格利益保护的规定，《民法总则》此时再专门规定一条，是否多余？或者说难道只有英雄烈士死后的人格利益才值得保护？若依该条提起诉讼，那么诉的性质是一般民事诉讼还是公益诉讼？因为该条有“损害社会公共利益的”规定，这种规定是否是该类侵权必备的构成要件？此外案件原告是近亲属抑或是公益诉讼机构？该条中“英雄烈士”的内涵与外延以及“等”的含义为何？本条的功能评价又如何？这些都是需要进一步探讨的问题。实际上，《民法总则》专门规定该条并不是说只强调英雄烈士的人格利益，它适用的前提当然是死者人格利益的保护。全国人大法律委员会曾就其中较大争议点作出如下解释：损害公共利益并不是必备的构成要件，按照我国有关法律规定，只有死者的近亲属才可就死者名誉、隐私、肖像与荣誉等被侵害主张精神损害赔偿，但由于英雄烈士这类人大多没有后代，若无其他近亲属，则只能将侵权行为认定为涉及公共利益，再由检察院提起公益诉讼。根据法律委员会的解释，我们能从中提取到这样的信息，因为英雄烈士大多无后或无近亲属，但是侵犯他们的人格利益就好比是对我们社会主义核心价值观、对我们民族精神等的侵犯，这会损害社会公共利益，我们也不能放任这种行为，因此即使没有后代或近亲属，我们有关部门也可以提起诉讼。关于“等”字的含义，中文语法中分为“等内等”和“等外等”。本条文中的“等”字应属“等外等”，但就“等外等”所省略的内容，仍需进一步明确。

第七，《民法总则》诉讼时效一章的有关规定。《民法总则》第 188 条将普通的诉讼时效期间延长为 3 年，而且在时效的起算点上修正了以前知道或者应当知道权利被侵害即起算时效的不当规则，把它完整地表述为时效从权利人知道或者应当知道权利被侵害而且知道或者应当知道加害人的时候才开始计算。第 190 条针对行为能力欠缺者与法定代理人之间的权利纷争，规定在法定代理关系终止之后，行为能力欠缺者权利保护的时效才开始计算。第 191 条关于未成年人遭遇性侵害，其因为遭遇性侵害的损害赔偿的诉讼时效可以从成年之后开始起算。

（二）治理能力与治理体系现代化——法人与非法人组织

这样的定位是通过全国人大常委会领导的表述得出的。全国人大常委会领导强调《民法总则》在治理能力提升、治理体系现代化中的价值，而且将治理能力、治理体系现代化与法人的分类密切地联系在一起。

法人承担了国家治理现代化的制度功能，法人分类是《民法总则》制定过程中争议最大的制度点。首先，讲一下《民法总则》关于法人的基本分类。《民法总则》坚持“名义上”的营利法人和非营利法人的区分：关于营利法人的规定集中于《民法总则》第 76 条至第 86 条，主要包括

“三权分立”机制（《民法总则》第 80 条权力机构、第 81 条执行机构、第 82 条监督机构）、出资人滥权禁止（《民法总则》第 83 条、第 84 条）的规定。关于非营利法人的规定集中在《民法总则》第 87 条至 95 条，主要包括事业单位（《民法总则》第 89 条理事会等决策机构以及法定代表人）、社会团体（《民法总则》第 91 条会员大会或代表大会等权力机构以及理事会等执行机构）、捐助法人（《民法总则》第 93 条理事会、民主管理组织等决策机构、执行机构、监督机构）、非营利法人不得分配利润（《民法总则》第 87 条）和剩余资产（《民法总则》第 95 条）的规定。此外专列“特别法人”一节，该节主要包括机关法人（《民法总则》第 97 条、第 98 条）、农村集体经济组织（《民法总则》第 99 条）、城镇农村的合作经济组织（《民法总则》第 100 条）、基层群众性自治组织（《民法总则》第 101 条）的有关规定。

营利法人与非营利法人分类的标准是什么？标准就是法人的设立与存续是否以营利为目的。具体表现为，是否向法人的设立人分配利润，在法人终结的时候，是否向法人的设立人返还剩余资产。营利法人就是要向设立人返还利润，终止的时候设立人可以收回剩余资产的法人；而非营利法人一不可分配利润，二不可收回剩余资产（通过前述法条具体内容可得此结论）。我们要注意，是否从事营利活动不是营利法人和非营利法人的区分标准。非营利法人也可以从事相应的营利活动，不过它通过营利活动得到的利益，不是为了设立人，而是为了非营利法人本身所从事的事业。上面提到的是营利法人与非营利法人的内部治理结构问题，在外部治理结构上，营利法人追逐利益的同时，国家还需要其为税收做贡献；而就非营利法人而言，国家将从财政、税收、土地等方面提供一系列的政策性优惠。

专列“特别法人”使得法人内部划分标准难以统一。机关属于“公法人”，农村集体经济组织与基层群众自治组织具有国家（社会）基层治理结构性质，可认为是“准公法人”，但合作经济组织因其介于公益性与营利性之间而被“特别”化。那为什么民办非企业单位又不是特别法人？

实际上，在《民法总则》制定过程中关于法人分类有三种类型化主张：社团法人与财团法人；营利法人、公益法人与中间法人；公法人与私法人。其中社团、财团与营利、非营利分类之争尤为激烈。

就营利与非营利而言，持此观点的学者认为，是否营利为最具法律意义的根本性差异，这决定了法人在各种法律关系中（包括公法上税收等优惠）的地位和权利义务；而社团与财团只反映其内部结构之不同，仅具私法意义。社团、财团主要针对“私法人”，不能涵盖“公法人”。财团法人与社团法人规范比例严重失衡。社团法人与财团法人区别日趋模糊（人的联合与财产联合的模糊）。社团、财团术语生僻，现行法亦无财团概念。这种分类与企业法人、非企业法人分类相传承，非营利法人能涵盖事业单位法人、社会团体法人等传统法人形式，也能涵盖基金会和社会服务机构等新法人形式。另外，这种分类顺应事业单位改革和发展要求。现在事业单位包括承担行政职能、从事生产经营活动和从事公益服务三类，承担行政职能的将逐步划归行政机构或直接转为行政机构，从事生产经营活动者将逐步转为企业，从事公益服务者将保留在事业单位序列。

主张社团、财团分类之理由在于，一是营利、非营利分类标准不清晰（特别是对合作社、证交所、民办教育医疗、集体经济组织、基层自治组织等“半公益半营利”之中间法人无法准确分类，导致出现“特别法人”这个怪胎）。二是，社团与财团更能体现法人“组织体”的基本结构特征。三是，营利和非营利无法抽象出非营利法人的总括性条款（其内部结构差别巨大）。四是，营利、非营利分类凸显公法而非私法差异，悖于公、私法二元法律表达。最后营利、非营利分类可能成为事业单位改革和发展的障碍。因为公益服务的事业单位有两类：一是提供义务教育、基础性科研、公共文化、卫生等基本公益服务，不能或不宜由市场配置资源的公益一类；二是承担高等教育、非营利医疗等公益服务，可部分由市场配置资源的公益。将事业单位固化为非营利法人，会导致民间资本进入公益二类后得不到保护，调动不了民间资本的积极性，不利于供给侧结构性改革。

我国《民法总则》其实采用了承认社团与财团分类基础上的营利、非营利法人二次分类模式。“特别法人”在一定程度上起到了“隔离”公法人的作用，但因自身内涵不统一，隔离不周延。

最后讲一下法人与非法人组织的区别。《民法总则》第 102 条至第 108 条是关于非法人组织的规定，通过对比法人与非法人组织相关条款规定可见：是否登记不是法人与非法人组织的区分点（这恰恰是民法史上法人与非法人组织的主要区分点）。其他区分点主要体现在民事责任承担的问题上。《民法总则》第 104 条规定非法人组织的责任承担问题：非法人组织的财产不足以清偿债务的，其出资人或者设立人承担无限责任。法律另有规定的，依照其规定。法人责任承担则是《民法总则》第 60 条规定的：法人以其全部财产独立承担民事责任。这阻碍了“合伙企业”等获得法人资格的努力。“法人”资格就像城市“户籍”，划分了非自然人主体的身份等级。

（三）民事权利的全面开放保护

这部分内容主要通过两方面进行讲述。第一方面是《民法总则》“权利”和“法益”的分别保护格局，第二方面是新型“权利客体”。

其一，确立“权利”和“法益”的分别保护格局。这在前面谈论到《民法总则》的精神体现部分有提到过。民法典是“权利宣言书”，但也不能一味扩张权利范围，随意创设新型权利。在利益守衡的条件下，扩张权利人的自由，就是削减义务人的自由。“法益”在成文法中未列举，使其成为需要特别法或个案发现与识别的非一般性利益，或者叫“未列举权利”。

实际上，“权益”“利益”一词在《民法总则》中多处使用，之前我一直认为权益这个词并无深意，后来才发现这并非无意义的“俗语”。举例而言，《民法总则》第 1 条民法立法目的“保护合法权益”、第 3 条私权神圣中“其他合法权益受法律保护”、第 34 条“被监护人合法权益不得侵害”、第120条“侵害权益引发民事责任”以及第126条“主体享有法律规定的其他民事权利和利益”。《民法总则》中也存在具体的非权利性表述。比如第109条，自然人的“人身自由、人格尊严”受法律保护。这就是“一般人格权”的规定。强调一下，在这里不能将它分解为“人身自由与人格尊严”两部分，而是这两个关键点所代表的全部抽象与基础性人格利益，以作为在具体人格权规定欠缺时进行个案中重要“利益”发现的请求权基础。再有一个辅助条款，《民法总则》第110条规定：“自然人享有生命权、身体权、健康权、姓名权、肖像权、名誉权、荣誉权、隐私权、婚姻自主权等权利。”这其中的“等权利”表明尚有需要法律发掘及保护的权利。

谈到这里，我们需要将上述条款与《侵权责任法》第2条相比较。《侵权责任法》第2条规定：“侵害民事权益，应当依照本法承担侵权责任。本法所称民事权益，包括生命权、健康权、姓名权、名誉权、荣誉权、肖像权、隐私权、婚姻自主权、监护权、所有权、用益物权、担保物权、著作权、专利权、商标专用权、发现权、股权、继承权等人身、财产权益。”该条实际上明确区分了权利与利益。权利与利益之间是有层次的：一般利益—法益—权利（绝对权）。只有那些被反复实践证明的“绝对权”，才在被侵害时推定具有违法性。《侵权责任法》第2条里面列举的那些权利，仔细读一遍，会发现它们都是绝对权。在侵权法上，绝对权的对应形态是“利益”，而不是相对权，很明显债权就不是侵权法保护的内容。简单说，权利发育过程的完成态成为法律列举的“权利”，而中间状态则成为未列举的利益综括形态，那利益究竟怎么去保护呢？

“等”的具体实现方法主要有三种。一种是立法补充的方法，《民法总则》第126条规定，“民事主体享有法律规定的其他民事权利和利益”，但法益本身就是为了针对立法中权利类型化的固有“缺陷”，但是不能，也不应将“发育中的权利”等同为“权利”进行弥补，所以立法不可能是“等权利”产生的周延的方式。第二种是司法补充的方法，比如《精神损害赔偿司法解释》第1条第2款规定：“违反社会公共利益、社会公德侵害他人隐私或者其他人格利益，受害人以侵权为由向人民法院起诉请求赔偿精神损害的，人民法院应当依法予以受理。”在这条规定中，法益识别方法是在加害人恶意并以违反善良风俗方式加害时，受侵害人才能要求救济，此时才成为“法益”。而这只可能在个案中去实现。总而言之，就法益而言，在这里无法立法确定，却可以有指导性案例。

其二，《民法总则》新规定了几项新型“权利客体”，即“个人信息”“数据、网络虚拟财产”。我国之前的法律并未规定“个人信息权”“网络虚拟财产权”，那是因为与现有典型人格权与身份权相比，这两种权利与邻接概念相比均存在内涵、外延上的不确定性、变化性与重合性，所以不能被绝对权化。它们可以是“法益”，也可能是引出其他权利保护的前置要件，也可能在将来发展出真正的权利。

《民法总则》第 111 条是关于个人信息保护的规定，解读本条的含义主要有四点：第一，个人信息受法律保护。第二，任何组织和个人若要获取他人个人信息，应依法取得。第三，应当确保获取信息的安全。最近发生的电信诈骗案件，正是由于合法收集并保有个人信息的机构被黑客攻破数据库，窃取、贩卖个人信息，导致诈骗集团获取大量个人信息。若有关机构按照本条规定保证了所收集信息的安全，就可避免悲剧的发生。第四，对禁止行为的界定，即不得非法收集、使用、加工、传输他人个人信息，不得非法买卖、提供或者公开他人个人信息。本条还需注意几个重要问题：第一是个人信息与隐私、名誉等人格权保护的关系，重点是要与隐私进行区分；第二就是个人信息与财产权实现与保障安全的关系。根据《民法总则》第 111 条、《民法总则》第 110 条这两个条文，能够得出这样的结论：个人信息是一种独立的权利，因为个人信息与隐私是由两个条文分别规定的。以前学术界许多学者认为个人信息通过隐私权保护就可以了。《民法总则》第 110 条列举的权利当中有隐私权，然后在第 111 条又单列了个人信息，表明《民法总则》结束了个人信息与隐私关系的讨论。明确规定个人信息处于隐私之外，需要单设保护。尽管这个条文本身不能够立竿见影地缓解当前个人信息保护不力的现状。但在《民法总则》为个人信息设立了基本的法律保护后，我们有理由相信将来关于个人信息保护的立法会更为全面。

《民法总则》第 127 条规定了数据、网络虚拟财产的问题。这一条明显是对我们这个时代现实问题的回应。该条实际为指引性条款，首先它明确表态要对数据、网络虚拟财产进行保护，但是究竟怎么保护却没有明确规定。《民法总则》的规定是“法律对数据、网络虚拟财产的保护有规定的，依照其规定”。这以后究竟以什么路径来保护数据和网络虚拟财产，还可以进一步研究。我着重提几点值得考虑的问题，通常网络虚拟财产中“虚拟”的解释为网络“空间”，它的类型与外延确定为网络账号、游戏币、游戏角色与装备。那么比特币是否为虚拟财产？需要我们进一步探讨。还有一个问题，就是与其他权利区分与确定的问题：如果与人格权交接，例如向企业员工专用邮箱大量群发邮件，是构成侵害隐私权，还是将邮箱作为“虚拟动产”而构成侵害财产权（美国 1998 年判例）？若与知识产权的交接、与个人信息的交接等又会产生怎样的状况？此外其作为绝对权还是相对权保护？是否可以继承？这些问题都需进一步探讨。

（四）兼顾自由与秩序的民事法律行为制度

就民事法律行为的成立与有效而言，相较《民法通则》,《民法总则》特别强调了“意思表示”这一因素以及更为明确民事法律行为有效的要素。《民法总则》第 133 条、第 134 条、第 143 条分别规定了民事法律行为成立与有效的条件。《民法总则》第 134 条规定，“意思表示一致”而成立。在该条第 2 款，还特别规定了法人、非法人组织依照法律或者章程规定的议事方式和表决程序作出决议的，该决议行为成立。《民法总则》第 143 条第（三）项规定民事法律行为不违反法律、行政法规的强制性规定，不违背公序良俗。该条相较《民法通则》有关规定更为明确具体，民事法律行为除了受法律法规限制外，还受到公序良俗约束。

就民事法律行为的无效而言，《民法总则》主要规定了四种情形。首先就是主体不合格或者说行为能力欠缺，即《民法总则》第 144 条规定的无民事行为能力人实施的民事法律行为无效。再就是,《民法总则》第 146 条规定了虚假意思表示实施行为无效。这里必须明确，虚假表示属于广义的“掩盖行为”，必须与其他掩盖行为进行区别，防止效力范围扩大化。《民法总则》第 146 条的意思是，用来掩盖非法目的的合法形式肯定是无效的，因为它不是双方的真实意思表示，但是被掩盖的法律行为有没有效，得看被掩盖的法律行为本身是否为非法目的，如果被掩盖的法律行为本身不是非法目的，它是否有效应结合具体事实来判断。第三种情形就是违法与违反公序良俗行为的效力判断。《民法总则》第 153 条规定 :“违反法律、行政法规的强制性规定的民事法律行为无效，但是该强制性规定不导致该民事法律行为无效的除外。违背公序良俗的民事法律行为无效。”我们先不急解释这一条，我们先看一下过往的立法与司法解释中的相关规定 :《民法通则》第 58 条，“违反法律或者社会公共利益的民事行为无效”;《合同法》第 52 条，“违反法律、行政法规的强制性规定的合同无效”;《合同法司法解释（一）》第 4 条，“确认合同无效，应当以全国人大及其常委会制定的法律和国务院制定的行政法规为依据，不得以地方性法规、行政规章为依据”;《合同法司法解释（二）》第 14 条,“合同法第五十二条第（五）项规定的‘强制性规定’，是指效力性强制性规定”。通过仔细将这几个条款与《民法总则》第 153 条进行对比，我们会发现《民法总则》第 153 条的规定太艺术了。“违反法律、行政法规的强制性规定的民事法律行为无效，但是该强制性规定不导致该民事法律行为无效的除外。”既然已经规定违反法律、行政法规的强制性规定的法律行为无效了，又怎么可能会存在该强制性规定不导致法律行为无效的情形存在呢？原来是违反效力性强制性规定的法律行为无效，但司法解释起码还是将强制性规定进行了区分，以方便对法律行为效力进行裁判。现在更灵活了，违反法律、行政法规中的强制性规定的法律行为无效，但是该法律、行政法规中的强制性规定不导致该法律行为无效的除外。这是什么意思呢？还有就是,《民法总则》第 153 条第 2 款规定，违背公序良俗的民事法律行为无效。对于这一款又该如何理解？是在案件中单独适用违背公序良俗原则来判定行为无效吗？我认为并非如此，正确的理解应该是结合《民法总则》第10条考虑。由于公序良俗并非法源，而是补充性法源“习惯”的约束性条件，因此法官不宜仅仅援引某公共秩序与善良风俗而判决法律行为无效。一般情况下，公序良俗应当与违反强制性规定联合考虑：当强制性规定本身未表达是否违反即无效时，根据同一行为违反公序良俗的程度来判断该强制性规定是否导致该民事法律行为无效。但由于公序良俗本身的变化性、地区性，故强制性规定是否导致同一民事行为无效，在不同的地区、时代与案情背景下，可以有不同。第四种无效情形就是《民法总则》第154条恶意串通损害他人合法权益的行为无效。

关于可撤销的民事法律行为，《民法总则》对《民法通则》进行了一些调整。现在没有乘人之危这种可撤销的法律行为了，乘人之危这种情形被归入了显失公平里面。就是《民法总则》第151条规定的一方利用他人处于危困状态或者没有判断能力等情形实施法律行为导致对他人显失公平，受损害方拥有撤销权。再有就是《民法总则》第147条规定的因重大误解而实施的法律行为可撤销，《民法总则》第148条、第150条规定的受胁迫而实施的法律行为可撤销。就撤销权的期间来说，与其他可撤销的法律行为相比，重大误解撤销权的期间比较短，为知道或者应当知道撤销事由之日起3个月。一方当事人受到第三人的欺诈，与对方实施法律行为，如果对方不知道也不应当知道他受到了第三人的欺诈，那这个法律行为没法撤销了。如果对方知道或者应当知道他受到第三人的欺诈，受欺诈的人可以撤销其法律行为。

（五）民事责任的体系完善

就是否把民事责任放在总则部分，当初起草的时候是有争议的。有人觉得民法分则各个部分已经有了关于各自责任的明确规定了，在总则中实际上没必要再单列。但是，民事法律关系是由民事权利、民事义务和民事责任结合而成的，单从“权利—义务—责任”的逻辑关系上，民事责任也应该是民法总则的内容。另外，正因为在民法分则的各个部分都有关于民事责任的规定，因此，根据《民法总则》“提取公因式”的方法，其应当对所有的民事责任通用的规则，作出一般性规定。《民法总则》对民事责任的一般规则作出规定，不仅可以统领民法分则各个部分的民事责任规则，而且各个部分对于民事责任的一般性规则都可以舍弃而不予规定，直接适用《民法总则》关于民事责任的规则。此章内容较为简单，我就不再具体展开讲解。

《民法总则》在第八章专章规定了民事责任的内容，实现民事责任体系化。主要内容包括：明确民事责任发生缘由以及承担按份责任、连带责任的要求（《民法总则》第 176、177、178 条）；明确责任承担的方式（《民法总则》第 179 条）；明确免责事由，包括不可抗力（《民法总则》第 180 条）、正当防卫与紧急避险（《民法总则》第 181、182 条），但是在正当防卫与紧急避险过当时，行为人应当承担适当的民事责任；为进行社会主义道德建设而规定的民事责任规则，即见义勇为以及好人法的规定（《民法总则》第 183、184 条）；英雄烈士等的人格权益受保护规则（《民法总则》第 185 条）；违约责任与侵权责任竞合时的责任承担方式（《民法总则》第 186 条）；民事主体同时承担民事行政或刑事责任时，民事责任优先（《民法总则》第 187 条）。民事责任优先原则根本上体现了我国对私权的尊重和保护，从立法上解决了民事责任、刑事责任和行政责任的关系问题。

《民法总则》关于民事责任的规定仍有值得商榷之处，比如见义勇为免责是否应当有所限制？实际上《民法总则》第 184 条在起草过程中，文末还规定了，“如果实施紧急救助的人因重大过失给受救助的人造成了不应有的重大损失，就要承担适当的责任”。但是鉴于本法条践行社会主义核心价值观的主要立法目的，最终还是未能将其保留。再如“双方都没有过错的损失分担”问题该如何解决？这个问题在《侵权责任法》第 24 条、《民法通则》第 132 条以及《最高人民法院关于贯彻执行〈中华人民共和国民法通则〉若干问题的意见（试行）》第 157 条都是有所规定的，《民法总则》对该问题没有涉及。

以上就是我今天所讲述的全部内容。最后我再就民法典编纂的意义谈谈我的看法。民法典的编纂，是民法体系化工作水到渠成之举，若徒有法典之外观，而缺乏体系化工作的理论底蕴，民法典不过是贻笑大方的空架子；反之，及时地法典化则会使体系化的复杂工作最终得到立法的认可，使其应有的社会功能得到更好的实现，对推动社会历史进步产生深远的影响：

其一，从形式上看，以法典的形式，系统、全面地规范民事主体的民事生活，在短时间内形成一种全新的法律框架，以提高民法的覆盖率与适应性。民法典所体现的由民法总则到分则，由基本原则到具体制度，由一般性规定到特别规定的体系逻辑，更是可以使普通社会群众与法官在面临具体个案时，先从低位阶的具体规定入手，待其不济时“拾级而上”到较高位阶的规范中去寻找规则依据，直至民法基本原则；反过来，民法基本原则处于民法典规则体系中的最高位阶，其地位使其所包含的民法基本价值得以“拾级而下”，层层贯彻，最终到达并存储在每一个具体的民法规则中，通过民法典内部上下协调，实现了民法价值的储存与贯彻。最后，民法典以其统一而宏大的体系相对替代过去系出多门、复杂烦琐的单行法律法规体系，则可以最大限度地避免民法规范间的重复与冲突，使民法规范简明扼要，和谐一致。

其二，从实质上看，民法法典化不仅是一国民法体系化高度发展，民法理论研究与技术总结相对成熟的体现，更是该国市民社会相对独立与发展的标志。纵观近代以来民法法典化的历程，凡伟大法典诞生的时代，必也是破旧立新，市场经济形势与市民社会模式全面发展的时代。民法典的功用在此已非局限于民法的最终渊源形式，而已跃为同时代的权利宣言书乃至社会革命的纲领，这又使民法包孕的社会理想不滞于某些社会现实的牵掣，而是反过来作为改革社会的法制标准。在民法发达的国家是这样，在东方传统国家就更是这样。实际上，在传统社会形态中，要等待民法得以完全贯彻所需的一切社会条件之具备，再推出民法典是不现实的。对于一个传统社会而言，借助民法典的制定和颁行，可以有效地培养人们的权利意识和平等观念，促进其市民社会的缔造，为从传统文化向现代文化的转型奠定依法治国的观念基础。

《民法总则》的编纂工作已经完成，民法分则的编纂工作正在紧锣密鼓地进行当中。虽然在当下中国市场经济走向成熟，作为基本法的民法法典化势在必行，但在私法超国家化的全球法律统一中要认识到法律差异化的必然面，重视对民事习惯等本土法学资源的整理与挖掘，重视民法应回归社会现实的功能，保持民法体系的开放性。只有具备充分的理论探讨与准备，方可以极为审慎的态度完成我国民法法典化。可以预料到的是，在不久的将来，一部统一、完整，既能够代表当代民事立法最高水平，又体现中国特色的民法典必将呈现在世人面前。当代中国的民法法典化运动发生于跨世纪的时代，不应完全重踏西方近代民法之路，而应从一开始就与现代民法的发展合拍同步，在充分伸张个人权利与自由精神的同时，弘扬我传统民族文化中“集体—社会”本位中的优秀品质，使个人与社会的双重利益在民法中得到衡平与兼顾。

张文强　非常感谢张力教授为我们做的精彩专题辅导。张力教授以《〈民法总则〉的精神理解与制度适用》为题，从《民法总则》的起草过程、立法精神和制度价值以及制度适用三个方面，做了一场内容丰富、浅显易懂的专题讲座。讲座内容具有很强的针对性和实效性，对进一步增强机关干部职工的法治意识和责任意识，强化依法履职的自觉性，具有重要指导意义和引领作用。最后，我们学习宣传《民法总则》要与开展“两学一做”学习教育活动结合起来，依托委党组中心组学习、党支部“三会一课”学习等载体，让全系统干部职工掌握民法知识，用民法精神引导具体工作、生活，进一步提升领导干部法治思维和法治方式的能力和水平。至此，专题讲座到此结束，让我们再次以热烈的掌声感谢张力教授！

第十二讲 “《民法总则》的文化解读”系列节目*

第一节 遵循善良风俗**

主讲人：刘云生 西南政法大学民商法学院教授、博士生导师

观众朋友大家好，欢迎收看《法律讲堂》。

2017 年 3 月 15 日，第十二届全国人民代表大会第五次会议表决通过了《民法总则》，并于 2017 年 10 月 1 日正式实施，中国民法典正式驶入快车道。

什么是法典？就是关于某一个部门法的系统化立法文件。比如民法，是调整平等主体之间人身、财产关系的基本法。现在没有法典，只有相对独立的单行法。孩子几岁能“打酱油”？我们就去翻《民法总则》，看看限制民事行为能力人的有关规定。你到普吉岛旅行，拜托父母照顾宠物—— 一只呆萌的泰迪犬。回家后发现宠物被父母无偿送人了。能不能追回泰迪犬？这就得靠《物权法》了。5 年前，你在雄安新区买了一套房，现在房价陡涨，开发商坐地涨价，拒绝

---

* 本书将刘云生教授《民法总则》的文化解读系列节目（一）至（六）内容作为第十二讲——编者注。

** **播出时间：**中央电视台《法律讲堂》2017 年 9 月 28 日。

交房。你就得依照《合同法》的相关规定要求开发商实际履行。晚上散步，被小区邻居的烈性犬咬伤，打完狂犬疫苗后，你就得翻开《侵权责任法》，找到动物致人损害条款，积极保护权利。当然，要解决结婚、离婚、分家、继承这些纠纷，你就得熟悉《婚姻法》和《继承法》的相关条款。

如果实现了法典化，上述各种单行法就会集中编纂在一起，形成系统、全面调整民事法律关系的法律文件汇编，凡事都在这部法典里面来找答案和依据，这就是民法典。

《民法总则》仅仅是民法典开篇之作，但毫无疑问，它开启了民法典时代。

《民法总则》在民法典中处于什么样的地位？它是民法典的龙头，引领了整部法典的方向，代表了整部法典的立场，保障了法典各部分血脉贯通，最终让民法典成为国民权利堡垒，为中国现代化转型提供正向的驱动力。

《民法总则》第 1 条开宗明义，宣示了民法典的基本价值立场：保护民事主体的合法权益，调整民事关系，维护社会和经济秩序，适应中国特色社会主义发展要求，弘扬社会主义核心价值观。

那么，什么是中国特色呢？我个人认为，《民法总则》所提出的特色指的是中国社会所反映的民族、文化、时代等特征。比如通过监护权维系“尊老爱幼”的古老传统，通过对弱势群体的特别保护体现人文关怀，通过认可和适用民间习惯尊重文化的多元性和互补性。

但最能体现中国特色的是《民法总则》设立了一项原则：善良风俗。

什么是善良风俗？就是一个社会普遍认同并具有广泛影响力的正向道德伦理观念和行为规范。按照英国著名文化人类学家马林诺夫斯基的观点，风俗是一个民族精神文化“最基本的要素”，是依照传统力量让社会成员共同遵守的标准化行为方式。

按照这种理论，善良风俗天然分为两个层面：一个涉及抽象的道德伦理观念，一个涉及具体的行为规范。比如不得故意杀害生命，不得破坏人伦亲情；不能因为同学比你优秀，拿了奖学金，就羡慕嫉妒恨，投毒残害，致同学于死地；不能因为邻家小媳妇长得漂亮性感，就诱惑诱拐，带着她跑到天涯海角去天荒地老，破坏人伦和家庭。

这就是中国传统文化一再强调的“天理人情”，如果违背了，老百姓就认为是伤天害理！

从这个意义上说，《民法总则》设立善良风俗原则就是在尊重传统文化心理特色基础上的一种创造性立法进步。

为什么说是创造性立法进步？因为《民法总则》有两大贡献：第一是将“社会公德”转换成了“善良风俗”，第二是将善良风俗从道德义务上升为法律义务。

以前民法中有没有善良风俗？没有。此前的《民法通则》也好，《合同法》也好，都在第 7 条规定了“社会公德”，但没有确证“善良风俗”。

善良风俗与社会公德是什么关系？社会公德可以体现善良风俗，比如不随地吐痰，不在婚礼上恶搞，不在城市主干道上暴走，不在居民区深夜练美声，搞夜半歌声，让人失眠做恶梦。

但社会公德包含不了善良风俗，反倒是善良风俗可以包含社会公德，也就是说，善良风俗的内涵、外延远远大于社会公德。

仔细考察，《民法总则》不仅用“善良风俗”替代了“社会公德”，还用四个条文将善良风俗引入法律规范。

——第 8 条：“民事主体从事民事活动，不得违反法律，不得违背公序良俗。”这是从基本原则层面提出的纲领性要求。好奇是人的本能，好奇害死猫，也可能害死人！看见一枚“小鲜肉”，就想知道他有没有女朋友；看见一个大美女，就四处打听有没有男朋友。这些是人之常情，但不能超越界限，因为这些都属于个人信息，属于《民法总则》第 111 条保护的隐私权。你有打探的自由，但是别人有保护自我隐私的自由。你的行为不能超越法律的边界，也不能溢出善良风俗的边界。否则，不仅要承担侵权责任，后果严重了，还得承担刑事责任。

中国长辈见了晚辈，最喜欢问问题：每月挣多少钱？谈恋爱没有？男朋友是不是“高富帅”？女朋友是不是“白富美”？干什么工作的？买房子没有？多大面积？在哪个位置？等等。这些中国式的问候，人情味特别浓厚。这些都算是风俗，但是否善良？那就得具体区分。如果是出于长辈的真诚关心、爱护，那就是“善”；知道了，不外传，不张扬，不当“包打听”，不当“招风耳”，不当“漏风嘴”，这就是“良”。

——第10条：“处理民事纠纷，应当依照法律；法律没有规定的，可以适用习惯，但是不得违背公序良俗。”这是从法源层面界定善良风俗。习惯可以成为法源，但其前提必须符合善良风俗。今天很多地方流行恶搞型的闹洞房，这是习惯，但不得作为法源。为什么？因为这是陋习，既称不上“良”，也谈不上“善”！

但有些习惯、风俗，比如保护死者的安宁和生者的人格权、身份权，既有利于保护基本人伦，也可以维护社会稳定，还不影响公共利益，就应当视为“善良风俗”。

《盗墓笔记》最近几年特别火，不仅有小说，有电影，还被开发成网络游戏。为什么盗墓作品会有如此大的吸引力？因为墓中深藏的玄机、耀眼的宝藏，盗墓者的独门绝技，当然还有人性的阴暗难测和僵尸的玄幻诡异。但这些炫目的情节桥段掩蔽了一个基本道德问题：按照民间风俗，撬别人祖坟不仅危及死者的安宁，更给别人后代子孙留下难以填补的精神创伤！

这就是典型的伤天害理。不仅遭受道德的谴责，还会受到法律的严惩。道德谴责方面，民间立场最有力的方式就是精神震慑：受天谴，遭报应。谁盗墓，要么自己受罪，要么子孙遭殃。比如曹操，为了筹措军费，设置了发丘中郎将和摸金校尉的职务，专门盗发古墓。“建安七子”之一的陈琳谴责他“污国虐民，毒施人鬼”——破坏国家法制，让老百姓置身水火；手下军官开棺暴尸，人鬼共愤！曹魏天下首尾相加，不过46年就江山易主，曹氏家族成员要么身患怪病，要么手足相残，老百姓认为这都是报应！

就法律层面而言，项羽攻入咸阳，盗掘秦始皇墓，失去了人心，也失去了天下。精明的刘邦反其道而行之，不仅派了专门卫队守护秦始皇陵，还制定了“发冢者诛”的法律——凡是盗墓者，立斩不赦！既获得了人心，也赢得了天下。到了唐代，法律规定，盗墓见尸者，比照阳间故意杀人罪，杀无赦，并将“开劫坟墓”和十恶忤逆、故意杀人、合造毒药等罪行列为最严重的犯罪。

尊重了死者的安宁，也就尊重了生者的身份权、人格权，这是中国几千年“死者为大”的道德伦理核心，也是善良风俗产生广泛、深刻社会效应的真正原因。

另外两条分别是第 143 条第 3 款和第 153 条第 2 款，这两条都规定：违背善良风俗的民事法律行为无效。这是对第 8 条的具体回应，是从法律行为效力层面强行维护善良风俗。《非诚勿扰》节目红遍大江南北，有一位女嘉宾和男嘉宾牵手走下舞台。男嘉宾向女嘉宾提出了结婚的请求，为表达爱意和诚意，买了一辆宝马车赠与女嘉宾并登记在其名下。哪知道，宝马车送了，女嘉宾却坚决要求分手，不承认两人之间有婚约，也不承认男嘉宾送宝马车的事实。男嘉宾一怒之下，将女嘉宾告上法庭，要求返还不当得利。

这是一份赠与合同，但是是附条件的赠与合同——什么条件呢？以未来缔结婚姻契约为前提。虽然已经交付、过户，但如果女嘉宾拒绝结婚，男嘉宾是否可以要求返还？

这在《民法总则》颁行之前，确实很难办。《民法通则》和《合同法》都只承认社会公德。你情我愿，你送我宝马，我就笑纳，你就不能再要回去，这和社会公德没关系。但按照《民法总则》，这宝马车不仅是爱意的表达，还是结婚意愿的表达。直说了，按照民间习俗，这宝马车是“定情物”，也属于“彩礼”，是为了结婚而赠与。如果你要悔婚，对不起，非诚勿扰。按照习俗，就必须返还。否则，就违背了这种风俗中的“善良”品质。

但道德的框架永远圈不住人类的贪欲。彩礼返还之所以形成民俗，就是为了遏制这种贪欲，防范婚恋关系中的道德投机，防止借婚恋之名骗取钱财。

这种善良风俗该不该支持？还好。北京市朝阳区法院一审判决认定宝马车具有“彩礼”性质，要求女嘉宾返还男嘉宾 28 万元。

这案子发生在几年前，挑战了法官的智慧和勇气。因为男嘉宾的要求虽然合情合理，但在当时，合不合法就不太好说了。因为法官很难在当时的成文法中找到具体的法律条文去保护这种习俗。但换在今天，法官就可以理直气壮地适用《民法总则》第 143 条和第 153 条，判令女嘉宾承担返还义务，而不用承担于法无据的审判风险！

这就涉及另外一个问题 :《民法总则》为什么要将善良风俗从道德义务上升为法律义务？

因为道德已经无力规范、矫正个别人的反道德行为，只能通过立法予以强制。比如共享单车为城市发展增添了一抹温柔的暖色调，见证了中国城市发展的足迹。但共享单车也考验着人性的底线。有人将共享单车锁定，独占独享；有人拆散部件，恶意毁坏；有人随意停放，倒地不扶，脏了不擦，严重影响市容；还有人将共享单车当作救护车、警车，随性奔驰于通衢大道，危及交通。如此一来，共享单车带来了效率和便利，也激活了部分人的恶性。

怎么办？无非就两种途径：

首先是提升市民的道德水平。道德，也只有道德才能滋润、软化心灵，使人去恶从善，从内心激发出责任感、荣誉感，才能让共享单车成为智慧城市、文明城市的风景线，在共享中感知城市的美丽、人性的温情和世道的温馨！

其次是法律约束，矫正人性。单纯的道德力量无法控制人性的无常。人性既可以成就崇高的丰碑，也可能造就卑污的泥沼。如果只依靠道德的指引而没有法律的强制，激活的可能不会是崇高，而是卑污。只有法律，才是矫正人性的利器。将共享单车纳入法律视野，进行法制化管理，不仅可以实现正能量，还能遏制负能量。

想当年，澳大利亚一片蛮荒，是英国最大的罪犯流放地，袋鼠多，毒贩、妓女、黑帮、罪犯也多，是作奸犯科的天堂，是野蛮无序的代名词。但依靠法律，抑制恶性，开发善行，澳大利亚从野蛮走向文明，成为文明程度很高的国度。

我们说，《民法总则》确立善良风俗原则有两大贡献：将“社会公德”转化为“善良风俗”，又将“善良风俗”从道德义务上升为法律义务，从“软法”提升到“硬法”。实际上，更大的贡献还在于善良风俗原则可以统率整部民法典，确保法典适应中国特色需要，在有效保护当事人合法权益的基础上，全面实现《民法总则》第1条的其他立法功能：维护社会和经济秩序，弘扬社会主义核心价值观！

比如祭祀祖先是中国几千年的习俗。在古代被称之为祭祀权，具有崇高的法律地位，在民间也有着广泛的信仰。后来，祭祀权从法权层面消失了，但在民间却以善良风俗的形式存在，具有强大的调控力。

祭祀权是什么呢？就是生者对有利益关系的死者进行哀悼、追思并保有特定权利的法律利益。但祭祀权后来被移除出法权领域，这些法律利益还受不受法律保护？通过什么样的法律保护？

答案很简单：这属于《民法总则》第1条所谓的“权益”，无论从天理人情层面，还是从社会稳定层面，都应该保护。但翻遍《民法总则》以前所有的民事法律，找不到这样的保护性条款。

《民法总则》能不能保护这类权益？我们先看个案例。南京曾经出现过一起诉讼案：一对姐弟在父亲死后，姐姐在父亲墓碑上只刻上了自己的名字，弟弟认为权利受到损害，诉请法院维权。白下区法院认为，依照我国社会的一般民俗和伦理，死者的子女、配偶等近亲属都有权在墓碑上署名，这是固有亲属关系上的名分，属于一种身份权。一审判决要求姐姐更换墓碑，添注弟弟名字。但南京中级法院二审却认为：民间祭奠仅仅是一种习俗，并不是法律规定的与人身相关的具体权利，不属于《民法通则》调整范畴，也不属于法院管辖范围。据此终审判决撤销了白下区法院判决，驳回当事人起诉。

认真说来，白下区法院的判决才是合情合理的判决，中院的判决表面上合法，却严重背离了民法的价值立场和中国国情的需求，不仅不会平息争端，反而激化了矛盾。因为对祖先的祭奠权利产生于中国古老的伦理哲学，基础就是血缘亲情，是对自由、尊严、名誉、隐私、精神安宁等价值的合理追求。保护这种诉求，有两方面的重大功效：

一是强化身份认同，凝聚人心，形成共同的价值观。中国没有原生的宗教，维系家族、民族最重要、最根本的纽带就是"炎黄子孙""华夏子孙"这些族群身份。为什么今天还在祭祀炎帝、黄帝？就是为了凝聚人心，形成共同的价值观。

二是实现由家到国的一体化治理，消弭风险，稳定地方，最后实现国家的长治久安。为什么现在有些人成了"人渣"？很大层面的原因就是信仰迷失，无知无畏！上不敬天地，中不敬祖灵，下不敬父母，走上社会，动不动就抬头骂天，低头骂娘，成为不知敬畏、不知感恩的行尸走肉！

当然，南京中院的终审判决虽然保守，但事出有因：法官追寻不到可以直接适用的法律条文，为规避审判风险，只好一推了之。但《民法总则》施行后，法官就可以认定这就是第1条所需要保护的"权益"，就可以援引"善良风俗"原则对当事人合情合理的权益进行保护。

总括而论，善良风俗既不违背主流价值观，也不危及公共利益与他人利益，还能够在民法典中有效融入中国元素，在传承优秀传统文化的同时，弘扬正能量，通过民事立法和司法推动家庭和社会的有效治理。

我们以善良风俗为例，解读了《民法总则》第1条的几个关键词：权益、中国特色、核心价值观，说明了《民法总则》的引导性作用。那么，《民法总则》又是如何引导中国步入现代化、民族化轨道的呢？

第二节 保护胎儿权利*

观众朋友大家好，欢迎收看《法律讲堂》。

《民法总则》第16条规定，凡是涉及遗产继承、接受赠与等胎儿利益保护的，胎儿视为具有民事权利能力。

这里所谓“视为”，法律上称为“拟制”，就是一种假设因果关系。如果胎儿生下来是活蹦乱跳的小生命，知道又哭又叫找奶吃，那他在母体里的时候，就算是“人”了。还没生下来就能继承他爹1个亿的遗产，享有他姥爷送他的玛莎拉蒂的所有权！

这种拟制第一次让胎儿获得了法律上可能的法律地位，是中国民事立法的重大进步，代表了民法典可贵的生命立场。

在《民法通则》时期，民法没有界定胎儿的法律地位，只是技术性地确立了胎儿向婴儿转换的标准：“出生”。所谓“出”，是指脱离母体；所谓“生”，是具有独立的生命体征。但这个标准在价值上和逻辑上都存在问题：价值上，胎儿只要还没脱离母体，那就不是民法上的“人”，不享有独立的法律人格；逻辑上，既然不是“人”，也就没有法律地位，不受法律的强力保护。

《民法总则》的进步意义有多大？我们先看一个案例。

2010年9月，江西丰城市一位即将临盆的孕妇遭遇车祸，自己没受什么伤，但腹中胎儿却因此死亡。后来，当事人向丰城市法院提起诉讼，主张了医疗费、残疾赔偿金、精神抚慰金等损害赔偿费，又针对胎儿死亡提出了丧葬费、死亡赔偿金两项诉讼请求。法院支持了针对孕妇本人的各项赔偿请求，但对于胎儿权利的请求持什么态度？不予赔偿。理由：

* **播出时间**：中央电视台《法律讲堂》2017年9月29日。

胎儿还不是“人”，不具备民事主体资格。既然还未“生”，就不存在所谓“死”！

法院的判决依据是什么呢？《民法通则》第9条。自然人的民事主体资格始于出生，终于死亡。胎儿尚未脱离母体，不能算“人”，也不享有民事主体的一切权利。

胎儿到底算不算“人”？这是一个永恒难解的问题，涉及一个民族、一个时代的文明程度和道德高度。如何解答这个问题不仅涉及胎儿的法律地位和权利构建，还涉及对胎儿本身的侵权损害赔偿。

按照今天的标准，胎儿和婴儿的转换条件就两个：是否脱离母体；是否具有独立的生命体征。

我们穿越一下，看看古人如何解决这种难题。

在早期文明中，谈不上对胎儿利益的保护，道德、法律双向关注的是对婴儿权利的保护。

婴儿权利的保护也经历了相当长的历史时期。纵观人类进化史，世界各地都存在过“杀首子”的习俗。中国早期的少数民族、迦太基人、腓尼基人都有过这种“人祭”的历史，将头胎子女杀掉，敬奉神灵。最熟悉的例子就是齐桓公时期“三邪”之一的易牙。齐桓公有一天感慨说，作为天下霸主，天上飞的，地上跑的，水里游的，都吃得差不多了。可惜就是人肉还没尝过，不知道是什么滋味。易牙一听，回家就杀掉自己的第一个儿子，蒸熟了献给齐桓公，赢得了齐桓公的绝对信任。实际上，按照史料，在易牙之前，被奉为仁君典范的尧也杀过自己的大儿子，所以被人斥为“不慈”！

为什么要杀掉第一个孩子？敬奉神灵只是表面的解释。真正的原因是什么呢？保障丈夫血统的纯粹性。在杂婚制时代，男女关系开放度很高。男性娶妻回家，生下的第一个孩子极有可能不是自己的。怎么办？为了确保血缘正统，杀掉头胎就成了自然的选择。但通过杀害生命来确保血缘正统，无论理由有多正当，也显得残酷寡恩，所以才拉大旗作虎皮，抬出神灵来遮遮掩掩。

为了终结这种野蛮习俗，孔子提出了男女大防理论。这理论到今天遭到了很多人的批判、嗤笑，觉得荒唐可笑。但回归历史，孔子是一个爱心满满的人，他通过对男女自然禀赋进行角色定位、科学分工，通过物理区隔、内外有别来净化男女关系。

这种区隔的标志就是垂帘，但闻其声，不见其人。那时候没QQ聊天，没微信传艳照，更没有表情包。垂帘而对，确实遮蔽了男女的自由交流。但从文明的演化历程来看，这道帘子也筑起了生命的屏障，保全了无数婴儿的性命。

后来，汉族文化又用另外一种仪式解决了这一难题：分居拜庙。所谓分居拜庙，就是新郎迎娶新娘后不是夫妻双双把家还，不是三拜之后进洞房。新郎得把新娘送到一个特定的地方静养，自己孤零零回家，陪一帮光棍朋友喝酒划拳侃大山。3个月后，当新娘没有异响异动，再由新郎接出来，先到祖庙，相当于后来的祠堂，拜见列祖列宗，再回家拜见公公婆婆。从这一天开始，新娘才算是名花有主，成为夫家的一员。

说白了，这三个月就是考察期。如果新娘有婚前怀孕迹象，肯定躲不过夫家的监督。如果新娘已经有孕在身，怎么办？夫家有权解除婚约，新娘就只能从哪来回哪去。所以，这又催生了另外一种习俗：新娘父母特怕女儿被遣送回家。所以，只要新婚女儿一出门，当妈的就端着一盆清水，狠劲泼出去，向夫家宣告自己女儿的清白。这就叫“嫁出去的女，泼出去的水”！

说起来，分居拜庙让新婚夫妻失去了洞房花烛的快乐，也不怎么人道，但和杀首子相比，这已经算是进化到了很高的文明形态。

到了中古时期，文明进化到了第三个阶段，不仅对婴儿进行保护，对胎儿权利也倾注了更多的人道呵护。无论是传统法律，还是人伦法则，抑或是街头巷尾大爷大妈的道德评价标准，都将胎儿视为“人”并给予最严格的保护。

唐代虢州刺史袁郊写过一本传奇叫《甘泽谣》，里面讲到一起医疗事故：一个孕妇腹腔长了寄生虫，古人叫“蛊症”。医生犯了经验主义错误，用芫花酒杀虫，导致孕妇和她腹中的两个胎儿全部死亡。后来这医生遭了报应，下世投胎变成了女性，成为卑贱的女仆，这就是著名女侠红线女的故事。

这种因果报应虽然是民间的想象、附会，但确实代表了古代民间的道德立场：作为医生，红线女的前身用药不慎，一举杀死了三个“人”，最后受惩罚变成女身和奴仆。这则传奇说明，在当时的民间，胎儿就是一个“人”，不得伤害、残害！

依《唐律疏议》，孕妇求医，医生故意不依方配药，导致胎儿死亡，就属故意杀人，后果很严重：死刑。要是不小心呢？也是过失杀人，两年半徒刑。即便孕妇、胎儿都好好的没事，医生也要挨上六十大棍。

实际上，民间也有“百日魂上体”的说法，只要怀孕到了第三个月，胎儿已经有了知觉——这和现代医学完全合拍。胎儿到了第三个月，各种器官已基本成形，这时如果堕胎，那就等于杀人。

古代刑罚中有一个法则：孕妇犯罪，不得拷讯，必须等到“产后百日”——生下孩子满一百天才能拷讯。这一法则从南北朝时期一直沿袭到清代。如果违法拷讯孕妇，官员得挨板子；如果导致孕妇流产，不是丢官，就是入狱。比如《唐律疏议》就规定：如果违法拷讯，导致孕妇受伤，比照斗殴杀伤论罪；如果胎儿死亡，比照过失杀人论处，判处徒刑两年——这里所谓过失杀人之“人”，显然是指胎儿。

为什么会如此规定？清代著名律学家沈之奇的解释很有人情味：产前不行刑，是为了保护胎儿；产后百日行刑，是为了保护婴儿。

再看国外。以美国为例，保守派因为宗教、道德原因将胎儿视为具有生命的个体，主张赋予其法律人格，除非危及孕妇生命，不得擅自堕胎，否则无异于谋杀。堕胎不仅要受宗教约束，还要受道德谴责和法律的严惩。自由派则注重保护孕妇个人自由选择权、隐私权，想生就生，不想生就堕胎，谁也管不着。

保守派、自由派两派的斗争到了 20 世纪出现了新的转机。1973 年，美国联邦最高法院一个经典案件的终审判决确认了孕妇的个人自主权和隐私权，间接承认了孕妇的堕胎权。但即便在这个争议很大的判决中，法官也用“孕期三段论”限缩了孕妇的权利：怀孕前三个月，胎儿不算“人”，是否堕胎，孕妇自主决定；中间三个月，胎儿长成人形，除非严重影响到孕妇本人的健康，州法律应当限制堕胎；最后三个月，胎儿已经是潜在的生命，禁止堕胎。

进行法文化比较后，我们再回到开篇的判决。单就适用法律而论，江西丰城市法院的判决并没有什么不妥。因为《民法通则》只设计了“出生”作为胎儿是否转换为“人”的法定标准。本案中，产妇虽然临盆待产，但毕竟胎儿还没有脱离母体，也无从检验其是否具有独立的生命体征，所以不能视为法律上的“人”，也不能作为民事主体主张权利。也就是说，从法律上看，丰城法院的判决无可指责。但无论从人伦道德，还是从人情法理，不予赔偿确实有违人道。

《民法总则》第 16 条解决了这种人伦和法律的困境。和《民法通则》相比，《民法总则》第 16 条最大的进步表现在三个方面：

第一大进步，逻辑上肯定了胎儿成为“人”的可能性。从章节安排上，《民法总则》将胎儿利益放在第二章“自然人”部分，这就从逻辑层面解决了胎儿是不是“人”的问题。

所谓自然人，就是自然出生并依法享有法律人格和权利的人。实际上，胎儿是否属于自然人，一直是大陆法系难以破解的逻辑难题。

近代以来，受理性主义哲学的影响，《德国民法典》形成了“人－物”二元区分理论，形成了非“人”即“物”的逻辑推理。理论上、逻辑上看起来很完美，但一到经验、伦理层面，就很容易出问题。

比如动物、胎儿、尸体的法律地位怎么界定？说牛羊和人享有同等法律权利，肯定不妥。但说动物是纯粹的“物”，人就是“主人”，是主宰，可以竭泽而渔，赶尽杀绝，可以生吃猴脑，生抠鸭肠搞虐杀，这不仅违背自然法则，还可能带来种群灭绝和环境灾难。说尸体是“人”吧，但这“人”已经死了。按照人格理论，他已经丧失权利能力，不再是民事主体。但要说尸体是“物”吧，盗卖尸体配阴婚、侮辱作践尸体在逻辑上就只能构成侵害财产权，而不构成侵害人格权、身份权，这显然又是荒诞不经的。胎儿更是如此。说他是“人”吧，他只是特定的细胞组织；说他是“物”吧，出生之日他就变成了“人”。

能不能回避掉这个逻辑难题？回避不了。最大的风险就在于，如果认定胎儿是“人”，母亲的堕胎或他人的伤害就可能构成故意杀人罪；如果认定胎儿是“物”，那就是一团血块，这无疑会撕裂道德的内核，击穿人伦的底线。

《民法总则》将胎儿归类于“自然人”中，从逻辑上最大程度缓解了“人－物”二元区分的逻辑僵局和价值两难。

为什么呢？因为它提供了一个比照标准。按照第16条的立法精神，在涉及胎儿未来权利保护的特殊情形下，胎儿享有和“人”一样的权利，不能被剥夺和限制。这就从逻辑上将胎儿视为“人”，解开了“人－物”对立的逻辑死结；价值上又实现了对胎儿权利的特别保护！

第二大进步，赋予了胎儿在财产法上的法律人格。

《继承法》第28条规定：“遗产分割时，应当保留胎儿的继承份额。”这一立法从法律上保护了胎儿的继承权，但其范围仅限于财产法上可能的权利，没有赋予胎儿相当于自然人的身份。而《民法总则》第16条用拟制手段从法律上逆推胎儿具有与自然人同等的人格！

这两者之间有什么区别？《继承法》采用的财产预留模式：小子，遗产分割先留一份，你要出来，变成了“人”，这遗产就归你；要不然，就成别人的了。《民法总则》采用的是人格赋予模式：小子，只要你争气，活着落地，你在娘胎里就成“人”了。你爹1个亿的财产从你娘坐胎开始你就有份，姥爷的玛莎拉蒂从你在娘胎就归你了！

说起来，结果似乎都一样：都要出生落地才有份。但两者之间最大的区别就在于：按《继承法》模式，胎儿出生后才算是“人”；按《民法总则》模式，胎儿没出生、落地前，就算是“人”了！

这种立法充分借鉴了西方立法的经验。《法国民法典》规定，只要已经受胎，胎儿就享有接受赠与的能力，即便还未出生，但继承开始时，视为胎儿在继承前就已经“出生”。《德国民法典》也明确规定，只要继承开始时已经受孕，就直接认定胎儿于继承开始前已经出生，和其他继承人具有同等法律人格和权利。

第三大进步，拟制主体为胎儿的其他权利保护打开了通道。严格意义上说，《民法总则》对胎儿进行主体拟制，不仅有利于逆推胎儿的法律人格，还可以保护其未来利益。

如果胎儿还在母体，但抚养人因他人侵权死亡，胎儿一出生就面临生存困境，能不能主张侵权人赔偿抚养费？按照《民法通则》和《继承法》，这是不可能的。但依据《民法总则》，这就可能成为法定权利！

法条很抽象，还原到具体案件就简单多了。成都发生过一起车祸，作为胎儿抚养人的父亲死亡。第一次赔偿时，胎儿的权利被忽略。后来，胎儿出生了，又以被扶养人身份要求赔偿。法院依据《民法通则》第 119 条，判令加害人向被害人生前需要扶养的人支付了必要的生活费等费用。

这是成都首例遗腹子索赔案，判决合情合理。但是否合法？法官将遗腹子解读为“生前扶养的人”，这需要很高的智慧和很大的勇气。因为前面说了，《民法通则》根本就没有赋予胎儿以“人”的身份，也没有规定其未来权利！ 但有了《民法总则》拟制主体身份，胎儿的这类未来权利的保护就有了明确的法律适用依据。

更重要的是，如果孕妇被撞了，胎儿生下来成了脑瘫儿，他母亲固然可以请求赔偿，这脑瘫儿能不能作为原告提起诉讼，要求侵权人承担侵权责任？这问题在世界各地有不同的处理规则。依据《民法通则》，胎儿没有出生肯定没有这方面的权利。但依据《民法总则》的立法逻辑，胎儿出生后是可以作为原告依法维权的。

胎儿权利的保护代表了一个时代的文明高度。近代以来，各国民法典纷纷对此提供了人性化的保护，这既是文明的进化，更是法律的升华！《民法总则》关于胎儿权利保护的规定，既吻合了人道主义的生命立场，也回放了人类文明的曲折历程！既可以为捍卫生命提供坚实的堡垒，也必然为民族的繁盛提供有效的制度供给！

除了捍卫生命，《民法总则》还有哪些亮点值得我们去追寻？

第三节　尊重民间习惯*

观众朋友大家好，欢迎收看《法律讲堂》。

《民法总则》第10条规定："处理民事纠纷，应当依照法律；法律没有规定的，可以适用习惯，但是不得违背公序良俗。"

这一条确立了习惯的法源地位。习惯是什么？习惯就是民间生活长期形成并被广泛认可的各种行为规范。比如抢婚，就是人类早期缔结婚姻的习惯。一个成熟的单身男性看中另外部落一位成熟而未婚的女孩，惊为天人，骑着快马抢了就跑。然后成家立业，生儿育女，他就成了一个有家的人。

抢婚盛行于早期世界各大文明，后来就从习惯上升为习惯法，成为约束人类婚姻的一种行为规范，也成就了历史上有名的一种婚姻制度——"掠夺婚"。

但今天的小帅哥不能误会，以为抢到手那美女就天然成为你的新娘。你还得按习惯走程序：你可以控制她的人身自由，但不得侵害她的一切权利。你还得扛着一头野猪做彩礼，赶快到她父亲、兄弟部落去报信、求婚。别人父兄答应了，接受了你的野猪，这婚姻才有效力。否则，你就得乖乖放人。要不然，你就得和可能的大舅子、小舅子展开决斗，甚至引发部落战争。

当然，抢婚在今天已经完全丧失了法律效力，留下的就是一些仪式

* **播出时间**：中央电视台《法律讲堂》2017年9月30日。

和娱乐桥段。比如新郎和别家的二姑娘要完婚，就和老岳父约好：二姑娘晚上九点钟出门倒洗脚水，新郎带着一帮人抢了就跑。新娘心里再高兴，也要哭闹呼救。他的父兄就会点燃火把，敲着盆子去追抢。过了山头，追不上，打道回府，开始喝喜酒庆祝。很多旅游区开发了“抢新娘”的娱乐项目，这也是抢婚制的遗留。但建议男同胞谨慎参与，因为这是有偿项目。抢个姑娘，她不会成为你的“新娘”，但你得掏钱。否则，她会撒娇，还说嫁鸡随鸡嫁狗随狗，一生一世跟你走！

习惯在法律文化史上有哪些作用？

习惯是法律民族性最集中的体现，表达了一个民族特有的价值观念、道德立场和生活方式、社会交往法则，代表了民族和时代的基本精神。

以孝治天下，这是传统中国法律的民族性。孝道，本来是家事习惯法。对孝顺儿孙，就褒奖、鼓励；而对于那些对父母动辄冷眼相向，甚至拳打脚踢的不孝儿孙，轻则打板子，重则在祠堂当众用棍子敲死。后来国家发现治家和治国具有一致性，就将孝道从家庭的道德义务上升为国家的法律义务。胆敢辱骂、殴打父母者，统统构成“不孝”，情节严重者会被处以极刑。

习惯也是成文法最主要的来源，体现了法律的时代性。前面说过，孝道规范有效实现了家族的内部治理，后来国家基于时代需求和治理绩效，将孝道上升为成文法、国家法，家庭、家族的自治法和习惯法就成为孝道法律的最主要来源。

习惯还是成文法最重要的补充。习惯、习惯法不仅具有民族性、时代性，还具有地域性。国家立法的时候，要么基于价值立场，要么基于立法成本，不可能对所有的权利义务关系都规定得清清楚楚、明明白白，这就必然出现漏洞。

这漏洞怎么填补？最重要的就是习惯。比如风水信仰，不可能在法律中做出明确的规定。但在民间，这种信仰还广泛存在，并且还有相当强大的约束力。比如你家的房檐的高度不能超过我家的房檐，否则就“压”住了我家的“风水”。这些纠纷，法律不是不解决。从西方的罗马法和中国的周礼时代开始，法律都用相邻权来解决。但相邻权是物权，只能解决房檐滴水是否影响到邻居的正常生活，房檐过高是否影响了邻居的采光、通风权利，不可能解决基于风水信仰所产生的心理需求。能不能置之不理？不行。不仅会引发争端，还会诱发家族性的械斗。怎么办？尊重民俗、民情。按照民间的习惯来处理，自然万事大吉！不仅平息了争端，还填补了成文法的漏洞。

通过上述三点，我们可以看到，习惯代表了立法的民族立场，具有民族性、时代性、地域性特征。

《民法总则》之前我们承不承认习惯？也承认，但范围极其有限。比如《合同法》承认了交易习惯的法律地位。你吃重庆小面，是先吃面，还是先付款？这就完全可以依照交易习惯。再比如《物权法》也承认了相邻权领域的纠纷可以适用民间习惯。如果你家在上风口，你排烟就得注意，不能让我家一年四季烟雾缭绕，如处仙境；你家要养蟒蛇当宠物，我家有老人、小孩，你就得牢牢看住蟒蛇，不能爬到我家窗户上打秋千，吓死人得偿命，吓坏了得赔钱。

遗憾的是，除了交易习惯和相邻权习惯，我们还有大量的习惯没通过立法明确予以认可。纠纷发生后，当事人各执一词，法官举棋不定。比如所谓“凶宅”“鬼屋”的买卖，如果买受人不知情，出卖人也未告知，买受人能不能主张合同无效？法官该不该支持？这涉及习惯背后所蕴含的民族精神和民俗信仰。在法官看来这可能是封建迷信，无稽之谈，法律上也找不到支持的依据；但对买受人来说，这不仅涉及房子能不能住的问题，还涉及特定的精神利益问题。法官不支持，又能找谁讲理、维权？

很幸运，《民法总则》补正了这种立法缺陷，打开了民法典民族性的广阔通道，构建了民法典民族性的高阶平台。

考察晚清以来的立法史，这是一次全面而深刻的立场回归。回归什么呢？回归到立法的民族立场，打造具有中国民族特色的民法典。

为什么叫回归？因为民法典本身就是一种文化选择，而文化天然具有本土性、区域性。英国著名历史学家汤因比有个比喻，特生动形象。他认为，不同文化之间，就好比两个人。一个东西对一个人可能是美味佳肴，对另一个人可能就是致命的毒药。对一个身强力壮的人，吃点鹿茸，喝点参汤，冬天零下二十多度还只穿一件单衫，身体倍儿棒；但一个身体极度虚弱的人大量进补人参、鹿茸，不仅补不了元气，还可能丧生。

最近几年，出现了一些儿女向父母索要压岁钱的纠纷。这就涉及一个问题，压岁钱到底是谁的？按照西方所有权归属原则和无偿赠与合同理论，这笔钱确实该归孩子。很多子女也习惯用西方民法理论解读压岁钱，认为这笔钱天经地义归自己，理直气壮放进自己的存钱罐、银行卡，独占独享。

但我们忽略了一个事实：西方社会没有给压岁钱的习惯。我们也忽略了三个问题：

首先，别人为什么给压岁钱？不是因为你是小孩就该得压岁钱，而是因为你是谁家的小孩别人才给你发压岁钱。换言之，压岁钱带有身份性，而且不是基于小孩自己的身份，而是基于父母的身份。

其次，压岁钱是否属礼尚往来？压岁钱既然是一种基于特定身份产生的赠与，这就是一种债，是人情债、良心债，是家庭的连带之债。这债，必须还。否则，到了明年春节，不仅没了压岁钱，还会招来亲朋好友的白眼和冷嘲热讽。

最后，孩子是否天然就享有所有权？如果父母出于爱心和理财计划将压岁钱归属在子女名下，这是一种家庭自决权，但只要没有进行明确分割，还是应当属于家庭共同财产。

说白了，压岁钱是中国式人情，是一种礼俗和习惯。面对这种习俗，我们的晚辈一定要明确区分民法的西方法律语境和中国的古老道德传统。不要用所有权的理念去解读自己的压岁钱，自己人生的第一桶金，自己人生的第一个小目标。因为西方的逻辑话语和价值取舍在家庭责任和义务上并不适合中国。因为人生永远没有心安理得的不当得利！

此前，如果发生压岁钱纠纷，起诉到法院，法官怎么办？依照西方民法理论，全判给子女吧，合法但不合情理；判家庭共有财产吧，合了情理，但又于法无据。有了《民法总则》第 10 条，法官就有权参酌中国的习惯对这类案件作出合情合理合法的判决。

压岁钱看似小事，却关系到基本人伦、社会人情，更关系到一代未成年人的基本价值观。如果民法对此熟视无睹，完全无视中国式人情、习惯，不仅会淡化善性，还会诱发恶性。

实话实说，我们的民法典之所以历时 60 年，一路坎坷，既不是政策导向问题，也不是立法技术问题，真正的问题是我们没有找到民法典的民族立场。全盘西化吧，囫囵吞枣，消化不良；回归传统吧，又怕抱残守缺，坐井观天。这种犹豫和延宕，最终导致自己的反不掉，别人的也拿不来。等到急需法律的时候，要么盲从西方，要么割裂传统，晚礼服没做好，就撕裂了旗袍，要遮羞就只能拿着被单随身裹。

民法典作为一种文化选择，是特定民族文化的价值表达和传输，而习惯就是民族立场和时代价值的试金石。

《法国民法典》颁布后，在欧洲引发轰动，各国纷纷效仿。德国法学家坐不住了，一部分主张全盘移植《法国民法典》，一部分主张独立编纂。关键时刻，年轻气盛的萨维尼出场了。他认为，法律和语言、风气、社会结构一样，是民族精神的显现和载体。只有尊重、反映民族精神，那才是自己的民法典。否则要么是移花接木，花是玫瑰，木是榆树，没法对接存活——谁见过榆木树兜上开出玫瑰花？要么是自欺欺人，拿一部民法典显摆炫耀，别人家有的，我们家也有。一时半刻找不准民族精神怎么办？那就回归历史，先找到历史精神！

民族精神也好，历史精神也好，都是指一个民族最深层次的文化基因遗存和外在制度显现，习惯刚好体现了两种精神的统一。

根据《民法总则》第 10 条，哪些才能称之为民事习惯呢？这得注意几个标准：

第一个标准，持续性。能称为“习惯”的，必须是长期存在于社会、经济生活中的行为规范。比如，在火车上买咸鸭蛋，你拿出 1 块钱递出去，别人才会把咸鸭蛋递上来，这就是延续了几千年的交易习惯：一手交钱，一手交货。后来西方合同法把这种习惯改造了，成为一项抗辩权，叫“同时履行抗辩”。

第二大标准，公开性。能称得上“习惯”的，都是众所周知的行为规范，不是一时兴起，更不是大发奇想。比如物权法中所讲的习惯中的相邻权，你家的紫藤一到春夏，开枝散叶，纠缠串根，爬上我家阳台，引来蚊子、蚂蚁，还让老鼠和蛇顺藤攀缘，随时访问，怎么办？按习惯。我请你自己砍掉延伸到我家的紫藤根茎枝叶，恢复我家阳台原状；如果你不愿意，或者不动手，我就自己动手，在分界处截断紫藤。这样做，你服不服气无所谓，但得服理，因为这是大家都知道也认可的规则！

第三大标准，权威性。习惯必须在一定区域范围内获得普遍认可和服从。比如前面讲到的“凶宅”“鬼屋”，虽然没有科学依据，但也不是什么封建迷信，而是一种民俗信仰。有没有鬼是科学，怕不怕鬼是心态。你卖房子的时候不讲清楚，不仅不地道，违背善良风俗，还会引发持续性的官司。

这三大标准涉及法官适用习惯判案的基本规则。《民法总则》第 10 条特别强调，习惯的适用不得违背公序良俗。也就是说习惯除了持续性、公开性、权威性三大标准外，还得满足一个前提：必须是好习惯，具有道德目标上的正当性。既不影响公共秩序，也不违背善良风俗。否则就是“恶习”“恶俗”，不能援引、适用。比如今天恶搞式的闹洞房，还有结婚彩礼推崇的什么“万紫千红一片绿”。

解读《民法总则》第 10 条，还有一些问题需要说明。

比如，怎么对待自有法律传统？尊重习惯不是今天才有的立法立场，而是中国法文化的悠久历史传统。今天的招投标合同，学界一般都认为来自于 18 世纪的英国。但仔细考察，南宋就有了相当完善的招投标习惯，只是名称叫“实封投状”。后来被官府借鉴并广泛推行，到了宋高宗绍兴二十八年（1158 年），朝廷制定了“实封投状法”，习惯升格为成文法。

什么是“实封投状”？按照南宋法律，官府的土地出让、矿业开采、铸币、税收都必须采用竞争式缔约方式，以确保公开、公平、公正。在官衙外的布告墙贴出招标公告后，旁边就会挂上一个镂空的树根。为防止作弊，树根开了一个小缝，但没法打开，也不能从里面取东西，这叫“实封”。凡是有意投标的人就将标书投进去，这叫“投状”。决标之日，行政长官率领各大职能部门领导亲临现场，锯开树根，当场唱标、决标。一旦决标，县太爷就拿出官印，盖在中标人的标书上，这叫“钤印”，招标合同立即生效。如此行事效率奇高，还可以防范串标和官场腐败！

这就涉及两个问题：一个是有无的标准问题。我们现在的一个误区，就是单纯用西方文本化标准衡量中国传统，忽略传统民法习惯的本源性力量。这样一来，别人有的我们历史上永远都没有，不仅产生文化自卑，还会数典忘祖。正如邻家小芳有酒窝，你自己没有，怎么办？没必要自卑，更没必要到韩国去整形弄些人造酒窝。因为酒窝并不是评价一个女性漂亮与否的唯一标准！另一个是名实的认定问题。别人叫“招投标”，我们叫“实封投状”，名称不一，实体不二，不能眩于名实之争，买椟还珠。一个人叫张二狗，大家既瞧不上这名，也看不上这人，后来二狗改名了，叫张三丰，这一下，名字和人都高大上了。但这是一人两名，名不同，人没变。

可以说，正是“实封投状”这些民事习惯牵引了中国数千年的发展，缔造了辉煌的文明史，是中国法文化的原型矿脉，是无价之宝，具有民族区域的普适性，经过挖掘、提纯、改良后可以适用于任何时代。

此外，怎么对待外来文化？尊重和沿用本土习惯是否就意味着排斥外来文化？不是。凡是先进的理念和立法技术，都值得我们学习、移植。比如去除家长权中的身份特权和对妇女的歧视性规范，追求平等的法律人格，这就是我们需要向西方民法典学习并不断强化的内容。

这两个问题决定了民法典编纂必须坚守两大前提：对固有文化从善如流，对外来文化择善而从。

但在移入外来法律文化时，我们必须考虑其价值立场及其制度供给是否与中国固有文化相互兼容。一味反对文化殖民自属不宜，但保护、吸纳传统民事习惯是立法的首要前提。说穿了，首先得守好自己的，再拿别人的。不能只顾拿别人的马褂，扔了自己的长袍。倘能做到这一点，我们的民法典才可能成为真正的盛世华典！

我们通过《民法总则》第10条解读了民法典的民族立场，那么，民族性之外，《民法总则》还有哪些可贵的闪光点？

第四节 彰显家国情怀*

观众朋友大家好，欢迎收看《法律讲堂》。

2016年，山东的一起案件引发了国民的广泛关注：成年的儿子为了母亲免受侮辱，手持水果刀刺向施暴者，导致一人伤重死亡，后来被一审法院以故意伤害罪判处无期徒刑。判决一出，舆论哗然，无数帖子刷满屏、爆头条。后来，二审法院认定这种行为属于正当防卫，只是防卫过当，构成故意伤害罪，判处有期徒刑5年。

罪名没变，但从无期徒刑到有期徒刑5年，差距为什么会如此之大？是什么样的力量促使二审法院作出如上判决？是人情人性，是民情民意，是法律植根所在的情和理让法官作出了相对合理的判决。

母子之情是哺乳类动物种群最原始、最深沉的一种情感，也是最可贵的一种情感。从生物进化史考察，如果没有母子之爱，动物种群面临的结局只有一个：灭绝。从社会演化史考察，凡是摧毁母子之爱的社会，也只有一个结局：崩溃。

所以，古往今来，都会尊崇这种亲子之爱，从法律、道德两个层面维护、巩固这种人伦。

---

* **播出时间**：中央电视台《法律讲堂》2017年10月1日。

虽然在二审的时候《民法总则》已经颁布，但还没有生效。如果生效，这案件的罪与罚就应当更加轻微。为什么呢？因为《民法总则》第26条明确规定了：成年子女对父母负有保护义务！也就是说，成年孩子保护母亲免受他人非法、非人道侮辱，既是母子之情的自然展现，也是一种伦理义务，还是一种法定义务！

此条属于新增条款，出现在“监护”一节中。这是《民法总则》立法的一种跨越式进步。此前，《宪法》第49条第3款仅仅规定了成年子女对父母有赡养、扶助义务，但并未提及对父母的保护义务。《民法总则》在《宪法》基础上增设“保护”义务，实则是从民法层面认可了成年子女保护父母健康、安全等行为的正当性和合法性！

这显然强化了家庭成员之间的各项权利和义务，构成了《民法总则》的一大亮点。

虽然《民法总则》沿袭《宪法》《婚姻法》等法律将监护权定性为义务，但就其本质而言，监护权虽然义务居多，但有些监护义务本身也表现为一种权利。比如《民法总则》第26条，父母对未成年子女的抚养、教育、保护，成年子女对父母的赡养、扶助、保护，名义上都是“义务”，更多的还是表现为权利。比如夫妻离婚后往往会争夺未成年子女的抚养权。父母对子女的管教更应该界定在权利层面，否则母亲查看一下女儿的短信、微信，当爹的禁止儿子打《王者荣耀》的游戏，都可能侵害儿女的隐私权和行为自由。

刚才谈到的辱母案也是如此：如果别人一边辱骂，一边拽着母亲的头发，要将她的脑袋按进抽水马桶，成年的儿子能不能无动于衷？无论是基于人性本能，还是基于道德伦理，这儿子必须奋不顾身地冲上去，捍卫母亲的尊严，保护母亲的安全。保护母亲，这是一种法定义务；对抗施暴者，这就是一种防卫的权利！

从这个意义上讲，《民法总则》第26条新增“保护”义务，实际上是赋予了成年子女对老年父母的正当防卫权！不仅可以激活人性中的善性，提升伦理的标尺，还能有效保护老人的身心健康和人格尊严！

这种立法精神不仅强化了对老人权利的保护，还直接延伸到对其他家庭成员权利的保护。比如，根据《民法总则》第 37 条，如果妻子身患重病，作为监护权人的丈夫成天打骂，后来被法院撤销了监护人资格。监护权没了，作为配偶，他对生病的妻子的扶养义务还存在吗？一样存在。他还得按月支付妻子的扶养费、医疗费！

如果这两人后来离婚了，妻子经济陷于贫困，衣食不周，是否能够要求前配偶扶养？不行。因为扶养是身份法上的义务，一旦身份关系解除，扶养义务也自然归于消灭。

身份关系解除，两人不再是家人，还可能形同路人，前夫是否就不承担任何义务了？未必。结合《婚姻法》第 40 条和第 42 条，如果婚姻关系存续期间，丈夫没有尽到扶养义务，既不给生活费、营养费，还不交医疗费，妻子就可以请求经济补偿。离婚的时候，如果妻子没有正常收入，也没医疗保险，还没社会保障，贫病交加，怎么办？原来的丈夫就应当进行经济帮助。

这是一种伦理道义，法律和道德必须双重维护。

“夫妻本是同林鸟，大难临头各自飞。”这谚语在中国家喻户晓。为什么会成为谚语？因为它反映了一种世情常态，说明了夫妻之间可能遭遇的一种命运：人生路长，婚姻路窄。当家庭深陷困境，贫贱夫妻百事哀，共同抗争、奋斗的固然不少，但劳燕分飞也很常见。

有合必有散，这是天地之道，也是人伦之道。如果夫妻双方确实没法维持婚姻，离婚就是必然的选择。但无论如何，夫妻结合的基础就两个字：情义。即便有一天，情的纽带断了，义的准绳却不能断。不能因为夫妻反目，就怒目相向，就大打出手，就隐匿财产，就聘私家侦探跟踪盯梢，就向狗仔队泄露绯闻。无论是按照天道，还是人道，你泼别人一身狗血，绝对换不来一碗鸡汤。

财产方面，还涉及《婚姻法》中的经济补偿、经济帮助等各项。特别是男性如果主动离婚，就必须给予原配夫人合情合理的补偿、帮助。要是一毛不拔，推三阻四，不仅引发法律风险，还会招来道德谴责和强制干预。这是传统道德衡量一个男人是否是真正男人的标准，也是法律的底线。唐代高官李元素强行和妻子王氏离婚，给的经济补偿太低。王氏很柔弱，但王家很强势，一纸诉状直达天庭。唐宪宗大怒，诏令罢官，责令他对前妻的经济补偿、帮助不得少于五千贯！

宪宗皇帝为什么干预官员家务事？诏书上说得很清楚：王氏无辜被休，有辱人格，人心难平；作为官员，如此理家，合当惩责！但更重要的是，一日夫妻百日恩，恩断了，义还在。这无疑强化了家庭身份关系的延续性和持续力，能够有效地保护弱者的利益！

这是我们讲的家庭成员之间权利义务的强化。但没有家庭成员或者家庭成员不能履行赡养、扶助、保护义务，又该怎么办？《民法总则》的另一大亮点就是深化了政府职能部门和社会自治组织对弱势群体保护的法律责任，实现了从家到国的深度关注。

《民法总则》规定父母、配偶、子女、祖父母、外祖父母、兄姐及其他近亲属都可以依序成为未成年人、无民事行为能力人、限制民事行为能力人的监护人。但如果亲缘关系中没有人担任或无力担任监护人或依法被剥夺监护权，鳏寡孤独废疾者谁来监护？按照《民法总则》第32条：政府和社会组织补位，成为监护人。

第32条彰显了一种积极的社会责任和国家责任，既展示了可贵的道义立场，更展现了时代的宏大气韵。这种道德呵护既体现了家国一体的道义情怀，更显示了国家和社会的责任担当。

考察源流，监护权在历史上本来是一种身份权，属于亲权范畴。但随着社会的发展，很多家庭会出现监护权缺位的现象。如果国家和政府不兜底接手予以援助、救济，贫困废疾者就无所依靠，带来人道主义风险。毕竟，一个老人无人照料，食不果腹，衣不蔽体，穷饿潦倒，最后横尸街头，绝对不会给统治者带来什么好名声，更可能引发不可知的风险。毕竟，一个孤儿亡命江湖，既可能成为实现一个亿小目标的成功创业者，但更可能成为江湖骗子，甚至成为黑恶势力的帮凶！

历代统治者深谙此道，一旦监护权掉链，会千方百计施加救济。显仁政，得美名，更能集聚人心，维护稳定。所以，当一个老人没有子女，孤苦无依，监护权就从家庭向社会拓展。在穷尽亲等关系后，也没有社会组织出面，就只能由政府接盘，代行监护职责，绝不能让一个失能老人饿死家中，冻死荒郊。

追溯传统法律制度，公元521年，梁武帝下令设立“独孤院”，专门赈济失能老人和孤儿。唐代的“悲田院”遍布全国，成为无数孤寡老人的最后依靠。宋代的“居养院”少了悲悯的气氛，50岁以上的贫困老人无须担心冻饿穷愁。明代的“养济院”担负了贫困家庭的养老重任，朱元璋专门规定，不管是否进“养济院”，凡是80岁以上的贫困老人，当地政府必须每月供给米五斗，肉五斤，酒三斗。在南京和凤阳，对80岁和90岁以上老人，分别授予两级爵位，使他们可以与当地的县长平起平坐，老人们迎来了黄金时代。

古人为什么尊老怜老？因为家道和国运息息相关。如何对待老弱病残，不仅事关家道盛衰，更关系到国家兴亡。从这个意义上讲，国家承受监护固然是对国民的道德回报，也是家道通向王道的必由之路。

以尊老为例，西周以来，中国历代统治者充分关注老人的身体和精神健康，通过道德礼法从家庭到社会全方位、深层次弘扬、推行尊老敬老的风气。很多学者认为这是怜老惜贫，还有人说是对基本人权的尊重。但我个人认为，这些道德光环并非历史的真相。历史的真相是什么？揭开道德和法律的神秘帷幕，不难发现，统治者之所以在礼法层面尊老敬老，实际上是通过孝道推行王道！

试想，一个孩子如果在家尊敬老人，步入社会自然就会同情卑弱，如果为官行政，他首先想到的不是如何升官发财，而是施行仁政，解决百姓的衣食温饱。这样一来，微观上可以增强家庭、家族的凝聚力，宏观上又借助家族道德权威维护地方稳定，实现长治久安！换句话说，历代统治者固然不乏怜老的道德情怀，但其本意却是为了社会稳定和统治权威。

我们以鸠杖为例进行解读。按照《周礼》的记载，每年十二月，掌管捕鸟的官员应当准备捕捉斑鸠,供给朝廷。朝廷收这么多斑鸠干什么?供养老人。

为什么赏老人斑鸠?有两种解释：一种是汉代郑玄的说法，春天的时候，老鹰化为斑鸠，代表的是重生，老人吃了斑鸠可以延年益寿；第二种解释也出现于汉代，认为斑鸠从来不患噎症，老人吃了斑鸠后能吃能喝能睡，身体倍儿棒，自然康强长寿。

到了汉代，老人多了，斑鸠少了，这仪式就慢慢流于形式。国家不再用斑鸠赏赐，而是用一种替代物：鸠杖。根据汉代史籍记载，到了秋天，政府就会为70岁以上的老人颁赐鸠杖。因为是皇帝所赐，所以又称“王杖”。鸠杖的杖头雕饰斑鸠，一来隐喻长寿，二来易于把握，三来易于识别。

鸠杖怎么会有识别功能?这得从汉代的法律说起。今天甘肃武威出土的汉简专门有《王杖诏书令》，规定老人到了70岁，就可以领到以皇帝名义赏赐的拐杖。普通人如果看见手持这种鸠形拐杖的老人走过来，要如同见了皇帝的特使，毕恭毕敬，自己站一边去，还得弯腰敬礼。不能直着身子、甩着膀子、昂首阔步擦身而过。这样做，不仅会挨老人的棍子，还会挨官府的板子。根据《王杖十简》记载，要是有人折断鸠杖、侮辱殴打老人或者强迫老人当苦力，结局是什么?死刑。简书中因此被判死刑的就有六人。

由此看来，尊老敬老并不是我们今天才有的优良风气，而是一种文化传统,《民法总则》要求成年子女保护老人,就是承继了这种优良传统。说起来，尊老怜老伦理始于家庭，推广于社会，是实现家族自治、地方自治、国家和谐稳定的最重要方式之一。最终，这种家庭伦理不断演化为一种社会伦理，形成了中国传统特有的尊老敬老养老的道德礼仪和法律文化。颁赐鸠杖的敬老礼仪，自西周到汉代，从唐玄宗到乾隆皇帝，世代延续，成为盛世家国情怀的经典标本。

我们讲了《民法总则》的两大亮点，就是强化了家庭成员和政府、社会组织的责任和义务，但要是有人就不遵守，怎么办?针对此类情形，

《民法总则》又细化了监护权的撤销条件。

《民法总则》第36条详细列举了剥夺监护权的三种情形。比如丈夫残疾了，妻子成天恶语相加，骂丈夫不是男人，还得靠老婆养活，甚至打丈夫耳光，不给丈夫治病，不让丈夫吃饭；还精心化妆，出门逛商场打麻将约闺蜜，完全不顾丈夫死活。怎么办？这就同时构成了第36条列举的三种情形：严重损害被监护人的身心健康，怠于履行监护职责，导致被监护人处于危困状态。这种情况下，丈夫可以向人民法院申请撤销监护权。如果当丈夫的不提出申请，也没有其他组织提出申请，这丈夫是否就只有等死一条路？不是。按照《民法总则》第36条第2款，民政部门就应当向法院提出申请，撤销妻子的监护权。

立法用语是“应当”，也就是说，为了最大程度保护弱者的权利，民政部门充当的是法定义务人，不能推诿，不能懈怠。

这就引出另外一个问题：《民法总则》为什么会通过立法强行介入家庭？我个人认为，这是对弱者利益的特殊保护。对于那些不顾父母老贫，子女幼弱，妻子病残的人，“丧尽天良”“禽兽不如”这些道德谴责已无从矫正他们的恶劣行为，只能通过国家立法予以矫治。同时，不履行监护义务还有一个原因，确实是有心无力。有鉴于此，国家必须通过立法，将这种监护责任在社会和国家层面进行分配，补位成为监护人，最大程度保护弱势群体利益。

《民法总则》通过完善、新增监护条款实现了道德传统和法律制度的双向回归。在传统社会，养老育小是天然的道德义务，还是法律义务。如果不供奉老人，那就是不孝，可能招致极刑，名声没了，命也没了。所以，“不孝”的道德谴责和法律制裁有着强大的约束力和震慑力。

传统刑法为什么将道德义务法定化？因为单纯的道德反省和教化无从矫治凶顽，只有法律介入，才能形成强制约束力。按照荀子“三不祥”理论，一个人不孝顺父母长辈，步入社会绝不会尊重上级和同事，不会尊重贤良，这种人就是我们今天叫的“人渣”。他本人有没有前途和未来，那是他个人的事情，但人渣多了，法律还袖手旁观，社会就岌岌可危了。

今天有些人对子女视若拱璧，爱同珍宝，对老人视若无物，弃若敝屣。一些年轻人宁愿和宠物同居，也不愿和老人共处。在价值观多元化的时代，这固然无须谴责，但如果爱子女、爱宠物远远超过爱父母，则有伤人伦，更会给子孙传导错误的价值立场，最终导致世风败坏，社会震荡。

当然，这种不孝的人毕竟是少数。如果监护人真心悔过，愿意担负监护人的职责，请求恢复监护权，《民法总则》规定人民法院可以视情况恢复其监护权，修复亲情，修复人伦。毕竟，法律的他律永远抵不上道德的自律。法律可以惩恶，但未必能扬善。只有亲情和美，家庭和谐，才能真正实现善性传递，美德拓展，有利于家，有益于国。

这也是国家法律介入家庭的真正目的！除了家国情怀，《民法总则》还弘扬了哪些正向价值，扶正祛邪？

第五节　护航见义勇为*

观众朋友大家好，欢迎收看法律讲堂。

2017 年 4 月 21 日傍晚，河南省驻马店市一位女性在路上被车撞倒，前后 20 多辆车和 20 多名过路行人，要么绕道而行，要么驻足观望，没有一辆车停下救援，也没有一个人阻止过往车辆，援手相扶。1 分钟后，女子被第二辆车辗轧致死。

视频流出，网评如潮。有网友骂来来往往的行人是“一群行尸走肉”，有人慨叹倒地女子如“垃圾”一样“无人理会”，更多的评论则痛惜人性冷漠，世道让人寒心。

这一偶然事件折射出两个问题：一个是生死关头旁观者的道德失落，

* **播出时间**：中央电视台《法律讲堂》2017 年 10 月 2 日。

一个是对于生命救助的法律缺位。

“缺德”但不违法，谁也拿他没办法。针对这类“缺德”行为，法律真的就束手无策吗？

发达国家的做法值得我们深思和反省。法国、德国等国家通过刑法强力矫正此类见死不救的行为，力求恢复最低的人性标准。

《法国刑法典》第223-6条规定了一个罪名——“怠于给予救助罪”，其构成要件就是，如果能够帮助陷于危险中的人或者呼叫救助，且对自身和第三人不存在危险，故意放弃救助者，要承担两种法律责任：一是判处5年监禁，二是罚款75000欧元。

《德国刑法典》有一个罪名叫“不作为以及非故意杀人罪”，如果发生意外事故、公共危险，有人需要救助，行为人有可能进行急救且不会产生重大危险而见死不救者，会被同时提起刑事和民事诉讼，判处1年自由刑或被处罚金。

日本《刑法》第217条规定了所谓的“遗弃罪”，所涉对象就包含了需要救助的人如果遭遇能为施救者的消极不作为，那就构成一种积极的“遗弃”，属于犯罪；而第219条的“遗弃致死伤罪”，则是前条的结果加重犯，如果施救者的积极遗弃导致被救助人死亡或伤残，则加重处罚。最典型的案例就是2009年日本当红明星押尾学的遗弃致死案。押尾学和陪酒女共同服食摇头丸，当陪酒女出现严重生命濒危现象时，押尾学没有实施救助，也没呼叫救援，陪酒女后来死亡。押尾学自己辩称怕惹麻烦，影响星途，所以怠于救助。后来被检控方指控“遗弃致死伤罪”。东京高等法院审判长斥责押尾学“为保全自身导致他人失去获救时机的行为十分卑鄙”，虽然没有按照检控方以遗弃致死罪定罪，但还是认定遗弃罪成立，判处押尾学入狱2年6个月。

这是国外刑法对见死不救作出的积极反应。我国的情况怎么样？目前，见死不救是否构成犯罪，尚无立法迹象。但值得我们思考的问题是，即便借鉴了上述发达国家的立法精神，在刑法中移入老百姓所谓的“见死不救罪”，那也仅仅解决了罪与罚的问题，是一种滞后的、补充的、公法的救济。而真正要激励人们积极互助互救,还得依靠民法本身。因为,在民法的天空下,生命救助是最高位的道德法则,也是最高的法律原则。

《民法总则》集中体现了这两大原则。《民法总则》第184条规定:"因自愿实施紧急救助行为造成受助人损害的,救助人不承担民事责任。"

这是《民法总则》立法的亮点,也是一种创举。为什么这样说?因为,这一条款不仅可以救助生命,还可以重塑道德。

试想,是人都有恻隐之心,不忍心看见同类的生命无情残灭。可是,那么多的车辆和行人为什么见死不救?原因有很多,但一个不可回避也情有可原的原因就是:怕救助不当惹上麻烦。

救人没问题,如果就此惹上官司,招来天价的赔偿,好人做不成,还赔个倾家荡产,谁愿意这样做!也就是说,救不救人,并非是单纯的道德问题,还是一个成本问题。当受害人与施救人之间既缺乏身份关联,不是兄弟姐妹,又没有信任可言,不是朋友同学,如果救助行为导致了后续性损害,甚至因为救助行为遭遇诬陷栽赃,而法律又不能为施救者提供免责的保障,那就得不偿失了!权衡之下,最佳的选择就是:袖手旁观。

这就是法律缺位导致的道德失落!《民法总则》如何衡平受害人与施救人之间这种道德偏向和利益博弈?第184条给出了圆满的答案,也可以从根源上解决这一难题。该条规定:不管危险来自于外部侵害或意外,还是来自于受害人自身的疾病,只要救助人自愿、无偿救助,哪怕造成或加重了损害,救助人不承担任何责任。

这是一道免责的金牌!既肯定了善性、善行的可贵,也避开了人性的卑污怯懦。曾几何时,救助人因救助不当,甚至被受助人纠缠、敲诈,法槌敲出的不是正义和良知,而是救助人的悲凉和受助人的卑劣。流风所被,坐视不理反倒成为最理性的选择,报警、打120就成了最大的善行。

实际上,在《民法总则(草案)》的第三次审议稿中,虽然增设了紧急救助免责条款,原则上排除了救助人的法律责任,但却留下了一个很不美妙的"尾巴"。该条又以但书,也就是除外条款的形式规定:如果受助人能证明救助人有重大过失造成自己不应有的重大损害的，救助人应承担“适当”的民事责任。比如，一个人被车撞了，肋骨本来没断，你抱着他飞奔跑向医院，肋骨断了。你这救助人就有过失，还造成了损害，你就得赔偿！

之所以说“很不美妙”，是因为这一除外条款有五个方面的问题：

第一，以民事责任阻塞了道义行为的积极通道。一个老人突发心脏病，倒在地上，生命垂危。你要没专业救助知识，非要扶起他，还背着他拦车到医院。后来这老人不幸死亡，你就可能承担巨额的赔偿责任。如此规定，只能削弱行为人实施善意救助的动因和热情，让无数人裹足不前，游移不定。因为紧急救助本意是弘扬道德，鼓励国民尽力向善，而不是对救助人科以法律责任，阻断善行的实施通道。

第二，举证责任分配严重不利于救助人。按照证据规则，如果受助人认为救助人有过失，救助人就必须证明自己没过失。但事起仓促，救助人或者没有时间和机会保留证据，或者没有经验产生无心之失。要么无证据，要么证明不力，要么证据不被采信，无论何种结果，救助人都得承担责任。而按照目前民事责任的体系和分类，承担的必然是侵权责任，可能还会涉及精神损害赔偿，善心无善报，谁愿意没事找事？

也就是说，按照第三次审议稿，我们在见义勇为的时候，随时得保留、搜集证据证明自己无过失。首先得防范讹诈，证明第一次损害不是自己造成的；其次得防范过失，证明自己的救助行为没有造成后续性损害。如果遭遇第一种情形，好人当不了，如果找不到证据，还可能成为侵权人；如果遭遇第二种情形，好人是当了，如果找不到证据，还是可能成为侵权人。

这就是中国好人遭遇的道德风险和法律困境！我们举个极端例子，2015 年 10 月 31 日 22 时 30 分，南宁市一位女主播经过隧道时，发现一电动车车主受伤倒地，于是下车施救，却反被诬陷为“肇事者”。如果没有行车记录仪，这位美女主播很难证明自己的清白。

又想当好人，又不担风险，我们怎么实施救助？如何自证清白？我们不可能每次都先扛来摄像机或者打开手机录音再去救人!

第三，用语模糊，既难定性，也难定量。当法官无法找到法律的有效条款公平保护善意救助人的时候，立法用语的模糊只会加重救助人的不利。比如，何为“重大”？何为“适当”？不仅当事人双方可能会争执不休，法官也难以居中持平。最后的判决必然不利于救助人，好心不得好报，这样的但书条款只能削弱核心条款的效能。

第四，以社会责任、契约义务苛加于救助人身上，显失公平。紧急情况下的道德救助本是一种善行，不是法律义务。受助人的损失完全可以通过向施害人主张侵权责任或者通过社会救助、医疗保障、商业保险等方式予以救济，不能将这些义务强加到救助人身上。倘如此，反倒会为受助人留下最大最便捷的投机通道:找保险公司麻烦，找社保也麻烦，找民政局更麻烦，既然找谁都麻烦，那逮着谁就是谁！如此一来，不仅不能培育善性，还会激活人性中的恶性!

第五，不能够防范故意讹诈。比如碰瓷，“受害人”一旦倒地受伤，车主是救，还是不救？出于本能或同情，一般车主都会积极施救，最后摊上的就是巨额赔偿；如果不救，你是“肇事者”，也得摊上巨额赔偿。如果风险都一样，凭什么还要救？这好人不当了!

这样博弈的结果，最终的受害人是谁？我们看一个案例。宋代的袁寀教导儿孙一定要讲恩义，恤邻里，不能恩将仇报，更不能栽赃诬陷。他讲了一个真实案例：有一家人做官后残虐邻里，被仇家纵火，火势很快蔓延开来。邻居们火速赶到现场，但就是没有一个人救火。根据邻里互助的道义，应该救火;根据法律，坐视不理是要受惩罚的。紧急时刻，这些邻居在干什么呢？开小会！如果救火，落不了人情不说，这官员还会诬告邻居们趁火打劫，盗取财物。官司一打，无论如何都会伤筋动骨;如果不救火，按照法律，最多挨一百板子。最后民主表决：不救，让它烧个干净。

人同此心，心同此理。到了现代社会，当一个被救助的老人缠上救助人，一会儿要医疗费，一会儿要营养费，救助人的败诉和赔偿不仅浇灭了他的善心和良知，也必然引发轰动效应和示范效应。这无疑向世人昭示：宁可不当好人，也不能惹火烧身！

于是，我们中的绝大多数人成了围观者；于是，我们天性中的同情、怜悯不断淡化，最后趋于冷血、无情，成为行尸走肉！所以才有了儿童落水无人敢下水相救，任其溺亡；所以才有了老人倒地，无人上前，任其倒毙街头。2013 年，新浪四川发起了在线调查，数据统计让人极度失望：面对摔倒的老人，愿意出手相助的人只占 14%，表示“不会，坚决不做这类傻事”的占了 86%！

堂堂五千年文明、十三亿人口的泱泱大国居然扶不起一个老人，这是道德的悲哀，更是文化的伤痛，民族的耻辱。

道德层面不是没有回应,也不是没有效果。比如“中国好人网”光“搀扶老人奖”就设立了四个奖项，有的大学专门向扶起跌倒老人的学生颁发奖状和奖金。

但我们应该看到，道德扶贫或良知激励永远抵不上法律的现实风险。

正是基于上述考量，2017 年 3 月 13 日，全国人大法律委员会召开会议，对原草案进行审议、修改，在自愿、无偿的紧急救助条款中，排除了救助人的民事责任。换句话说，只要我是好心救助，无偿救助，即便肋骨断了或者老人家不幸离世，我都不承担任何法律责任！

这种责任排除，既体现了理性的立法精神，也彰显了道义的力量。

放眼国外，这样的立法并非少数。比如美国、加拿大、德国，不仅从刑法上进行强力矫正，还从民事法律层面进行积极维护。比如美国很多州都有《善良的撒玛利亚人法》，又译作《无偿施救者保护法》。该法为见义勇为的好心人提供了强有力的法律保障。只要陌生人现场对他人实施无偿的紧急救助，即便因失误造成了意外损害，也可以免除法律责任。

这就涉及法律和道德的关系问题。我们虽然很难在法律与道德二者之间明确划定边界，但有些前提却不容否认，比如法律离不开道德的滋养。一旦背离道德立场甚至走向反道德，法律剩下的就只能是赤裸裸的强权和干巴巴的条文，没有了人性的温暖，也失去了理性的立场。当自私和冷漠充斥了我们的内心，良心自然就被套上枷锁，法律也就成了应景虚文。

从这个层面而论，《民法总则》第 184 条不仅重塑了道德内涵，还构筑了新的道德高地；不仅反映了人情民意，也传承了优良的文化传统。

在传统法文化中，人命至重。对生命的救助不仅有民法的规范，也有行政法的褒旌赏赐，还有刑法的惩处，构成了法律和道德的双重合力，开发善性，抑制恶性。

以秦代为例，商鞅变法，赏罚分明，如果有人在公共场所杀伤人，百步之内的人不予施救，罚缴两件铠甲。

这惩罚很重，重到什么程度？秦代铠甲样式复杂，用料昂贵。有鲛革，原料是鲨鱼皮；有犀革，原料是犀牛皮；当然，也可以上缴铁甲，但不要忘了，秦代的铁不是今天的生铁，是青铜。要是嫌这三样都贵，还可以选择石甲，但这石头非同一般，是今天的岩溶性石灰石，还得打磨、穿孔、缝缀。如果自己没本事下海捕鲨鱼，上山追犀牛，也没有这技术，就只能到市场上去购买或请人打造。说白了，按照当时物价水平，赔一副铠甲就相当于今天赔偿一辆高大上的劳斯莱斯！

不救人，惩罚很重。救了人，有赏吗？有。罚重，赏也重。如果制服罪犯，按战场上杀死敌人的功劳受赏。按照韩非子的说法，秦兵杀掉一个敌人，就赏爵位一级，一首一级，这就是今天"首级"的来源；要想做官，起步就是年薪五十石的级别。有爵位终生衣食不愁，甚至可能得到衣食田，还可以由子孙继承；有官做，就有岁俸，细水长流。

所以，秦代的人都真心想当英雄，也出了很多真心英雄。

这种立法精神，从秦代一直延续到清代，有效支撑了见义勇为的道德底座。

在民事法律方面，正面的积极救助不仅可以获得道德上的美名，还可能得到被救助人的终生感激，成为世交，甚至缔结婚姻。英雄救美的故事太多了，大家网上搜搜就能获得满满的正能量。

需要说明的是，见义勇为必须倡导，《民法总则》第 184 条也为其拓展了空间，提升了平台，但我们还得注意一些例外情形。

比如,不能对纯道德义务苛加善意救助人,最终走向泛道德主义。“见义勇为”在道德上没有边界，但在民法上却有边界：实施救助不能危及自身生命，也不能危及第三人生命。理由很简单：民法上每一个人的生命都是平等的，除非自愿或具有特别身份关联，比如父母必须救助未成年子女，不能要求一个人牺牲自己的生命去救助另外一个生命。

比如，不能以道德义务苛加未成年人。未成年人因为年龄、智力、经验原因，难以预知风险，也缺乏救助的常识和基本技能。他们只能从事与其能力匹配的救助行为，比如拨打 110，呼叫 120，除此之外，不能苛求，更不能强求未成年人舍命相救，殊死搏斗。

最后，古代的智慧和国外的经验都告诉我们，为了呼唤善性，必须实现各个部门法之间的联动，才能真正实现《民法总则》的立法精神。以唐代为例，不仅在刑法中规定了“不救助罪”，又在行政法层面颁布了可观的奖赏条令：如果见义勇为，救助人命，捕获贼盗，政府自己出资，按所保全财产的 1/10 比例赏赐救助人。

只要实现了民法、行政法、刑法的联动，法律就必然成为善良的守护神，公平的矫正器！除了第 184 条，《民法总则》还有哪些条款引领了时代的潮流？

第六节　开启绿色征途*

观众朋友大家好，欢迎收看《法律讲堂》。

《民法总则》第 9 条规定：“民事主体从事民事活动，应当有利于

---

* **播出时间**：中央电视台《法律讲堂》2017 年 10 月 3 日。

节约资源、保护生态环境。”也就是说，我们所开车辆的尾气必须达标，烤串时不得污染空气，建厂不得破坏水源。

这一条款就是民法典的“绿色原则”。

在立法建议稿征求意见过程中，对绿色原则的理解因为角度不同，角色不同，也出现过一些不同的观点和疑问。

比如，节约资源、保护生态是不是应该由民法调整？有人认为，民法调整的是平等主体之间的人身关系和财产关系，比如和喜欢的女神结婚，上淘宝网网购，这些都属于民法调整。而尾气超标、空气污染、水源不符合标准，这些生态保护是政府的事，属于公法。如果不达标构成违法，是罚款还是责令整改，都和张三李四你我这些具体的民事主体没关系。

这就涉及环境权是私权还是公权的问题。所谓环境权，就是老百姓享有良好环境的权利，如清洁的空气和水源，良好的采光权、通风权、景观权等。这些权利有些国家纳入宪法保护，确实属于公法。

但这种宪法性权利如何具体实现？单纯依靠国家、政府行不行？我的观点是，环境权和人格权一样，既属于公权，也属于私权。一个女孩长得性感、漂亮，婚姻状况不明，是否生子不明，行踪不明，还开名车、住豪宅，身上的奢侈品动辄几十万，还花样翻新不重复，今天香奈儿，明天雅诗兰黛。单位有人就认为这女孩家非富即贵。但也有同事羡慕嫉妒恨，造谣说，这女孩就一“小三”。一来二去，两三年下来，绯闻四处流传，“小三”恶名不胫而走，搞得女孩和闺蜜反目，男友分手，自己也失眠焦虑，肝气不舒。这女孩红颜大怒，要诉诸法律。这时候，《宪法》第 38 条保护公民人格尊严不受侵犯的条款就是她维权的最高法律。但法官不能把《宪法》条款司法化，也就是说不能直接援引《宪法》条款来判案。怎么办？要么依照《刑法》第 246 条控告诽谤，通过公权力惩治造谣诽谤的同事；要么通过《侵权责任法》状告侵权，要求同事停止侵害，恢复名誉，赔偿损失。

环境权也一样。你羡慕太极宗师张三丰，率领一帮弟子在武当山修道。后来，武当山突然冒出一家水泥厂，山上的森林被毁，水源被破坏，空气被污染，你既可以要求政府出面制止、惩处，也可以到法院直接状告水泥厂侵权并诉请赔偿。

换言之，自然人的环境权既可以通过公权力保护，也可以通过民事法律救济。

环境权进入民法，有什么优势？我个人的观点是，用民法保护环境权，至少有三大优势：

第一个优势，有效遏制环境侵权。为什么有效？因为当事人是最直接的利益受损者，通过民法，以利益打败利益，这是最有效的手段。武当山那家水泥厂一年赚上千万元，但要是法院判决赔偿你200万元，恢复生态要1000万元，水泥厂不仅无利可图，还会亏本倒贴。结局就只能是倒闭或者搬迁，武当山自然就会重归宁静，你也就可以安心修道。

换句话说，只要民法保护了你和修道者的环境权，也就保护了武当山的生态环境！

第二个优势，节约治理成本。你一旦维权成功，武当山水泥厂自然难以生存。只要水泥厂还没到追究行政责任、刑事责任的程度，这种环境侵权案子就算了事大吉，不需要环保部门、质监部门介入，极大程度节约了政府治理成本和有限的司法资源。

第三个优势，推动部门法的联动互补。环境权进入民法调整范围，宪法统率下的各部门法就形成互动互补格局，可以全方位、深层次保护民事主体权利，有效保护生态环境。

一般来说，政府职能部门没有千里眼、顺风耳，即便有，极少数地方政府为了GDP，为了政绩，要么装聋作哑，怠于履行职责，要么走走过场，掩人耳目。

遇上这种情形怎么办？《民法总则》第9条就成了维权依据。你是权利的直接受损者，你的积极维权，不仅可以遏制生态侵权，还可以要求政府履行管理职责，政府再督促水泥厂履行法律义务和社会责任，最终实现各部门携手并进，共同保护生态环境。

由上可知，节约资源、保护生态进入民法调整范围没问题。但接下来的问题就是，有没有必要作为基本原则？

在《民法总则（草案）》第二次审读期间，有人提出保护环境、节约资源肯定得提倡，也可以由民法调整，民法典也应该成为绿色法典。但保护环境也好，节约资源也好，这些都涉及民事主体的具体行为，应该放在“民事权利”一章，作为权利和义务来规定。要是作为“基本原则”，显得小题大做不说，还和平等、自由、公平、诚信这些原则不匹配。

这观点有道理。所以2016年12月，全国人大常委会《民法总则（草案）》第三次审读就将“绿色原则”从“基本原则”挪到了“民事权利”一章，成了“绿色条款”。

但这观点也很有问题。比如，绿色原则与民法其他基本原则是否匹配？很显然，无论是价值上，还是逻辑上都没问题。

从理论上讲，基本原则的类型无非就三种：一种是平权性规范，比如独立人格、平等地位。欧阳锋称霸西域充老大，那是江湖地位而不是法律地位。就法律人格和地位而言，他和游走江湖的低级丐帮弟子没什么两样。一种是赋权性原则，比如自由原则。你有轻功，既可以像裘千仞那样玩水上漂，也可以像云中鹤那样凌空飞腿，当然也没人反对你像孙悟空一拉一扯，一翻十万八千里。还有一种是限权性原则，比如诚实信用、公序良俗。你可以当剁手党、月光族，在淘宝、天猫上任性地刷存在感，但你不能嫌钱多得烧心，点燃人民币真烧钱；你可以追求自己心仪的女孩，但不能插足别人的家庭，诱拐别人的娇妻到天涯海角相伴一生。

《民法总则》第9条立法用语是“应当”，显然属于限权性原则，不存在匹配不匹配的问题。

还有，将“绿色原则”作为权利义务来规范，不是小题大做，而是大材小用。“绿色原则”之所以被称为“原则”，那就说明它具有统摄力和涵摄力，能够从价值和逻辑两个层面统率、包蕴一切的相关行为规范及其法律效力，而不是具体指向某一类权利或义务。

比如，从价值层面而论，“绿色原则”就是要保住青山绿水，要为所有国民提供健康的生存质量保障。无论你是企业家，还是驴友，还是当地居民，或者是来自于非洲的酋长，都得恪守这一原则。不能说到了九寨沟不丢烟头、不追大熊猫就算守法的好公民、好游客，你还不能随地乱丢塑料袋，不能污染水源、土壤和空气。从逻辑上讲，只要你的行为造成了生态污染，你就违反了第 9 条，就应当承担法律责任。不管你是谁，也不管你是否有过错。

换言之，只有上升到原则高度，保护生态、节约资源才能统率、包含一切与环境权相关的权利和义务。如果作为一种具体的权利义务，其逻辑涵摄力和价值统摄力就会大打折扣。

还有一个问题，即便作为基本原则，“绿色原则”能否在司法实践中具体适用？如果基本原则就是单一的条款，没有后续性具体条文承接、细化，更没有行为规范和法律后果，我们一般会认定这属于宣示性条款而非规范性条款。

表面上看，“绿色原则”就是一个宣示性条款，法官没法直接适用。但我们必须关注的事实就是：如果没有这样的条款，环境权难以与民法对接，法官也无法找到高位阶的立法依据对环境权进行保护。有了这项原则，法官适用法律就有了民法上的“尚方宝剑”。

一定程度而言，大陆法系法官适用法律的过程，就是寻找法条的过程。仔细考量，法官适用第 9 条既有对接通道，也有适法空间。首先可以采用目的性解释方法将第 9 条对接到《民法总则》第 110 条，将“环境权”和健康权、隐私权、名誉权等有名权利一样纳入民法保护范围。如果界定为“权利”确有困难，也可以通过体系化的解释方法将“环境权”解释为《民法总则》第 1 条的“合法权益”，再对接上《侵权责任法》的第 2 条和具体的环境侵权条文。

举例来说，黄药师的桃花岛旁边新建了一座化工厂，导致桃花岛上的空气刺鼻水发黑。阳春三月，百花盛开，可桃花岛的桃花既不开花，也不挂果，说明土壤也被污染了。黄药师目前能找到的法律依据有三个：

第一，依据《民法通则》第124条，证明化工厂违反国家保护环境防止污染的规定，污染了桃花岛并造成了损害，诉请法院判令化工厂依法承担民事责任。

第二，对接《环境保护法》第64条，因污染环境和破坏生态造成损害的，应当依照《侵权责任法》的有关规定承担侵权责任。

第三，援引《侵权责任法》第65条，因污染环境造成损害的，污染者应当承担侵权责任。

看起来条条明白，路路畅通，一点问题都没有，但黄药师在诉讼中最大的风险就是举证责任。首先，他得证明化工厂违反了法定义务的某条某款；其次，他得证明自己的损失真实存在；最后，他得证明桃树不开花、不挂果和化工厂的环境侵权有直接的因果关系。

这样下来，翻检法条，核对法定技术指标，评估损失各大环节走完，估计桃花岛也就成了荒岛，黄药师再不逃离，就只能荒岛余生了。

但有了《民法总则》第9条，法官就可以依照"绿色原则"要求化工厂自己证明没有违反这一法定原则，化工厂和桃花岛、黄药师的损失不存在必然的因果关系。这样一来，黄药师就轻松多了，他尽可以离开桃花岛四处周游，拜拜中神通王重阳，斗斗西毒欧阳锋，和洪七公喝喝酒，顺路再到襄阳看望一下女儿女婿。等他优哉游哉地回来，法院的判决已经送达：化工厂败诉。法律后果就是：停止侵权，化工厂关闭；赔偿黄药师损失；恢复桃花岛生态。

简单总结一下，"绿色原则"进入《民法总则》，虽然有不同的观点和分歧，但都不是原则性争议，而是学术概念和立法技术的争议。

那么，"绿色原则"入法有哪些贡献？我认为，最大的贡献有三点。

第一大贡献，传承智慧。说起来，"绿色原则"并非是今天才横空出世，而是中国优秀文化理念和制度文明的产物。从《周礼》开始，在"天人合一"哲学思想引导下，阴阳和谐、顺天安民就是法律最重要的价值目标。

今天所能见到最早的环保法令是“禹禁”，传说是大禹立下的法令，其中有一条：春天到来百花开，三个月内禁止进山伐木；夏天到了，鸟兽虫鱼都要繁殖生长，三个月内，禁止捕鱼打猎。

西汉元始五年，朝廷以太皇太后的名义颁布了《四时月令诏条》，保护生态。对一年四季十二个月的各类行为进行严格规范，全方位保护水、林木、动物等自然资源，比如春季不得用弓箭、弹弓射杀飞鸟，也不能设机关、张罗天网捕捉鸟类。

到了唐代，立法者认为，天下名山，既能蕴产动物山珍，还能行云布雨，调节气候，所以严厉禁止砍伐森林，采花割草，并且还要举行隆重的祭奠仪式，感谢天地养育之恩。

实际上，中国古人早就明白了一个道理：人怎么对待自然，自然就会怎么对待人类。所以，人的一切行为必须符合自然规律，否则就是逆天而行。

为了合于自然四时运行规律，古代刑法中的死刑犯，只要不是谋大逆，法律规定都在秋天执行死刑，这叫“秋决”，老百姓叫“秋后问斩”。为什么选择在秋天行刑？因为春天、夏天是繁育生长的季节，杀人有伤天地和气。秋天则是收割的季节，既收庄稼，也收人命。

同时，按照王阳明“物我一体”的哲学观念，人、自然、社会三者之间关系具有高度的一致性。你是帅哥一枚，一个女孩送你鸳鸯锦囊，一个送你一幅画，画的什么呢？连理枝或者比目鱼，还有一个女孩送你几颗红豆，另外一个女孩送你一株并蒂莲。你很高兴，但肯定也很虐心，因为你知道这四个女孩子送的礼物代表了什么。

郑板桥老来得子，教育孩子的首要目标就是明道，让孩子明白天地人之道，禁止孩子残虐小动物。郑板桥为什么这么做？不是单纯的“绿色原则”，郑板桥看得更高更远：如果一个孩子从小打鸡骂狗杀猫，长大后他能善待同类吗？所以，在古人看来，怎么对待鸟兽虫鱼，既是为人之道，也是处世之道。

第二大贡献，更新理念。古代法律文化尊崇天地自然，培育的是感恩之心，敬畏之心，客观上实现了人与自然的和睦相处，这是一种生态伦理，完全吻合今天绿色发展的理念。更重要的是，这种生态伦理会进一步渗透并影响社会伦理，形成合力，有助构建绿色和谐的自然秩序和社会秩序。

宋代著名哲学家叶适说："但存方寸地，留与子孙耕。"本意是整肃人心，导人为善。但这比喻却形象地说明了绿色文明不仅会影响子孙的身心状态和价值取舍，还会直接影响子孙的命运。没有"绿色原则"，我们留给子孙的可能就是残破的山水和厚重的雾霾。

换言之，《民法总则》确立的"绿色原则"不仅可以有效推进生态文明建设，也有利于实现代际公平，为子孙留下一片蓝天白云！

第三大贡献，创新法治。《民法总则》第 9 条也可以解读为授权性规范。有了原则，立法部门在民法典分则中就可以通过物权法、合同法、侵权法各编对"绿色原则"进行细化、强化，使之成为具体的规范性条款。既有利于当事人维权，也有利于法官寻法。

同时，第 9 条为司法实践提供了裁判指引。法庭或仲裁庭可以根据第 9 条主动审查民事法律行为的合法性和有效性，并作出裁判。如果西毒欧阳锋和姑苏慕容家订立合同，要在人群密集区开办高污染的纺织加工厂，姑苏城的任何一位居民都可以直接诉请法院保护。法院也可以凭借第 9 条对欧阳、慕容两人的合同效力进行无效判定。

最后，我们还要说明，第 9 条仅仅是一个良好的开端，民法典分则的落实、强化工作才是推动第 9 条正常高效运行的保障！从这个意义上说，第 9 条开启了我国的绿色征途，只要民法人努力前行，绿色中国的梦想指日可待！